中国社会科学院学部委员学术自传

陈奎元

中国社会科学院创新工程学术出版资助项目

中国社会科学院学部委员学术自传

社会政法学部卷

周溯源 赵剑英 主编

中国社会科学出版社

图书在版编目(CIP)数据

中国社会科学院学部委员学术自传. 社会政法学部卷/周溯源,赵剑英主编. —北京:中国社会科学出版社,2017.5
ISBN 978-7-5203-0295-1

Ⅰ.①中… Ⅱ.①周…②赵… Ⅲ.①中国社会科学院—学部委员—自传 Ⅳ.①K825.1

中国版本图书馆 CIP 数据核字(2017)第 084244 号

出 版 人	赵剑英
责任编辑	任　明
责任校对	王　斐
责任印制	王　超

出　　版	中国社会科学出版社
社　　址	北京鼓楼西大街甲 158 号
邮　　编	100720
网　　址	http://www.csspw.cn
发 行 部	010-84083685
门 市 部	010-84029450
经　　销	新华书店及其他书店

印刷装订	北京君升印刷有限公司
版　　次	2017 年 5 月第 1 版
印　　次	2017 年 5 月第 1 次印刷

开　　本	710×1000　1/16
印　　张	39.5
字　　数	444 千字
定　　价	288.00 元

凡购买中国社会科学出版社图书,如有质量问题请与本社营销中心联系调换
电话:010-84083683
版权所有　侵权必究

编 委 会

顾　　问　陈奎元
主　　任　王伟光
副 主 任　王京清　张　江　李培林　蔡　昉
编　　委　（按姓氏笔画为序）
　　　　　马　援　王卫东　王伟光　王京清　王　镭
　　　　　方　军　曲永义　刘庆柱　刘　红　江蓝生
　　　　　李　扬　李培林　张　江　张冠梓　张蕴岭
　　　　　陈奎元　周溯源　赵剑英　崔建民　韩大川
　　　　　程恩富　蔡　昉

主　　编　周溯源　赵剑英

序

王伟光

今年是中国社会科学院学部成立十周年，我们适时编纂出版这套《中国社会科学院学部委员学术自传》，这是一件嘉惠学人的好事，也是赠贺学部成立十周年的一份厚礼！学部委员是中国哲学社会科学的最高荣誉称号，获此殊荣者是各个学术领域中的佼佼者和领军者，学术素养深厚、学术成就卓越。这套学部委员学术自传的出版，可以使我们比较全面地了解这些优秀学者的学术成就和贡献，使后学者能从中受到启迪和教益。同时，这套学术自传也是对中国半个世纪以来哲学社会科学发展历程的巡礼，展示了中国哲学社会科学薪火相承、人才辈出的盛况。在出版之际我谈一点感想和体会，代为序言。

我国的学部委员制度由来已久。新中国成立之初，即成立了中国科学院，作为包括哲学社会科学在内的全国科学事业的领导机构。1953年，中央派钱三强、张稼夫率中国科学院代表团出访苏联，调研苏联在组织、领导科学事业等方面的经验，了解苏联科学院的学术管理体制等情况。1955年6月，中央决定在中国科学院建立学部委员制度，设立哲学社会科学部、物理学数学化学部、生物学地学部和技术科学部四个学部，产生第一批学部委员

序

233 人。其中，中国社会科学院的前身哲学社会科学部产生学部委员 61 人。学部委员包括了我国社会科学各方面有代表性的著名学者。

中国科学院学部成立后，哲学社会科学部先后于 1955 年、1957 年、1960 年、1963 年召开了四次学部委员大会，讨论、确定哲学社会科学工作的方针、任务和交流经验，规划重点研究项目，进行学术交流活动等，在推动科学研究和学科建设、树立优良学风、努力培养人才等方面发挥了重要作用。1963 年以后，由于错误路线干扰，学部再未举行过学术活动，学部委员也再未增选，学部基本处于瘫痪和停滞状态。

1977 年中国科学院恢复学部活动并开始增选学部委员，1993 年学部委员改称院士，成为我国科学技术方面的最高学术称号。在哲学社会科学领域恢复学部委员制度成为哲学社会科学界的强烈愿望。中国社会科学院自 1977 年成立后，在历届院长的领导下，与哲学社会科学界一起进行反复调研和论证，形成了大量的报告和方案，为恢复学部委员制度做了充分准备。2003 年我院制定《中国社会科学院十年发展纲要》，明确提出"着手设立学部委员制度"，以此作为加强人才建设，建成培养和造就一流哲学社会科学研究人才重要基地的具体措施和步骤。2006 年 8 月 3 日，经党中央、国务院批准，中国社会科学院学部正式成立，分别设立了文史哲学部、经济学部、社会政法学部、国际研究学部、马克思主义研究学部五大学部，2010 年文史哲学部分为文哲学部与历史学部，形成目前马克思主义研究学部、文哲学部、历史学部、经济学部、社会政法学部、国际研究学部六大学部布局。2006 年，我院推选出首批学部委员 47 人、荣誉学部委员 95 人。2011 年，增选学部委员 10 人、荣誉学部委员 38 人。2014

年，增选学部委员 4 人。自学部成立后，我院共产生学部委员 61 人、荣誉学部委员 133 人。

我院遴选学部委员的标准是坚持以马克思主义为指导，坚持正确的政治方向和学术导向，在遵守科学道德、维护科学精神、发扬优良学风等方面发挥表率作用。学部委员以自己的言行践行了这一标准和要求，他们将学术专长与中国特色社会主义伟大实践相结合，主持和参与了若干国家重大科研项目，为国家经济社会建设和文化建设做出了贡献，在学科建设、学术发展、理论创新、资政建言、人才培育、舆论引导、社会服务等方面起到重要作用。他们深厚的理论素养、开阔的学术视野、勤勉的治学精神、优良的学术操守垂范于后学，是我院宝贵的学术财富。

中国社会科学网自 2011 年 1 月 1 日创办上线，为服务中央对我院"三个定位"的要求，增强我院在社科领域乃至国际上的话语权与影响力，宣传好我院的科研成果与优秀人才，引领理论学术的思潮，该网在首页开辟了"学部委员"专栏，一是为学部委员开设专题介绍，二是设置"学部委员学术自传"栏目。这一专栏受到了理论界和学术界的好评，展示了中国社会科学院的对外形象，扩大了学术影响。

"授人以鱼，不如授人以渔。"为了将学部委员宝贵的学术财富薪火相承，在学部成立十周年之际，我院在有关部门和单位，特别是在周溯源同志的积极推动下，在社科网专栏资料的基础上，再次组织学部委员、荣誉学部委员撰写学术自传。除了已经病逝或年高病重无法写作者外，有 140 位学部委员、荣誉学部委员撰写了学术自传。这些自传朴实亲切、明白晓畅，讲述了各自的人生经历和学术经历，叙述了自己如何做人，如何为人民求学、治学，如何克服困难，淡泊名利，甘坐冷板凳，忍受清贫寂

序

宽,"衣带渐宽终不悔,为伊消得人憔悴",追求精品力作,追求立德立功立言。这套自传不仅介绍了学部委员的学术成就,而且总结了他们各自的治学经验。从学部委员的学术自传中,可以看出他们在为人民做学问的路上,如何废寝忘食,争分夺秒,惜时如金。

由于时间所限,这套学术自传有约稿型、访谈型、随笔型,虽然在整体设计和文体方面看似不甚统一,但在一定程度上体现了这些学者的学术个性与风格。另外,由于各位学部委员学术自传的篇幅长短不一,考虑到篇幅的均衡问题,在付梓出版时没有按各学部划分独立成册,也是本套丛书的缺憾。此外,如能增加同行专家对学部委员学术成就与学术贡献的评价,则将起到锦上添花之效。

学术自传是作者对学术道路的回顾与总结,其中凝聚了作者的治学经验与治学方法,又有对新中国关于学术人才培养的描述,更不乏作者对学术与人格、学术与利益、学术与功名等关系的人生思考,因而这套学术自传既富有启发和感染力,又具有当代学术史的史料价值。当前,我院的学部委员、荣誉学部委员总体年龄偏大,有很多已到耄耋之年,他们的学术智慧和治学经验需要传承与发扬。因此,这套学部委员学术自传,可以称得上是一项学术史料的保护和抢救工程,是功在当代、利在千秋的事业。

今年5月17日,习近平同志在哲学社会科学工作座谈会上发表了重要讲话,明确指出哲学社会科学在认识世界、改造世界、推动社会进步、增强国家综合国力和国际竞争力、坚持和发展中国特色社会主义等方面具有不可替代的重要地位,哲学社会科学工作者具有不可替代的重要作用。希望广大哲学社会科学工作者坚持马克思主义的指导地位，加快构建中国特色哲学社会科学，树立良好的学术道德，自觉遵守学术规范，讲究博学、审问、慎思、明辨、笃行，崇尚"士以弘道"的价值追求，真正把做人、做事、做学问统一起来。要执着坚守，耐得住寂寞、经得起诱惑、守得住底线，立志为人民做学问，做大学问、做真学问。要把社会责任放在首位，严肃对待学术研究的社会效果，自觉践行社会主义核心价值观，做真善美的追求者和传播者，以深厚的学识修养赢得尊重，以高尚的人格魅力引领风气，在为祖国、为人民立德立言中成就自我、实现价值。

习近平同志的殷切期望为广大哲学社会科学工作者指明了继续前进的方向、努力追求的目标。我们也期盼这套学术自传的出版能乘上习近平总书记重要讲话的东风，推动我院、我国的科研人员以学部委员、荣誉学部委员的高尚追求和优良学风为榜样，不畏艰辛、不辱使命，以自己的智慧和努力，为繁荣发展我国哲学社会科学，为建设中国特色社会主义事业做出自己应有的贡献。

2016年8月3日写于建国门社科院科研楼

目　录

（按姓氏笔画排序）

马骧聪：环境法学生涯 40 年　/　1

王家福：用法治改变中国　/　25

史金波：学海无涯　/　55

白　钢：爬坡人生　/　99

刘尧汉：我的民族学研究之路　/　125

刘海年：我的成长与学术研究生涯　/　147

刘楠来：耕耘不怠六十载　法域探微多自勉　/　193

孙宏开：走遍万水千山　追寻学术真谛　/　221

杜荣坤：我与民族研究结下"不解之缘"　/　267

杨一凡：全力推进中国法律史学的创新　/　289

李步云：法治征程的足印　/　305

李　林：我的"四个十年"及法学研究之路　/　327

李培林："为了中国"的学术追求　/　367

何星亮：从树木到森林　/　391

陆学艺：陆学艺评传　/　441

郝时远：从历史到现实、从国内到国外
　　　　——走上民族学的治学之路　/　481

目 录

胡庆钧： 我实地研究人类学、民族学兼及世界古代史
　　　　 有关问题的切身体会　/　513

高　恒： 我与中国古代法制史研究　/　541

景天魁： 做学问也是一种修炼　/　557

道　布： 学海遨游五十载　/　585

韩延龙： 要知松高洁　待到雪化时　/　603

后　记　/　619

马骧聪
Ma Xiangcong

男，中共党员，中国社会科学院荣誉学部委员，法学所研究员、博士生导师。1934年1月生，河南省博爱县人。1947—1953年在中学学习，1953—1954年在中国人民大学外交系学习，1954—1955年在俄专学习，1955年8月赴苏联留学，1960年以全优成绩毕业于苏联列宁格勒大学法律系，回国后在中国社会科学院法学研究所工作至2001年退休，其间任研究室副主任、主任等职。曾任国家环境保护局法律顾问、国务院环境保护委员会科学顾问、国土资源法研究会副会长、中国法学会环境资源法研究会副会长、中国环境与发展国际合作委员会中方委员。现任国家环境咨询委员会委员、中华环保联合会法律专家委员会委员、中国环境资源法学研究会学术委员会主任。2014年被中央电视台和全国普法办公室评为2014年度法治人物。

1979年发表我国第一篇环境法学论文。曾参加我国第一部环保法《环境保护法（试行）》《海洋环境保护法》和现行《环境保护法》等法律起草及大部分环境资源法律的论证。主要著作有：

《环境保护法基本问题》《苏联东欧国家环境保护法》《中国环境法制通论》《国际环境法导论》《环境资源法》《生态法学》《〈环境保护法〉修订建议稿》和《环境法治:参与和见证》。

环境法学生涯 40 年

一　改革开放为我开辟环境法学研究之路

1934 年 1 月，我出生于河南省博爱县县城的一个亦工亦农的劳动人民家庭，以种地为主，兼做磨小磨香油和织袜子生意。我那时在读小学，也参加一些辅助劳动，如洗芝麻、敲炭核、拉风箱、锄地、浇水、拉独轮车往地里送粪等。

1945 年夏天，共产党、八路军解放了博爱县城，建立了人民政权。饱受日伪统治之害的父亲很快就认为共产党好，积极拥护党和人民政权，被选为县工商联合会主席。县城解放前被日伪当局抓去当兵的三叔，也随着县城解放很快参加了八路军。父亲和三叔的革命行动影响了我们全家，我也很快认识到共产党、毛主席就像歌里唱的那样是人民的救星，特别是现在的生活与日伪统治时期相比，真是天上地下。那时我虽然年幼，但日本鬼子的侵略、奴役和日伪政权统治下的兵荒马乱、贫穷灾难，还是给我留下了抹不去的阴影，如日本宪兵队残暴杀人，强迫小学生学日语，小鬼子和汉奸的横行霸道，以及连年不断的水、旱、蝗灾，破庙里的乞丐及流浪的无家可归者，乃至横尸街头的现象屡见不鲜。是共产党、八路军给我们带来了新生活，我开始了解共产党和八路军，对我们党和人民政权产生了感情。

1946年，国共和平谈判失败，蒋介石国民党向共产党解放区发动全面进攻。我们博爱县的人民政权主动向后方撤退，我父亲和三叔也跟随人民政府和解放军撤走。国民党军队占领县城后，我们全家随时都有可能遭受迫害，担惊受怕度过几个月后，1947年6月我们假借收麦子，离开县城内的老家，逃到了解放区。随后，我父亲便送我到当时地处山西省陵川县高平镇的太行第八中学学习，从此我开始直接接受党的教育培养。在解放军向国民党军大反攻后，我们太行八中迁到了河南省沁阳县境内，改称太行第四联合中学；后又于1948年冬迁回焦作市，并改为焦作中学。新中国成立后，美国不甘心失败，又发动了朝鲜战争，在抗美援朝时期，我积极报名参加军干校，但因视力不好未被批准。1950年年底我在焦作中学毕业，接着去汲县中学（现河南省卫辉一中）读高中，并于1953年夏天毕业。在太行八中、四联中、焦作中学和汲县中学这六年，我担任过焦中和汲中校学生会主席、汲县学生联合会副主席、汲县中学党支部书记（我在1950年加入中国共产党）。在学习和工作中，我不仅学到了做人、做事的基本知识和道理，而且受到了党的系统教育和培养，政治思想觉悟不断提高。特别是以下几点对我产生了深远影响。

一是1947年冬，学习《土地改革法大纲》，使我对党的有关政策有了较多了解。

二是1950年3月8日我被党组织吸收为中共预备党员，并随后按期转正，确立了为共产主义奋斗终生的目标和人生观。

三是在《毛泽东选集》（第一卷）出版后学习毛主席著作，使我受到很大教育，第一次接触到系统的中国革命理论，初步意识到马列主义理论和毛泽东思想的重要及博大精深，萌发了学习社会科学的想法。

1953年9月，我考入中国人民大学外交系，后被党和国家选拔留苏，1954—1955年学习一年俄语后，1955年8月我去到苏联列宁格勒大学法律系学习。这是我一个农村孩子根本没有想到的，我从内心非常感谢党和国家对我的关心和培养，努力学习，不敢有丝毫懈怠。1960年夏天我以全优成绩毕业回到祖国，随后被分配到法学研究所工作，在法学所，我被分配到国际法研究室。我是在党和国家、人民的培养下成长起来的，报效祖国、为人民服务，是我应尽的职责和义务。我一心想多做些事情和研究，但是在当时的形势下，研究工作受到局限，几年过去，也只是进行了一些苏联法律和法学著作的翻译。"文化大革命"更使得学术研究成为泡影。

"四人帮"倒台后，党中央拨乱反正，提出改革开放，建设社会主义"四个现代化"和有中国特色社会主义，使我充满了信心和决心，要为党、国家和人民做出一番事业，贡献自己的知识和力量。正是在这个时候，有关政府部门和法学所党组织为我提供了难得的机遇，使我找到了充分发挥自己优势的专业方向和工作平台。

"文化大革命"刚刚结束，1977年，当时主管全国环境保护工作的国务院环境保护领导小组办公室就立即启动了《环境保护法》的起草工作，他们最早敏锐地意识到保护环境需要法律，需要法治。这是他们根据其他国家的经验、1972年联合国人类环境会议的精神和我国的实际情况得出的正确结论，令人敬佩。起草工作开始后不久，他们邀请我们中国社会科学院法学研究所派人参加。当时在我们国家，环境保护和环境法还是新鲜事物，大家对其很陌生。我和我的同事任允正因为在编译室从事外国法学研究和翻译工作，从外文资料中对环境保护法略有一点了解，法学所领导便派我们去参加，要求我们认真准备。是年10月，国务院环保办召开会议，讨论他们委托山东省环保办提出的《环境保护法》草案初稿。在认真听取环保办负责人和草案起草者的说明及大家的发言后，我们提出了一些自己的想法和建议，介绍了苏联的环境保护立法情况。我们的发言得到了环保办和与会同志的重视和欢迎。环保办领导热情邀请我们参加法案起草工作，要我们多收集、翻译一些外国的有关资料，供起草小组研究参考。

实行法治是经过"文化大革命"浩劫后每个法律工作者和全体国民的迫切要求。保护环境是造福人民的伟大事业。在大家的信任和鼓励下，我们满怀激情投入这项工作，把它看作是一次难得的理论联系实际、为国家法治服务的好机会。根据环保办的要求和所领导的指示，我们收集了大量资料，进行研究，并组织翻译了美国、苏联、日本、联邦德国及北欧等国家的有关法律法规，编成《外国环境保护法规选编》，供起草小组和有关部门参考。

1978年4月，国务院环保办在山东济南召开《环境保护法》起草小组第二次会议。会议对山东省环保办提出的《环境保护法》草案进行了全面深入的讨论，全体会议研究了一个基本框架，由我们几个年轻的同志具体讨论拟出章节条文，最后全体会议再次讨论，完成了准备送审的《中华人民共和国环境保护法（试行）（草案）》。我们法学所的两位同志准备充分，发挥了重要作用。我和国务院环保办、山东省环保办的两位同志一起担任执笔人。该草案后经征求有关方面意见，并经国务院审议，于1979年9月13日由全国人大常委会通过，成为我国第一部环境保护法。

参加国家第一部环境保护法的起草,使我受到了很大的教育,开始认识到环境污染和生态破坏的严重性以及环境保护工作的重要性、公益性,我开始爱上了这项造福人类的伟大事业。但由于环境保护法是一门新兴学科,在苏联学习时没有这门课程,只读过《土地法》(其中包括水法、森林法等),为此我深感知识不够,必须重新学习。国家环境保护管理部门对于我参加第一部环保法的起草工作非常满意,诚恳希望我继续参与环境立法工作,并相继下达了《海洋环保法》《大气污染防治法》等起草任务。

由于国家环境保护部门邀请法学所参加国家第一部环境保护法的起草,法学所在全国率先开创了环境法学的研究。法学所领导和社科院领导对这一新兴学科的研究都很重视。1979年春天,韩幽桐副所长曾对我说,胡乔木院长及其他院领导对我们开展环境法学研究很重视,说环境保护很重要,环境法学是一门新兴学科,应当认真研究。于光远副院长也很支持我们的环境法学研究。为了加强这一学科的研究,1980年11月社科院组织由院领导梅益同志为团长的中日友好学者访日团时,把考察日本的环境保护和环境法制作为重点之一,吸收我参加,为我提供了学习提高的机会。

国家环境保护事业的需要、环境保护管理部门的诚恳邀请和期待、社科院和法学所领导的重视和支持、环保事业造福人类的属性,使我受到极大鼓舞;再加上我对环保事业的热爱,使我决心辞去编译室副主任的工作,专心致力于环境法学研究。就这样,我在20世纪末改革开放之初就走上了这门新兴法律学科的研究道路。2009年,为纪念环境立法30年,《中国环境报》记者就制定 1979 年《环境保护法（试行）》和 1989 年《环境保护法》对我进行采访，并在 10 月 30 日发表采访文章，说我"误打误撞与环境法一世结缘"。我的确与环境法结下了不解之缘，并有一定的偶然性；但从国家社会经济发展需要用法治保护环境、我已决心献身国家法治、改革开放后又很快爱上环保事业的角度来说，我与环境法结缘，则是必然的。

二 探索研究奋发前行

改革开放之初，我抓住了有关政府部门和法学所给我提供的机遇，克服资料短缺等不利因素，率先在国内开始了新兴学科的研究。当时，环境法对我们来说是新概念，人们对其知之甚少，因此，我们必须从头探索：什么是环境法？它是怎么产生和发展起来的？它的调整对象是什么？它的目的、功能和作用是什么？它在国家法律体系中处于什么地位？环境法与其他法律是什么关系？它的性质如何、有什么特点？它的基本原则是什么、有哪些基本制度？什么是环境法学？它的研究对象是什么、理论基础是什么、研究方法有什么特点、研究领域和体系如何？等等。从环境立法来说，必须弄清为什么要制定环境保护法，它的目的和作用是什么，环境保护法的体系如何，国家应该制定哪些环境保护法律法规，环境保护法律法规要构建哪些环境保护法律制度，环境保护立法应当遵循什么指导思想和原则，等等。

对于这些环境法学的基本问题，我必须抓紧进行研究。经过日夜努力，我很快取得了初步成果，完成了两篇论文，即《环境保护法浅论》（《法学研究》1979 年第 2 期）和《加强环境保护领域的法制》（《环境保护》1979 年第 4 期）。这是我国最早发表的两篇环境法学论文，对环境保护法的基本问题和我国应如何进行环境立法作了简要论述。但这仅仅是研究工作的开始，经济社会的快速发展要求加快我国的环境资源立法、发展中国的环境资源法学。所以我不得不夜以继日、没有上下班之分，挤出尽可能多的时间去思考、工作，就连吃饭、走路、看新闻时也在想着所研究的问题。就这样，短短几年中，我相继发表了《健全法制，加强环境管理》（1980）、《环境保护立法体系探讨》（1981）、《综合性环境保护法比较研究》（1981）、《违反环境保护法规的法律责任》（1981）、《宪法与环境保护》（1981）、《新宪法与环境保护》（1983）、《土地保护与立法》（1981）、《论海洋环境保护法》（1983）、《中国自然保护的法律调整》（1983）、《建立有中国特色的环境立法体系》（1984）等论文。

随着对各有关环境资源法学问题的单项研究的不断积累和发展，将其提升和系统化、完整化，形成体系成为必需。1983年我完成了专著《环境保护法基本问题》，分总论和分论两部分共14章，用21万多字对环境法的基本理论（包括概念、保护对象、调整对象、体系、性质、特点、基本原则、基本制度、法律责任等）、历史发展及保护生态环境和自然资源、防治环境污染的法律制度等做了较全面系统的论述。这是我国正式出版的第一部环境法学专著，受到学界和实务部门的普遍好评，被许多学校列为教材，被环保部门视为参考书籍。此后，我继续对环境资源法的综合性问题进行研究，并完成了数篇比较有价值的论文，即《略论环境法的实施保证》（1988）、《中国环境法学的发展与展望》（1989）、《关于环境法、自然资源法和国土法的思考》（1989）等。

环境法学研究还有两个重要领域，即外国环境法和国际环境法。环境保护是人类共同的问题，各国的环境法和国际社会的国际环境法与每一个国家的环境法是密切相连的，它们互相借鉴，彼此融合。因此，发展我国的环境法和环境法学，必须同时研究外国环境法和国际环境法。我在这方面也花了许多精力，先后撰写了《日本的环境管理和环境保护法》（1981）、《关于苏联自然保护立法和管理的几个问题》（1984）等多篇论文，并于1990年出版了专著《苏联东欧国家环境保护法》，1994年主编出版了《国际环境法导论》。为修订1978年宪法，我还于1980年编辑了《外国宪法关于环境保护的规定》，由国务院环保办上报国家修宪机构参考。

参加环保部组织的"两委"考察抚仙湖水环境活动（2011年8月）

为了研究和借鉴世界各国的环境法治经验，并向世界介绍和宣传中国的环境法治和环境法学，法学所和有关政府部门及学术团体还多次派我赴日本、民主德国、美国、德国进行访问考察，参加学术会议，让我参加在国内举行的与外国同行的双边、多边学术交流，如国务院环境保护办公室1980年秋天组织的中美环境管理研讨会，多次举行的中日环境保护或环境法学术研讨会，司法部1985年举行的中日和中澳经济法研讨会，1990年、2004年中国承办的两次世界法律大会，1995年第十届亚太法协大会，1995年在北京举行的第五届太平洋环境会议，1997年中国法学会组织的中国—欧盟法律研讨会，等等。这些国外调研和双边、多边学术交流，从各个方面促进了我的环境法学研究的扩展和深化。

随着《海洋环境保护法》《水污染防治法》《大气污染防治法》《森林法》《草原法》《渔业法》《土地管理法》《矿产资源法》《水法》《野生动物保护法》等环境资源法律的颁布及1989年《环境保护法》取代1979年《环境保护法（试行）》，20世纪80年代末90年代初我国初步建立起了环境资源法律体系，基本实现了有法可依，国家进入了健全完善环境法制的新阶段，环境法学研究也随之进一步向前发展。

20世纪90年代国际国内发生了许多重大变化，为中国环境资源法治和环境资源法学的发展提出了新要求。一是1992年6月联合国在巴西里约热内卢召开环境与发展大会，一致通过《里约环境与发展宣言》，明确肯定世界环境与发展委员会在1987年的研究报告《我们共同的未来》中提出的可持续发展战略思想，并通过《21世纪议程》，规定人类在各个经济社会领域中实施可持续发展战略的具体措施，要求世界各国共同执行。中国是环发大会的积极参与者，会后不久就决定国家实施可持续发展战略，并很快制定了《中国21世纪议程》，规定从各个领域实施可持续发展战略的具体要求和措施，包括建立健全保障可持续发展的法律体系。二是1992年10月党的十四大明确提出在我国建立社会主义市场经济体制，对过去的计划经济体制进行彻底改革。三是1997年党的十五大明确提出"依法治国，建设社会主义法治国家"方略，并在1999年将其写入宪法。四是在90年代末中国加入WTO的谈判完成，中国即将正式加入WTO。这些新的情况，要求中国环境资源法从观念到制度都必须进行根本的变革，要求环境资源法学必须适应新要求，加强理论研究，推动中国环境资源法治的进一步发展。

面对新形势新要求，我进一步加深和扩展了对有关问题的研究，先后发表了《可持续发展与环境法制建设》（1994）、《中国有关可持续发展的立法现状和展望》（1999）、《发展市场经济与完善环境法制》（1999）等论文，并出版专著《中国环境法制通论》（与蔡守秋合著，1990）、《生态法学》（与陈茂云合著，2000），参与撰写王家福主编的《社会主义商品经济法律制度研究》（1992）和滕藤主编的《中国可持续发展研究》（2001）等。这些著作论述了实现可持续发展必须将发展放在自然资源和生态环境可支撑的范围和限度内，必须把环境和资源保护放在更高的战略地位，将其融入国家经济社会发展之中，必须对先前制定的环境资源法律法规从立法理念和指导思想到各项制度进行修改，需要制定一些新的法律法规。

建立社会主义市场经济体制，就是要更多地通过市场机制、经济手段去保护环境资源。改变过去的环境资源法律法规主要依靠行政手段，对民事、经济手段规定得少的做法，要修改过去的法律法规，要制定一些相关的新法律法规，并加强与其他部门法的协调配合。

依法治国要求制定良法并切实执行，关键是规范政府行为，政府要依法行政，维护公民的合法权益。但我们过去的环境资源法律法规大都是官本位，规定政府的权利多义务少，公民的义务多权利少，基本上是管民的、管老百姓的。因此，根据依法治国的要求，环境资源法律法规必须在理念上和制度设置上作出根本改变，把重点放在规范政府行为、维护公民的合法权益上。

这个时期，我在1989年提出的整合环境法、自然资源法和国土法为环境资源法的建议，得到了学界和国家有关机构的认可。如国家的学科设置将环境法学改为环境与资源保护法学（人们简称为环境资源法学），全国人大原来的环境保护委员会也改为环境与资源保护委员会。1998年我应该委员会的邀请，提出了《关于环境与资源保护法律体系框架及九届人大期间立法的意见和建议》的研究报告，对有关问题进行了阐述。20世纪90年代后期，学界普遍采用了"环境资源法"这个概念。我也于1999年主编出版了教育部高教司规划的全国成人高等教育教材《环境资源法》。

20世纪70年代后期至90年代末，由于国家越来越重视环境资源法治，我国环境资源法学得到了快速发展。在这种情况下，我的学术研究和立法工作也非常繁忙紧张，这个时期是我环境资源法学研究生涯最为活跃的时期，成果也最多。

进入21世纪，党和政府进一步发展中国特色社会主义理论，提出了以人为本，全面、协调、可持续的科学发展观；构建包括人与自然和谐在内的社会主义和谐社会；建设资源节约型、环境友好型社会；建设生态文明，形成节约能源资源和保护生态环境的产业结构、增长方式、消费模式；坚持改革创新，把有中国特色的社会主义建设继续推向前进。这些理论和决策使环境保护和环境法治工作方向更加明确、任务更加清楚，同时提出了许多环境法治问题需要加强研究。这时，我虽然已经退休，但与环境法的缘分未尽，仍在继续从事我所热爱的事业。这个时期，我的主要研究及成果如下。

（1）发表了《环境问题考量政府依法行政》（2007）、《环境保护工作必须贯彻依法治国方略》（2007）等论文和讲话，大力倡导和宣传环境保护工作必须贯彻依法治国方略，必须依法行政、依法管理；国家各有关法律要生态化，要符合生态规律，有利于生态环境保护；要加强环境司法，严惩破坏生态环境和自然资源的犯罪，积极审理环境民事和行政案件，发展环境公益诉讼。

（2）参加李林所长主持的社科院重大课题《构建和谐社会的法治基础》研究，从构建和谐社会必须坚持人与自然和谐的角度，论述如何健全和加强法治，转变发展方式，节约资源，保护和改善生态环境，实现可持续发展。

（3）在著作中和各种会议等场合呼吁和论述必须全面修订1989年《环境保护法》，并于2008年2月向环境保护部提出一份完整的《环境保护法》修订建议稿及说明。建议稿较好地体现了科学发展观、建设生态文明的要求和我国数十年环保工作的经验及国外的成功办法，对国家有关机构的环保法修订工作和2014年4月24日审议通过新的《环境保护法》起了积极推动和参考作用。

（4）参加中国工程院和环境保护部主持完成的国务院特批专项课题《中国环境宏观战略研究》，担任《环境法制保障》篇（2011）首席专家，和杨朝飞、王曦、别涛等课题组同志们一起，对中国环境法制的发展现状、经验教训、存在问题及深层次原因、面临的任务和进一步完善的对策，作出了全面深入的分析研究，向中央提出了相关建议。

党的十八大把生态文明建设纳入中国特色社会主义事业"五位一体"总体布局，要求"把生态文明建设放在突出地位，融入经济建设、政治建设、文化建设、社会建设各方面和全过程，努力建设美丽中国，实现中华民族永续发展"。此后又把"绿色"作为五大发展理念之一，要求建立系统完整的生态文明制度体系，用严格的法律制度保护生态环境，并进行了科学的顶层设计，采取了多方面措施。党和国家比任何时候都更重视保护生态环境，令人十分鼓舞。因此，我仍将继续关注和研究加强环境法治的有关问题，发挥余热，为建设生态文明的美丽中国奋斗终生。

三 学术活动及社会影响

在50多年的学术工作和近40年的环境法学研究中，我始终坚持马克思列宁主义的立场、观点、方法，以中国特色社会主义理论为指导，从中国实际出发，研究探索经济社会发展提出的环境资源法治问题，与时俱进，不断创新，取得了一定的成绩。独著、合著、主编专著7部，发表论文80余篇，译著译文120多万字，并参加了十多部集体著作和工具书的编写。

1. 学术特点

我的学术研究，可以说有以下四个特点。

（1）一开始就从大环境概念出发研究环境法，既重视环境污染防治，又重视自然资源和生态保护。这在现在已成共识，但初期却并非如此，有人主要着眼于污染防治。

（2）运用法理学、行政法学、民法学、经济法学、刑法学、国际法学、环境学、资源学、生态学等多个学科手段，对环境法进行综合性研究。

（3）研究领域广泛，既重视环境法基本理论的研究，又重视各环境要素单项法律制度的研究；既研究环境立法，又研究环境执法、司法、守法等法律实施问题；既研究中国环境法，又研究外国环境法和国际环境法，通过比较研究，吸收国外和国际的经验，重视其相互联系与衔接。

（4）理论联系实际，积极参加环境立法和执法等活动，使学术研究为国家的环境法治服务。

2. 参加立法、执法等实践活动

（1）参加 1979 年《环境保护法（试行）》《海洋环境保护法》、1989 年《环境保护法》的起草，担任执笔人之一，并参加《大气污染防治法》《固体废物污染环境防治法》《水污染防治法》的制定与修订等法律法规的起草和《森林法》《土地管理法》《草原法》《矿产资源法》《水土保持法》《水法》《环境噪声污染防治法》《节约能源法》《循环经济促进法》等大部分环境资源法律的论证，先后担任《海洋环境保护法》起草小组副组长、《环境保护法（试行）》修订（即起草1989年《环境保护法》）领导小组成员和《水污染防治法》1996年修订领导小组成员。

我在20世纪90年代后期就开始研究和建议修订1989年《环境保护法》，而且多次呼吁和论述其必要性，并于2008年起草了一份完整的《环境保护法》修订建议稿，呈交给环境保护部，对后来国家有关机构修订1989年《环境保护法》，并于2014年审议通过新的《环境保护法》起了积极推动作用。

（2）多次参加全国人大法律工作委员会、环境与资源保护委员会和国务院有关部委的法律法规讨论及征求意见会。

（3）1991年冬，受国家环保局委派赴辽宁参加执法检查；1992年参加全国人大常委会执法检查组赴云南检查《矿产资源法》执行情况；1994年参加全国人大常委会和国务院环境保护委员会执法检查组赴甘肃检查《环境保护法》执行情况。

（4）2006年至今，多次参加中华环保联合会环境污染维权案例分析及有关环境立法、执法、司法、宣传问题讨论。

（5）多次参加国家环境资源部门的执法咨询、干部培训和宣传教育工作，参加中央电视台的有关节目。

在宪法日颁奖仪式上，被评选为2014年度法治人物

3. 培养研究生

我于1983年晋升为副研究员，从1984年开始在法学所培养

硕士研究生，同时还在中国政法大学研究生院做兼职硕士生导师，先后培养了6名硕士。从1995年开始培养博士研究生，共培养了3名博士，另外还有5位博士后。我热爱培养人才的教学工作，爱护学生，治学严谨，对学生严格要求，言传身教，精心培育。虽然带出的学生数量不多，但都很优秀，多数已是教授、博导和高级律师，都是法学界的中坚力量。我还非常热心帮助其他单位的学生，全国各地的许多青年学子都喜欢与我交流、向我咨询，我总是鼓励、帮助青年人去攀登科学高峰。

另外，我还在北京、淄博、长沙、张家界、南宁、徐州、乌鲁木齐等地为十多个经济法硕士研究生班讲授环境资源法；自80年代起，先后在北京市，中央有关单位，以及山东、山西、河北、河南等地举办的干部培训班上讲授环境资源法；在三峡学院、华东政法大学、山东师范大学、山东科技大学、山东农业大学、河南大学、武汉大学、中国人民大学、清华大学、浙江农林大学、西南政法大学、重庆大学等高校讲学。

4. 主要学术观点

在多年的学术研究和参与立法执法等实践活动中，我提出了许多自己的思想、看法、观点和建议，其中比较重要、有较大参考价值的有以下内容。

（1）在20世纪70年代后期就提出，保护环境是现代国家的一项重要职能和任务，环境保护法是现代国家法律体系的重要组成部分，建议国家加强环境立法和依法管理，尽快建立符合中国实际的环境保护法律体系，并提出了环境法律体系框架。

（2）认为环境法是一个独立的部门法，其调整对象和范围，既包括污染防治，也包括自然资源和生态环境保护，论述了环境法的基本原则、基本制度以及综合性、社会性、科技性、共同性等特点。20世纪80年代后期，又进一步提出：环境保护法、自然资源法、国土法具有共同的调整对象、目的、任务，其基本原则也大体相同，可以考虑将其整合为环境和国土资源法或环境资源法，建立统一的环境资源法体系。

（3）根据环境法的特点，认为环境法学是一门具有很强综合性的边缘学科和交叉学科，其研究对象、研究方法、理论基础、体系等，都有自己的特点，并提出了环境法学体系结构框架。

（4）在20世纪80年代初人们法律责任意识薄弱而且很不明确的情况下，较详细地论述了环境法律责任问题。在起草《海洋环境保护法》的过程中，提出设立"法律责任"专章，明确区分民事责任、行政责任和刑事责任；对海洋环境污染民事损害赔偿实行无过错责任；通过行政调解和司法程序解决污染纠纷；赔偿海洋污染损害造成的国家损失。在单项法律中设立"法律责任"专章，以后成为惯例。

（5）在环境立法不断发展、初步有法可依的情况下，较早和及时地提出并论述了环境法的实施问题，建议建立一整套保证环境法实施的机制，从环境行政执法、司法、监督、宣传教育等多个环节，保证环境法的实施。

（6）认为保护环境不仅需要环境资源法，还需要其他法律部门的配合，法律应当生态化，国家各有关法律法规都应该贯彻可持续发展战略思想，尊重自然生态规律，从各个方面保护生态环境，促进人与自然的和谐发展。

（7）重视环境司法的作用，较早并长期呼吁加强环境司法，通过审理民事、刑事、行政环境案件，惩处环境违法犯罪行为，维护国家和公民的环境权益和正义，运用最具国家强制力的手段保护生态环境和自然资源。

5. 社会影响和兼职

我在环境资源法学领域的开拓性研究，以及对我国环境法治建设做出的贡献，受到学术界和国家有关部门的重视和肯定，1984年被国家环境保护局聘为法律顾问；1992年因在社会科学研究方面有突出贡献而受到国务院表彰，享受政府特殊津贴；1993年被国务院环境保护委员会聘为科学顾问；2005年被聘为中华环保联合会法律专家委员会委员；2006年被聘为国家环境咨询委员会委员至今；2007年被聘担任第四届中国环境与发展国际合作委员会中方委员；2009年被《当代中国法学名家》编委会评选为中国法学名家；2010年被北京市法学会授予首都法学研究突出贡献纪念奖；2010年7月被环保部、中国工程院授予中国环境宏观战略研究工作先进个人；2014年因"一生致力于环保法的制定与修改，笔耕不辍"，被中央电视台和全国普法办公室评为2014年度法治人物。发表在《中国环境科学》1981年创刊号上的论文《环境保护立法体系探讨》，被收入权威性的《中国科学技术文库》；1983年出版的全面、系统论述环境保护法的专著《环境保护基本问题》，被日本学者详细介绍到日本；发表在《中国环境科学》1989年第5期上的论文《中国环境法学的发展与展望》，获该杂志1989年度优秀论文奖。《生态法学》一书在2002年获第十三届中国图书奖。1986年的两篇论文被译成英文刊登在美国的一家杂志上。

我先后担任中国环境管理、经济与法学学会常务理事，中国环境科学学会理事，国土资源法研究会副理事长，中国法学会环境资源法学研究会副会长。现任中国环境资源法学研究会学术委员会主任，中国环境科学学会环境法学分会名誉会长。

我还一贯乐于帮助其他单位和同志，许多后来开展环境资源法学教学和研究的单位和同志，都得到过我的支持和帮助。我认为环境法治和环境法学研究是一项长久的国家大事，需要大家团结一致共同努力，一代接一代地去探索、推进、创新，所以，无论谁找我帮助，我都尽心尽力。我还积极与别的法律学科的同志交流沟通，向其他学科学习，在各种场合宣传和介绍环境保护和环境法，争取别的学科对环境法的理解和支持，因此，在学界得到广泛的认可和好评，被邀到许多单位去讲学。我还受聘担任华东政法大学、西南政法大学、中国海洋大学、福州大学、浙江农林大学等高校的兼职教授。

6. 翻译

我还想讲几句关于我的翻译工作。在转向环境法学研究前，我主要是从事苏联法研究和翻译。我喜欢翻译工作，而且比较得心应手，转向环境法研究后也没有丢弃。我参加翻译的著作和法典有十多种，独译论文和法规近70件，共约120万字。其中环境资源法方面的有20余件，包括《苏俄自然保护法》《苏联水立法纲要》《苏联大气保护法》《苏联动物界保护和利用法》《苏联的生态政策》《法院适用自然保护法规的实践》《苏共中央和苏联部长会议关于根本改革国家自然保护事业的决议》《生态与法》《俄联邦环境影响评价条例》《俄罗斯环境保护法和土地法典》等。

从整个法学来说，具有重要价值的有：《苏俄民法典》《苏俄婚姻和家庭法典》《行政违法行为法典》《政治学说史》《国家和法的理论》《国际法》等。

我和另外两位同志翻译的巴枯宁名著《国家制度和无政府状态》一书，由商务印书馆于1982年内部出版发行，2013年作为汉译世界学术名著丛书重新出版。

总结这几十年紧张而愉快的法学研究生涯，我的体会是：法学研究必须坚持正确的学术方向，以马克思列宁主义和中国特色社会主义理论为指导，从中国国情出发，理论联系实际，老老实实与时俱进地探索和勇于创新，为国家和人民服务；同时，扎实的基本功和外语也很重要。我之所以能比较顺利地从原来的专业转向新的学科研究，并取得一定的成绩，得益于这些平常但却是真理的因素。

七十华诞与部分学生和研究室同事在一起（2003年）

回顾我走过的道路，想到自己从一个小县城的农家孩子，到树立共产主义信念和人生观、上大学并到苏联留学，成长为国家最高学术殿堂的一名法学研究人员，能为国家和人民做一些有益的事情，贡献微薄力量，我由衷地感到快乐和欣慰。我从内心里感谢党、人民和国家的培养，也感谢我中国和苏联的老师们对我的培养。我衷心祝愿祖国越来越强盛、人民越来越幸福、生态环境越来越美好。

马骧聪

2011 年首发于中国社会科学网

2016 年春修订

王家福
Wang Jiafu

男，1931年2月生于四川南充。1950年考入北京大学法律系；1955年被选派赴苏联留学，入列宁格勒大学法律系，师从著名民法学家奥·沙·约菲教授；1959年毕业，获法学副博士学位。

1995年，在中共中央第二次法制讲座上，做题为"社会主义市场经济法律制度建设问题"的讲座，系统阐释社会主义市场经济法律体系的构想；1996年再次进中南海，在中共中央第三次法制讲座上，做题为"关于依法治国、建设社会主义法治国家的理论和实践问题"的讲座，建议将"法制国家"改为"法治国家"，倡导将"依法治国"确定为治国基本方略。2009年当选全国普法办和中央电视台评选的"2009年度十大法治人物"。曾任第八届全国人大法律委员会委员、第九届全国人大常务委员会常委、法律委员会委员；国务院学位委员会法学评审组成员、国家社科基金法学评审组组长；中国法学会副会长、中国民法经济法研究会会长、中国法学会学术委员会主任、中国民法学会名誉会长；中国国际经济贸易仲裁委员会副主任、中国海事仲裁委员会顾问、中国国际经济贸易仲裁委员会顾问；全国总工会法律顾问、北京市人大常委会法制顾问；中国社会科学院法学研究所所长、中国社会科学院研究生院教授、博士生导师、中国社会科学院人权研究中心主任。现为中国社会科学院学部委员。

用法治改变中国

一　求学经历

我生于巴山之中，长于蜀水之畔；虽无富贵殷实之家业，却承朴素正直之家风。父亲是个踏实勤勉的人，从家乡南充一家定头字号的学徒，做到该字号重庆分庄的经理；在 1947 年遭人排挤而无奈失业后，遂与亲戚合伙做些小买卖。虽然世道艰难、谋生不易，但始终保持着行为正派、做人端谨。母亲则一心操持家务，幼时常闻亲友赞其善良贤惠。我自八岁开始求学生涯，先念过一年私塾，后进入南充县城的小学；1941 年我与母亲离开家乡到重庆投奔父亲，在那里度过余下的小学和中学时光。虽然长期住校，不能常伴双亲左右，然深感父母之馨德，其言传身教不敢片刻相忘。"要做好人，要做有用的人"，这平实的表达承载着他们沉甸甸的寄望。

在重庆求学期间，正值抗日战争和解放战争时期。抗战那些年，那是怎样一片浓重幽深、漫无边际的黑暗岁月呵。目睹着自己的家园被日寇狂轰滥炸，三千多的同胞因轰炸而惨死，战争无情，侵略可憎，更哀吾国之不幸，怒吾民之不争。抗战胜利后，又亲历着国民党政府在抗战胜利后的独裁专制、妄自发动内战、制造金融危机、搜刮民脂民膏等种种恶行，萌生强烈的冲动去冲破暗夜，拥抱黎明。当沐浴在今天的阳光之中，从来不曾深陷这黑暗之中的人，也许会天真地觉得我有点危言耸听，实则不然。有件事至今让我记忆犹新。1948年重庆的"9·2"火灾，火势一直蔓延到我家隔壁才得到控制；全家尚在近在咫尺的危险面前惊魂未定，国民党特务却以我父亲受延安之命纵火之名将他押走。那帮匪徒用冰冷的枪口对着我的父亲，放肆地对我和母亲进行敲诈勒索。家里本不宽裕，无奈之下只得举债救父。从此，我对国民党的特务政治深恶痛绝；深知若墨色不褪、曙光未现，当专制者张开他的血盆大口时，普通人的生命与尊严将贱如蝼蚁。我和当时所有具备良知的热血青年一起，向往着民主，憧憬着自由，祈愿着和平，热切盼望着国家的新生。我们参加各种反饥饿、反内战的游行示威活动，在校园里传唱解放区传来的革命歌曲，唱到"解放区的天是明朗的天"，大家眼里总会闪烁着希望的光。1949年春天，我和另外一个同学因属于"学运积极分子"，被学校开除学籍，并通知重庆市其他学校不得接收。后来，父亲托他在民生轮船公司的朋友帮忙，才使我们得以于北碚的兼善中学暂时栖身。直至1949年10月21日重庆解放，我才再次回到曾被开除的广益中学继续学业。那一天，我乘着木船顺嘉陵江漂下，满目江水滔滔，思绪如风起云涌。

怀揣范希文式忧国忧民的赤子之心，胸存林元抚式生死不渝的报国之志，放眼新中国的这万里河山，内心只觉跃跃欲试，望自己他日能有所作为。1950年高中毕业后，我离开重庆，赴祖国的政治中心北京求学。当时有同乡正在北大中文系念书，是名共产党员，对来京备考的我和其他同伴照顾有加。他不仅安排我们住进北大的学生宿舍，还替大家找来饭票。若非得益于他这番慷慨相助，我亦很难心无旁骛地备考并如愿进入北大法律系。燕园里的清风习习，书声朗朗，似乎犹在昨天，近在眼前。记得时任北大法学院院长的钱端升先生讲授新民主主义理论，理之深，情之切，仿佛掷地有声。记得时任《新建设》杂志的张志让先生讲授宪法课，他博古通今，学识气度皆使人钦羡不已。当然，还有马寅初先生就任北大校长那日，民主广场上人声鼎沸，欢迎仪式非常盛大而隆重。那些学生时代的记忆啊，经过岁月的洗涤似乎变得更加清晰。

1951年8月，我与北大、清华、燕京和辅仁大学法学院的其他教员和学生，以及中央文化单位的工作人员，共同组成中央土改团，赴往广西柳城参加土改工作。在两期土地改革中，分别担任小队长和副大队长。从象牙塔到村社田间，唯有亲身踏上中国乡土，才能真正读懂乡土中国。另外，群众工作的实践也使我受益匪浅。次年7月土改结束，我随团返回学校。时逢国家实行院系大调整，北大、清华、燕京、辅仁与浙大法学院合并，成立北京政法学院，即现在的中国政法大学。我与20多位同学一起奉调参与建校工作，被分配到业务教研室，承担教学辅助工作，勉强可戏称是法大的"元老"。

自1953年8月从北大毕业，我又于1954年上半年获得学院推荐，有机会参加留苏研究生考试，并被最终录取。经北京俄语专科学校（现北京外国语大学）留苏预备部为期一年的俄语和哲学学习，随后于1955年8月进入前苏联列宁格勒大学（现俄罗斯圣彼得堡大学），就读法律系，师从著名民法学家奥·沙·约菲教授，攻读法学副博士学位。临行前，国家给每位留苏学生细心地准备了行囊，还通过学校提供人均每月700卢布的生活费，只为学生可以专注学业而无后顾之忧;这无微不至的关怀照料,似父母对子女般的涓涓情意,而今每每忆及,仍觉甚是感动。留苏四年,日日与书香为伴,未敢有丝毫懈怠。自在地徜徉在民法、政治学与哲学经典著作的浩瀚海洋,常常如醉如痴,流连而忘返。完成学位论文的撰写并通过答辩后,我于1959年6月获得前苏联法学副博士学位。当月,我便和已经完成学业的张仲麟同志结伴而行,迫不及待地踏上归国之路。纵然异域的风光如何妖娆,游子魂牵梦绕的,唯有故园山水间那熟悉的一草一叶而已。

生活照

个人即是时代的缩影,透过自身的际遇足以瞥见时代的命运。从巴渝到首都,再到圣彼得堡,由垂髫稚子成长为青年学者,祖国亦经历着让人欣喜的成长和蜕变。爱国之心未移,报国之志不改，既然学业已竟，不免扪心而问：我能为新中国的法律建设做些什么呢？

二 初入法学所

党中央为加强法制建设，根据董必武同志的建议于1958年正式成立法学研究所。1959年，我被分配到法学所工作。在张友渔、周新民和韩幽桐等前辈的悉心培养下，正式踏上自己的法学研究之路。参与集体项目的经历既令人愉悦，又受益颇深；有深入细致的集体研究，有热火朝天的集体讨论，更有思想碰撞交汇的集体创造。身处新中国法学研究的最高殿堂，意味着特殊的责任和使命，去回应党和国家的关切，致力于解决中国社会重大的现实问题。我们所要从事的法学研究，是扎根于中国的历史和土壤之中的、具有生命力的研究，而非流于空泛缥缈的抽象学术论争。又所谓研究者，学而思，思而复学；勇于问，恒于勤，执于慎，贵于真。前辈们以身作则，学品与人品皆使人动容。张老曾有言："不准抄书，就是抄毛主席的书也不给稿费。"我从事法学研究多年，始终谨记学术研究的独创性与严谨性，且算不负诸位前辈的殷殷教诲。细细想来，若非国家提供的助学金，我恐不能顺利完成学业；若非中国社科院（1977年之前为中国科学院哲学社会科学学部）和法学所专门进行培养，之后的法学研究之路许是另外光景。所以，最大的感悟就是：做人始终要有一颗真诚的感恩之心。心存感念，感激人生道路上遇见的每分善意，以及给予自己善意的人。他人投桃，我便报李；点滴恩情，涌泉相报。有感恩，继而有善心，有公心，亦有知足心。我的想法其实非常简单，既然国家培养了我们，我们就更该以己报国。尽我所学，为国所用；去为法学所，为社科院，也是为我们的国家竭尽自己的智慧和才能。

  初到法学所，正值法律虚无主义盛行，我所学的民法也被认为暂时无用。因此，所里分配我到法学理论组，开始自己十数年的法学理论研究。那时远远不到法学研究的黄金时期，相反，整个社会普遍弥漫着轻视法律的论调。但全所同仁，无论学界前辈抑或年轻学者，专注国家重大法律问题的研究工作竟无丝毫怠惰；既出于学者求索新知的单纯热情，亦发乎民众关怀家国的赤子之心。我到所里短短四五年间，已经参加过大约7本书的撰写。遗憾的是，因为当时的特殊环境，大多数作品完成后皆未能出版，甚至是受到中宣部文科教材编辑办公室肯定、并按指示进行修改的《法学基础》一书，最终亦未能付梓。与学术环境的艰难相对的，却是学术气氛的热烈。我们打印出书稿之后，作为珍贵的学术档案加以收藏，然后继续全心投入学术研究。不同于中国传统意义上的士人，我并非一个永远关在书斋里的研究者，会经常参加从车间到农田的劳动，参与过各种政治运动，也深入其他部门进行实际的调查和工作。我愿意由更加鲜活的真实社会生态中，而非仅从纯粹的书页与文献间去尝试读懂我的国家。切身地走进中国社会，走进中国人民，更能不断锤炼自己的为人之德与治学之心。我在参加"四清运动"时，深刻地感受到把社会主义建设纳入法治轨道的重要性。如果教育问题、纪律问题、违法问题和犯罪问题含混不清，然后简单诉诸群众运动的方式以期解决，结果只会适得其反。在未来社会主义法治建设的漫漫长途上，我作为一个法学研究者是多么的任重道远。

三　建设法学所

现在的中国社会科学院，在中国科学院哲学社会科学学部的基础上建院，由享有崇高威望的理论家胡乔木同志担任第一任院长。当时，党的改革开放路线、方针和政策已然确立，哲学与社会科学研究终于迎来自己的春天。在社科院的面前，展现出前所未有的发展机遇，其成为党中央重要的智囊机构，参与重要国事的商议，每天都有振奋人心的消息传来。

1978年上半年，法学所召开全国首次法制座谈会。会议在公安部的礼堂召开，由时任所领导的韩幽桐同志主持，在京的法学界知名人士大都参会。那是中国法学界第一次解放思想的会议，会议将为十一届三中全会的召开提供民主法制思想和理论支持，在中国法学史上具有举足轻重的意义。同年，中央对《红旗》杂志社进行整顿，从社科院各所抽调同志帮助工作，当时法学所的吴建璠、张仲麟等同志即在其中。年底，我还与社会科学院其他所的同志参加了党的理论务虚会，聆听并学习了邓小平同志关于坚持四项基本原则的报告。

1979年，奉党中央的指示，法学所派吴建璠、刘海年、欧阳涛、张绳祖四位同志参加了对"林彪、江青反革命集团"的审判工作。他们提出"严格划清错误与犯罪的界限"和"关于适用新刑法"的建议，最终得到中央采纳。其实，这是法学所集体智慧的产物，在新中国历史上极具影响力的刑事案件审理过程中，发挥了重要的作用。另外，刘海年同志还被任命为助理检察员，参与了对"林彪反革命集团"起诉书的起草工作。

1978到1979年期间，我国法律建设进入到黄金时期。立法机关针对刑法、刑事诉讼法、全国人民代表大会和地方各级人民代表大会选举法、地方各级人民代表大会和地方各级人民政府组织法、人民法院组织法等法律，纷纷展开起草和修订工作。新的法律法规如雨后春笋般出台，形成改革开放以来第一次立法高潮，法学所的高西江、王叔文、吴建璠、张仲麟、徐益初等同志均参与其中。我也参加了1979年的五届人大二次会议政府工作报告的起草工作，与滕文生同志共同负责民主法制建设部分。报告谈到发扬社会主义民主、加强社会主义法制，还谈到树立公仆意识、反对特权思想。下半年，刘海年、李步云同志和我又应邀参加中央六十四号文件即《中共中央关于坚决保证刑法、刑事诉讼法切实实施的指示》的起草工作。文件明确提出了法治的命题，强调加强和改善党的领导，要求法院依法独立行使审判权，取消地方党委审批案件制度。看到法治在这片土地上重新蓬勃生长，能够和所里的同志们一起为新中国的法治建设添砖加瓦，既满心喜悦，又无比自豪。

1980年11月，刘海年、李步云同志和我撰写了《社会主义民主和法制的里程碑——评审判林彪、江青反革命集团》一文，经林涧清同志审阅定稿后，作为人民日报特约评论员文章，发表于1980年12月22日《人民日报》头版。新中国本是浴火重生百废待兴，法治建设道路更是荆棘重重路远且长，当社会主义民主与法治之光开始普照亮整个中国之时，法律人自是难以抑制内心由衷的畅快。文章见报后，国内外均反响热烈。1982年我国宪法再次修改，法学所的同志们亦不吝才智，纷纷参与。老所长张友渔同志担任宪法修改委员会副秘书长，王叔文同志担任宪法修改委员会秘书处工作人员，法学所宪法研究室则在修宪过程中作了大量的资料工作。

改革开放的号角吹响之时，中国法治建设亦熬过了凛冽的寒冬。社会主义民主与法治正在新中国的土地上昂首阔步，法学所是它们的见证者、参与者，也是建设者和推动者。在这段值得被所有法律人永远铭记并反复追忆的时光里，我们与法学所共成长，而法学所与中国法治共前行。我和法学所的其他同志们，为法治建设殚精竭虑、废寝忘食，始终与人民同呼吸、和国家共命运。

经过1978年十一届三中全会，在国家工作中心从阶级斗争转到经济建设的大背景下，法学所的民法经济法研究室诞生了，由我担任研究室的负责人。法学所是改革开放以后，国内最早开展民法和经济法研究的学术单位。伫立在时代的潮头，我的内心亦如潮水涨落，激动不已。当初留苏所学，终有用武之地，惟愿不辱使命，辅吾国法律之渐进，助吾国经济之腾飞。

在1980年，我们研究室集思广益，写成《经济建设中的法律问题》一书。书籍出版那日，同志们都非常振奋。这是研究室成立之后的首个重大成果，更是国内首部阐释经济建设过程中相关法律问题的著作，被视作新中国民法与经济法发展史上极其珍贵的学术资料。书籍的内容涉猎甚广，基本涵盖国家经济建设所涉及的最主要法律制度，以期向直接投身改革的决策者提供丰富且充分的法律意见。宏大的格局与完整的体系正是著作的特色，有关经济组织的法律地位、财产所有权制度、合同法律制度、劳动法律关系、投资与基本建设法律制度、物资供应法律制度、发展科学技术法律制度、环境保护法律制度、经济司法和经济仲裁法律制度的研究成果均被收入。研究民法与经济法专业的学者，无论具体的分支与方向，总可以在其中找到领域内问题的早期成果。而这本书的出版，不仅在当时的法学与经济学界颇为瞩目，也受到政府经济主管部门的青睐和重视。书中所述观点亦常常出现在政府的决策意见、立法机关的讨论和司法机关的裁判文书中。我们民法经济法室通过自己的研究，实实在在地，为新中国的改革开放贡献出自己的力量。研究室的同志们纷纷跻身各个方向的前沿，成为经济法、知识产权法、环保法、科技法、公司法、土地法、涉外经济法等研究领域中的学术中坚力量。

忽忆初来法学所的光阴，前辈们的告诫犹在耳畔，真正有意义的研究不是闭门造车式的，而是与我们生活的这片土地血脉相连。自己从事法学研究的过程里，是否算是践行了这一标准呢？

四 "以法治国"的先声

十一届三中全会前后，我和法学所的四位同志专程赴陕西、湖北、四川、重庆等地，就民主法制问题开展调研。因是国家最高社会科学研究机构的学者来访，接待单位自然都非常重视。而且置身解放思想的时代浪潮中，当地百姓亦踊跃地献言献策，以期加快推进新中国的民主和法制建设。调研中收集整理的情况，由韩幽桐同志与我于返京后向国务院研究室进行详细汇报。在汇报中重点强调的问题包括：禁止非法拘禁、刑讯逼供、"打砸抢"现象；废除有罪推定，实行无罪推定原则；保护被告的辩护权，实行有利被告原则；加强和改善党对法院的领导，保证法院公开、公正、独立行使审判权等。这些都是被地方单位和百姓反复提及、亟待解决的疑难问题。

1979年，与夏淑华同志合作的论文《发扬民主，健全法制，加速实现四个现代化》在《哲学研究》上发表。新中国的法制建设还有诸多理论问题尚待厘清，身为法学研究者的我们，既须面对学术能力的挑战，亦要承担国家发展的责任。我们在论文中郑重地强调，无产阶级专政需要健全法制，要端正法制建设的指导思想，认识以法治国的重要性。因为缺失法制的民族会面临多么可怕的命运，对此历史已经发出过警告的声音。我们在论文中谈民主与法制的关系，民主要制度化、法律化，制度、法律都要民主化；必须划清民主、法制同专制主义、无政府主义的界限；民主与法制不可侵犯。澄清民主与法治之间的辩证关系，属于奠定中国法制建设根基的关键性问题。我们也不忘在文中作出对党内法制思想建设的谏言，即克服党内长期存在的人治思想，克服把阶级斗争同法制对立起来的做法。党委必须守法，党内斗争必须守法，必须对侵犯民主制度、法律制度的人给予坚决制裁。夏淑华同志和我通过回首新中国走过的法制历程，察其所得，观其所失，发出全面改革开放语境下属于法学研究者的声音。

1989年2月，法学所和《法学研究》共同组织召开"中国法制改革学术研讨会"，联合奉献给法学界一场令人瞩目的学术盛宴。会议的主题源于国家发展过程中的重要关切，促使法学研究者们承担起自身的时代使命，因此与会者皆表现出浓厚的研究兴趣与热情。会议由刘海年同志主持，法学所有诸多同志参会，其中便包括张友渔同志和王仲方同志。整场会议的发言亮点频现，于法制改革具有重要推动意义的观点被多次提出，虽然参加过各种各样的学术会议，但这次印象却是尤其深刻。讨论会提到立法体制改革、行政法制改革、司法制度改革、民事法律制度改革、经济法制改革、刑法制度改革、诉讼法制改革、监狱法制改革等一系列问题。围绕它们的论辩即使是置于当下的中国，仍具有不容低估的现实意义。另外，会议也涉及更原则、更抽象的内容，强调法制应当公开化、法治观念要更新、法制改革要从实际出发有步骤进行等，构成中国法制改革中必须坚守不移的根基。能够给中国法学界提供这次思想碰撞和观点交锋的契机，我们法学所当然感到高兴；将最顶尖的学者们齐聚一堂，给中国未来的法制改革作出理论上的系统筹划。这次学术研讨会议如期地圆满落幕，但中国法制改革的征程才刚刚开始。我认为，我们已经提出了许多好问题，接下来该给问题作出漂亮的回答。

参加学术会议

研讨会结束后，刘海年、李步云同志和我合作撰写《论法制改革》一文，并在《法学研究》上刊发。在法制改革这一于国家意义深远的题目面前，法学研究者总有孜孜不倦的研究热情。我们分析中国法制改革的历史必然性，尝试从时间的维度去发掘制度变革的内在成因。我们强调法律至上原则，作为对曾经盛行之法律虚无主义和传统人治观念的深刻反思。我们呼吁建立完备的法律体系，它不仅适应社会生产力发展的需要，也切实保障公民的权利和自由。我们督促党在宪法和法律的范围内活动，以逐步建立高度民主的法治国为目标。并且，我们郑重申明更新法律观念的重要性，抛弃把法仅看成是阶级斗争工具的观点，摒弃重义务轻权利、重"官"轻民、重国家轻个人的观念，尤其是，要改变人治思想、树立法治观念。国家的重大制度变革非同儿戏，即使规范政策的细微调整，也可能意味着翻天覆地的社会变更。在社会主义法治建设的道路上，我们既然已经看到曙光，我和我的同仁便会朝向正确的方向，为此竭尽全力，保证它不再堕入黑暗之中。

五　民法起草

　　法典，不仅是法律体系化的结晶，更是国家凝聚力的符号。黑格尔曾在《法哲学原理》中慷慨陈词："否认一个文明民族和它的法学界具有编纂法典的能力，这是对这一民族和它的法学界莫大侮辱。"中国的民法典制定，承载着所有中国民法学者的向往，意味着中华民族文明发展与国家昌盛的法律表达。

　　1978年年底，法学所接到胡乔木同志转来的一封书信，由一位负责同志写给中央，信中提出不要制定民法典的建议。兹事体大，胡乔木同志要求我们认真研究民法典制定的必要性和可行性问题。所里的同志们挑灯夜战，经过详细的分析、严谨的论证以及慎重的讨论之后，认为信中所提建议颇值得商榷。相反，中国亟须制定属于自己的民法典。因此，法学所随后向中央提交了关于制定民法典的建议报告，不但论证了制定民法典的必要性，而且初步提出了制定民法典的基本设想。令人欣喜的消息传来，建议报告为中央所采纳，并批示由全国人大法制工作委员会与法学研究所联合试拟民法典草案。准备工作紧锣密鼓地进行着，民法起草中心领导小组随即成立，以杨秀峰同志为组长、陶希晋同志为常务副组长，我们法学所的所长孙亚明同志也属小组成员，小组中汇集了全国最顶尖的民法学者。不久，民法典的第三次起草工作正式开始，所里部分同志也参与到其中。法典的制定具有里程碑式的意义，任务混合着非凡的荣耀与责任，因此大家莫不倾己之智，严阵以待。试拟工作进行得颇为坎坷，历时三年，四易其稿。囿于社会条件尚不甚成熟，最终并未能正式形成法案。但此次群策群力的民法典起草工作，依然毫无疑问地值得被历史郑重书写，无论于民法学界，还是整个新中国，都占据着举足轻重的地位。它是我国民事立法漂亮的首战，替未来打下扎实的根基。

法律自国家鲜活的历史生命和社会生态中发生，断不是纯粹的理性演绎和表达。通过深入各地开展调研来完善自己的研究，已经成为法学所的一种传统，一份无须明言的默契。当然，重视学术资料的收集整理，关注学科发展的焦点动向，与不同法律背景的国家进行学术交流，或者组织域外制度考察，专注于学术能力的提高和学术嗅觉的培养，同样是法学所的一种风格。两者有机结合并协调成长，正是我眼中法学所可爱又可贵的地方。虽然民法典制定的脚步不得不放缓，改革开放后市场的建立却呼吁着民事法律的系统颁行。20世纪80年代中期，由彭真同志主持起草《民法通则》。作为国家法学研究的重要阵地，法学所自然参与其中。正式公布的《民法通则》里，凝结着我们的智慧和心血。《民法通则》给新中国民事法律制度打下牢固基石，是国家逐步实施市场经济的坚定法律后援，它的价值与影响之巨大实在毋庸赘言。当我回首自己的整个研究生涯，能够有幸参与这项伟大的事业，并且成为其中一抹鲜明的亮色，总是情不自禁地微笑起来。后来，国家先后制定《合同法》和《担保法》（民法研究室的工作此时已由梁慧星同志接替主持），民法研究室一如既往地在法律起草中充当学术中坚力量。同样是这段时期，民法室研究写成《物权法》和民法典的专家建议稿，其学术质量在学界内外有口皆碑。而当《物权法》起草的关键时刻，恰逢孙宪忠同志主持着民法室的工作；他留德归来，在物权法上造诣颇深。《物权法》里诸多的重要制度，字里行间蕴藏着民法室同志们的反复论证，甚至是据理力争；透过看似简单的法律条文，常会窥见更丰富而有趣的法律发展史实。随着社会主义法制事业和学科建设的发展，1988年由民法研究室分立出经济法室，由王保树同志担任主任；1992年经济法室更名为商法经济法室，先后由王保树、马骧聪、王存学、崔勤之、陈甦担任主任，是当时国内商法经济法学研究的重镇。2002年商法经济法室又分立为商法研究室和经济法研究室，其中商法研究室，由邹海林同志主持，在国家商事领域的研究中亦颇有建树；经济法研究室由王晓晔同志主持，同样活跃在国家经济法研究领域的前沿。

虽然法制史上蒂堡与萨维尼的激辩早已硝烟散尽，但无论技术功能还是精神象征，制定属于自己的法典终是一个民族孜孜不倦追求着的目标。而今，当完整的民事法律体系已然基本形成，中国民法典的制定正式重启。民法室依然会带着充沛的科研热情，秉着严谨的科研态度，来承担自己的学术使命。而我对民法研究室的发展，以及正在制定的民法典，始终充满着期待。

自改革开放以来，市场与计划之辩可谓经久不息；发生在民法学与经济法学之间的学术争辩，恰是前者在法学领域的投影。当时尚在实施改革开放的初期，计划经济的思想仍然顽固，市场经济的思想亦开始萌芽。民法与经济法都是与一国经济联系密切的法学学科，面对变动中的国家经济体制，其调整范围自然含混不清，有关两者法律地位的认识分歧似乎在所难免。我之所以清晰地记得这场论辩，是因为它当年在法学界迸发出的巨大能量，也因为歧见背后更复杂深刻的经济社会根源。苏联法学家拉普捷夫的著作《经济法总论》，在我的组织下被译为中文，进入中国学者的研究视野。书中提出的纵横经济法论，虽非苏联法学界主流观点，却也贴合我国经济社会的现实情境，在国内法学界引起相当关注。引进国外法学经典著作，可以作为认识中国问题的参考意见。法学所多次组织相关会议，民法学者们与经济法学者们在会上不断进行着观点交锋；却又因持续的思想碰撞，走进自身研究领域以外的对方世界。这样的学术对话很让人怀念啊，气氛既热烈又愉悦；每个人都带着开放的学术心态，乐于认识并抛弃自身的偏见。

法学界的这场论战确实是里程碑式的，最终形成丰硕的学术成果。它不以孰胜孰负为终点，归根结底，正如市场与计划不可偏废，民法与经济法本无优劣之分。但随着论战的进行，民法与经济法之间的界限逐渐变得清晰，它们在调整范围、调整方式及社会功能诸多方面的区隔在学者间基本达成共识。论辩的结果不仅决定着法律自身的发展，亦勾勒出法学学科未来的发展路径。

论战中形成的学术研讨模式，已经成为学者间对话交流的范本。优秀研究者的思维应当是专业的，但绝非封闭的；头脑中的知识不是简单互斥，仅能容纳"民法"或"经济法"，而是关于世界的整体认知。民法与经济法的论战中，我个人并无"偏心"。1983年，我和王保树同志共同撰文，论述加强社会主义经济法制建设的问题。2001年，我写成《WTO与社会主义市场经济法律制度建设问题》一文，分别发出制定民法典、完善商法体系和健全经济法的倡议。我一直认为，新中国的社会主义市场经济建设，既有民法的舞台，也有经济法的天地。

六　中南海法制讲座

"把社会主义和市场经济结合起来是一个史无前例的创造，建设社会主义市场经济法律制度是一件崭新的事业。"1995年初，我应邀到中南海进行法制讲座，向中央领导阐释市场经济建设中的法制变革与发展。在这个领域，我已潜心投入多年，浓厚的学术兴趣始终不减。于我而言，这是一项特殊的任务，亦是一次难得的机遇。非欲以才学换声名，惟家国之心而已。在准备讲座的过程中，课题组的同志们纷纷在旁协助，多有益见良言。我将自己和同仁在相关问题上的全部研究，经过体系性的梳理后，于1月20日正式呈现在讲座上。首先，须给社会主义市场经济作出准确的定义，它是以公有制经济为主、多种所有制经济共同发展的基本经济制度为基础的，倡导效率、竞争的，崇尚公正和共同富裕的，社会主义性质的市场经济。并明确提出市场经济是法治经济。澄清这样的基础性的、原则性的问题，是讲座中后续深入讨论的前提，更是讲座以外国家政治实践的前提。我强调在经济体制转轨时期，建立健全社会主义市场经济法律制度意义甚于平时；杜绝权力进入市场、权钱交易现象的发生，防止计划经济弊端和市场经济消极面相结合，法律将被赋予特殊的使命。我在讲座中郑重地再次申明，建设社会主义市场经济意味着发生一场深刻的法制改革，这是我的学术论文中反复提及的观点。然后，我又详细解析了建立社会主义市场经济法律制度应当解决的理论问题，健全适应社会主义市场经济发展需要的具体法律制度，以及完善社会主义市场经济法律的配套实施制度，最后提出自己认为的可行之见。因为讲座的主题紧紧相扣着我国的现状和走向，在场的领导同志们无不兴致盎然。我向他们呈现的是一个理论研究者的视角，他们则结合亲身处理国家事务的经验，作出更贴近实践的反馈和提问。透过现场的活跃气氛，看到他们于国是的热情、谨慎与认真，我由衷感动。而他们独特的经验见地，之于我未来的研究亦是难得的新材料。我的主张在讲座中受到赞同和重视，侧面地代表着学术成果收获肯定，这自然使人愉快。不过，如果荣誉的勋章确实存在，那么它不仅归属于我，亦属于课题组和法学所的其他同仁，属于法学界每一对此作出学术贡献的人。

的确，有关社会主义市场经济法制建设的复杂命题，从来没有一劳永逸的标准答案；只能根据随时间动态变化的题设条件，不断地加深自己对中国经济、社会和法律的认识。社会主义市场经济在一路高歌猛进，与之相伴的，是法律制度改革和发展的遍地开花。经济的继续前行会带来新的法律挑战，法律自身领域内也有需要修正的漏洞和瑕疵。在广袤的社会空间里，法学研究仍大有可为，国家宏观调控经济的法律，保护知识产权、促进自主技术创新、提高经济综合竞争能力的法律，节能降耗减排、保护生态环境的法律，维护社会公平正义、完善社会保障体系、保护劳动者和弱势群体权利的法律，国有自然资源、国有股权、国有金融资产管理的法律，这些领域已经向法律发出了邀请。我们法学界一直勤奋耕耘，回应国家无时无刻不在发生着的巨变，昨天如此，明天亦然。

参加学术讲座

"依法治国、建设社会主义法治国家是法学所和法学界长期关注和热切期盼的重要问题。" 1996 年年初，我再次应司法部党组邀请，为中央领导讲授法制课，主题是"关于依法治国，建设社会主义法治国家的理论和实践问题"。接到任务之时，与授课时间已相隔不远。所幸法学研究本不在一朝一夕，更多的是平时功夫，因此倒不嫌时间过分仓促。准备讲稿的过程中，课题组的刘海年、肖贤富、刘瀚、梁慧星等同志皆鼎力相助，同志之谊笃厚。最终，试讲与正式讲课都很顺利，在现场得到非常棒的反响。我首先告诉在场的领导同志们，在新世纪即将来临的关键时刻，中央提出研究实行依法治国、建设社会主义法治国家问题，具有重大的现实意义和深远的历史意义。这是一个法学研究者发自内心的赞赏。接着，我将内容归结为四部分，分别论述依法治国、建设社会主义法治国家的重大意义、必备条件、正确观念、制度建设及党的领导政治保证等问题，依次阐述依法治国、建设社会主义法治国家为何是建设有中国特色的社会主义伟大事业的根本大计，依法治国、建设社会主义法治国家必须具备哪些条件，依法治国、建设社会主义法治国家为何是一个渐进的历史发展进程，以及如何加强和改善党的领导，为更好地依法治国、建设社会主义法治国家而奋斗。如我在授课中所言，建设法治国家，对于一个正在走向复兴与繁荣的古老民族，对于一个正在迈向富强与昌盛的现代国家，具有划时代的深远意义。我在那堂课上，不仅带去自身的所学所思，也带去这一问题上理论界与实务界的声音。看着在座的领导同志们听得颇有兴味，时而露赞同之色，还频频向我提出问题，喜悦油然而生。我的授课结束后，又有幸聆听到江泽民同志发表的关于依法治国的重要讲话。如今，法治的春天已然来临，法律虚无主义的时代早已越去越远，每思及此，吾心甚慰。

亲历了把"依法治国，建设社会主义法治国家"写进党的十五大报告的过程,参与了 1999 年宪法修正案的审议和通过,见证了将"实行依法治国,建设社会主义法治国家"基本治国方略入宪的历史时刻。我是法律的信徒,更是祖国的儿女,可以毫不夸张地说,这一切让我格外骄傲,同时无比幸福。腾飞着的新中国坚定不移地走上了社会主义法治道路,我和法学界的同仁无不对此感到欢欣鼓舞。当然,依法治国的道路依然会布满荆棘,但更是充满希望。也许依法治国的重要性认识还须加强,也许依法治国的自觉性和水平还须提升,但是,我们已经朝着正确的方向出发,并且会不断地向前。这难道不是最重要最根本并最体现规律性的吗?

倾己所学,经世致用之精神,在中国早期的传统士人思想中即可觅端倪,在当代亦应发扬光大,这在法学所亦有具体体现。自 20 世纪 90 年代中以来,法学所学有专长、造诣颇深的学者先后为党中央和全国人大常委会讲授过法制课。法制课堂上的"述"与"听",实质上是学术界的发声与决策层的反馈,是理论与实践的对话,也是理论通向实践的桥梁。学者们的研究成果,通过这样的方式融入国家重大法律问题的处理,为党和国家的决策提供智力支持。法学所云集着各法律领域最优秀的研究人员,组成团结攻关的研究团队,致力于研究中国社会亟待解决的关键性问题。由于有着深厚的理论储备和卓越的科研能力,所以被赋予这样的"机会"或者"特权"。这一切对我的意义还不止于此,自留苏归国我即入所工作,整个研究生涯里与法学所共同成长,悠长的岁月已然给法学所嵌入丝丝缕缕如家的温情。因此,在国家法治建设进程中,目睹法学所持续发挥思想库和智囊团的作用,不负最高法学研究机构之名,实乃我之一大乐事。

七　组建人权研究中心

若品过钱钟书笔下那"没有面包的漫漫长夜",能坐在黎明的曙光中吃早餐,心下也觉时光静好;从旧中国的废墟里走出来的人,经历过种种的不堪回首,民主与人权即是甘霖。新中国本是为解放人民而建立的,因此宪法对公民的权利与自由作出了广泛的规定,使人权的保障化作法律坚定的誓言。不过,人权并非空洞的口号抑或醒目的标签,尤其是一国法律对它的解读,确定地与国家的历史和社会生态发生关联。即使人权是全人类的共享价值,人权问题的法律研究却须土生土长,不能等同于洛克或者卢梭思想的简单中国翻版。因此,从20世纪70年代末、80年代初起,法学所就开始从事人权问题的研究,并将重要的研究成果以著作或论文的形式公开发表。后来,中央又将研究人权理论问题的任务专门交办给社科院,遵胡绳院长之嘱,法学所于1991年正式以人权研究为其重点研究领域。1992年,中国社科院人权研究中心宣告成立。

1991年,法学所召开全国首次人权研讨会,马克思主义的人权概念在会上被提出,是为法学界认可人权问题历史性与具体性之标志。同年,刘海年同志和我分别率团,赴北美、西北欧、中东欧、南亚和东南亚等地,选取处于不同政治、经济和文化背景中有代表性的国家,考察其人权保障制度及所面临的问题。域外调研形成的成果,以系列要报的形式向中央提交。从文字资料向生活世界的延伸,也给理论研究注入鲜活的生命力;因为置身其中的所闻所见,赋予我眼中之人权愈加丰富和饱满的内涵。是年,受中央书记处研究室委托,我还与刘瀚、王德祥同志为江泽民同志访苏准备了一份民主、自由、人权的参阅报告。我们致力于人权领域基本问题的理解与澄清，区隔人权的普遍性和特殊性，界定个人人权与集体人权、研究人权与主权及法治的内在关联。总之，我们关注所有法律制度与人权问题的主要交汇点，也研究了联合国两个国际人权公约的签署、批准和实施问题，随后向中央分别提出《关于我国参加 1993 年世界人权大会的理论对策和建议》、《关于加入 < 经济、社会和文化权利国际公约 > 的研究报告》、《关于加入 < 公民权利和政治权利国际公约 > 的研究报告》以及《关于合并、削减刑法中死刑条款的意见和建议》。另外，法学所也有不少同志应邀，集体参与到中美、中澳、中欧人权对话，并受外交部委托主持了中欧人权网络。法学所一直是国内人权法律问题的重要研究阵地，同国外重要的人权研究机构建立起友好的长期合作关系，举办过多次有关人权问题的国际会议，已出版一批高质量的人权学术著作，更编辑出第一本《中国人权百科全书》。法学所的人权研究中心而今已蜚声中外，与我国的人权研究相伴渐入佳境。我们在中国人权法治发展中这一路走来，可算不负当年的横渠四言。

　　法学所的人权研究中心或许依然年轻，但人权研究却是如火如荼，整个学术团队生气勃勃、活力四溢。法学所在人权研究领域，既有老学者宝刀不老，亦有新学者人才频出，其深厚的理论功底混合着新鲜的前沿思想，使法学所人权研究前景辉煌。中国文化自古是面向现实人生的，只存现世，未有来生，只见人权，未见神威。可见，人权观念并非纯粹的西方舶来品，而一直具有其独特的中国语境，扎根本土的人权研究可谓意义深远。

八　思考与感悟

亨利·梅因敏锐地觉察到，社会变迁与法律发展之间存在缺口，而缺口程度与人民幸福又紧紧关联。既然新中国正历经日新月异之变，它的法律制度亦得因循时势而更。中国的法制改革问题，我向来给予分外关注。国家的巨变贯穿着我的整个法学研究生涯，构成我所有研究工作的主题。我眼中的中国法制改革，与经济体制、政治体制、文化体制和社会体制改革相伴而生，是社会主义全面改革过程中的一体多面。它是一场深刻的法制革命，是一次全面的法制革新。理论的研究和实际的践行不断昭示出有关它的真理，即改革须以"以人为本"的科学发展观为指导，以尊重和保障人权为宗旨，以民主制度化、法律化为基础，以建设社会主义市场经济法律制度为重任，以从中国实际出发、借鉴人类法治文明成果为原则，以依法治国、建设社会主义法治国家为目标。

再言对于法律本身的认识，自然法学派的阐释成于理性主义盛行时期，历史法学派的解读出自历史主义复兴阶段，不同的理解蕴藏着时代的智慧。于是，先置身中国法律改革的情境之中去体悟，后抽离法律改革的现实以外去反思，最终可寻找到专属于社会主义的"良法"标准。它应当是这样的法律，充分体现人民的意志，反映社会发展规律和社会主义建设规律，既汲取人类文明成果，又代表时代精神，而且能够为中国特色社会主义事业顺利发展提供坚实的制度保障。

治学之道，薪火相传。虽冰更寒于水，青又胜于蓝，而为师者以为乐。从不及而立至耄耋之年，也算是桃李天下。带过的博士后、博士、硕士以及年轻学者，纷纷崭露头角，在诸多方面都已有所超越。他们成长在新中国最明媚的阳光之下，国力的鼎盛足以营造出优质的学术环境，学术领域确也呈现出一片生机勃勃的繁荣气象。社会科学研究的周围充斥着理性自由的空气，求真务实的学术态度蔚然成风。法学虚无主义的思想早已是明日黄花，法学学科的发展受到国家和社会日臻完善的保障与支持。从事科研的客观条件更是今非昔比，国内外法学界的频繁交流，电子化和网络化信息的轻易获取，都呈现给年轻学者更开阔的世界。我的学生们很幸运，他们亦懂得珍惜这份幸运，能带着纯真的学术热情，克以日复一日的勤勉坚持。因为做学问的"天时、地利、人和"俱在，他们研究视野与学术能力俱佳，迅速长成法学界的中坚力量，质量上乘之研究成果如雨后笋出。

年轻学者们颇为上进，常请教于我。晚年或有余闲，回顾平日读书治学之琐事，似有一二心得可告知。

第一，法学研究须有明辨之心。西方法学思想纵然源远流长，可值借鉴；但中西本处不同的社会语境，尤其是政治制度殊途，使考察中国法律之眼光面向全新背景框架和现实前提。以中国眼光，看中国问题，寻中国答案，此中国化的马克思主义法学所以兴。中国的法学研究，方向不能错，前提不能混。

第二，法学研究须有家国之心。忧国忧民的情怀，修齐治平的志趣，是融入中国知识分子血液里的传承。心系国家的前途，关切国家的命运，致力改善民众的福祉，勇于承担历史的使命。优秀的社会科学研究不是冰冷疏离的，其中不难读出研究者本人对于社会和人类的深刻理解与同情。学术研究的出发点与目的地，始终是文明的进步和人民的幸福。

第三，法学研究须有勤勉之心。韩退之云，业精于勤，荒于嬉；行成于思，毁于随。治学本无捷径，唯在多读多思。学问并非朝夕俯拾，文章岂是妙手偶得，无非博学而慎思矣。有意治学的年轻学者，切记惜时如金，不浮不躁。

第四，法学研究须有实践之心。法律是生活世界的规范表达，依赖真实的土壤源源不断地供给它生命力。法学研究者的任务，正是从一国当下的历史和社会生态中去发现"活法"。生活构成学术不竭的灵感源泉。我希望中国的年轻学者们，不时把目光从书本上移开，以直接生动的人生体验，丰富自己的学术研究，以细致深入的社会观察，向国家改革发展中的重大法律问题献策谏言。

第五，法学研究须有创造之心。忆当年初入法学所，前辈亦常有此告诫。创新是理论活力的根基，是学术常青常新的灵魂。要从事创造性研究，不唯书、不唯上，只唯真理。无论自然科学还是社会科学，不断探索世界的未知始终是其最大的魅力。通过独立的思考和判断，去拓宽自我和人类知识版图的边界。

第六，法学研究须有厚德之心。学品与人品并重，才智与良善并存。首先是一个完整的人，然后才是一名优秀的学者；首先拥有高尚的品德，美好的灵魂，崇高的人格，才能秉着他那正直的态度，仁慈的感念和执着的求真精神，不偏不倚、不急不躁、不卑不亢地完成他的学术研究。其人有真、有善、有美，其文亦真、亦善、亦美。

寥寥数语，不过个人治学之暇的一点感概，愿与诸位年轻学者共勉。年轻人在迅速地一代代成长，胸怀充沛的学术热情，秉持勤勉的学术态度，义无反顾地投入到新中国的法学事业中去。从前辈手中接过的接力棒，我可以非常放心地交给他们。于此，致以襟怀远大的年轻学者们最美好的祝愿，愿他们用自己的耕耘去点亮中国法治的火种，并以中国法治的光芒去照亮中国发展的道路。

王家福

2016 年 7 月

史金波
Shi Jinbo

男，1940年3月生，河北省高碑店市人。1962年中央民族学院语文系毕业，1966年中国科学院民族研究所西夏文专业研究生毕业。曾任民族所副所长、中国民族古文字研究会会长、中国民族史学会常务副会长等，现为中国社会科学院学部委员，民族研究所研究员，研究生院教授、博士生导师，兼任中国社会科学院西夏文化研究中心主任，国家文物鉴定委员会委员，全国古籍保护工作专家委员会副主任，宁夏大学、河北大学兼职教授，宁夏回族自治区特聘专家等。1990年获国家级有突出贡献专家称号。

代表作和获奖作品：《文海研究》（合著，中国社会科学出版社1983年版）、《西夏文化》（吉林教育出版社1986年版，《中国少数民族文库》之一，该文库获第一届国家图书奖提名奖）、《西夏佛教史略》（宁夏人民出版社1988年版，台湾商务印书馆1993年重印，获光明杯二等奖）、《类林研究》（合著，宁夏人民出版社1993年版，获西北五省区图书奖、第二届全国古籍整理优秀成果一等奖)、《西夏天盛律令》(合著,科学出版社 1994 年版,《中国珍稀法律典籍集成》之一,该集成获第一届中国社会科学院优秀科研成果荣誉奖)、《中国活字印刷术的发明和早期传播——西夏和回鹘活字印刷术研究》(合著,社会科学文献出版社 2000 年版,获第四届中国社会科学院优秀科研成果一等奖和第二届郭沫若中国历史学奖二等奖)、《西夏社会》(上下册,上海人民出版社 2007 年版,获第八届中国社会科学院第八届优秀科研成果一等奖和第三届郭沫若中国历史学奖三等奖)、《俄藏黑水城文献》(合作,主编之一,上海古籍出版社 1996—2015 年版,已出版 24 册)、《中国藏西夏文献》(合作,主编之一,甘肃人民出版社、敦煌文艺出版社 2005—2007 年版,共 20 册)、《西夏文教程》(社会科学文献出版 2013 年版)。

学海无涯

我从事民族研究工作 50 余年,专业是西夏文史、中国民族古文字文献和中国民族史,同时兼及民族学。尽管在大半生时间内发表了一些著述,但在自己涉及的学术领域中,仍感到很多问题尚待破解,不少问题有待深化,有很大的拓展空间,感到自己似乎仍是一名新兵,因此很难总结出供人参考的治学经验。如果要回顾一下自己经历的路程和几十年来学习、研讨的体会,也许会使人对西夏文史、民族史这份文化遗产有所了解,使有志于此领域研究的年轻人增加一些兴趣。

一 师友之谊

几十年的学术生涯,使我深深感到学术进步离不开师长的教诲和指导,也离不开同事们的合作和帮助。

我上小学比较晚,在老家刚刚解放的 1948 年。当时学校条件很差,教室内没有真正的课桌,是两端垒砌半人高的土坯,上面搭上一块长条木板,作为四五个学生的"课桌",每个学生的"凳子"是两块土坯;老师的讲桌是一支立木上钉几块小木板做成。这种状态直到高年级才有所改善。当时老师们的服装各色各样，有的穿中式服装，有的穿列宁装，有的穿长衫；但老师们都很敬业，很勤奋。除课本内容外，老师还教很多课外难题，以备学生考学。每天放学前老师都要留难度较大的作业，不厌其烦地写一黑板，让学生抄好回去做。有时晚上到学校自习做作业，没有灯油，我们便用蓖麻子穿起来点亮照明。我上了四年小学就考上了初中，便得益于老师们的课外恶补。

我初中在高碑店南面的定兴中学，高中在高碑店北面的涿州一中。中学的学习条件逐步向好，在定兴中学晚自习用汽灯，到涿州一中就用上了电灯。在中学，老师们不但教会了我们人生中的基础知识，还教我们做人的道理。在涿州一中我加入了共青团，并从那里迈入大学的门槛。1990年涿州市政府和政协从北京请了涿州籍的几个专家到涿州做客，其中有著名哲学家冯至夫妇、著名导演苏凡和表演艺术家田华夫妇，我也位列其中。我还到母校看望了还在校的老师们（多数已经退休）。2002年我又邀约高中同班几位学友，一起到涿州一中（后改为涿州中学）看望老师们，他们虽年已耄耋，但仍能记起我们，记起40多年前的往事。

1958年在涿州一中报考大学时，我原已填表报考北京政法学院为第一志愿，后看到迟来的中央民族学院招生简章，上有少数民族地区的风情照片，很受吸引，加之明确供给饭食，于是我改报中央民族学院为第一志愿。当时包括班主任老师在内，都不懂得报考大学的常识，以至于我把北京大学报为第二志愿，现在看来成了笑话。如果当年多一点报考常识，也许我就与西夏研究无缘了。

我本喜欢文学，报考的是语文系，但误打误撞地考入中央民族学院，学习的是很陌生的彝语。我们彝语班由汉族老师李民和彝族老师倮伍阿什共同授彝语课。老师教我们学彝语比教小学生都难，因为小学生是不懂得语言的。教外语还有很多成熟的课本和参考书，而老师们教彝语要自编讲义，自印教材。老师们在课堂上从一个个单词、一个个句子由浅入深地教。光教发音就很费功夫，因为彝语中不少语音在汉语普通话中是没有的，读起来很吃力。在老师们口传笔授的辛勤教导下，我们天天朗读、背诵彝语单词、句子和课文。开始既感到新鲜，又感到很困难。那时我们都很听话，觉得这是国家交给的学习任务，是掌握为彝族服务的本领，同时也是今后工作的本钱，因此非常卖力。为学好彝语，除课堂上认真听讲、努力跟读、加强记忆外，每天还要复习、朗读几个小时，经常读得嗓音沙哑，嘴角流白沫。三年下来，学习好的同学已能哇里哇啦说一大堆彝语了。

在大学时我担任彝语班班长，在学习之余还积极参加学生会工作，担任了院学生会副秘书长。当时正值三年困难时期，我要求加入中国共产党。1961年我被批准为中共预备党员，是在彝语班发展的唯一一名党员。

中央民族学院素有学习民族语言的优良传统，即学生在学校学习一段时间后，要到少数民族地区去实习。我们班在1961年夏天，由李民和倮伍阿什老师带领到四川省凉山彝族自治州的喜德县去实习，那里是凉山彝语的标准音点。大凉山山高水险，生活环境艰苦。老师们比学生更为辛苦，学生被分到几个农村实习点，老师们要爬山越岭不断到各实习点巡回辅导、检查。

后来李民老师在我所在的俄尼尔古村检查实习情况时，突发阑尾炎症，我急忙组织几位彝族老乡一起用担架将老师抬往西昌。早晨天蒙蒙亮出发，80里崎岖山路我们走了近10个小时，到后来大家都筋疲力尽，行走速度越来越慢，到西昌时夜幕已经降临。好在送得及时，李老师得到及时治疗。老师病未痊愈，将近实习结束，又要进行实习考试，老师又抱病对我们进行考试。看到老师隐忍着腹部疼痛仍兢兢业业工作的情景，我内心感动异常，至今难以忘怀。

1962年我将要大学毕业时，中国科学院民族研究所的王静如先生要招收1名西夏文研究生。当时语文系主任、著名语言学家马学良老师到彝语班动员报考，说这是国家的需要。当时我对西夏一无所知，对王先生也不了解，更不知研究生有何待遇。我在班里年纪最小，愿意求学深造，但家里生活困难，需要我工作挣钱支持。我内心踌躇不定，赶紧征求家里的意见。父母来信说，只要我有机会上学深造，家里困难点没关系。老人全力支持的态度扫除了我报考研究生的顾虑。从确定报名到参加考试，只有十来天准备和复习的时间，但最后我被录取了，就这样懵懵懂懂地有幸成了中国第一名西夏文研究生，从此与西夏打了一辈子的交道。

引导我进入西夏学殿堂的是我的研究生授业导师王静如先生。王先生学贯中西，尤长于语言学，在20世纪30年代中日俄竞相研解西夏文时，先生出版《西夏研究》三卷，享誉学界。先生教我学西夏文并不专门上课，只是告诉我有关书目，让我抄写西夏文、汉文对照词语集《番汉合时掌中珠》。这种方法能使我独立思考，在当时很适合我的学业。为了学会历史语言比较，先生教我阅读法国语言学家梅耶撰写的《历史语言学中的比较方法》一书，使我大开眼界。先生一生致力于西夏研究，有执着的治学精神，至晚年仍孜孜矻矻，黾勉勤奋，直至先生离世前我每到先生家，仍见先生伏案工作，其坚忍不拔、贯彻始终的治学精神令人感动。先生1990年辞世，享年88岁。先生住院、丧事，我都尽心尽力，以报师生之情。师母对我十分热情，她和我母亲同年，每次见面她都会问我母亲身体如何。先生去世后我每年都几次看望师母。师母终年96岁。

1964年在王静如老师指导下在敦煌莫高窟做洞窟调查工作

翁独健先生是著名的蒙元史学家，青年时即作成《道藏子目引得》，功力深厚。他主持校点的《元史》，为学术界提供了《元史》的最佳版本。先生在民族所是分管民族历史研究的副所长。我先后任历史研究室的副主任、主任，后任民族所副所长，也负责民族历史研究室工作，作为先生的下属和晚辈经常到先生家请示工作。先生住南池子大街，当时我差不多每月总有一两次去拜访。除业务组织工作外，先生对我的学业耳提面命，教我重视资料，重视目录，要求写作勤于思考，精于文笔。先生的睿智和思辨不断给我启迪。先生总体宏观把握历史上纷繁复杂的民族关系，驾轻就熟，游刃有余，显示出学术大家的才略和魄力，使我受益良多。先生在研究工作中十分重视资料积累，特别重视少数民族文字资料，他率先倡导组织中国民族古文字研究会。1980年8月在承德市召开了民族古文字学术研讨会，并成立了中国民族古文字研究会。翁先生自始至终指导筹备并亲自参加组织了这次会议。有的同志根据先生对会议的贡献提议请先生做会长，先生坚辞不任，极力推荐在国外访问的民族所另一位副所长傅懋勣先生为会长。当时傅先生在国外访问，未能参加会议。最后大家同意了翁先生的提议，选举傅先生为会长。先生这种只知奉献、不计名位的精神，令我敬仰，并尊为楷模。先生作为民族史研究的巨擘，是中国民族史学会的创立者。1983年在成都召开的中国民族团体联合会上，我代表先生向会议作了关于成立中国民族史学会的报告，经过审议，最后得到会议批准，中国民族史学会正式成立。学会成立后先生被选为理事长，我则作为秘书长、常务副会长协助先生工作，直至1986年先生辞世。先生坚持原则、耿直不阿的道德情操，注重资料、长于思考的治学理念，因材施教、循循善诱的育人方法，爱憎分明、侃侃而谈的精神风貌，给我留下了极深的印象。

王森先生是著名的梵文学家、藏学家，于藏传佛教、藏传因明学和藏族史十分熟悉。先生撰写的《西藏佛教的十篇资料》是第一次对西藏佛教系统、科学的研究，尚未正式刊布于世，即被广泛传诵。后以《西藏佛教发展史略》为名出版。我从事研究的西夏王朝佛教鼎盛，所存西夏佛教文献甚多，因此佛学成为我不可或缺的重要课题。佛学博大精深，我初接触，遇难懂难解之处，辄趋王森先生处求教，先生循循善诱地指引，并常从看似摆放杂乱的书堆中找出需要的书籍借我。元代庆吉祥编校的佛经目录《至元法宝勘同录》就是在先生家第一次见到。我撰写的第一篇有关佛教的论文即请先生过目修改。后我撰写《西夏佛教史略》书稿先生也检阅大半，并提出宝贵意见。先生平易谦虚，晚年撰写有关梵文贝叶经卷的论文，竟将手稿交我提意见。我自知才疏学浅，难以提出意见，但也不愿错过学习机会。拜读后对先生知识之渊博、功力之深厚、文笔之流畅更加崇敬。

所外的几位学术前辈对我也教诲有加。季羡林先生是蜚声海内外的国学大师，是倡导建立中国民族古文字研究会的领袖，一直被推举为研究会名誉会长。我负责主持研究会时，先生多次莅临学术研讨会致辞演讲。先生对西夏学关心备至，每每询问近况。2002年出版《国家图书馆馆刊·西夏学专号》时，请先生题字，先生欣然允许。我如约到先生处取题字时，先生早已写好题字"加强国学研究，扩大国学范围"。为不影响年事已高的先生健康，我准备取到题字便离开，但先生精神矍铄，谈兴滔滔，论西夏，讲学术，谈猫趣，竟达40余分钟。想到先生家属和医生张贴在门外不准会客的通知，遂赶紧告别。我承担中国社会科学院重点项目"西夏社会研究"时，曾向先生汇报。此项目成果《西夏社会》即将完稿时，先生十分高兴，欣然命笔，题写书名。

该书出版后，我到解放军总医院看望先生，并将《西夏社会》送先生指正，先生十分欣慰，并高兴地摆上《西夏社会》与我合影。我还向先生汇报了当时正在进行的西夏社会文书研究，先生说这项工作很重要，并为尚未完成的书稿提前书写书名"西夏文书研究"。不想此次见面竟成永别。后来我所做"西夏文书研究"课题之一"西夏经济文书研究"作为国家社科基金项目，以优秀等级结项；所做另一课题"西夏军事文书研究"系中国社会科学院重点项目，也以优秀等级结项，庶几未辜负先生信任和殷切希望之情。

2007年看望季羡林先生，代表著作《西夏社会》系季先生题写书名

另一位国学大师任继愈先生是佛学研究大家，也十分关心西夏佛教研究。20世纪80年代我撰写《西夏佛教史略》时，曾给

先生写信汇报，先生于 1987 年 5 月 11 日回信鼓励："《西夏佛教史略》亟盼早日问世，补上学术界这一空白。"《西夏佛教史略》出版后先生又鼓励我继续深入研究。1998 年先生筹划编辑佛教大辞典，欲填补西夏佛教内容，嘱我承担。适值我去日本讲学一年，未遑完成。俟我回国后，先生又指示敦促。我即放下其他案头工作，专心撰写西夏佛教词条，竟得 110 多条，总计 5 万余字，在这一有重要影响的佛学辞书中填补了西夏佛学的空白。

1932 年北京图书馆曾出版"西夏文专号"，推动了西夏学进展。2000 年我筹划于专号出版 70 周年之际，再出纪念专号，以期进一步推动西夏学。先生作为国家图书馆馆长鼎力支持，决定由中国社会科学院西夏文化研究中心与国家图书馆合作编辑出版。该专号扉页有先生题字"加强西夏研究　充实中华文化"祝贺，先生还亲笔为专号撰写前言，他精炼地概括了中国的历史、信仰、文化特点后指出："过去由于资料不足，我们对西夏文化研究得很不够。现在地下文物不断出现，为我国西夏研究开拓了广泛前景。"他还热情勉励西夏研究同人："早年王静如先生对西夏研究有开创之功，现有史金波同志带动了一批研究西夏文化的中青年学者，埋头钻研，成绩斐然。"并预言："假之以时日，我国的'西夏学'必将呈现异彩。因为这是一项大工程，要有宗教学、历史学、地理学、民族学、人类学，从不同角度共同考察，群策群力，一定会取得更大的成功。"2002 年 8 月 1 日在国家图书馆举行"西夏珍贵文献文物展览"开幕式暨《国家图书馆学刊·西夏研究专号》首发式，全国政协副主席罗豪才和任先生出席，他们兴趣盎然地参观展览。我感受到他们对中国传统文化一隅的西夏文化深切的关怀和对西夏研究者的支持和鼓励。

著名史学大师白寿彝先生尤重史学理论和民族史学研究。我每到先生处求教，都能从理论和方法上受益。后先生被推选为中国民族史学会会长，我作为常务副会长到先生家请示工作更频。每当学会召开研讨会前，我皆向先生汇报准备工作，聆听指示。先生则从历史研究大势出发，指出研究重点，所虑者长，所谋者大。先生晚年有目疾，不能外出，便写好会长致辞或录音交我在会上宣读。为纪念先生90华诞，同人编辑论文集以为庆祝，我应邀撰西夏风俗论文以贺先生。先生主编《中国通史》分册陆续出版，对我随出随赠。先生去世后，其女儿尊先生嘱，将最后出版的几册寄我。现每见书架上的22册巨著，如睹先生风采。

给我关怀、教诲师长辈学者屈指难数，所内还有傅懋勣、陈述、刘荣俊先生，院内有夏鼐、郭朋、熊德基、蔡美彪先生，京内有马学良、史树青、邓广铭、宿白、金启孮先生，京外有吴天墀、方国瑜、江应樑、马曜、方龄贵、林幹先生等。前辈们对西夏学、民族史学和我本人的关怀、帮助，我总铭记于心，并思不辜嘱托，努力钻研。

我自20世纪70年代"文化大革命"尚未结束时，到北京图书馆（现国家图书馆）整理馆藏的西夏文典籍，有赖于校友、在北京图书馆善本室少数民族文字组工作的黄润华先生热情接待和大力关照。后来黄先生致力于新疆诸文字和满文的研究，我们在中国民族古文字研究会共事多年，合作融洽，2008年我们还合作出版了《中国历代民族古文字文献探幽》一书。

20世纪90年代我参与国家图书馆李致忠先生主持的《续修四库全书》编纂工作，后来又参加"中华善本再造工程"，2007年作为全国古籍保护工作专家委员会副主任参与古籍保护工作，这期间结识了傅熹年、冯其庸、傅璇琮、李致忠、程毅中、白化文、许逸民诸位专家，他们都是学养深厚、各有专长的版本学、目录学专家，在与他们共事、交往中，一方面有耳濡目染之便，另一方面我有意识地向他们请教，十几年的时间，既学得了不少自己所缺的知识，也增进了与诸位的学术感情。

2001年我成为中国社会科学院学术委员会委员，在这个30多人的集体中，集中了社会科学的各类人才，大家有时开会讨论学术问题，有时介绍各自学科及前沿状况，有时集体外出考察。我深知这是一个大的知识宝库，连茶余饭后都是知识的气场，我注意向各位专家讨教，其中包括相近的史学、法学、宗教学、语言学，也包括离自己专业较远的哲学、文学、经济学等。几年的时间，这个高端的学术大家庭使我的学识宽度和深度都有不少拓展。我从事研究的西夏学、民族史学虽比较偏僻，但都是带有综合性的学科，各学科的知识都使我从中受益，也不断将学到的知识反映在近些年的著述中，如近年关于西夏经济文书的研究就部分得益于此。我从中体味到，研究无止境，要不断吸收新知识，从书中学习，从调研中学习，也从师友身上学习，学问方能持续长进。

二　民族之情

1960—1961年到四川凉山实习使我最难忘却。那里直至1957年还保留着世界上少有的奴隶制度社会，生产力水平十分低下。民主改革后，残酷的奴隶制被废除，奴隶翻身成为主人，但提高生产力水平、改善人民生活则非朝夕所能为，人民生活条件之差，真是闻所未闻、见所未见。那里的艰难困苦之情形连我这农村出身、不畏吃苦的人也大感意外。我们从县城到区上要背着行李徒步跋山涉水走80里路，过湍急没膝的河流时没有桥梁，男生女生四五个人一组互相搀扶着渡河,以免被河水冲倒。从区到乡,再到村寨更是崎岖难行的山间小路。那时正值全国困难时期,生活条件如雪上加霜。凉山腹地气温偏低,农作物生长季节短,群众以洋芋(土豆)为主食,每日两餐,皆为煮土豆蘸辣椒汤,除婚丧嫁娶和年节外,天天如此。在这里,苞谷、燕麦等都属细粮之类。我们粮食定量是每日8两,合3斤2两洋芋,每顿也就是三四个洋芋,在没有任何油水的情况下,也就是吃个半饱。当时人人都有饥饿感,实习队全体浮肿。我们整天饥肠辘辘,但仍然努力学习彝语,想方设法创造学习机会。

当地彝族住房多是土打墙,房顶铺设木板,上压石块以固定。房中靠右是火塘,旁有三块石头支锅做饭,火塘旁是主人睡眠处。他们多无被无褥,睡觉时和衣而卧。屋左边关养牲畜,用栅栏使人畜隔开,实际上人畜仍同住一室。牲畜之上用木棍搭起一平台,称之为"楼",楼上存放杂物并备客人居住。我的房东是兄弟俩,哥哥稳重,弟弟活泼,我们朝夕相处,关系十分亲密。特别是晚上,我和他们一起说生活、说民俗、说笑话、说家谱、说尔比(彝族格言),他们经常纠正我的发音和语句错误。老乡讲说的活语言往往与课本上的语句有出入,它更加生动、更加简洁。有时我说错彝话,意思满拧,引起他们善意的大笑。我在他们住房的楼上蜗居半年,每晚身下有十数只羊与我同眠,不时能听到咩咩的叫声和咳嗽声。冬天很冷,屋里屋外几乎同一温度,时常在零度以下,雪花能从屋顶木板斜缝中飘落到脸上。天热时则腥臊并起,气味难闻。身上虱子之多令人咋舌。晚上身痒难耐,便和主人一起把衣服脱掉,在尚有余火的火塘上抖搂,能听到群虱掉落于火塘中啪啪的爆裂声。当地贫困老乡往往一件披衫或披毡都要穿若干年,甚至穿一辈子。他们一般没有鞋子,天寒地冻也赤脚行路，有的脚底冻出大裂口。有时为了减少痛苦，使创口愈合，只好自己忍痛用针线把创口缝上。我们参加农田劳动和乡村基层工作，同时在劳动、工作中学习语言，记录语言资料。记得有一次我背着几十斤洋芋爬山过涧帮助老乡去缴公粮，一路上我抓紧时间向一位老人记诵彝族格言，老人边走边教我，结果不小心滑倒了，筐里的洋芋滚了一坡，我们大家都帮助他满山遍野地拣洋芋。主人居室、田间地头、大会小会、婚事丧礼都是我学习的场所。实习快结束时，我已说得一口流利的彝语，并能为当地召开的县人代会作翻译。

这里的彝族老乡非常淳朴、勤劳、聪明。我不仅学习民族语言，心灵也受到强烈震撼，得到净化，得到升华。我第一次了解到中国竟还有这样贫穷落后的地区，这里的人民有如此顽强的生存毅力和信心，与此同时更深感作为一个民族工作者的责任，从而也增强了自己学习的动力。20世纪90年代初开展"希望工程"时我首先资助了两名大凉山的小学生。

导师王静如先生认为西夏语和彝语有密切关系，因此在我们彝语班中招选学生。我在学习和研究西夏文时，尽管也利用和联系彝语，但很长时间没有回到彝族地区。1993年开展"中国少数民族现状和发展调查"，我当时作为主管副所长负责大调查的组织工作，同时兼任彝族地区调查组组长，所选调查点是我实习的邻县昭觉县。由于30多年来长时间很少说彝语，我已经忘掉了不少，但日常用语还记得。在调查期间，我用彝语和老乡对话、问卷，他们感到很亲切，也感到很惊奇：这个汉呷（汉族）还会说诺苏伙（彝话）。30年间彝族地区发生了翻天覆地的变化，生产力水平大大提高，生活质量也大大改善，也出现了富裕的万元户。然而，凉山地区毕竟受历史条件的制约，底子薄，进步慢，显现出少数民族地区在现代化建设中的滞后。凉山州大部分县仍是国家或省定贫困县，特别是在交通不便的山区，人们的贫困状态更为突出，甚至仍处于一日两餐吃洋芋的困苦窘境。当时调查条件已经大大改观，交通、住房、饮食都较为便利，但仍然有很多困难，如调查时当地流行肝炎和其他严重传染病，卫生条件很差，苍蝇成堆；有的困难家庭仍住在没有窗户的低矮土房内，家无长物；不少村寨仍不通公路，一遇下雨，山间小路泥泞难行。我们在调查点挨家挨户访问，了解那里的实际情况和贫困的真实原因。1995年我们又做后续补充调查。我们完成了调查任务，出版了《中国少数民族现状与发展研究丛书·昭觉县彝族卷》一书。为了反映彝族地区的实际情况，和彝族人民共同寻找脱贫致富道路，我还撰写了《略论凉山彝族地区人口和社会发展》、《重视家支问题，吸收德古参政议政》（德古是彝族家支善于辞令、能解决纠纷的头人）、《凉山地区吸毒贩毒问题》等针对社会现实问题的调查报告。坦率地说，这些文章主要写的是问题，但它是我的心声，反映出我对彝族同胞的真情挚感。

我始终关注着第二故乡凉山的发展，与当地学者保持经常联系。西南民族大学教授、凉山彝族学者蔡富莲与米伍作教授长期做彝族社会调查，撰写了《当代凉山彝族血缘家支、传统习惯法研究》，邀我作序。我阅读了他们依据凉山实地调查写出的研究报告，这正是我所关注的问题。我在序言中写道："这些来自基层的一桩桩实例，向我们展开了一幅幅社会生活画卷，真实地反映着凉山彝族历史中或现实中的方方面面，既有正义、伦理、亲情、欢乐，也有痛苦、悲哀、纠结，甚至是悲剧或暴力。通过一些案例、资料和作者的分析，我们还看到了前景和希望。凉山各地区的主要案件都在法律的轨道上运行，人们的法律意识逐步增强，'德古'调节纠纷越来越靠近法律，还出现了女性特邀陪审员……这些可喜的新气象令人鼓舞，我们似乎听到了凉山法制进步的脚步声。"这是我对凉山彝族地区发自肺腑的关切和希望。

近些年西藏人权成为人们注视的一个焦点。1992年中国社会科学院把"西藏人权研究"作为院重点项目，我作为课题组组长主持这一项目。课题组多由藏学家组成，大家一齐学习人权理论，查阅人权文献，组织座谈会，并于1992年、1993年两次深入西藏农村、牧区、工厂、寺庙、机关调查。拉萨附近的堆龙德庆县是50年代民族大调查时的调查点，也是我们此次调查的重点。我们碰到的一个难关是高原缺氧。我们在拉萨贡嘎机场刚下飞机时还有说有笑，但当坐车经过两个小时到达拉萨城里时，大部分人已有缺氧反应，开始头昏脑涨，说笑声早已没有了。住下来以后，多数人打不起精神，一个个躺在床上休息，饭也不想吃。晚上睡觉时感到头疼，有炸裂的感觉，睡一会就疼醒。我年纪稍大，又是第一次进藏，反应更为强烈。但我们两个多月的调查时间安排很紧，所以仍咬牙坚持，第二天就开始与负责接待我们的自治区党委秘书长肖怀远同志接洽工作。高原反应最怕感冒，我恰恰患上了感冒，又是打针，又是吃药，但工作没有耽误。一个星期之后，高原反应减轻，但因长时间缺氧，仍感到气短，晚上我一边整理资料，一边吸氧。

我们到藏族老乡家做入户调查时，老乡非常热情，有的老人回忆起50年代民族调查时，我所男女调查人员不怕艰苦、不顾安危深入调查的动人事迹，伸出大拇指啧啧赞扬。藏族老乡在家中都招待我们喝酥油茶。民主改革前很多农奴喝不起酥油茶。然而我们也看到，当地卫生条件和卫生习惯与城市还有很大差距。

给我们斟倒的酥油茶,不仅人喜欢喝,苍蝇也喜欢。我们采访主人时,苍蝇就群起趴在茶碗边舔食,一不留神就掉进滚热的酥油茶里,有一次我的酥油茶碗中竟有9只苍蝇在挣扎。主人看到后,用小拇指甲将苍蝇一个个剔出,续上水仍端给我饮用。1993年第二次调查是在后藏日喀则附近的拉孜县,这里的生产力水平、生活水平都较低,住房交通条件也较差。当地少部分家庭还保留着一妻多夫制的残余,一个家庭的主妇是兄弟二人或三人的妻子。这是由当地特殊的历史、社会、经济原因造成的。调查这种家庭时,若得不到调查对象的理解和支持,就难以了解到真实情况。因此我总抱着真诚的态度,耐心热情地与主人沟通,每次都能顺利地弄清复杂的家庭关系和实际生活状况。

1992年在西藏拉孜县农村调查

史金波

西藏在1959年民主改革后，社会发生了翻天覆地的变化。我们访问过原来的农奴，他们早已获得了应有的人权，有的还成为各级领导干部。群众都住上了漂亮的房子，有吃有喝，有医疗保障，有宗教信仰自由，过上了勤劳、富裕而舒适的日子。我们既为西藏人权的巨大进步、人民生活的迅速改善欢欣鼓舞，又感到完善人权任重道远。我们课题组出版了《西藏人权研究》一书，此书于2006年后获得中国藏学珠峰奖。根据在西藏调查的感受和国际上对人权立法的认识，我写出了《研究西藏人权要注重西藏人权立法的研究》报告，报告得到中央多位领导的批示、圈阅和国务院新闻办公室的重视，并支持我们课题组完成了《西藏人权研究参考文献汇编》的编辑和出版，为西藏人权研究汇集了新的资料，使国内外能系统地了解到我国关于西藏人权立法的巨大进展和突出成就。

此外，在西藏人权研究方面，我还写出了《西藏现代化和西藏人权》《西藏宗教信仰和西藏人权》等文章，其中有的文章作为中央党校藏族班的教学参考。

21世纪初，中国社会科学院学术委员会多次组织委员们考察，在考察中我依然关注少数民族地区的社会经济发展问题。2004年我结合对少数民族地区的新、旧考察资料，撰写了《省区交界地区社会经济发展问题的思考》报告，提出我国各省（市、自治区）交界地带，多是山区，多是少数民族地区，这些地区经济、文化处于落后状态，往往出现跨省交界处的"三不管"（不愿管、无力管、不好管）现象。指出这些地区经济发展不起来，我国的贫困问题就不能从根本上解决；这些地区进入了小康社会之日，应是全国达到全面建设小康之时。建议国家以及各有关省区应重视这些地区的社会经济发展问题，将其列入重点，深入调查研究，具体分类指导；应加大力度，为这些地区的社会经济发展和人民的富裕做实事；要打破省界壁垒，突破各自为政的局限性，取消地方保护；充分发挥这些地区的积极性、主动性，做好发展规划；要扬长避短，调整不合理的产业结构，寻求经济发展的增长点；应尽快摆脱落后的生产方式，发展综合、生态、特色农业；努力发展红色旅游、自然旅游、文化旅游、民族风情旅游；要注重生态环境的保护，确保自然资源永续利用，做到可持续发展，还要特别注意加强保护和弘扬民族文化。现在看来这些观点已不怎么新鲜，但在十几年前提出这些问题，还是满怀热情地做了一番调查和思考的。

重庆、湖北、湖南、贵州交界的武陵山地区，就是我报告中所提到的这种典型地区。重庆师范大学邓正琦教授看到我的报告后，热情邀我参加包括渝东南在内的武陵山地区的社会经济发展调查和学术研讨会。我怀着为少数民族地区发展尽力的兄弟之情，"客串"到现实的社会经济领域。当邓正琦教授2004年出版《渝东南民族地区经济社会可持续发展研究》、2009年出版《区域经济联动与整合研究》两书时，都热情地邀我写序。我这个社会经济学的菜鸟也只能勉为其难，在序中赞扬他们为少数民族地区的社会经济发展所做的极有价值的调查研究工作。

多次到少数民族地区作调查研究工作的特殊经历使我不断加深与少数民族的感情，在工作中我未敢忘怀处在困难中的少数民族同胞。

三　苦乐之间

作人文科学研究，特别是作民族研究，一是阅览无穷无尽的书籍，再就是不断到少数民族地区调查。在别人看来这是枯燥的艰苦差事，但如果认识到这是值得为之付出代价的有意义的工作，那就不会感到枯燥乏味，也没有那么艰苦，还会觉得苦有所值，苦中有乐。

我解放后才上学，家庭又比较困难，自觉上学不易，总想在同样的时间里，尽量多学一些内容，在老师那里多学知识，所以学习比较自觉。

研究生期间，我开始学西夏文时，国内外西夏学专家们在6000多个西夏字中能知晓字义的不超过一半，西夏语语法也有很多关键问题未得解决，国内外尚无人能翻译西夏人撰著的长篇作品。在导师的指导下，我从抄写《番汉合时掌中珠》入手，学习、记忆西夏字的形、音、义。此书是西夏文、汉文互相对照注释的双解、双语词语集，是学习西夏文最好的工具书。西夏文和汉文虽都是表意的方块字，但无一字相同，而且西夏语法和汉语语法不同，很多虚词的使用方法更不同于汉语。因此既要死记繁难的西夏文字，还需要揣摩西夏语法，才能正确理解西夏文。开始看着那些奇奇怪怪的陌生文字，不知从何下手，我像小学生初始学字那样，一个个去学、去记，边看、边记、边写。《番汉合时掌中珠》中的西夏字虽有汉字注音，但不能读，因为这些汉字是七八百年前的汉语西北方音，与现在的汉语普通话有不少差距。这就增加了学习的难度。学习死文字需付出极大精力，当时我每天大部分时间都浸泡在西夏文中，琢磨这些繁难的符号。我一面学，一面记卡片，字形、字义、字音有联系、可比较的便对照记忆，从中摸索规律，增加联想，结果越学越有心得，越学越有兴趣，第一学期就熟记了书中1000多个西夏字，同时还利用有限的资料揣度西夏语语法，完成了《从〈番汉合时掌中珠〉

看西夏文语法》的论文。就这样，死亡的西夏文字慢慢变得鲜活起来。当时我能逐步对照西夏文字和相应汉文通贯文意，能翻译一些简单的西夏原文，有时还能找出一些规律，渐渐接近国内最好水平，心里很是高兴，觉得这种世界上很少人懂得的死文字是有可能被解读的。

过去一般认为敦煌莫高窟、安西榆林窟仅有七八个西夏洞窟。20世纪60年代，敦煌文物研究所所长、被称为敦煌保护神的常书鸿先生和王静如先生交换意见，认为西夏占据敦煌近两个世纪，敦煌的西夏洞窟可能不止这几个。于是1964年他们共同组织敦煌西夏洞窟考察组，由敦煌文物研究所和中国科学院民族研究所合作，两位先生负责，北京大学宿白教授为顾问。我作为研究生有幸参加了这次难忘的实地考察。这是一次由艺术研究部门与民族研究部门联合进行的开创性的合作考察。

那时敦煌文物研究所只有30多人，且生活、工作条件很差。当时洞窟的护栏尚未完全修好，每天爬上爬下很不方便，我仗着年轻力壮，腿脚灵便，尚能应付。就在我们工作期间，东北鲁迅艺术学院的一位考察敦煌泥塑的老师不慎失足，从比较高的洞窟掉下来，抢救无效死亡。在敦煌工作的一大困难是喝水问题。原来敦煌莫高窟下流淌的党河水碱性很大，一杯开水倒在地上，等晒干后便是一层白碱。人喝了这种水，口感涩苦，很快会泻肚。经过较长一段时间的适应后人才停止腹泻。我在敦煌工作的3个月时间里，经常处于拉肚子的痛苦境地，等肚子开始习惯时，工作也快结束了。敦煌气候干燥，风沙大，又容易流鼻血。在敦煌期间，身体一直不适。但在敦煌这个世界文化宝库中工作，第一感觉是兴奋和幸运，喝苦水、拉肚子、流鼻血都不算什么。

我的任务是负责抄录、翻译洞窟中的西夏文题记。我在各洞窟中仔细寻找，认真抄录题款，对发现的近百处西夏文题款翻译后得知，有些是确定洞窟分期的重要依据。西夏洞窟考察组利用西夏文、汉文题记进行分析，对壁画的艺术风格和特点进行比较，得出了和以前完全不同的结论：两窟群共有80多个西夏洞窟！这一惊人的结论大大改变了对敦煌洞窟布局的认识。这些成果不仅为敦煌学研究做出了重大贡献，也使西夏学增加了重要内容。这是我西夏文字翻译的第一次实践和使用，我从中看到了西夏文字翻译对西夏研究的重要作用，增强了进一步学习西夏文的信心和动力。回忆当时终日徜徉在敦煌艺术殿堂之中，领略千年艺术风采，每一天都很充实，很有价值。

西夏文字的构造原则是国内外学者多年来着力探讨的课题。自21世纪初有关学者首倡"偏旁说"以来，很多研究者试图从"偏旁"入手分析西夏字。然而此说有很大的局限性，不能概括西夏字的全体，甚至有些牵强附会。"文化大革命"末期，我看到苏联西夏文专家们出版的《文海》，书中有西夏文刻本《文海》全部影印件。《文海》是一部兼有《说文解字》和《广韵》特点的西夏文韵书，对每一西夏字的形、音、义都有具体解释。认识到这部书在释读西夏文方面的巨大科学价值，我便开始了艰难的翻译工作。我经过几年才完成译文初稿；后来两位同事白滨、黄振华陆续加入工作。我们将译稿油印30份，按条裁剪，做成数万张卡片，以字系条，分字排列，作了全文索引。同一西夏字在《文海》中出现多少次，都能检索出来。这有助于校勘字形，更有利于确定字义，使西夏文字绝大部分得到解释，提高了西夏文的释读水平。

我依据《文海》中的大量资料，对数千个西夏字进行分析和归纳，拟建出西夏文字构造体系，得出了 60 多种文字的构成方法，在此基础上又概括出以会意合成、音意合成为主，以音兼意合成、间接音意合成、反切上下字合成、长音合成为辅的西夏文字合成法，此外还有少量互换字、对称字以及象形和指事字。这一新的西夏文字的构造体系，在国内外西夏文字研究领域产生了影响。后在很多涉及西夏文的著作中，在一些重要西夏展览中，都采纳了这一构字体系。对几千西夏文字构造的逐个解析，费时费力，综合归类更需反复琢磨，由繁入简，找出规律。结论只是几句话，成果仅是一篇论文，但西夏文字构造得到了合理的诠释，我感觉是做了一件有价值的事。

  只懂得西夏文字义，不谙悉语法，仍难翻译西夏文文献。我在初学西夏文时就注重西夏语法的探讨，提高自己翻译西夏文文献的能力，发表了有关研究西夏语语法的论文。西夏语和汉语是同一语系，但属于不同语族，有些语法现象相同，有些不同，甚至有些西夏语法很难理解。比如西夏语表示存在的"有"非只一个，在未弄清楚它们的特点和用处之前，显得杂乱无章。我从积累的上千西夏例句中反复琢磨，并借助有丰富存在动词的彝语等少数民族语言，总结出西夏语中有表示固定的"有"、表示内中的"有"、表示附着的"有"、表示部分的"有"、表示并列的"有"、表示所属的"有"、表示珍贵的"有"等，写出了《西夏语的存在动词》一文，提出西夏语多个"存在动词"的区分和使用方法，使看来纷乱的语法现象得到合理的解释，也由衷地感到高兴。

  由于西夏文字和西夏语法认识水平不断提高，我开始翻译和考释没有现成译文对照的长篇西夏文文献，并陆续发表论文。西夏文《过去庄严劫千佛名经》发愿文有 6 页之多，记录了西夏译经的历史，特别珍贵。翻译这篇发愿文陆续用了一年多的时间，当时受西夏文水平和佛学知识的限制，有些问题不能解决，只好一边学习佛教史、一边提高西夏文水平，解决一个问题填补一个问题。翻译西夏文献除语法问题，还会碰到意想不到的问题。如发愿文译文有"腾兰降法"一句，前两个字是用于译音的西夏字，此语究竟何意，当时难解其意。这一"拦路虎"使全文译释搁浅。这一难题长时间萦绕在脑子里，挥之不去。后复习中国佛教史时，看到印度僧人迦叶摩腾和竺法兰于东汉永平十年（公元67年），偕白马驮佛经和佛像来洛阳传法的事迹，眼前突然一亮，猛然想到迦叶摩腾和竺法兰的最后两个字，不就是"腾兰"吗？这种解释与上下文正好相通。西夏文中这种极度简称的翻译实在出人意料，为翻译增加了很大难度。破解这一词语使我如释重负，欣喜异常，使我又一次享受到研读的乐趣。

几十年来，我每天的工作时间多在10个小时左右。20世纪70—90年代，早晨6时许起床，夜里一两点钟睡觉，中午也不休息，没有周末，没有其他爱好，工作起来还蛮有精神。特别是长期担任研究室、研究所负责工作，公务较杂，耽误时间多，只能压缩休息时间。在公共汽车上只要有座位我都会看书。我自学日语时，很多词语是在公共汽车上背诵的。有时只顾看书，下车匆忙，会忘记拿走自己的东西。有两次我到汽车总站查问我在车上忘记的东西，竟然都能找回。

长时间繁难的研究工作，如同努力播种、耕耘、灌溉一样，迟早都会结出大大小小的果实。这使我体验到工作的价值，内心无怨无悔，感到苦中有乐，乐在其中。

1993年在圣彼得堡东方学研究所整理西夏文文献

四　学海之旅

西夏历史文化是中华民族历史文化的一部分，是一份重要文化遗产。研究西夏对完善中国多民族的历史知识、对继承中华民族传统文化都具重要意义。我接触西夏，从认识模糊到自觉，再到全身心投入，兴趣逐渐浓厚，感情逐步升华。任何学问要想深入，绝非一两门功课所能涵盖。西夏学是一门新兴的学科，也是五脏俱全的学科。西夏学不仅涉及文字、语言、历史、文化、宗教、法律等学科，还关系到考古学、经济学、版本学、文献学、美术史、印刷史，有时还会涉及自然科学，如医学、天文历法学、数学等。我从西夏文字、语言入手，涉及范围不断扩充，是不断学习、不断思考的过程。

1970年在下放到河南"干校"期间，我当了一年泥瓦匠。林彪折戟沉沙后，我料到中国一定会由乱到治，学术研究迟早会开展起来。其间我便乘探亲之机，将过去《国立北平图书馆馆刊·西夏文专号》和一套《辞源》带到干校。《国立北平图书馆馆刊·西夏文专号》中有重要西夏文献的介绍和研究，有西夏文文献的原件和录文，每一种文献不长，但文献种类不少，其中有《文海》《音同》《杂字》《类林》《瓜州审案记录》以及多种佛经。我每晚在二层床上落下蚊帐，冒险躲在里面悄悄学习，抓紧时间恢复业务。

1972年回京后，"文化大革命"运动仍未停止，但真正参加运动的人越来越少。我利用当时比较空闲的时机，开始西夏资料的搜集和研究。一面查阅苏联和日本出版的西夏研究著作，缩短与国外的差距；一面裁剪普通纸制成卡片，抄录汇集资料，逐步制作了几万张西夏文资料卡片，编辑自己使用的西夏文字典。

国内藏西夏文文献以北京图书馆为最富。那时到北京图书馆看书要有参加"批林批孔"的介绍信。我便从所军宣队那里开具介绍信，在北图用了近3个月的时间系统地阅读、整理馆藏100余部西夏文文献，全部做了卡片，并抄录、拍照了部分资料，扩大了识读西夏文的范围，进一步熟悉了西夏语语法。我还到中国历史博物馆、科学院图书馆等单位搜集西夏资料。1974年在当时仅存的两三种学术刊物之一的《考古》杂志上发表了我第一篇考释西夏文文献的论文。那几年的"地下"工作，为后来西夏研究打下基础。"文化大革命"耽误了一段学术青春，甚为可惜，我从中找回四五年的学术光阴，也是不幸中之幸运。

1976年在中国政治生活中极不平凡。1月周总理去世，不久开始了"反击右倾翻案风"。我和同事白滨此时乘机外出调查，走向西夏故地。我们从北京出发，路经山西太原，发现了西夏钱币；入陕西，在西安经过一番周折找到了西夏传递皇帝命令的御用"敕燃马牌"和皇帝御制的泥金写经等珍贵文物。我们从铜川入陕北，自延安向北进入西夏故土，一县一县地考察。我们在米脂县访问了西夏第一代皇帝元昊祖父李继迁的出生地——李继迁寨，这里也是明末农民起义领袖李自成的家乡；在靖边县踏察了西夏主体民族党项族第一个政治中心夏州遗址，史载其城墙是5世纪初建立大夏国的鲜卑族首领赫连勃勃以糯米汁夯土筑成，劲弩不入；在横山县观摩了小小的博物馆，里面竟有不少西夏文物。我们从定边过盐池，进入宁夏，西夏的遗迹更多。银川市是古代西夏首都兴庆府，城内存西夏早期建筑、后经重修的承天寺塔，西郊有规模宏大的西夏陵园，贺兰山下有形影相吊的拜寺沟双塔，黄河青铜峡岸边有一百零八塔阵，北部有出土很多文物的省嵬城遗址。从宁夏进入河西走廊，这里也是西夏重要的一翼。在兰州我们参观了富藏西夏文物的省博物馆，在武威进山考察了曾存储多种西夏文物的下西沟岘山洞，在张掖瞻仰了西夏始建的西北地区最大的卧佛，在酒泉发现了已经成为垫脚石的西夏后裔镌刻的《大元肃州路也可达鲁花赤世袭之碑》。后来我们到了向往已久的西夏黑水城遗址，这里出土过震惊学坛的大批西夏文献、文物。

我们除在西夏遗址、博物馆、文管所、图书馆考察文物、查阅资料外，还经常出入各地的废品收购站，翻找废品麻袋，搜集、拣拾有关文物。在"破四旧"的氛围下，那时的废品中常能见到文物精品。我们在宁夏的一个废品收购站中曾发现一件精美的唐代铜镜，后交给了博物馆。偶尔也能从废铜烂铁堆里拣出西夏钱币。有时半天扒几麻袋碎铜器，手指都磨出血来。

继周总理去世后，调查途中6月朱老总辞世，7月唐山大地震，9月毛主席撒手人寰，噩耗频频。唐山大地震时我妻子偕女儿在离震中不远的河北省三河县，她所在的学校被震得房倒屋塌，一位女教师在我爱人的隔壁被震倒的房墙砸死。当时与家庭信息不通，尽管惦记家人的安全，但仍按计划继续调查。在西夏故地跋涉3月有余，我为得到这样多有形无形的第一手资料而兴奋异常，为近距离触摸西夏、搜集到大量历史资料而感到充实，这一切为西夏研究打下了基础。

我注意利用西夏语言中的材料研究西夏社会现象。比如我撰写的《西夏语中的"买""卖"和"嫁""娶"》一文，考证西夏语中的"卖"和"嫁"是同一个字，"嫁"由"卖"转变而来，佐证西夏盛行买卖婚姻。夏语中的"结婚"二字，在字形构造上分别由"男""娶"和"女""嫁"合成，表现了西夏文字构成的合成特点。此二字在语音上和"舅"、"甥"二字完全相同，反映了西夏历史上舅甥之间的关系为婚姻关系，即姑舅表亲优先通婚。这种婚制在一些民族中直保留到近代。此文被多次收入民族语文论文集中。

西夏文文献中有西夏法典《天盛改旧新定律令》，内容十分丰富，学术价值不言而喻。苏联刊布了法典原文后，我们将其译成汉文。翻译法典不仅需要西夏文翻译能力，还需要良好的法学知识。我一面学习中国法制史，一面研读《唐律疏义》《宋刑统》《大元通制条格》等传统法律典籍，同时向法学界的专家们请教。1994出版了汉文译本《西夏天盛律令》，后又经修订补充再版。一些专家利用这部书中的资料研究西夏，写出了很有价值的著作和论文。

我们在俄罗斯整理西夏文文献时发现了多种活字版文献，国内也陆续发现西夏文活字版文献，这些是现存世界上最早的活字印刷品。认识到其特殊意义，我便着力探讨，先后发表数篇论文。后与本所同事雅森·吾守尔承担社科院下达重点课题，2000年合作出版《中国活字版印刷术的发明和早期传播》一书，以西夏和回鹘活字印刷实物结合汉文文献记载，展示中国汉族和少数民族在印刷术发展上的重大贡献和传承播远，客观上维护了我国活字印刷术的发明权。

1909年沙俄探险队自中国的黑水城遗址发现大量西夏文献、文物，使存世的绝大部分西夏文文献流失俄国。1987年我去苏联作短期访问，主要在收藏西夏文献的列宁格勒（今圣彼得堡）东方学研究所查阅西夏文献，每天从上班至下班时间都在该所阅览室里如饥似渴地阅览。这里用12个高大、宽厚的书柜储藏着西夏典籍，有8000多个编号，皆为难得的珍本，内容丰富，学术价值很高。这些文献中过去面世的仅占极少部分，很多具有重要价值的文献仍不为世人所知。我手抚千年旧卷，心情激动难以名状。白天阅读、抄录资料，晚上在寓所整理笔记，短短的10个工作日我收获颇丰。然而在那里只能摘录，不能照相、复印，加之时间短暂，所能见到、摘录的文献极为有限。我带着有限的满足和无限的遗憾离开了圣彼得堡。

由此我产生了一个强烈愿望，就是使俄藏黑水城文献公之于世，让中外专家们都能足不出户即可直接查阅、利用这些文献。

中国社会科学院胡绳院长，王忍之、汝信副院长对流失到俄国的敦煌和黑水城文献十分重视，希望这些文献能早日整理出版。1992年院领导委托我与俄方联系，得到圣彼得堡东方学研究所所长彼得罗斯扬、副所长克卡诺夫的联名答复，同意与我所合作，共同整理、出版该所所藏黑水城出土的全部文献。1993年春，我代表中国社会科学院民族研究所与圣彼得堡东方学研究所、上海古籍出版社负责人签署合作协议。

根据协议，我于1993—2000年4次率团赴俄进行整理、注录和拍摄工作，参加这项重要工作的还有本所的同事白滨、聂鸿音同志，及上海古籍出版社的蒋维崧和严克勤同志。我们每次工作两三个月。我们对文献认真阅览、审读，并详细登录，拍摄了大量照片。登录卡片上列有包括题目、内容、装帧、版本、形制、字体、特点在内的40余个项目。我们工作紧张有序，为早日完成这一意义特殊、任务繁重的工作，我们每日延长两小时工作时间，早出晚归。为了省时、省钱，我们自己做饭，早晨带着午饭上班，总是最早到达，一直工作到12点，中午匆匆吃完干粮，马上又开始工作。这与国内生活习惯很不一样。中午长期吃干冷的食品，两个多月后回国，胃部开始剧痛，经检查是慢性萎缩性胃炎。在整理文献时，对每一部文献都爱不释手，反复琢磨，尽量加深对文献内容和形式的认识；但因文献数量大，又不得不抓紧时间翻阅下一部文献。经过艰苦的国外工作和繁重的国内编辑工作，现已出版《俄藏黑水城文献》24册，全部出齐共30多册。这批古籍的出版，使流失海外的珍贵典籍魂归故土，为西夏研究提供了大量资料，实现了几代学人的梦想。

除流失海外的西夏文献外，保存于国内的文献也为数在万面以上。然而这些珍贵文献分藏于全国各地，使用极不方便。宁夏大学西夏研究院将出版《中国藏西夏文献》列为重点，由我和陈育宁教授任主编，杜建录教授和高国祥主任策划联系。我们与20多个部门合作，经过几年的努力，于2007年《中国藏西夏文献》20册全部结集出版，大大便利了学界的专家们使用，成为西夏学又一重大成果。

现在还有没有西夏后裔，是一个学者们颇感兴趣的重要问题。我带着这一问题查找资料，发现元代进士出身的党项后裔余阙具有寻踪西夏后裔的典型性。余阙《元史》有传，我自《元史》而文集，自文集而方志，多方查找，终于发现其后代在清光绪年间仍居住在合肥的线索，便于1980年与同事吴峰云到安徽等地调查，几经周折，终于在合肥和安庆找到数以千计的西夏后裔，并在两地发现两部余氏宗谱，著文考其宗谱传承来龙去脉，是为首次发现有确切依据的西夏后裔。

科研需要认真思考方可不断创新，而后又会有新的研究课题，又要学习新知识，作更艰难的钻研。在漫游西夏以及相关各领域时，感到有更多的问题需要研讨，有更多的领域需要开辟，真是学路漫漫，无有尽期。

五　求真之路

研究工作应有求真的精神，抱着学习、探索的态度尽力向着这样的目标前进。研究工作中，不断提问、不断求索才能有所心得，逐步接近真实。有时囿于学识不足，或未及深入，或考虑不周，也会出现不足或失误，因此还需要不断修正自己的错误。

为探究西夏佛教，我在研究生期间就自习佛教知识，阅读佛教发展史、佛教思想史书籍，还诵读数部佛典。后来在王森、郭朋先生指导下，我利用丰富的西夏文和汉文文献资料，于1988年出版了《西夏佛教史略》一书。佛学泰斗赵朴初先生欣然题写书名，使拙著增色。但当时未能全见俄藏西夏佛教文献，唯恐挂一漏万，谨以"略"名，俟以后补详。书中因循前人旧说，将西夏法典中管理道教机构"护法功德司"理解为管理佛教机构，后此书在中国台湾由商务印书馆重新出版时，在重版序中予以更正，学界由此始知西夏有道教管理机构。

在论述西夏佛教时，我曾根据一则记载贺兰山佛祖院僧人李慧月曾印施十二部汉文大藏经的西夏文题款，认为西夏时期曾刻印汉文大藏经。后来国家图书馆李际宁先生为文考证僧人李慧月的生平，证实他应是夏末元初人，刻印汉文大藏经应在元代，西夏时期是否刻印过汉文大藏经尚需进一步研究。我接受了他的论点，获得新的知识，并当面向他表示感谢。

2000年我在俄国又发现了几页表格式汉文历书残片，经反复观摩，发现是活字版印刷，但因残缺年代标志，其时代未能遽定。为求得真知，我回国后查阅资料，学习繁难的历法知识，特别登门请教历法史专家邓文宽、陈久金教授，学得利用残历书中有限条件确定具体年代之方法，经过大半年时光才写出《现存最早的汉文活字印本刍证》的论文，确认其为在西夏排印的、现存最早的汉文活字印本，为中国活字印刷史增添了重要实物。

在俄国整理西夏文献时，又在未登录的文献中发现了一大批西夏文社会文书，计有1500余号，包括户籍、账籍、军抄状、契约、诉讼状、告牒、书信等。这是一项新的意外收获。这些文献多用难以辨识的西夏文草书写成，翻译、研究困难重重。于是我又开始摸索西夏文草书释读，在反复阅读文书时，不断积累各类西夏文草体字形，排比特点，寻找规律，日积月累，草书识别能力逐渐提高。研究社会文书又是一新领域，不仅需重新学习包括户籍、租税、典贷、商业等中国经济史以及相关的研究著述，还要对敦煌、吐鲁番出土文书及研究情况有较多的了解。经过近7年的释读，我编出西夏文社会文书目录稿，并利用这些新资料，撰写了西夏户籍、租税、借贷等方面的论文，使西夏社会的面貌变得更加清晰。从1997年开始西夏文草书文献释读至今已近20年，其间发表西夏户籍、粮食借贷、农业税、物价和买卖税、土地买卖、土地包租、牲畜买卖、交换和雇租、社邑、军抄、军籍等十数篇论文，并完成《西夏经济文书研究》和《西夏军事文书研究》两项课题，为西夏社会研究提供了新的资料，填补了西夏经济和军事研究的多项空白。同时，在这一漫长的过程中，也逐步解破西夏文草书，总结识读西夏文草书的经验，撰写了《略论西夏文草书》等论文。

藏族有悠久的历史和灿烂的文化，早在7世纪就创制了藏文。有宋一代辽、金、西夏、回鹘等都有了发达的刻印事业，唯独见不到藏文早期刻本。以前所知最早的藏文刻本是15世纪初的明代永乐版大藏经。我不是藏学家，但从民族文字使用和印刷术传播角度分析，似乎应有更早的藏文刻本。这一问题我早年前就提出过，也曾请教过藏学专家，但苦于没有材料证实。我带着这个问题寻觅求索。2000年我第四次到圣彼得堡整理黑水城文献时，整理、拍照了黑水城出土的藏文文献。当我查看这些藏文文献时，惊喜地发现有多种刻本。这些藏文刻本属哪一时代呢？我回国后带着这一问题请教著名藏学家黄明信先生。他指出这些藏文刻本中很多处出现古藏文厘定前的反 i 字，证明其为古藏文。这些藏文刻本应属于西夏时期，是目前所知最早的藏文刻本，比明代永乐版藏文大藏经要早两个世纪，是有重要价值的珍贵藏文献。这一关系到中国印刷史和藏族文化史的重要问题终于有了答案。

少数民族印刷是中国优秀传统文化的重要组成部分，也是我关注、研究的对象。2003年我得到一则信息：在贵州省荔波县发现了明代的水书（水族文字）刻本，并认为这是一个重大发现。我正在与黄润华先生合作撰写《中国少数民族古文字文献探幽》一书，这当然引起我高度重视，同时根据对水书文献的了解也产生了一些疑问。因未见原件，难以论定，心里很不踏实。2004年在贵阳参加学术研讨会后，我在贵州民族研究所陈国安教授的陪同下，穿山越水南行数百公里，来到与广西交界的荔波县。几经交涉，才在县档案馆看到这部被当地视为镇县之宝的水书文献。我仔细翻阅了全书，对其字迹、墨色、行款、边栏等认真考察，确认它不是刻本，而是用硬笔书写得比较规整的抄本。这在我们的书中只占一小段，但有了这次远途实地考察，弄清了版本真相，避免了人云亦云的失误。

国家培养研究人员的目的是获得为社会所需要的创新成果，而学术腐败、学术失范则与此目的背道而驰。目前国家有关部门和不少专家针对学术造假、学术炒作、学术侵权、学术失范的严重现象，呼吁倡导科学诚信，加强道德修养，履行学术规范，我以为这是十分必要的。做学问来不得虚假，没有捷径可走。在我们熟知的业务范围内，可以发现一些人为了追求名利，丢掉科学求真务实的原则，玷污科学规范，肆意侵犯他人知识产权；有的养成了少劳多获，甚至不劳而获的恶习，到处当挂名主编，甚至在其完全未涉足的领域也要抢当主编；有的学风浮躁，明知自己没有创新成果，仍弄虚作假，故意炒作；有些科研和教育部门为了部门利益或家丑不外扬，而袒护甚至支持某些学术腐败行为。

当前无论是自然科学界，还是社会科学界，都需要树立求真务实、潜心学术、淡泊名利的学术风气，弘扬刻苦钻研、长期积累、勇于探索、不断创新的科学精神。现在应把学德放在科学研究的首位，要从制度上、体制上，包括学术评价体系上防止抄袭作假、以量制胜、急功近利、短期行为。研究人员应洁身自好，坚持学术操守，自觉抵制学术不端行为。

六　学科之猷

　　一个学科的进步，需要众多学者从不同角度推进，有时甚至还需要组成团队，集体攻关。促进学科发展，是学者的深谋远计，也是学者在学术上做出的更大贡献。

　　西夏研究是偏狭的冷门，然而又是学术殿堂中含金量很高的特殊学科。长期从事西夏研究者，在考虑研究课题时，既要从西夏文一字、一词、一句的微观解读入手，又要有对西夏学科宏观的考量。无论是撰写论文还是专著，无论是具体的小题目还是内容丰富的大题目，都要选取最有价值、能促进学科发展的课题。

　　我在"文化大革命"后期几年地下摸索西夏、取得一定进展的基础上，不久就形成了与本所同事白滨、从历史所借调的黄振华同志的合作团队。我们集体整理研究西夏文韵书《文海》，是因为由此可识读出大量未解的西夏字、词，大幅度提升西夏文识读水平。1983年《文海研究》出版，不仅我们自己的西夏文研究水平有显著提升，更向学界提供了新的成果，如后来出版的《夏汉字典》几乎使用了《文海研究》的全部资料和成果。后来我们的西夏研究团队又有聂鸿音同志加入。我们一起先后整理出版了《番汉合时掌中珠》《类林研究》《西夏天盛律令》。特别是

《西夏天盛律令》为西夏社会历史研究增添了大量新的资料，对西夏学科发展起到了促进作用。

西夏学的一个重要基础是掌握西夏文。随着西夏文文献的增加，培养西夏文人才便成为一个重要任务。对我来说教授西夏文来得有些"被动"，第一个听讲西夏文课的是一位主动求学的美国人。1986年美国邓如萍（Ruth W. Dunnell）博士向中国社会科学院提出申请，希望到民族研究所向我学习西夏文。1987年9月我正式给她授西夏文课，安排3个月的授课时间，每周讲一课，每次3个小时。同时编写了教学大纲和讲义。讲义由浅入深、循序渐进，开始介绍西夏文，教授常用字、词，后逐步按语音、词汇、语法的顺序展开，重点是讲解语法，特别是与汉语不同、有特点的语法现象。她经过一年的学习和翻译实践，已可凭借工具书初步翻译西夏文文献。此后我给博士生和博士后教授西夏文时都用了这种方法，同时也在不断丰富和修订着讲义。1998年我被聘到日本东京外国语大学作客座教授，其间应邀于1999年6—8月在该校开西夏文课，用的是经过进一步修订的讲义。

2007年中国人民大学国学院院长冯其庸先生对我说，人大国学院也要培养懂得西夏文的人才，正式邀请我到人民大学开西夏文课。我义不容辞地答应了冯先生的要求。出乎我意料的是竟有30多人听课，主要是国学院的师生，也有其他院系的学生，还有北京大学、中央民族大学的青年教师。我的授课讲义也进一步丰富、细化。这次教学效果也很理想，我的助手苏航博士和国学院的几位同学学得很不错。苏航后来参加我主持的《俄藏黑水城文献》佛经部分的编辑工作，就利用了所学的西夏文知识。国学院的侯浩然后到德国留学，他在留学期间还用我编的讲义在德国办起了小西夏文学习班。2008年我再次在人民大学开西夏文课，又有 30 多位师生参加学习。随着教学实践，我也在摸索培养西夏文人才的途径。

近些年来，西夏学发生了两大变化，一是大量原始资料影印出版，二是西夏文文献解读进展很快。基于这一新的形势，2011年初我向中国社会科学院科研局和陈奎元院长呈交了"西夏文献文物研究"重大项目报告书，期望利用新资料，抓住新的机遇，营造西夏研究创新平台，推动西夏学稳健、快速发展。这一报告得到陈奎元院长和院科研局的大力支持，陈奎元院长批示"这个项目应该上，还可以考虑进一步做大，作为国家项目申请立项"。后经院科研局上报国家社会科学基金办公室，被国家社会科学基金领导小组批准为国家社会科学基金特别委托项目，我忝为首席专家。

此项目作为我国西夏学重大创新工程，搭建起了西夏学科学研究、人才培养、学术交流、资料建设的大平台。我们按照国家社科规划办"根据项目申请报告内容，认真组织项目实施，整合全国相关学术力量和资源集体攻关，确保取得高质量研究成果"的要求，以中国社会科学院西夏文化研究中心和宁夏大学西夏研究院为基础，联合国内其他相关部门专家实施项目各项内容。为提高学术水平，加强集体领导，成立了以资深学者为成员的专家委员会，制定了项目管理办法、项目学术要求、子课题中期检查和结题验收办法等制度，我提出要以"利用新资料，提出新问题，凝练新观点，获得新成果"为项目的灵魂，并作为子课题立项和结项的标准。

此项目 4 年来围绕西夏文献文物及相关研究领域设立 30 项子课题，现已有一批阶段性成果问世，多数子课题已完成结项，在诸多领域有重要建树和突破，已出版 11 种研究专著；西夏文物普查和调研业已完成，两种大型文物图集《西夏文物·内蒙古编》（4册）和《西夏文物·甘肃编》（6册）也已问世；举办了3次西夏学国际学术论坛和5次中小型学术研讨会；合作举办了3期西夏文研修班。总之，形成了更大规模的、老中青相结合的西夏研究团队，明显而有力地撬动了我国西夏学研究，全面推动了西夏学学科建设的进程，西夏研究呈现出统一布局、专家合力、各展所长、进展显著的良好态势。

西夏文班的成果举办，为更多、更好地培养西夏文人才找到了良好途径和成功经验。2011年4—5月，在上述项目的统一规划下，中国社会科学院西夏文化研究中心和宁夏大学西夏学研究院联合举办西夏文研修班，由我授课。来自16个单位的70名学员参加学习，学员多是已经或将要参与西夏研究的人员。2012年7月又举办了第二届西夏文研修班，分为提高班和基础班交叉授课，学员达到80位，来自24家单位。提高班学员多是前一年参加研修班的学员，主要研讨学员的西夏文文献译释作品，最后由我点评。这两次研修班达到了为解读西夏文文献培养更多人才的目的。

想学西夏文的人需要一部系统的正式书面教材，希望我的讲义尽快出版。经过反复修订修改，我编著的国内外第一部《西夏文教程》于2013年出版。在西夏学由冷趋热的倾向影响下，《教程》出版后，1000册很快销售一空，出版社只能再印。此书的出版使初涉西夏文及其文献者有了一个入门的路径，得到了一把打开西夏文化之门的钥匙，为西夏学科建设打下了一方基础。

几年来我致力于"西夏文献文物研究"这一重大项目的推进，投入大量时间精力，既要协调部门，组织队伍，设置项目；又要落实计划，督促检查，指导修改，逐项审稿；还要参与组织会议，为西夏文研修班授课。好在各项工作皆有诸位同行好友的鼎力支持，如宁夏大学的陈育宁、杜建录教授，敦煌研究院的樊锦诗、彭金章教授，河北省社会科学院的孙继民教授，首都师范大学的李华瑞教授，中国人民大学的沈卫荣教授，宁夏文物考古研究所的牛达生教授，宁夏出版社的唐晓芳编审，内蒙古博物院的塔拉院长，甘肃博物馆的俄军馆长，宁夏博物馆的李进增馆长，甘肃省古籍文献整理编译中心高国祥主任，中国社会科学院民族研究所的孙宏开教授等，此外还有几十位中青年专家的积极参与，使项目得以顺利开展。此项目使西夏研究又迈上一个新的台阶，使西夏学成为史学和文献学中一个重要的、新的学术增长点，在基础学科中产生了明显的学术影响，增加了中国在西夏学中的话语权重，引起学术界的关注和积极评价。

我关注比较多的另一个学科是中国民族史。我以为研究历史的目的是尽可能探索、展现历史的真实，并寻求历史发展的规律性认识，总结经验教训，为深刻认识当前和以后社会发展提供有益的借鉴。

我从1962年到民族研究所读研究生时就在社会历史室。1975年"学部"开始恢复业务工作时，我就协助历史室老主任侯方若同志组织历史室的业务工作。自1982年我开始担任历史室主任，后1988年担任民族所副所长，仍分管历史室工作。1983年我与杜荣坤等同志一起在翁独健先生指导下，组织、建立中国民族史学会，也以本所历史室为依托，持续开展工作。

我主要从事的西夏文史的研究，本身就属于中国民族史学科范围。关于西夏历史研究，早有四川大学吴天墀先生的《西夏史稿》问世，其中几乎将传统历史文献中的西夏史料搜罗殆尽，堪称完备。新发现的西夏文文献资料，有关西夏政治史的材料寥寥无几，而有关西夏社会的资料却异常丰富。特别是我们自俄藏文献中收获了一大批西夏社会文书，加之近年西夏考古资料的增加，使系统构建西夏社会成为可能。1997年我下决心经过若干年时间，撰写一部展示西夏社会全貌的专著。1999年我开始布列提纲，至2001年将"西夏社会研究"申报为中国社会科学院重点科研项目时，已有约20万字的书稿大纲。

为使西夏的社会生活更丰满地展现出来，我构拟出一个范围宽泛的西夏社会，通过它可以多方面、多层次、多角度地透视西夏社会，了解鲜为人知的西夏王朝。其内容包括西夏的历史和自然环境，民族构成，经济生活中的农业、畜牧业、狩猎业、手工业、商业，上层建筑中的职官、法律、军队，社会文化中的语言文字、教育科技、文学艺术以及社会风俗中的衣、食、住、行、婚、丧、嫁、娶等，还探讨了西夏灭亡后的后裔，最后总结了西夏社会性质和特点。2007年出版了《西夏社会》（上下册），共103万字，附有照片200余幅。

此书中尽量多使用新的西夏文资料，特别是新发现的直接反映西夏社会的文书，如对西夏基层组织、里甲和户籍制度、家庭和财产状况、军抄组织、租税、度量衡、物价、历法等都是在新的西夏文资料基础上的新收获。我尽量提炼一些新的见解。在很多章节中都有总结，特别是在"结语"部分，提炼总结出西夏社会基本特征为：第一，势力大体均衡的多民族社会；第二，带有前封建社会残余的封建社会；第三，具有创造性的多元复合文化社会。这是对西夏社会民族、社会性质和社会文化的概括。

由于专业和工作关系，我也很注意中国民族史的学科建设。20世纪70—80年代，历史室承担了几部重要的少数民族简史编纂工作，如《回族简史》《蒙古族简史》《满族简史》《藏族简史》等。另一个大型项目是由翁独健先生挂帅的《中国民族关系史纲要》，系国家第五个五年计划期间民族研究重点项目。我参与了这些项目的组织、协调工作。前不久看到孔夫子网拍卖我给翁独健先生的一封信，其中就有我向翁先生送交《中国民族关系史纲要》议定书，准备提交在成都召开的国家民族研究五年计划规划会讨论之事。

我也很关注中国民族史宏观研究，先后撰写过《中国民族史研究四十年的重要贡献》《中国民族史学的社会功能》《要重视和加强少数民族法制史研究》《试论中国历史上的民族政策》《论少数民族近、现代史研究》《试论中国历史上的民族政策》等论文。

中国历史上对各民族的记载很早，涉及民族史的文献众多，研究民族史的著述难以计数，特别是近代以来民族史的研究逐渐成为热点。然而却没有一部中国民族史学史的系统著作。中国民族史学史可以帮助我们准确地认识、总结中国民族史的发展，从而促进和发展中国民族史研究，丰富中国史学史的研究内涵，为发展和繁荣中国史学做出贡献。自20世纪90年代中期我就计划组织写一部关于中国民族史学史的著作，自己陆续积累资料，构拟全书结构，至90年代末已经有近10万字的提纲。此课题因我到日本讲学以及西夏研究任务繁重而搁浅，但编写此书的责任始终萦绕在我的心中。2012年我有意请一位研究民族史的青年专家关志国博士进入民族所博士后流动站，和我一起进行《中国民族史学史纲要》的撰写工作。2014年关志国博士后出站，此后我们继续合作进行此项工作，至2015年年底，已完成40多万字的初稿，并请著名中国史学史专家瞿林东先生等十几位专家审稿。他们对书稿给予充分肯定，同时也提出了修改建议。我想此书的问世也许会对民族史学科的建设起到些许作用。

　　西夏研究和民族史研究都是进展很快、发展空间很大的学科。我已年过古稀，尚能伏枥劳作，唯望两学科发扬光大，充实科学殿堂，为中国的历史文化研究做出新的贡献。

史金波
2016 年 3 月 20 日于南十里居寓所

白　钢
Bai Gang

男，1940年1月生，江苏睢宁人。1964年7月毕业于南京大学历史学系；同年8月被分配到中国科学院哲学社会科学部（1977年改为中国社会科学院）历史研究所任研究实习员，后评为助理研究员（1979）、副研究员（1986）。1987年5月"跳槽"到政治学研究所，寻觅新的学术生长点，致力于政治制度史研究，并从副研究员做到研究员（1990）；此间，还兼任研究生院政治学系主任、教授、博士生导师。1992年国务院颁发"政府特殊津贴"，1994年人事部授予"有突出贡献中青年专家"称号。1992年在伦敦政治经济学院做访问学者；1995年6—8月在神户大学国际协力科任客座教授；1996—2008年任中国社会科学院公共政策研究中心主任；1997—2000年任中国社会科学院政治学研究所副所长；此外，还担任过中国行政管理学会常务理事、民政部专家咨询委员会委员、中国人权研究会第三届全国理事会常务理事；是第九届、第十届全国政协委员；中国社会科学院荣誉学部委员。

主要著作有《中国皇帝》（1993、2008；曾获得中国社会科学院第二届优秀科研成果奖）、《中国农民问题研究》（1993）、《选举与治理》（2001）、《制度物议》（2013）、《野乘问学》（2015），主编《中国政治制度史》（获中国社会科学院第一届优秀科研成果奖）、十卷本《中国政治制度通史》（获第三届国家图书奖，1997；又获国家社科基金项目优秀成果一等奖，1999）。

爬坡人生

一 引言

人们常说,历史是人类的昨天和前天,但当我步入史学殿堂的时候,却遇上了"文化大革命",被以"莫须有"的罪名,秘密监禁。在被监禁的日子里,学习、思考了一些问题。

恩格斯在评托马斯·卡莱尔的《过去与现在》时所写的《英国状况》中,有一句名言:"我们要求把历史的内容还给历史,但我们认为历史不是'神'的启示,而是人的启示,并且只能是人的启示。"(《马克思恩格斯全集》第1卷,人民出版社1965年版,第650页)所谓"把历史的内容还给历史",就是必须运用历史唯物主义的方法,详细研究各种社会形态存在的条件,然后从这些条件中找出相应的政治、司法、美学、哲学、宗教等的观点,所谓"历史不是'神'的启示,而是人的启示",就是说必须杜绝唯心主义观点看待历史与现实的关系。恩格斯的这句名言曾使我被监禁时空旷的精神生活得到某种充实。我从自己过去的亲身经历与现实的处境中、从现实中不断再现的许多历史因素中,尤其是从封建专制主义的沉渣泛起、宫廷斗争与朋党斗争的旧梦重温中，慢慢省悟到历史与现实的关系，理解了自己周围所发生的一切。尽管沧桑陵谷，迁流罔极，然而代兴代亡，转承延续，历史与现实的关系，是一种"剪不断，理还乱"的关系。

长歌当哭。漫长的监禁、非人的待遇，却诱发了我进行政治史探秘的兴趣，而"文化大革命"的灾难性后果，直接促成了我研究中国封建专制主义的决心。从 1979 年起，我花了近 10 年的时间，系统地探索了中国封建社会的政治形态，悟出了一个结论：世界上没有一个民族或国家能和自己的历史一刀两断，传统是扔不掉的；岁月是流逝的，但习俗是相对凝固的。专制主义、家长制、高度集权、官僚政治、封建特权、造神运动、人治原则、新文字狱等，之所以会在"十年动乱"中肆虐，有深刻的社会历史根源。正像人们只有服从自然规律才能控制自然一样，人们要摆脱历史的影响与束缚，只有正视历史，亦即以另一种方式正视自己。越是硬要不理睬自己的历史，那就越会充当历史的俘虏。为此，在诸多个案和专题研究的基础上，我撰写了一部探索中国封建专制主义形态的《中国皇帝》，采取寓论于史的方法，借以揭示笼罩在宫廷政治上面的神秘迷雾和缠绕在皇帝头上令人眼花缭乱的光环。书中探索了皇帝的产生及其社会基础，皇帝的类型及其功过是非，皇帝制度的发展阶段与历史地位，皇权形态、范围与限度，皇权的异化，皇权与绅权、族权、夫权的一体化，以及皇帝的文化政策，等等；特别以皇帝为轴心，由内及外，把皇帝与后妃、皇帝与宦官、皇帝与外戚、皇帝与皇室、皇帝与大臣、皇帝与官吏、皇帝与农民的政治关系作了重点剖析，力图理清中国封建专制主义对近代社会的发展，在政治、经济、文化诸方面所带来的负面影响，以启发读者的思考，唤起人们完

白　钢

成"走中世纪"的决心和勇气。

《中国皇帝》杀青以后，出乎意料得到广泛的社会肯定，也给我"跳槽"到政治学研究所壮了胆，并为日后开展中国政治制度通史研究积累了经验。

二　找准"生长点"

随着改革开放的深入发展，尤其是经济体制改革呼唤着政治体制改革的出台，激发了我系统研究中国政治制度史的激情。但是，要把这种激情变为现实，面临着多重困难。为此，从1988年起，我们团结政治学、历史学、法学、民族学、档案学界的一批知名学者，联合《光明日报》理论部做了"抛砖引玉"和"集思广益"两方面工作。

所谓"抛砖引玉"，就是把我们对于以往的中国政治制度史研究的通病——用官制史来代替政治制度史——揭露出来，无论是周秦以来历代史家关于典章制度的著录或考索，还是20世纪以来国内外学者（其中主要是我国台湾学者以及日本学者）用新方法研究中国政治制度史所发表、出版的各种论著，都没有脱出这个窠臼。近几年来，我国内地虽然相继出版了几本取名"中国政治制度史"的小册子或专著，力图用马克思主义为指导，对中国政治制度史进行探索，但是，一方面或许是由于对政治学的基本理论和方法缺乏深入的认识，没有能从政治学的角度把握住中国政治制度史的研究对象和任务，例如，对作为中国政治制度史学科特征的政体形态、首脑决策、政体机制、行政管理职能、方式、方法与制衡关系、行政效率、人才的铨选、考绩与迁转、创新精神、应变能力等内容，都没能给予充分的科学分析与论证；

另一方面，也许是史学功力不足的缘故，史实失误之处过多，并没有摆脱官制演变考索的影响，至多加进一历史人物评价的内容和政治学的某些术语，实质上，仍然是用官制史代替政治制度史，从而陷于静态的缕述和平面的图解，读后缺乏立体感。

非但如此，还由于"左"的倾向对学术研究的干扰，长期以来，人们惮于涉足中国政治制度史的研究领域。1978年以前的30年中，属于中国政治制度史研究范畴的众多课题，诸如专制主义，中央集权，文官制度，立法、司法、行政三权制衡关系等，学术界基本上采取"回避制"，罕有有分量的研究成果问世。近10年来，在清除"左"的干扰的过程中，人们意识到过去研究方向的偏差，开始注重对这些课题的探讨。然而，多角度的、分散的阐述，往往多于冷静的科学分析与论证，结果，能给人们以正确的、全面的中国政治制度史科学知识的成果并不多，以至造成有些人在谈起三权制衡、文官制度等话题时，便数典忘祖，言必称英法、言必称欧美。殊不知，三权制衡、文官制度等，均起源于中国，并且在古代中国曾发展到一个相当完备的形态。对此，就连西方学者也是肯定的。

为此，我们在《光明日报》（1988年1月6日）发表了《对中国政治制度史进行开拓性研究》，在《政治学研究》（1989年第6期）发表了《本世纪以来的中国政治政治史研究》，在《求是》杂志（1988年第6期）发表了《中国封建社会官僚政治与官僚主义》等，抛砖引玉，阐述我们的观点，吁请学术界师友切实予以关注。

所谓"集思广益"，就是开展跨学科合作研究，召开有多学科、重量级知名学者参加的"中国政治制度史学科性质、研究对象与任务的学术研讨会"（会议纪要发表在《光明日报》

白　钢

1988年2月24日），充分听取他们的意见，确定研究重点和编写方针。

中国是一个有五千年文明史的古国，在漫长岁月中逐渐形成并发展起来的政治制度，尤其是秦始皇开始的封建专制主义中央集权的政治制度，曾对中国的社会生活、对东方邻国都产生过巨大的影响，其中，文官制度还成为西方近代文官制度的鼻祖。然而，由于众所周知的原因，长期以来，中国政治制度史的研究一直未受到应有的重视。早在1980年邓小平同志在《党和国家领导制度的改革》报告中就指出："现在应该明确提出继续肃清思想政治方面的封建残余影响的任务，并在制度上做一系列切实的改革，否则国家和人民还要遭受损失。"党的十三大政治报告中又重申："在具体的领导制度、组织形式和工作方式上，存在着一些重大缺陷，主要表现为权力过分集中，官僚主义严重，封建主义影响远未肃清。"为了正确认识我国国情，在政治体制改革中兴利除弊，课题组义无反顾地承担10卷本《中国政治制度通史》的编写任务，旨在科学地阐明中国历代政治制度的基本特征、运行机制、阶级本质、发展变化的规律和利弊之所在，为建设有中国特色的社会主义民主政治提供借鉴。"加强中国政治制度史研究，清除封建主义残余影响"，这就是当初立项时，我们所举起的旗帜。

目的明确之后，课题组联合《光明日报·史学》专刊，邀请了相关学科重量级的专家如全国人大民委史筠教授，中国人民大学档案系韦庆远教授，山东大学历史系田昌五教授，中国社会科学院历史研究所王宇信、杨升南、朱大渭、陈高华、王春瑜、郭松义、李新达、杜婉言研究员、法学研究所法制史专家俞鹿年研究员、民族研究所西夏史专家白滨研究员，暨南大学历史系张其凡教授等来"献策",经过认真而热烈的讨论,统一了对中国政治制度史学科性质的认识。认为现代科学发展的总趋势,是自然科学与社会科学以及社会科学内部各学科之间的相互交叉与互相渗透,边缘学科愈来愈繁荣,政治制度史、社会经济史、文化史、科技史、宗教史等,都属于边缘学科。就政治制度史而言,它既属于政治学,也属于历史学,硬要把它归到某一门类学科中去,实在没有必要,还是从实际出发,承认它们的"两面性",具有社会科学与人文科学的二重性格。它既是政治学的重要分支学科,同时又是政治学、历史学、法学、民族学等多学科相关知识的综合,实质上是一门边缘学科。恩格斯说过:"历史就是我们的一切。"以往的研究是用官制史代替政治制度史,就官制论官制,见物不见人,而且没有注意政体机制的研究。事实上,任何一种政治制度,都是一定社会经济关系的产物,并为一定社会经济关系服务。研究政治制度史不能脱离社会经济关系来抽象地谈政治制度,否则就会变得空洞抽象。既然要研究政体机制,取材范围就势必要扩展到历史学、法学、民族学乃至经济学和文化学中去。当然不能搞成大杂烩,而是需要从实际出发,根据政治学的理论和方法决定取舍。

中国政治制度史的研究对象是历代的国体和政体,重心是政体运行机制,说到底就是历代王朝如何处理各种政治关系。具体来说,应考虑以下三个方面的内容:一是机构;二是政策法令;三是机构运行和政策法令的执行情况。政体主要表现为政府机构,国体则是通过机构和政策法令得到体现。我们还可以从另一个角度来考察。无论什么制度,其中心问题是处理和调整该领域中的各种关系。政治制度就是处理和调整政治领域中的各种关系。具体地说,中国政治制度史所研究的,就是历代封建王朝如

白　钢

何处理和调整这样一些关系：地主与农民的关系、地主阶级内部的关系（特别是统治集团内部的关系）、中央与地方的关系、民族关系等。机构设置和政策法令的颁布，都是为了处理或调整某一方面或者若干方面的关系。处理调整得好，封建统治就巩固、持久；处理、调整得不好，封建统治就会动摇、崩溃。这种好处不但要看机构设置和政策法令的颁布，更要看机构的运行和政策法令的执行情况。

历史本来是丰富多彩的，何况涉及政治制度这样的大事，更应该写得生动活泼。除了选择一个时期的典型制度作静态剖析之外，亦要注意制度本身的发展和演变，即作动态探讨。例如，清代前期的内阁与军机处成立后的内阁，情况就不同。这种变化是通过人们活动来体现的，应贯彻有静有动、有人有物的原则。

在"集思广益"的过程中，我们还特别注重吸收如下意见和建议：要从多民族的历史实际出发，不只是写汉族的政治制度史，而应是中国各民族的政治制度史。为此，至少要从六个方面从事开拓性的研究：第一，对自周秦以来的中央国家机构管理边疆少数民族的机构设置及其演变作系统研究；第二，从地方行政管理制度角度，探索历代针对少数民族地区的不同情况所采取的统治措施的多样性；第三，探索历代中央王朝调整与少数民族地区的法律制度；第四，研究从古代的"夷夏之辨"思想一直发展到辛亥革命时期的"五族共和"、民国时期的所谓"大小宗支"的思想演变及其实践；第五，研究少数民族建立的中央王朝或在一个较大区域内建立的包括有汉族居民的地方政权，如何管理、统治汉族的制度；第六，对各少数民族，包括已消失的历史上少数民族的政治制度，也应加强研究，虽然研究少数民族政治制度难度较大，但充分利用民族语言文字方面的材料，作开拓性研究，还是可以写出一些鲜为人知的内容的。

简而言之，要把政治制度写得有血有肉，不对人物、事件作适当描述，就不容易写活，而会流于死板。我们主张政制＋典章＋人物＋事件，但要有个度，适可而止。我们的责任是写成信史。信史就是如实地写，过时的就是过时的，陋规就是陋规，历史里边有许多现实和未实的因素，有积极的，也有消极的，谁能把握住这些因素，谁就能把握前进的方向，我们的研究并非为了欣赏"国粹"，而是通过实事求是的论述，来启发人们的思考。

此外，在研究方法上，我们也取得共识。主张尝试引进系统学和系统动力学观点和方法，将社会政治制度看成一个复杂的系统，研究其各部分的关系、变化、制约，从而透视整个社会政治制度的发展变迁及发展趋势。而针对中央集权制的特点，引进计算机图形学中树结构的概念，则各种官僚结构即可化成树中枝、节、叶的关系，使整个官僚体系变得明了、直观，这对政治制度研究的形象化将是大有裨益的。

通过"抛砖引玉"和"集思广益"两方面的努力，我们找准了中国政治制度史学科的突破口，并形成了共识，即在功夫。换句话说，就是找准了跳出以官制史代替政治制度研究的窠臼的途径，进行开拓性创新的"生长点"。

三 先写"简本"练练笔

在确立以"历代政治体制的运行机制"为创新项目的"生长点"之后，先写个"简本"练练笔，就成为课题组的必然选择了。

正如著名历史学家周一良教授所说："集体编书很难。主编

白　钢

应有权挑选他认为能胜任能合作的作者，否则就很难完成任务。1958年翦老主持编《中国史纲要》，就提出要挑选志同道合的作者进行合作，这个经验是很对的。本书也实行了这一原则，主编把哪些章节委托给哪些人写，是知人知名的。"杨向奎教授说，主编能把这么多不同学科的专家的不同特点、不同笔风、不同写法完全统一起来，是很不容易的事情。所以，主编与各个执笔人协调关系非常重要。邓广铭教授说，课题组所组织的各章执笔人及审稿人，大都可称作"极全国之选"。韦庆远教授认为，各章执笔者都是各段治史有素的名家，因而能在把握当时各个领域的整体关系的基础上去撰写政治制度，既能融合诸家，又有独立的见解，在史料上几乎都是选用第一手原始资料，据此作出有理有据的援引和解释，既不过分引申，又避免了时下有些"著作"辗转抄用二、三手材料，拼凑成书的弊病。刘起釪说："中国政治政治制度史本来作为历史学领域里的一门专史，行之已久，苟能真正体现其'专'，亦未尝不可。但由于历史学者而非政治学者从事此项研究与撰述，就无法真正体现其为政治学之史；现在以政治学为主，结合历史学者、法学学者及民族学学者，就能显现出不同学科专家各以其专长共同进行跨学科研究的优越性，因而能撰成一部真正政治学领域的史的著作，呈现其学术之光。"（以上俱见《鼎新革故，推进中国政治制度史研究跃上新台阶》，《光明日报》1992年5月24日）

经过反复讨论与协商，在前辈史学大家的鼓励与支持之下，我们放眼全国，邀集不同学科的"志同道合"者组成课题组，限每卷5万字，试写简本。——这就是一卷本《中国政治制度史》（天津人民出版社1991年版）的由来。

生活照

初稿出来之后，要把风格各异的文稿改写成像一气呵成的作品，不再披头散发，这是主编的职责。在这里，我要感谢课题组诸位师友的支持与信赖，使我义无反顾地做这件事。当然，由于功力不足，这个简体还存在一些缺陷。正如杨向奎教授所说：总的来说，这本书是大醇小疵，所谓小疵，就是一些小毛病。例如，清代的九卿制度本来有各种不同说法，作者赞成哪种说法，应当在脚注中注出来。考选制度里的进士制度，分一、二、三甲，往往是二甲以上的人全点翰林，因此，进士制度应当与翰林院结合起来讲。汉代的乡亭里制度有两种说法，没有排中律。此外，魏晋九品的来源，也应当在脚注中谈一谈。总之，这么一部大书、好书，任何一个小问题都要搞清楚。张泽咸教授说：唐代的内容太突出，宋、明两代内容过于简略，唐宋之间政治制度的演变没有交代清楚。还有，唐代六部与九寺的关系，严耕望先生最早提出六部主行政，九寺主事务。像这样重要的地方，应当加

白　钢

注说明。本书比较重视中央决策体制及运行机制，但对从中央到地方行政机构的运行机制相对比较忽视，各段在贯彻主编的意图上，还有差异。林英教授说：希望再版时能增加政治社会化的内容，讲讲教化制度；增加官制图表和职官名目索引，以方便读者。朱大渭教授说：本书最大缺点，是从三代只写到清末改制，缺少民国时期和当代政治制度的内容，这也是国内通史类著作的通病。(以上俱见《中国政治制度史》专家评审会纪要，《光明日报》1992年5月24日第3版)

为了能给编写组积累更多的智慧，我们设定以简本为"耙子"，争取学术界广泛的评论。中国社会科学院政治学研究所、天津人民出版社和光明日报理论部联合召开了国家社科基金重点项目《中国政治制度史》(简本)专家评审会，邀请史学界、政治学界、民族学界和法学界的著名专家70余人，对该书评头品足，挑毛病。这是一次别开生面的学术评审会，与会专家分别从坚持理论联系实际、力戒形式主义，发扬实事求是的科学学风；加强学科之间的合作，推进中国政治制度史研究跃上新台阶以及从革故鼎新、时代感等角度，对简本进行了剖析。史筠教授认为：国内许多论证中国政治制度史的著作，有一个普遍的缺陷，是把多民族国家中央机关的民族事务管理制度和少数民族或"土著居民"的政治制度，排斥于政治学的殿堂之外。而本书比较重视对历代边疆少数民族政权机构和中央王朝的民族事务管理制度的研究。尤其以对西夏政治制度的研究有突破性进展。史金波教授说：西夏政权雄踞一方达190年，传延10代帝王，是以往的政治制度史研究的一个空白，本书对此给予了足够的重视，特别注重展示少数民族政权与中原王朝在政治制度方面的互相影响，确实是难能可贵的。李祖德研究员说：这本书正像许多同志所指出的，具有开创性、全面性和整体性，是目前所有政治制度史著作中写得最好的一本。著名政治学家赵宝煦教授认为，这是他所看到的最全、最细、最令人满意的一部中国政治制度史，它不是就制度论制度，而是结合社会状况、人物、事件来写，强调运行机制，确实是政治制度史研究的很好开端。李侃教授说：从原始社会一直到明清，能对政治制度追本溯源，因袭变迁，讲得如此系统、如此全面者，恐怕除此书之外，尚不多见。它是用历史唯物主义系统研究中国政治制度史的开拓之作。著名清史专家何龄修研究员指出：本书所阐述的一系列理论问题，在我看来，绝大部分是新鲜、精确的，是一种创见，如它对中国政治制度史研究对象所下的定义，就是一个非常科学的规定。它突破了过去以职官制度史代替政治制度史的框框，在内容和面貌上焕然一新，反映了八九十年代的新水平。（以上俱见《中国政治制度史》专家评审会纪要，《光明日报》1992 年 5 月 24 日第 3 版）

四 我们的工作是"集锦"

面对五千年漫长历史过程，历代的研究者总是从断代史研究开始的。要想完成一部首尾一贯、巨细无遗的"制度通史"，非一人之力所克成，特别是要在政体运行机制上使人耳目一新，除了把各断代优秀研究成果汇聚一炉，进行再创新外，别无捷径可循。因此，在找准"生长点"之后，我们要做的编纂工作，就是"集锦"。

不同的政治体制，表现为不同的国家形态。我们的研究对象涉及两种国家形态：一种是奴隶主阶级专政的国家；一种是封建地主阶级专政的国家。夏、商、周、春秋，是奴隶主阶级专政的

白　钢

国家；战国至清朝，是封建地主阶级专政的国家。前者以宗族国家的形式出现，实行等级君主制，其政治体制的运行机制以神权、宗法权和王权的紧密结合为转移；后者以中央集权和官僚政治的形式出现，实行专制君主制，其政治体制的运行机制以皇帝"独制于天下而无所制"为转移。

构成政治体制的"硬件"，是国家政权组织，无论是王权还是皇权，都是通过庞大的国家政权组织行使的。在国王和皇帝下面，分设各种机构，形成从中央到地方的一整套行政系统管理国家事务，借以推行他的意志。在中国历史上，国家机构的设置、撤并、裁减或调整、改造，经历了漫长的发展变化过程。历代政治家根据客观情况的变化，不断总结经验教训，对国家机构的设置不断进行调整与改造，既体现了政治分工的精神，又贯彻了相互制约的原则，其目的则是确保主权或皇权不致流失。因此，历代对国家机构的设置、调整与改造的过程，集中反映了传统政治体制运行机制的一些特点。

例如：其一，自秦汉置丞相、太尉、御史大夫分掌行政、军事、监察以来，中央国家机构的权力配置，形成了行政、军事、监察三大系统鼎立的格局。

其二，近侍的逐步政务官化，或称御用机构逐步演化成中枢机构，是传统政治体制运行机制的又一大特点。

其三，中央派出机构逐步地方政权化，以加强中央对地方的控制，是传统政治体制运行机制的又一大特点。

除此而外，我们还纠正了过去对政治制度本质的片面理解，一方面主要是阶级压迫的工具，但另一方面，即使在阶级社会，政治制度也具有管理公共事务的职能。同样，政治仅仅理解为阶级斗争也是不全面的，即使在无阶级社会，也需要有管理公共事务的政治制度。

还有，专制主义、中央集权和官僚政治，是中国传统政治制度的三大基本特征；而发达的政治分工和悠久的权力制衡观念、具有行政立法的传统、积累了一套比较科学的人事管理经验，则是中国传统政治制度的三条主要成功经验。这是总论卷，即第一卷，提纲挈领论述的内容。

自第二卷即先秦卷以下，采取横的论述方法，即以断代分卷。先秦卷，包括原始社会、夏、商、西周、春秋、战国六个历史阶段，阐明了原始民主制的组织形态和奴隶制国家、早期封建制国家的组织形式、结构形式、治理形式。概括为三大特点：一是通过对中国文明的起源和国家的形成钩沉索隐，阐明了国家本质是阶级性和社会性的辩证统一；二是通过对夏、商、周王权形态及其发展阶段的论述，删繁就简地阐明古代中国君主制国家形式和特点；三是溯本求源，揭示了此后曾在中国历史上实行过几千年的传统政治制度的诸多原始形态。

第三卷即秦汉卷，讲的是秦汉时期政治制度。秦朝和两汉，完成了由军事封建专制主义向宗法封建专制主义的过渡，是专制主义政治体制巩固和发展时期。它对中国传统政治体制之纵向的延续和横向传播起过决定性作用，作者对各项政治制度的形成、发展、演变规律和特点的论述，兼总众说，巨细不遗，挈领提纲，首尾一贯，概括了从王权到皇权转化的实质，注意到以"郎"一类宫廷侍从所组成的中朝官在决策过程中的特殊作用，揭示了中央政府行政机构的宫廷服务性质，特别是援据故事写制度，令读者爱不释手。

第四卷，即魏晋南北朝卷，论述的是魏晋南北朝时期的政治制度，此期前后将近四百年，战乱不止，政治制度也因应朝代更迭频繁而表现出头绪纷乱。作者着力于阐明宗法君主制的演变轨迹和中央集权制由削弱逐步转向加强的历史过程，钩玄提要，坚实得体。进而揭示了这一时期政治制度的四大变化：一是尚书、中书、门下三省制的确立；二是州郡政权的军事化；三是军事制度从征兵制和募兵制向士家制和部落兵制转化；四是重门第、轻才德的选官制度——九品中正制的确立。作者长于考证，但却无毛举细故之嫌；叙事条分缕析，凿凿有据。

第五卷，即隋唐五代卷。论述的是中国宗法封建君主制的巩固时期——隋唐五代的政治制度。在详稽正史、博参群籍的基础上，对隋唐五代政治制度的演变轨迹，分析序说，简明精审，揭示了这一历史阶段政治制度的主要特点：一是皇帝制度进一步完善并定型化；二是中书出令、门下掌封驳、尚书掌执行的三省分立体制得以巩固；三是确立了尚书省为全国政务中枢；四是地方行政体制由前期的州县二级制向后期的道州县三级制转化；五是司法审判制度的改革与定型；六是科举考试制度的确立与完善。作者怀铅握椠，深历浅揭，语不犹人，令人兴会淋漓。

第六卷，即宋代卷。讲的是专制主义中央集权制空前加强的两宋时期政治制度，着力于揭示这一历史阶段政治制度的主要变化：一是皇帝权力的空前强化和皇位继承制相对稳定；二是皇帝内殿视朝听政成为主要决策形式；三是中央行政体制变动不居，取权分割轻重相制；四是"收乡长、镇长之权悉归于县，收县之权悉归于州，收州之权悉归于监司，收监司之权悉归于朝廷"，成为地方行政体制运行机制的基本规则；五是司法制度"民自徒罪以上，吏自罚金以上，皆出于天子"。作者援据故事论制度，细针密缕，曲尽其妙。

第七卷，即辽金西夏卷。辽、金、西夏，是9—13世纪，分别由居住在中国北部地区的契丹族、女真族和党项族等先后建立的王朝。它们的政治制度都打上了本民族的胎记，具有较大的变异性，但却又都接受了唐宋政治制度的影响，形成各自不同的特点：辽朝的政治体制具有二重性，金朝的政治体制带有氏族制遗风，西夏的政治体制主要摹仿唐宋。作者钩深致远，参伍比较，不囿陈说，戛戛独造，使这一历史时期三朝政治制度的研究取得了突破性的进展。

第八卷，即元代卷。元朝是中国历史上由蒙古族统治者建立的统一的多民族王朝。元朝的政治制度以蒙、汉二元混合结构为核心，"诸制并举"，以适应这个具有不同类型经济地区的多民族国家的需要。该卷着力揭示了皇帝制度的二重性，决策体制的蒙古旧俗，中央行政体制由二府（省、院）并立发展为省、台、院三足鼎立，行省由中央派出机构转化为最高一级地方政权，以及土司制的开创，民族和宗教事务的管理机构的设置，军事、司法、监察、人事制度变化的特点等，简明精审，独树一帜。

第九卷，即明代卷。明朝是中国宗法封建君主制向独裁方向转化的关键时期，绝对君权的确立导致政治体制上诸多新变化：一是罢丞相，设五府、六部、都察院、通政司、大理寺，使之彼此颉颃；二是设内阁于宫廷，而又内外受制，造成决策体制的变异；三是地方上都、市、按三司鼎立，互不相统，导致运转不灵，又置总督、提督、巡抚以分割其权；四是"土司制度"向"改土归流"转化；五是实行科举与学校并举。这一卷论必据迹，审思明辨，推陈出新，饶有别致。

第十卷，即清代卷。讲的是清朝政治制度。清朝是中国历史上最后一个大一统的封建王朝，其政治体制从处在带有满洲八旗制度为基点的早期封建君主制发展成鼎盛的宗法封建君主制，又

白　钢

滑向半殖民地化的宗法君主制的过程之中，从而赋予清朝政治制度变异性的特征。作者充分注意到了它的因革演进、它对传统政治制度的继承和发展，以及它在行政管理方面的经验与教训，并将之置于动态的叙述之中，穷态极妍，领异标新，令人拍案叫绝。

通过"集锦"，我们查清了5000年政治制度演化的轨迹，厘整了政治体制运行机制变异的线索，使这部书能以集几代学者的研究成果之大成的面目，登临20世纪中国政治制度史研究的新高地。

五　"述往事，思来者"

长期以来，在对待传统政治制度的问题上，曾流行过两个口号：一个叫做"彻底砸烂旧的国家机器"；一个叫做"与传统旧世界彻底决裂"。这都是形而上学的观点。历史上任何一种上层建筑形成后，都有其发展变化的运动规律，不可能凭主观意志想"砸烂"就能"砸烂"、想"彻底决裂"就能"彻底决裂"的。传统是智慧的结晶，没有传统就不能真正地前进。我们在对待历史上的上层建筑的影响问题上，绝不能搞历史虚无主义和民族虚无主义。传统政治制度有很多珍贵的遗产，也有很多糟粕。古代一些有作为的政治家、思想家在处理各种政治关系，制定各种制度、政策时，积累了丰富的经验。中国的政治体制是以正确地认识国情为前提的，而不是把西方政治模式奉为圭臬，盲目地崇拜、不加批判地照搬过来。因此，重视研究我国的政治传统，认识自身制度上的优点与缺陷，把传统批判与现实批判有机地结合起来，才能使政治体制改革立于坚实的基础之上。

尽管近百年以来中国政治体制一直处在变革之中（这当然是一种进步的表现），但是传统政治制度却使我们背上沉重的历史包袱。1949年中华人民共和国成立以后，我们对封建主义制度、资本主义制度和社会主义制度的研究与讨论，存在绝对化的倾向，缺乏实事求是的态度。任何一种制度都有一个逐步完善的过程，变革是必然的。然而，几千年来习以为常的一些原则、习俗，要变革又谈何容易。我们长期所确认的社会主义制度与计划管理制度对经济、政治、文化、社会都实行高度中央集权管理体制；在一元化领导的口号下，造成的权力过分集中，"权大于法""以政代法"的现象层出不穷；在人事制度上没有实行公开考试、择优录用的原则；在行政管理上缺乏科学的、系统的行政法规，缺乏民主观念，缺乏严格的监督手段；在制定和执行政策时，"长官意志"与主观随意性常常起相当大的作用等，都是传统政治制度消极面的积淀。我们要克服传统制度上这些缺陷，方法之一就是要认真研究传统政治制度中的糟粕，阐明它在历史上的危害，找出克服的办法，为中国政治体制改革提出借鉴。

历时数千年的传统政治制度又蕴含着丰富的文化遗产，有许多是经过实践检验的、证明是行之有效的历史经验，对于我们的政治体制改革具有参考价值和启迪作用，因此，那种以为搞现代化就要摒弃传统的观点是不对的。事实上，只有把现代化注入传统，改造传统，形成新的传统，才能保持我们民族的特色，实现真正的现代化。

中国传统政治制度的成功经验很多，诸如发达的政治分工和悠久的权力制衡观念、积累了上千年的一整套比较科学的官吏管理经验等，都使有使命感的史学家认真总结。诸如官吏管理制度上，长期实行考试制度来选拔人才；在官员的任用上，注重实践

白　钢

性，推行试职制度；在官员的管理上，实行品阶、俸禄、考课、铨选、迁转、监察、回避、请假、致仕等制度；形成了一整套行政法规，如编制立法注重统一性和违制处罚原则等，表明了历代统治者为实现政治清明、保持官员的廉洁、提高行政效率而进行的努力，其中有许多内容至今仍不乏启迪和借鉴之处。

我们认为，政治制度具有防微杜渐的作用。任何时代的社会主体都要受相应的政治制度的制约，古今中外，概莫能外。现实政治制度的优点与缺点，往往与传统政治制度积极或消极的影响有这样或那样的联系。因此，"述往事，思来者"应作为我们研究中国政治制度史的基本出发点和取舍原则。正是在这样一个原则指导下，我们编写组圆满兑现了初衷，在中国政治制度史学科建设中取得了令人欣慰的成果。

第一，我们恪守政治学的学术规范，紧紧把握住政治制度史具有的边缘学科特点，进行综合性研究；在深入研究历代国家政体的组织形式和结构形成的基础上，着力于皇帝与中央决策体制、政体运行机制即治理形式的研究，揭示了历代帝王如何处理王权或皇权与官僚机构的关系、中央与地方的关系、农耕文化与游牧文化的关系、统治阶级内部的关系、国家与农民的关系，以及民族关系、宗教关系、对外关系等，从而摆脱了传统的以官制史代替政治制度史的窠臼，建立起动态的中国政治制度史的科学新体系。

第二，揽辔澄清，剥古酬今，在检阅了历代关于中国政治制度的著录与考索、20世纪以来国内外对中国政治制度研究成果的基础上，一改过去政治制度史仅仅取材于正史百官志和"十通"的习惯做法，除广泛涉猎了各类有价值的文献资料外，还充分利用了像甲骨文、金文、秦简、汉简、帛书、吐鲁番文书、碑刻、考古资料、域外资料等，做到最大限度地运用第一手资料，拓宽了政体组织形式、结构形成与治理形式的研究范围，穷原竟委，词必有征，运用政府理论，对历代国家机构的构成，诸如皇帝制度、皇权与中央决策体制、中央行政体制、地方行政体制、立法与司法体制、军事管理体制、监察体制，以及财政制度、教育制度、人事管理、民族与宗教事务管理等，做到了爬梳钩索，揽辔澄清，被学术界誉为"扛鼎之作"。

第三，从统一多民族国家的历史实际出发，在充分论证以汉族为主体的中原王朝政治体制的发展变化这条主线的同时，又兼顾历代少数民族政权结构及运行机制的研究，充分揭示了历史上中国国家政体的多元性特点。其中，关于西夏政治制度的论述，具有填补空白的意义。

非但如此，我们从理论上对中国政治制度史的研究范围与内容的界定、关于中国国家的产生与国体演进的论述、关于中国政治制度史分期问题的主张、关于传统政治制度与中国政治体制改革的关系的论述等，都突破了传统学术观念，被学术界认可"是新鲜的、精确的，是一种创见"。

《中国政治制度通史》（1—10卷）出版以后，各大报刊上陆续刊登了一些评论。《北京日报》1997年5月26日以"制度文化"专版的形式，刊登了刘起釪的《制度文化与中国政治制度研究》，认为"《中国政治制度通史》（1—10卷）得风气之先"，"为制度文化的研究提供了全新的研究观念与模式"，"成功地实现了宏观与微观相结合；主编总其成与分撰者穷研深究相结合；政治学与历史学、法学、民族学相结合"，"是制度文化研究的一个里程碑"。专版还刊载了"学界名家评说《中国政治制度通史》"，其中，张政烺认为"该书一扫悬揣之空谈，虽其中千虑

白　钢

一失，或在所难免，而穷源溯委，词必有征，揽辔澄清，尽在于斯。这是前人所未及就的"。"书中所概括的发达的政治分工和悠久的权力制衡观念，行政立法传统与科学的人事管理经验，足以资博识、足以寓惩劝，剥古酬今，卓然有本"，"足以传世矣"！中国社会科学院前副院长李慎之教授说："《中国政治制度通史》立项约在十年前，我当时还是中国政治学会首任常务副会长，对于它能否完成与完成后是一部什么样的著作颇有怀疑。现在不出十年，书已出版……总的印象是大出意料，不胜叹服。""中国传统政治制度自三代以下，从外部看只有从晚周到秦汉，由封建制到郡县制是一大变革；但从内部看，则头绪纷繁，极其复杂，历来治史者都感到不易掌握。而本书则执简驭繁，钩深致远，不但从政治制度而且从运作机制两方面予以揭示，实在是一部不可多得的著作。""它不但集西学东渐以前"十通"的大成，也继承了近百年来借助西方对中国政治制度的各科研究，但是后者大都十分零碎，从规模与深度上说与本书均不可同日而语，所以说本书是集大成之作。""本书又是开山之作。中国本来就没有一部现代语言'科学方法'写成的多卷本中国政治制度史，本书就规模与深度而言，都是第一部这样的著作。其中必然会有若干缺失，但是后来者改善改善、可以重写却绝不能简单地越过这部书，而必须从本书取得基本的知识与营养。""我认为集一时之选的人物完成这么一部巨著，实为难得。尤其在这个许多人浪逐声名而出版各种集文化垃圾之大成的'巨著'的时代，我认为本书才真正可以称得上是'扛鼎之作'。由于这部书，我对中国政治学的发展有了一些信心。"此外，张岱年、季羡林、邓广铭、周一良、王钟翰、许崇德、杨向奎、赵宝煦等名家据实给出了鼓励与肯定性评价。此外，《光明日报》1997年6月21日发表了王春瑜的

晚上在家中接待客人

《居高声自远——评〈中国政治制度通史〉》一文；《求是》杂志1997年第12期刊登了张秀平、索源舟的《揽辔澄清，剥古酬今——〈中国政治制度通史〉（1—10卷）评介》；《博览群书》1997年第8期发表了瞿林东的《制度史研究的重大创获——评白钢主编〈中国政治制度通史〉》；《中国史研究》1997年第3期"联合书评专栏"还刊登了朱大渭、童超合写的《健笔破旧蹊，鸿篇开新局——评十卷本〈中国政治制度通史〉》的长篇评论，认为："这部论著摆脱了以往政治制度史研究的通病，即以官制史代替政治制度史的窠臼，不仅在整体结构上面目一新，读来别开生面的新鲜感，而且在理论和实际内容的广度和深度上，确有显著的拓展和突破，成为本世纪以来海内外所出版的同类著作中最富开拓性的一部学术专著。""这部书堪称 20 世纪中国政治制度史研究的总结而具有里程碑的意义"，"对建立中国政治制度史学科的科学体系的筚路蓝缕之功，将永不可没"。

1997 年 9 月《中国政治制度通史》（1—10 卷）荣获第三届国家图书奖；1999 年 9 月又荣获国家社科基金项目优秀成果一等奖。

白　钢

2011 年首发于中国社会科学网

2016 年春修订

刘尧汉

Liu Yaohan

男，1922年7月出生，2012年11月去世，享年91岁。彝族，云南楚雄人。无党派。1947年毕业于云南大学社会学系。中国社会科学院民族学与人类学研究所研究员，楚雄彝族文化研究院终身名誉院长。学术专长为民族学与民族史。1990年被国家民族事务委员会授予"全国民族团结进步先进个人"称号；1992年享受国务院颁发的政府特殊津贴；1997年被评为国家有突出贡献的专家。

主要著作有专著《彝族天文学史》《中国文明源头新探——道家与彝族虎宇宙观》《文明中国的彝族十月太阳历》《彝族文化放言》等，主编《彝族文化研究丛书》《彝族文化》期刊等。

我的民族学研究之路

1922年的七夕，我出生在云南省哀牢山区镇南县（今南华县）一个偏僻的彝村——沙坦兰的一个乡绅地主家。我自幼读私塾，曾到县城和大理上过学，后毕业于云南省立楚雄中学。1943年，我作为本县的第一个大学生考入云南大学生物系后转入社会学系，学习调查研究各民族社会历史的方法。在学习中我认识到，社会学和民族学并不神秘，它在书本上，也在现实生活中，如村中彝老给我讲述的历史传说、我的家族兴衰史、我们村落的沧桑变化等，无不是活生生的历史。所不同的是，我耳闻目睹的历史变化，是更加真实、具体和生动的事件，这是教科书上所没有的，也被许多学者忽视了。我还深切感受到，上述活生生的历史正在不断发生变化，许多历史现象就在我们的眼前悄悄地消逝着，将被历史的洪流湮没。抢救和记录这些事实是刻不容缓的，于是我留心搜集已经或正在消失的资料，开始了我的民族学调查生涯。

我的调查是从20世纪40年代中期开始的。当时在云南大学社会学系主任费孝通教授的指导下，调查了我的家乡——沙村的社会历史，后来根据这份材料，在张子毅副教授的指导下我写成毕业论文——《沙村社区研究》。我当时对这份资料的重要意义并不完全理解，对其他一些调查也是如此。虽然搜集了大量的资料，但其中的不少社会现象还是一个个的疑团，埋藏在我的心中。

新中国成立后，我学习了社会发展史，又系统地接受了马克思主义的教育，当时我如饥似渴地攻读，边学习，边运用历史唯物主义的立场、观点和方法来解释我所调查的社会历史现象，一些迷惑不解的疑团豁然开朗了。我对以往的工作进行了一次清理，有用的东西留存，无用的部分摈弃，不足的再去调查。就在这个关键的时刻，许多史学界的老前辈都伸出长者的手，给予我不少珍贵的教诲，激励着我不断前进。

1953年，中央民族学院研究部派我赴哀牢山调查，翦伯赞先生特意写信对我说，郭老和他都想了解唐代南诏王室的族别问题，希望我到哀牢山南诏故乡调查时，留意此事。我下去以后，遵照他们的指教，深入查访，终于发现了有关的彝文谱系等资料，证明南诏统治者蒙氏家族属彝族，纠正了南诏王族属于傣族的旧说，遂草成《南诏统治者蒙氏家族属于彝族之新证》一文，就此向翦老作了汇报，他殷切地祝贺我调查成功，鼓励我把南诏王族属于彝族的新证发表出来。

第二年，《南诏统治者蒙氏家族属于彝族之新证》在《历史研究》第2期发表了。范文澜先生曾托人捎话给我，希望我把手头所存的其他稿件送给他看看。当时，我正在力图以马列主义观点修改《沙村社区研究》一文，目的有二：一是通过对自己地主家族的剖析，认识剥削阶级的罪恶；二是我的家族历史上是奴隶主，后来演变为地主，这就为研究从奴隶制向封建制过渡提供了一个活典型。我因而写成《一个彝族地区的社会经济结构在明清两代迄解放前的发展过程——由奴隶制向封建制过渡之一例》，

刘尧汉

后发表于《历史研究》1958年第3期，并改题为《由奴隶制向封建制过渡的一个实例》。范老的审阅，给了我检验和如何进一步提高研究成果的极好机会。

我完全没有料到，这份手稿竟能得到范老热情洋溢的推荐。1956年5月24日，范老以《介绍一篇待字闺中的稿件》为题，在《光明日报》上介绍了我的文稿，他写道：

> 近来看到刘尧汉同志所著《一个彝族地区的社会经济结构在明清两代迄解放前的发展过程——由奴隶制向封建制过渡之一例》。全稿约三万字，分前言、历史轮廓、经济概况、土地制度、生产关系、剥削方式、经济外强制、社会经济结构之分析、结语共九项。
>
> 刘尧汉先生在前言里说："本文所采用的材料，几全是根据实地调查所得，调查从1945年起到1954年止，历时十年，作过四次实地调查，最后一次是在1953年。在整理材料当中，遇有不足或疑难的地方，并采用通信方式间接查询，不断作修正和补充。由于所根据的材料几全是取自实地调查，无史籍可稽，因之，在叙述时就以解放前的情况为主，根据晚近的具体情况，逐步向上追寻其社会经济发展的线索，寻究出它的发展规律来。"我觉得这篇稿子的妙处，正在于所采用材料"几全是取自实地调查，无史籍可稽"。
>
> 我们研究古代社会发展的历史，总喜欢在画像上和《书经》、《诗经》等中国的名门老太婆或者希腊、罗马等外国的贵族老太婆打交道，对眼前还活着的山野妙龄女郎就未免有些目不斜视，冷淡无情。事实上和死了的老太婆打交道，很难得出新的结果，和妙龄女郎打交道却可以从诸佛菩萨的

· 129 ·

种种清规戒律里解脱出来，前途大有可为。刘尧汉先生的文稿，我看就是许多妙龄女郎之一，我愿意替她介绍一下，摘出"历史轮廓"一项，借《史学》的地盘和吉士们会面。

其实，我只是做了一点资料收集工作，用历史唯物的观点解释也还是一种尝试，由于范老的大力推荐，此文引起了不小的反响。

事后，范老的秘书王忠同志又告诉我说，如果我还有好的调查手稿，范老还希望先睹为快。于是，我把清代哀牢山区以彝族李文学为首的各族农民起义的调查材料寄去。那是1956年10月中旬的一个星期六上午发出的，三天之后就邮回来了，退稿之速使我误以为范老嫌稿子太长，又不成篇，不愿翻阅。然而打开一看，稿子上留下多处眉批，提出许多宝贵意见，范老是仔仔细细看过了。这使我受到极大的鞭策和鼓舞。接着还收到王忠同志的一封信，说范老认为我对李文学起义的调查是有价值的，特别是抢救夏正寅《哀牢夷雄列传》残稿，是对近代史的一个贡献，希望把它发表出来，供同志们参考。我即遵嘱交给《近代史资料》发表。先后见于《近代史资料》1957年第2期《云南哀牢山区彝族反清斗争史料》；同年第3期《云南哀牢山区彝族反清斗争调查记录》；1963年第1期《云南哀牢山区彝族反清斗争调查记录补》。

我当时还是一个在民族学和史学领域中学步的青年人，做了一点工作，不仅得到了范老的莫大关怀，也得到其他老前辈的亲切教诲，我认为这并不是关系我个人的事。

第一，这体现了党和老一辈学者对民族学的重视。

早在1955年，周总理就曾亲自鼓励社会科学工作者到民族地区去作实地调查，并提出开展大规模调查的设想。1956年秋，在毛主席和周总理的关怀下，全国先后在16个省区开展了一场史无前例的少数民族社会历史调查研究工作。这是主席和总理预见到随着社会主义革命和社会主义建设的发展，某些民族地区保留的原始公社、奴隶制和农奴制残余必将迅速消失，而这些活材料对于研究人类社会发展史、研究中华民族及其中的各民族的历史无比珍贵，有必要及时抢救。当时大规模开展的调查，就是以"抢救落后"为方针的。这次调查取得了丰硕的成果，这些宝贵资料的重要性，随着研究工作的深入必将日益为人们所认识。

范老推荐我的未刊稿，正值全国即将开展民族调查之际。我想，范老的鼓励，一是希望有更多的人从事少数民族社会历史的调查研究工作；二是希望人们更加重视现实调查和历史文献相结合，利用现实生活中的民族学资料去探索和认识历史。我从自己一点粗浅的探索中感到，运用这种方法，有可能在某些方面弥补文献之不足。

第二，这体现了党和范老等老前辈对青年社会科学工作者的关怀和培养。

我有幸得到范老等前辈的关注，所以早期的文稿都得以顺利发表了。但一种新的看法往往不容易被人们接受。我写的南诏族属的文章，刊物曾加了一个按语说：此新证"不能即作定论"。令人感动的是，郭老对这样的细节也注意到了。他老人家曾为此函询翦老（见《北京大学学报》1978年第3期，《郭沫若同志给翦伯赞同志的信和诗》）。尔后，郭老又在一次会上说：刊物给一个青年研究南诏的文章加按语，是不应该的。从这件小事，可以看到郭老等前辈是何等关心青年的成长，何等注意贯彻党的百家争鸣方针；同样，也说明了他们对来自现实的活的资料是很重视的。

另几位前辈对此"新证"也很重视，如云南大学江应樑教授写了《南诏不是傣族建立的国家》一文，刊于《云南大学学报》1959年9月号，文中说："1953年，中央民族学院研究部刘尧汉同志到南诏故乡巍山去做调查，在哀牢山得到三份彝文家谱"，"从家谱看，这三家人都是南诏后裔"；"由此三家宗谱，更可以充分看出南诏蒙氏的族属关系"；"南诏王室不是傣族或傣语支中的任何一族，而是属于彝族系统的古代乌蛮"。西北大学历史系教授马长寿先生在20世纪30年代曾认为唐代之南诏国是傣族所建，看到"新证"一文后，马长寿先生于1960年到南诏故地做了一番实地复查，写了一本专著《南诏国内的部族组成和奴隶制度》，于1961年上海人民出版社出版。该书第76页说："古时称为'哀牢夷'，现代就是彝族。这三个家谱现在看来十分重要，在能够提出新的相反的证据以前，对于刘尧汉同志的结论很难随便推翻。"

20世纪70年代末，四川民族研究所的同志到南诏故地查访，李绍明同志又发现了其他一些能证明南诏统治者出自彝族的证据，在1978年《中央民族学院学报》第4期上发表了《巍山文物与南诏历史——南诏统治者系出彝族新证》一文。

当年范老撰文介绍拙稿，称许为"山野妙龄女郎"，其用意在于鼓励青年做研究工作，不宜只停留在书本上兜圈子，必须走出书斋，面向社会做实地调查，寻找现存的活史料，以补书本之不足。费孝通先生的耳提面命和范老的勖勉，一直鼓舞着我坚定地走实地调查的道路，倏忽60年（1945—2004）。党的十一届三中全会带来了科学的春天，1979—1983年，我再度获得赴川、滇大小凉山做调查的机会，在彝族文化历史研究方面有了新的发现和发展。

　　1983年春，云南省楚雄彝族自治州人民政府邀请我去创建彝族文化研究所，并兼任所长。于是，我在得到了中国社会科学院的批准以后，去楚雄州智力支边。1984年元月，"云南省社会科学院楚雄彝族文化研究所"正式挂牌成立。此后，我常带领彝族男女青年学子驰驱于金沙江两侧滇、川、黔三省彝区山谷间；曾大雨滂沱乘骑入哀牢山；顶烈日爬六诏山；冰天雪地徒步登乌蒙山；大雾弥漫中，仍在大凉山荆棘丛中打转转，只为了寻找"山野妙龄女郎"。如今"山野女郎朱颜在，古稀老翁志未衰"。

带领研究所年轻人到楚雄子午镇实地考察彝族向天坟（1992年）

　　像我这样中等智慧学人，想在社会科学研究方面有点成果，有指引者和支持者十分重要。我的指引者是费孝通先生，后来我仍是按照费先生当年教导我的方法，指导彝族青年写其家乡、氏族、家族、家庭……以便把更多鲜活的第一手资料挖掘出来。

费先生教我做出的成果，得到范文澜先生的肯定，被称许为"山野妙龄女郎"，这对我是极大的鼓舞和支持。现今，楚雄彝族文化研究所的研究人员还在继续寻找"山野妙龄女郎"。

另一位支持者是夏康农教授。1956年全国开展少数民族社会历史调查，当时因我被误定为"托派反革命"，不允许我下乡调查，时任全国民族大调查四川组负责人的夏康农先生却主动向组织要求派我随同他赴四川凉山州调查，并安排我与他同住一个套间。他经常向我了解彝族情况、同我漫谈，令我心情舒畅，而今每忆起他死于"文化大革命"，不胜怅惘！

再一位支持者是云南楚雄州老州长普联和，他请我去创建楚雄彝族文化研究所并兼任所长，培育彝族青年。彝族文化能引起国内外学术界注意，全赖普联和的远见卓识，以及对我在楚雄工作的全方位支持。

普联和州长的重托给我数十年来对彝族文化历史研究的反复思考搭建了一个实践的平台，使我既感到压力，又感到兴奋。我决意带新人、走新路、出新成果，培养训练出一批彝族青年研究人员。从此，我安居京城时少，奔走西南日多，全身心投入彝族社会历史调查研究，并带领彝族青年往来于金沙江南北两侧的哀牢山（滇）、乌蒙山（滇、黔）和大、小凉山（川滇）的峡峪间，指导他们进行实地调查访问，获取活史料，写出新成果。而写出新成果，非一朝一夕所能为之，需经多次反复提炼、熬煎。在此过程中，须将活史料与国内外有关信息联系起来思考；对青年来说，这是一个扩大知识面和提高文化水平的锻炼。我通过各人所获活史料，联系中国史和世界史的相关专业知识，指出其各所获活史料的学术意义。就彝族十月历和十八月历来说，便可讲述亚洲中国和美洲墨西哥两国古老文明的关联及世界历法的问题。由之，我为楚雄彝族文化研究所题词：

一江三山在脚下，两洲五洋存胸中。

以此勖勉青年。"一江三山"指金沙江、哀牢山、乌蒙山和凉山。这要求脚勤、手勤、脑勤以达从微观入手、宏观着眼的"两洲五洋"整体观，即立足中国，放眼世界，瞻望未来。

总之，我指导青年的研究方法，是把从山野采摘到的"鲜果"与书斋中的"干果"相配合，即用活史料给死史料注入新鲜血液，使其获得新的生命力。我主编的《彝族文化研究丛书》，多赋有山野味，其中或多或少也杂拌着海味乃至洋味。它们不是从书本到书本，却别有风味，以飨读者和大方之家，请择可口者品尝之。

我在学术上的主要贡献在于以下方面。

第一，对唐代"南诏"国为中国领土提供了有力证据。"南诏"国的族属问题曾引起多国学者长期争论，我通过深入调查，获得南诏国后裔族谱等新证，从而论证"南诏"是彝族先人建立的国家，平息了有些泰国学者认为"南诏"为泰国先民所建等无据之说。

第二，对中国文明的源头做了新的探索。传统观点认为中国文明的源头是黄河流域。我通过元谋人的发现等多学科的综合探索，提出长江流域也是中国文明源头的观点。

第三，弘扬了彝族文化。我不仅自己一生深入滇、川、黔等各省彝区进行大量的田野调查，著书立说，更于1983年在中国社会科学院和云南楚雄州的支持下，创建了楚雄彝族文化研究所并兼任所长。我带领彝族青年学子，从调查自己的家庭、家族、家乡入手，走出了一条实地调查与文物考证、彝汉文献相结合的路子；开拓出了一些综合性、边缘性的研究领域；形成了一批有乡土气息、有影响的学术成果；培育出了一支年富力强的彝族研究队伍，展现了彝族文化的丰富内涵和对其中华民族文化的贡献，有助于民族文化研究的深入发掘和拓展，也有助于认识中华文化多元一体的源远流长。

综观自己几十年的治学道路，我深有体会。

首先，我在重视历史文献的同时，更侧重实际调查，这对民族学的研究至关重要。由于种种历史原因，有关少数民族的社会状况记载甚少，即使这些极为有限的记载也多有失真。但是少数民族中有靠口耳相传保留下来的口传史，在文化习俗中也保留许多原生态的东西，只有通过实地调查才能获得这些知识，它能为民族史和民族学提供许许多多见所未见、闻所未闻的史料。例如，中国的"十二兽历法"，中外不少学者主张西来说，可是，根据彝、黎等少数民族现实生活中的历法资料，则可以阐明它起源于我国原始时代的图腾崇拜。

其次，实地调查之所以重要，因为它是认识社会的主要途径。但我也不满足于单纯的实践，而认为只有通过多学科的综合研究，即把民族学、考古学和历史学结合起来，进行比较研究，才能把收集到的感性认识上升为理性认识。因为我们研究历史，无非是依靠文献、考古和现实调查这三种资料。现实调查——就少数民族社会历史调查而言也就是民族学调查——所获的资料因与现实社会生活相关联，较前两种资料更为丰富、生动、充满活力，足以弥补前两种资料之不足。所以，范老把它形象地称为"山野妙龄女郎"，认为同她打交道往往是发现新的问题、进行新的探索、得出新的结论的重要途径。当然，这绝不意味着贬低前两种资料的重要性。考古发掘能再现最真实的古代、远古遗存；而丰富的文献典籍正是我国悠久灿烂文化的结晶；现实调查只有与前两者作比较研究，才能发挥其应有的作用。因此要研究好中国各民族的历史和中华民族的发展史，极需要把三种资料有机地结合起来，互相补充，互相印证。用范老的话说，就是既要与死去的名门老太婆和贵族老太婆打交道，又要重视眼前还活着的山野妙龄女郎。这样的工作至今还是大有可为的。事实上，不仅在远离交通线的深山密林中和海岛边境线上，还有着未开垦的处女地；即使已经调查过的地区，也还有许许多多的"妙龄女郎"在向我们招手！

过去一度否定了民族学，尤其视风俗习惯、宗教等方面为调查研究的禁区，这是不正确的。因为这些领域是最稳定的，因而保留原生态因素和民族传统也最多。彝族的许多宗教、习俗和节庆活动我都曾亲身参与过，知其底细，通过其中的一些活动能够解释以往人们不得其解的历史现象。我写的有关图腾和葫芦崇拜的文章就是一例。我国著名史诗《诗经》中《大雅·绵》说"绵绵瓜瓞，民之初生"这句诗，自东周孔丘删定到东汉由经学大师郑玄笺释以来，都不解其真义。而在我国许多民族中，却流传着各民族的祖先都出自一个大葫芦，因而彝、苗、布依、佤等许多民族普遍崇拜葫芦，有的把这一传说概括为"人从瓜出"。这岂不正是"绵绵瓜瓞，民之初生"的真义！

我的学生普珍家乡滇南新平彝族傣族自治县山区的彝族尚存彝族传统婚俗，当新郎娶回新娘，行将登堂入室之前，有一成年男人或妇女手持一盛满灶灰的葫芦，掷碎于新郎新娘面前，新郎新娘在灰雾弥漫中步入堂屋。这正是《诗·大雅·绵》"绵绵瓜傂，民之初生"的意境在当代彝族民间仪式中的反映。而彝老亡故，葫芦又用作了灵魂的居室。闻一多考订，伏羲的原意是葫芦（壶）。这样，彝族的祖灵葫芦便可追溯到远古的伏羲。这些都反映在我指导普珍写出的专著《中华创世葫芦——彝族破壶成亲，魂归壶天》一书中。

在云南彝族地区走访村民

《彝族文化研究丛书》中的另一本《彝巫列传——巫步、禹步；彝巫声、步虚声》，是我比照司马迁为楚巫立传《日者列传》而让我的学生李世康写的。有人乍看此书和另一本彝巫自述《我在神鬼之间》的书名，便斥为宣扬迷信。其实应当辩证地区别精华与糟粕，彝巫是一种原始宗教，其中掺有历史、哲学和科学。而十月历特别是十八月历正是彝巫保存的优秀科学文化传统。

毛泽东曾说："各个少数民族对中国的历史都做过贡献。汉族人口多，也是长时期内许多民族混血形成的。"（《毛泽东选集》第 5 卷，第 278 页）同样可以说，汉族的先进文化是吸收各少数民族的优秀文化形成的，因而有必要把各少数民族对中国历史的贡献具体化。《彝族文化研究丛书》的主旨就是要把彝族先民对中国历史做出的贡献具体化。该丛书内容广泛，但主要是阐述道家、阴阳家和道教都源出彝族远古先民羌戎伏羲、炎帝、黄帝这"三皇"时代的"原始道教"，其原生态传统多由彝族保存至今，这反映了彝族文化在中华炎黄文化中的重要地位。该丛书有三个特点：第一，民族特点——彝族写彝族，贴切翔实；第二，整体观念——宏观着眼，微观入手；第三，由今溯古——从现实出发，追溯往古。

第一，民族特点——彝族写彝族，贴切翔实。

由于历史上造成的民族隔阂，汉族研究少数民族难免受语言和民族情感的局限，若由彝族写彝族，即写彝区的专题，写自己的家乡、氏族、家族、家庭、个人，就十分自然。因此我指导彝族青年学子写自己家乡的习俗文化。

例如巴且克迪写《凉山黑彝巴且氏族世家》。巴且氏族的人口虽不多，却是凉山著名的黑彝氏族之一。巴且克迪是凉山州西昌市郊白马乡的小学教员，由他访问调查他自己的氏族、家庭是比较容易进行的。

曲木约质写《凉山白彝曲木氏族世家》。曲木是白彝中人数最多、分布最广、人才辈出的一个氏族，大多数居凉山，其次居云南宁蒗县，很少数居楚雄州永仁县。曲木约质原是永仁的小学教员，后为楚雄彝族文化研究所研究人员。我指导他去其氏族故地凉山州调查其氏族后写出了此书。

彝族父子连名系谱，是研究彝族不可缺少的资料，由什列·

伍合尔基结合他本氏族情况来写《凉山彝族什列虎氏族系谱》，内容多为口耳相传。将这种宝贵的口传历史资料记录下来，并进行分析研究，是民族学的重要工作。

岭光电先生是凉山著名土司和知识分子，毕业于黄埔军校。早在1943年，他就出版了有关凉山彝族的论著《倮情述论》。他不仅说彝语，懂彝文，且能操汉话，懂古汉文。新中国成立前，凉山黑彝贱视汉族，拒绝汉族先进文化。岭光电先生却倾慕汉族先进文化，创办私立小学，延聘汉族教师，让一些受奴役的彝族子弟得免役、免费入学。凉山州具有一定汉文水平的彝族老干部不少都受过岭光电先生当年办学的启蒙教育。1984年，岭光电先生受楚雄州政府之聘任彝族文化研究所顾问，我请他撰写了《忆往昔——一个彝族土司的自述》，真乃幸得其人。岭光电先生的自述从其个人、家庭出发涉及全凉山社会历史环境，是一本不可多得的了解凉山彝族社会的传记专著。

第二，整体观念——宏观着眼，微观入手。

过去，我们写少数民族的文章或专著，往往是孤立地写某个民族，没有把她与全国乃至全世界联系起来对比研究；我本人早先局限于知识面窄狭，也是如此。自20世纪80年代以来，我才逐渐改变了已往的做法，根据材料，力图达到"纵贯古今，横通中外"，特别注意从中华民族的整体观念中认识彝族的历史文化。

拙著《中国文明源头新探——道家与彝族虎宇宙观》是《彝族文化研究丛书》及由之建立的"中华彝族文化学派"的第一本，也是该丛书和中华彝族文化学派的一个基石；"一石激起千层浪"，浪花四溅，激发出许多评议文章。而从拙著第二章"彝族虎宇宙观的古文化传统"中的"葫芦崇拜""母虎图腾""十月历法""阴阳五行"等八节又分衍出该丛书的几十本专著，

刘尧汉

如《文明中国的彝族十月历》《市场起源论——从彝族集会到"十二兽"纪日集场考察市场的起源》《中国彝族虎文化》《通天人之际的彝巫"拉摩"（母虎）》《中华创世葫芦——彝族破壶成亲、魂归壶天》《昆仑的彝义与中华文化》《道家混沌哲学与彝族创世神话》，等等。复旦大学思想史家蔡尚思教授为拙著所作的序《中国各民族的血统与文化》中说：

> 现今研究中国通史尤其是上古史、原始社会史部分，再也不好停留于书本上了，不仅要书本与出土器物相结合，而且要到兄弟民族地区去进行社会历史调查。把书本与上古器物结合起来研究的，有王国维与其他考古家；把书本与社会历史调查结合起来研究的，后面我要说的刘尧汉教授就是其中一例。
>
> 我们讲到中国文化史、学术思想史，至迟也要从先秦诸子讲起，无论如何也不能不以它为一个中心。我从前讲先秦诸子的思想，虽然已经指出道家的理想要恢复到原始时代，而不是有人说的在西周初年，贵雌是女性中心社会的象征，可也直到现在，读了刘尧汉教授在彝族地区进行历史调查写的著作才知道：四川羌族和川滇彝族、彝语支傈僳族均贵左贱右，以太阳为女性居左，月亮为男性居右。彝族口传史诗《梅葛》有"左眼作太阳，右眼作月亮"之说。川滇凉山彝族谚语："人间母亲大"。川滇彝语支摩梭人，以大者为雌性，小者为雄性。巍山县彝族的墓葬，直到40年代仍是夫葬右，妻葬左，这与汉族相反，可进一步看出贵雌尚左的密切关系；更可明确地肯定：道家贵雌尚左是代表原始社会，儒家贵男尊右是代表奴隶社会下及封建社会的男性中心

社会。

　　刘尧汉教授最近又在云南、四川、贵州彝族地区指导彝族青年进行彝族社会历史调查，他将《中国文明源头新探——道家与彝族虎宇宙观》一书概要寄来要我提意见，并为他作序。我读后，喜愧交集，喜的是使我似乎也到兄弟民族地区去作了一次社会历史调查，更加不满足于过去的书本材料；愧的是自己对于兄弟民族的文化历史缺乏感性认识，很有趁机补课的必要。现在云南省成立楚雄彝族文化研究所，刘尧汉教授以彝族学者而兼任所长，真庆得人。彝族是我国现在占人口较多的兄弟民族之一，我很盼望其他兄弟民族向彝族看齐，成立各自的文化研究所，对自己的文化进行研究，有了各兄弟民族的文化史，才能写出真正代表中国各兄弟民族的中国通史/中国文化通史之类的著作。中国文化通史必须建立在中国各兄弟民族文化专史的基础上，也同于中国通史必须建立在中国政治、军事、经济、文化各专史的基础上，这就不待多说，大家都会明白的。

此序先载于上海《文汇报》1984年4月9日，又转载于《新华文摘》1984年第6期。

周振天发表于1986年4月5日上海《文艺报》的《我正在读的书》中说：

　　刚刚放下《周易通义》，又被另一本说及中国古文化的书吸引住了。《中国文明源头新探——道家与彝族虎宇宙观》（刘尧汉著，云南人民出版社版），作者借助彝族十月太阳历的发现和研究，寻到中国文明的源头。指出彝族万物雌雄观的原始传统，当是中国万物阴阳观的渊薮，也是中国文明的源头。通过对古神话和宗教仪式的剖析，作者给人们展现人类早期自然崇拜图景——葫芦崇拜时代和我们先祖虎、龙图腾崇拜的时代，他认为汉族是龙、虎两大部落融合的遗裔，中华民族文化的始祖是女娲（龙）、伏羲（虎），中华民族的民族性格和民族自我意识是生龙活虎，而把中华民族联结成一个整体的就是龙虎文化纽带。尽管还有论据不足之处，但对人们探求中国历史文化背景颇有启发。最令人感兴趣的是，书中还涉及"比较文化"：彝族"虎历"与美洲玛雅"虎历"的关联、彝族虎宇宙观对老庄思想的影响、伏羲"二进位"制与莱布尼兹"二进位"制的瓜葛……能把零散的知识贯穿起来，使之条理化，更加深化，这就是值得一读的书。

这篇短文道出了《新探》"纵贯古今，横通中外"的整体思想。

拙著《中国文明源头新探》所探"源头"有两重含义：其一，中国民族众多、境宇广阔，文化多源，金沙江两侧彝区乃重要之一源。其二，中国自朝至野影响最广的是矛盾对立统一的万物阴阳观，先为《老子》"万物负阴而抱阳"和《庄子·天下》"《易》以道阴阳"所概括，而其源则出自彝族原始先民的万物雌雄观。

第三，由今溯古——从现实出发，追溯往古。

历史学研究人类历史，是"从古到今"；民族学是"由今溯古"，从现实访问观察中获得活史料，再联系历史文献和考古资料，追溯到先秦乃至远古"三皇"（伏羲、炎帝、黄帝）时代。

我们访问的对象是彝老，所调查的内容是彝老所述世代相传的民间传说和彝巫所说神话。那么传说和神话有什么历史价值呢？在我国奉为正史之宗的《史记》中，时有"墟中人语曰"之语，这便是司马迁访问各地彝老所说的话。

《礼记·礼运》引孔子说："吾欲观夏道，是故之杞，而不足征也，吾得夏时焉。"《史记·夏本纪》记载："孔子正夏时，学者多传《夏小正》云。"这就是夏代的历法到春秋时尚流传于夏裔所居杞地（今河南杞县）民间，孔子亲临其境实地调查访问，由其弟子记录成《夏小正》。这说明，孔子也从民间访问中获得活史料以补文献之不足或阙失。

史家翦伯赞在其1948年版《中国史论集》中指出："就史料的价值而言，正史不如正史以外的诸史；正史以外的诸史，又不如史部以外的群书。"所谓"群书"就包括民间传说、神话、稗史、野史。关于神话，法国唯物论者拉法格在其《宗教和资本》中说："神话既不是骗子的谎话，也不是无谓的想象的产物，它们不如说是人类思想的朴素和自发的形式之一。只有当我们猜中了这些神话对于原始人和他们在许多世纪以来丧失掉的那种意义的时候，我们才能理解人类的童年。"

关于从现实访问所获活史料得到考古资料的证明，现以拙著《中国文明源头新探》一书附录《中华民族龙虎文化论——联结中国各族的龙虎文化纽带渊源于远古女娲、伏羲的合体葫芦》一文为例。此文写于1982年11月，发表于《贵州民族研究》1985年第1、2两期。时隔5年多，《光明日报》1987年12月11日第1版以《河南濮阳发现华夏第一龙》为题报道："考古工作者最近在河南省濮阳市西水坡仰韶文化遗址墓葬中，首次发掘出蚌壳砌塑的龙、虎和人物。一些考古学家认为，这是我国目前发现最早的龙，堪称华夏第一龙。"实际是"堪称华夏第一龙、虎相结合"，把龙、虎分割而单称龙，这是不妥的。

同样，我们在1990年4月才初步获得彝族十八月历这一活史料，与太平洋彼岸美洲距今五千多年玛雅文字记载的十八月历相对应。

由这两例表明，有考古资料和文献记录固然重要，但没有文字记载的民族学活史料也同样重要，都不可偏废。况且许多文献记录也是靠人调查访问得来的，孔子访问记录《夏小正》就是最好的实例。

与楚雄州州长普联和共谋彝族文化研究所发展（20世纪80年代）

以《彝族文化研究丛书》为基础形成的彝族文化学派，在初期就引起了国内外学术界的注意和评论。譬如，上海《书林》1987年第8期载黄显功《中国文化史研究的新坐标——评介中华彝族文化学派和彝族文化研究丛书》、《人民日报》（海外版）

1989年12月8日第2版载朱维群《解开古文明之谜的一把钥匙——彝族文化学派的崛起》,这些都表达了作者对彝族文化丛书的肯定。

史家杨向奎先生为《文明中国的彝族十月历》一书所作序的末段写道:"我们不读中国各民族史、各民族文化史,就不了解中国古代文明之所以光芒四射;我们不读彝族历史、彝族文化史、《文明中国的彝族十月历》,更不能透彻了解中国古代史上一些难解的问题以及中华民族文化之综合构成的体系!"

以上评价是对我们工作的极大鼓舞和鞭策,我们离这样的评价还有相当的距离,我当继续努力,鞠躬尽瘁。

刘尧汉
2011年首发于中国社会科学网

刘海年
Liu Hainian

男，1936年4月生于河南唐河县刘堂村。1950年1月于武汉参加工作，在部队曾任宣传员、文化教员、秘书和军事法院书记员等。1957年9月考入中国人民大学法律系，1961年9月本科毕业，1964年中国法律历史专业研究生毕业，同年12月到中国科学院法学研究所工作。1978年任法学研究所法制史研究室副主任、硕士生导师；1981年任副研究员，1988年8月任研究员、法学研究所副所长；1993年任所长，由国家学位委员会评为博士生导师；1995年兼任政治学研究所所长至1998年12月；1998年任中国社会科学院人权研究中心主任，中国社会科学院第一、二届学术委员会委员，后又任学术咨询委员会委员，2006年被遴选为中国社会科学院荣誉学部委员。其间，1979—1981年奉命到中央"两案"审判委员会办公室工作，被正式任命为最高人民检察院特别检察厅助理检察员，2012—2015年被指定为中国欧盟人权网络中方负责人，组织中国与欧盟人权交流三年，并任最高人民法院咨询员五年至2015年。现任中国社会科学院人权研究中心主任、中国法学会信息法研究会会长、中国人权研究会顾问、中国法律史学会学术顾问，2004年被遴选为中央马克思主义理论研究和建设工程法学组成员，2013年任中国社会科学院马克思主义学院教授、博士生导师，继续兼任中国人民大学法学院法律史专业教授、博士生导师。

在部队工作时立三等功两次；改革开放后与有关同志一起获中国社会科学院优秀科研成果奖两项，优秀科研成果荣誉奖一项，优秀科研成果一等奖一项，优秀科研成果三等奖四项，中国法学会突出贡献奖一项，获中央宣传部"五个一工程奖"一项。

我的成长与学术研究生涯

一 日军侵略恐怖中的童年

1936年4月,我出生于豫西南唐河县的一个偏僻农村。那是日本帝国主义侵略中国、中华民族危亡的关头。第二年发生卢沟桥事变,抗日战争全面爆发。我的童年一直生活在对日本侵略的恐怖和仇恨之中。

1939年夏初的一天,我母亲带我去离村十八里的平氏镇。妈妈出去办事,我被托付给一家开饭铺的熟人。过后不久,日本飞机袭击人们正赶集的这个小镇,短短几小时,先后几批数次轮番轰炸。惊恐和混乱中饭铺一家人不知去向。我坐在饭棚下面的小凳上完全吓呆了。直到下午看到我的姑姑、八叔和另一位亲戚走来,才号啕大哭扑向姑姑的怀抱。他们开始以为我们被炸死,先是在死伤的人中寻找未果,后来见我还活着,妈妈也找到了,人们认为我"命大",此事成为传奇。可能这件事对我刺激太大,加上村里人又经常传说,至今我的脑海里仍有一些当时不连续的画面。

从我记事开始,家人和老师就教我们如何躲避日本飞机,青纱帐和沟坎下总被认为是安全的地方。为躲日本飞机，首先要辨别声音，分清风声和飞机声。乡下很静，飞机声往往随风传来。至今，时隔 70 多年之后，当我一个人走在旷野里，呼呼风声和远处的马达声，仍然时常勾起我对日本侵略者践踏我们祖国的回忆。

1945 年，又是夏初。一天黎明，一队日本兵突然向我们村方向袭来。大哥叫我快起床，告诉我：日本兵来了！出门后，有人喊：日本人到西岗了！我随人流向东南河湾跑去。慌不择路，急不觉疼。到河湾钻进港柴林后，才发觉脚已被荆条茬扎伤，补过的布鞋里满是血污。不知是谁抓了一把碎烟叶捂到我的脚上，很快止了血，后来也未发炎。

我的童年是在高唱岳飞的《满江红》、冼星海的《黄河谣》以及"工农兵学商，一齐来救亡"和"大刀向鬼子们的头上砍去"的歌声中度过的。这一切，都在我幼小的心灵中深深地埋下了爱国的种子。

由于我个头比较高，被认为在同龄人中比较聪明，加上我们村新盖了一间初级小学，所以我刚 5 岁就被送去念书。学习的课本虽是经教育部门审定，但教学方式仍是私塾那一套。死背硬记甬说，稍不如意就被打手板、面壁，甚至罚跪。课本内容本来就艰深，初小语文有《兵车行》《木兰辞》《总理伦敦蒙难记》和《梦见妈妈》等，此外，老师还喜好选一些古诗。尽管有些莫名其妙，似懂非懂，我却留下了印象。其中那首弃妇诗"上山采蘼芜"至今我还能背诵。

日本侵略军 1944 年入侵豫西，连我生活的偏远乡村小学也停课了。1945 年日本投降，我未能如期读完四年级，便跳级升入离村十里的毕店镇高级中心小学寄宿学习。在 1947 年升入中学前的两年中，有两件事印象深刻：第一件，大约是 1946 年，一天上午，我们正在上课，校园突然发生骚动。原来是县天主堂一辆厢式小汽车开到镇上。消息传来，学校师生与镇上赶集的人蜂拥而往。那是我平生第一次看见汽车。第二件，我写的散文诗常常被年级和学校墙报上评为优秀作品。其中有一首小诗被上海《大公报》"小公园"栏目刊登。那是 1947 年暑假我大哥从我的作文本上抄出连同作文本一并寄去的。我得到这个消息时，已是当年秋天升入中学之后。自己写的东西第一次印成铅字在全国一流大报上刊出，自然很是高兴。这使我参军后编写歌词演出、发表和后来从事学术研究增加了信心和勇气。

二 在人民军队培养下成长

我于 1950 年 1 月参加工作，先到武汉市青年文工团，后集体调入中国人民解放军武汉市公安总队，从此进入了温暖的革命大家庭。我早有志向参军，只是因年龄小未能如愿。1949 年夏，随军南下到新华通讯社中南总分社工作的大哥刘伟，在给二哥刘隆年的一封信中谈到，他的一位同学在解放军某部随营学校工作，那里有许多与海年年龄相仿的小解放军，他如到那种学校去锻炼多好啊。这个信息坚定了我参军的决心。同年底，父亲到武汉探望大哥，我坚决要求前往，经几番周折，终于成行。当时交通不便，我到武汉时部队已南下，参军已不可能。经时任武汉市团委宣传部陈先部长决定，让我到青年文工团的少年艺术队。

青年文工团是由北京南下工作团的部分同志为骨干，吸收武汉市大、中学校有文艺专长的青年知识分子组成。少年艺术队则由从汉口孤儿院和当地一些学校招收的十几个孩子组成。团里指派一位从华中大学文学系肄业的女青年潘文彬做辅导员。我们边排演小节目，边学文化，虽然时常争争吵吵，有时不免流点眼泪，但相处却非常快乐。1950年4月，我们十多个孩子和潘文彬等几位年纪稍长些的同志奉调参加了解放军。以我们这些人和从国民党军队接收的一个军乐队一起组成了武汉市公安总队政治部宣传队。到部队后要求提高了，除日常进行队列训练，还组织学习《毛泽东在延安文艺座谈会上的讲话》，学习斯坦尼斯拉夫斯基表演体系。前者是树立文艺为工农兵服务的思想，后者是为学习表演打基础。平时除按军管会的需要搞些群众宣传活动，便是排练小节目。我和一位叫杜晓明的女孩还依原有的谱曲填写歌词。曾几次到武汉广播电台广播唱歌加其他节目，每次都能收到很好的纪念品。我和那位女孩为六一儿童节写歌词，由北京一家少年儿童刊物刊出后，被苏联一家刊物转载。我们收到了一笔稿酬。这首歌的名字、内容记不得了，稿酬大家美美地打了一次"牙祭"，倒留下了深刻印象。为庆祝新中国第一个国际儿童节，我们排演的一个节目被选中到民众乐园大舞台演出。这是我入伍后参加演出的第一个独幕话剧。剧情很简单：抗日游击队一位战士在战斗中负伤，被一个叫小牛的儿童团员救助。日本兵追查时，小牛说他是正生病的哥哥。日本兵真以为伤员是个病人，怕传染未敢细究，正要离去时小牛的哥哥回来了。日本兵枪指小牛的哥哥质问是什么人！小牛在两难之间未能马上回答时，枪声响了，小牛的哥哥手指小牛："小牛！你……"应声倒下。我就出演这位哥哥。由于剧情生动，当大幕拉上，片刻寂静后，爆发了长时间掌声。

那时，由于幼稚也有耍浑的时候，争"卫生费"就是一例。1950年部队战士每月每人津贴费是旧币5000元（合今币5角），

刘海年

而同级女孩子却是7500元（合今币7角5分），钱数虽少差距却大。两个从孤儿院招进的男孩胆子大，就去找司务长"论理"。司务长说多发的是卫生费。卫生费？意见更大了，男的就不讲卫生？这引起了所有小男孩的意见，一些小女孩（最小的只有10岁）也认为不公平。当意见反映给队长指导员时，他们也哭笑不得，硬是无法给这些"战士"们讲清楚。最后由辅导员（已称文化教员）规劝，虽未清楚到底为什么，但一场"风波"算是过去了。多年后当我们弄清个中道理时，争"卫生费"成了让人脸红的笑料。

武汉市公安总队由四野南下的一支部队扩建而成。身兼武汉市警备区司令部，担负时为直辖市的武汉三镇的警备任务。为提高部队素质、加强抗美援朝战斗力，中央军委决定1951年初招收一批知识青年入伍。公安总队也招收了百余名青年成立青年训练队，决定将宣传队合并进行培训。班干部不够，宣传队几个文化程度稍高些的"老兵"便被提拔。我任第十二班副班长。四个月中主要学习社会发展史、大众哲学和党史，最后是思想总结。学习结业，由于工作、学习好，加上头一年冬天宣传队赴鄂东山区阳新县慰问部队，中途遭遇大雪，从富池口到阳新的河中帆船侧翻，时在岸上拉纤的几个男孩中我会水，跳入河中拉出了殷载文等几个小女孩，表现突出，被评立三等功。1952年"三反"后，全军文艺队伍缩编，我当了文化教员。

为了建设现代化的国防军，从1952年开始，全军集中学习文化。我当文化教员是按军委推广的祁建华和常青的速成识字法、写作法进行教学。这种教学方法对没学过文化或文化程度很低的青年干部战士很有效。几个月后不少人就可以写家信，再过几个月就能像高玉宝那样写故事。有强有力的思想政治工作、先进的教学方法、夜以继日地耐心教学、不怕困难的学习精神，绝大多数人都提高很快。为了教好，我自己先补习高中课程，学做教案，学习简便方法解析算术题，然后教学生。当时我才十几岁，开始未免有些胆怯，但有首长支持，连队干部战士学习热情高涨，给予我很大鼓舞。大家喜欢我、爱护我，非正式场合都亲切地叫我"小文教"。我晚上常常加班做教案，改作业，有时还找人试讲。每晚，连长、指导员和值班排长都催我遵守作息时间。同时又将鸡蛋、藕粉等营养品塞到我桌子底下。脱下来的衣裳总是被战士们"偷洗"，发脾气换来的却是嘻嘻笑脸。那时我只觉得自己浑身是劲。1953年夏天，全军结束文化学习。经以团为单位汇考，我教的班居然语文、数学全部达到了六年级及格标准，所有干部战士都获得了高小毕业证书。成绩公布时，我已借调到政治部干部科工作。派来看望我的战士代表们说，当时许多人兴奋得流下了眼泪。我因此被评立三等功。

调机关后我曾帮师团干部写自传，参加编写部队战史。通过一些干部的革命经历以及这支部队的建立、发展和战斗历程，我学到了许多知识，对我后来学习党史和近代史帮助很大。在机关业余时间多了，我如饥似渴地读了许多书。开始抓住什么看什么，后来有计划地看，包括中外文学名著、历史和其他知识的书。在军队干部政治理论学习中，经测验，我参加了中级班学习，学习过联共（布）党史部分内容和《政治经济学》。当时部队干部战士是供给制，买不起书，有些书是借着读，有的书是"抢"着读。许多西方和苏联的文学名著，如《战争与和平》《普希金文集》《少年维特之烦恼》《收获》《幸福》等多是站在汉口江汉路新华书店看完的。

记得当时某位苏联作家在一部书中写到，生活在社会主义社会，就像在浮力很大的盐水湖中游泳，即使不会游，水的浮力也不会让人下沉。只要不甘沉沦，就会有无数只手帮你到达终点。我很有同感。在军队的七八年，我一直生活在父兄、姐弟般亲切的关爱之中。我手脚笨，针线活不灵，又好动，衣裳、袜子不到换季就破，有时一些大姐姐替我补，也有的是大哥哥们替我补。他们一边补还一边数叨，要我自己学针线活。东北人粗犷，东北的军人却朴实、热情、直率而真挚，工作上常常是手把手教我。尽管有时批评起来方式简单，难以接受，但在那样的大家庭中又算得了什么呢。毛泽东主席曾说人民解放军是一个大学校。他是从大的方面说的。这话对我却有一番特殊意义：我是在这个学校的关爱中成长的。这种关爱在我身上留下的烙印，就是多少年来从内心深处一直坚持与人为善，并希望将这种精神传递给周围的同志。

三　大学学习和研究生生活

1957年7月中旬的一天，我被中国人民大学法律系录取的通知在《湖北日报》发表。那天发表录取通知是事前定的，但我对能录取并未抱希望。当顽固的电话铃声把我叫醒时，我还未起床。消息是在司令部工作的一位朋友告知的。听到这个出乎意料的消息当然很高兴，一直到我从街上买回报纸验证确实被录取了，仍然处于激动状态。只是回到营区望着周围熟悉的一切，却又茫然了。我很想去大学读书，但当想到由此要离开部队，离开朝夕相处的战友，离开多年生活的大家庭开始另一种生活时，恋恋不舍的感情油然而生。泪水一下蒙住了眼睛。是欢快还是哀伤，是高兴还是懊悔？整个上午我一直心神不宁，没勇气把这个消息告诉周围的同事。

我上大学的念头是一点一点产生的。1953年部队开始正规化建设，掌握现代军事科学技术，文化是基础。到干部科工作后，多次接触军官培训工作，亲眼看到一些各方面都很优秀的青年基层干部，由于文化水平不合格而被军校退回。望着他们尚未完全脱去稚气的脸庞显出失落的表情，我愈加感到提高文化水平之重要。1955年周恩来总理关于知识分子问题的报告号召向科学进军，街上竖起"有志青年勇攀科学高峰"的标语。这一切都对我产生了深刻的影响。1956年，全国高校扩大招生，应届高中毕业生数额不足，为保障生源质量，国家动员机关、部队、企事业单位的青年知识分子报考高等学校。在此热潮中，50年代初同我一起在宣传队工作、后因健康问题复员的杜晓明奋力考上了名牌大学中文系，这也增强了我报考的信心，于是1957年春我向领导递交了报考大学的申请。

消息传出，在司、政、后机关中引起了人们的惊讶。我当时刚刚21岁，是全军区最年轻的军官之一，已有的工资级别远远高于大学毕业生，读五年本科下来（招生简章是五年，1958年后改为四年）职务和工资都比不上入学前。许多人说我"犯傻"。干部部门和政治部领导的阻力更大，经一再请求才勉强批准。军区政治部张主任最后颇严肃地说：批准你去考，但不给准备时间，考上就去念书，考不上继续安心工作。批准报考大约是3月份，而人民大学提前招生，5月份考试，对于考取未敢奢望。我把希望寄托于7月份全国统考。然而竟被人民大学录取了，并且是湖北考区数百名考生中被录取的七个人之一，真是喜出望外。

我国的人文社会科学高等教育1949年后经历了复杂的变革

过程。如何以马克思主义来指导各个学科是问题的中心。法学作为社会科学中政治性较强的专业,联系实际贯彻马克思主义更为重要。1957年9月入学时,虽然已经批判了在学习苏联经验中的教条主义,但问题并未解决。而刚刚结束的"反右派斗争",某种程度上是搞乱而不是廓清了人们的思想认识。入学第一年,无论是"国家与法的理论"还是"国家与法的历史",尽管作了某些改变,但基本上还是以苏联的教科书为蓝本。教学、考试方式也变动不大,强调背经典著作。第二年,1958年"大跃进",教学秩序受到严重干扰。在学校当局的发动下,大学生们以自己的课堂笔记为依据,找老师们讲课中的"资产阶级观点",而老师们则常常以"战友"的身份和同学们一起批判。当时,在校、系自上而下的领导下,群众倒是"运动"起来了,但实践证明方向并非"天然是合理的"。这就是为什么后来要制定"高等学校教育六十条",重新整顿教学秩序的原因。

不间断的政治运动,经常到农村搞"教育、科研、劳动三结合",以及由于"天灾人祸"造成的1959—1961年全国性的灾害,尤其是持续发展的"左"的教育思想路线,使法学教育受到了极大影响,以至于临近毕业时,一些重要课程还未来得及学。最后,教育部不得不批准人民大学1961年毕业生延后一个学期毕业。我没有同当年毕业的同学一起补课,而是与冷玉金、刘瀚、祝铭山、张天保等一起被挑选进入深造的研究生班。招收研究生是在提高教育质量背景下采取的举措。此后,在老师们的指导下,大家还真读了几年书。

按照我入大学前曾在军事法院工作和个人的志趣,研究生专业应当选择部门法。可是当时国家是以政策代替法律,当年部门法又不招研究生。在此情况下,我认为中国法律史还是稳定的有学术底蕴的专业，就决定选择研修法律历史。选择此专业的还有冷玉金、祝铭山、张天保。刘瀚和陈葆林及丁焕春、刘志鹏、李家瑞等选择了法学理论。我们按不同专业分头参加法律史和法理学教研室的活动。1961年后，学校再次强调读书、读原著，学习气氛又重新浓郁起来，加上教员阅览室向研究生开放，是我经历了大学七年多生活中罕有的黄金读书时期。

出席中国法律思想史专业委员会、北京市法学会中国法律文化研究会主办的2012年学术年会（2012年12月22日）

刘海年

在研究生阶段，我师从张晋藩先生研究中国古代法律史，后把方向定于唐代法律。张先生在大学一年级时曾给我们讲授中国法制史，同学们对他的学识、口才和敬业精神，给予相当高的评价。可是当他正给我们讲课时，高我们一年级的同学贴出长篇大字报，唯恐不醒目地附上插图，说什么"架起老君炉，火烧张晋藩"。当时在讲课第一线的许多青年教师，如孙国华、徐大同、高铭暄、王作富、许崇德，都受到过类似的对待。尽管许多大字报的内容是"鸡蛋里挑骨头"，显出学子们的稚嫩和偏激，尽管在那种气氛中，教师们不得不表现出"虚心"，但内心深处承受的压力则可想而知。不过，历史未辜负在逆境中依然坚持奋斗的人。当时许多受批判的，后来多数成了学有专长、受人尊敬的学问家，而许多批判他人者，思想却长期处于禁锢状态，专业上未能有令人满意的进展。

当我在张晋藩先生指导下系统接触中国古代法律资料后，一方面对于如此丰富和珍贵的史料长期沉睡感到吃惊，另一方面对当时某些法律史著述不注意从史料中引申出结论，而只从观点出发或从史料中选取例证的研究方法感到迷惑。我后来着手撰写毕业论文——《论永徽律》时，曾设想在这方面有所突破，对《唐律疏议》的条文进行了分解，查阅了隋末农民战争及唐初的社会经济、政治资料，对唐以后宋、元、明、清的法律沿革进行了概略归纳。但当动笔时，却发现这并不易办到，主要是理论准备不足，思想跳不出已形成的框框。

我的毕业论文原分四部分：唐律的历史背景；内容；阶级本质；对后代法律的影响。在资料排定、第一稿初现轮廓时，已是1964年初。全国都在深入贯彻党的八届十中全会精神，阶级斗争要年年讲、月月讲、天天讲。如若介绍唐律的内容，很难不美化这部现存最早、最完整的封建法典。经再三斟酌，遂决定将原第二部分有关内容以批判的角度与第三部分合并，全文减缩为三个部分。

1964年我们行将毕业时，"以阶级斗争为纲"的思想路线主导了高等教育。知识分子的大多数都被视为资产阶级的一部分，上山下乡参加劳动"滚一身泥巴"是改造的最好途径。学校出现了新一轮停课。校方决定研究生论文不进行答辩，导师认可、所属教研室通过即可。我们几个人的论文被认为是上乘之作，教研室决定向有关刊物推荐。当时全国也没有几家学术性刊物，谁会对《论永徽律》这种选题冷之又冷的论文感兴趣呢，可后来它居然被《历史教学》选中了。由于当时学术刊物少，多数刊物每出一期都要在全国性的报纸上登目录。毕业一年多之后，我正在农村搞"四清"，当一位同事告诉我，我的一篇文章发表了时，我的脑子一下还未转过弯。得知是毕业论文时，心中的恐惧大于高兴。因为当时一场"史无前例的文化大革命"已是"山雨欲来风满楼"。报刊正在紧锣密鼓地批判吴晗的《海瑞罢官》和"清官戏"，而我的论文第一部分，却把唐初推行"均田制"，《武德律》《贞观律》和《永徽律》相继减轻刑罚、严格诉讼程序，视为总结隋末暴政激起农民起义、招致王朝覆灭的教训而采取的"让步政策"。一些学者发表文章说，地主阶级对农民只有进攻，从无让步。"让步政策"论是美化地主阶级，是阶级斗争熄灭论。直到我太太将发表的论文寄到"四清"工作队，看了发表的文字，知道编辑部主要采用了论文的第二部分，"让步政策"论点已被删去，我才松了一口气。

三年的研究生生活，我较系统地阅读了中国古代法律和有关著作，对唐律的研究使我增添了对这门专业的感情。正是这种感情，支撑我在当年人们对法律采取虚无主义的态度时，仍对自己的专业选择抱有信心。

四　半个多世纪学术生涯

（一）从革命根据地法制资料收集到云梦秦简研究

1964年12月，我到中国科学院法学研究所工作。尽管那时知识不那么被重视，但我对学术研究仍充满希望。到所后的第一项任务是参加革命根据地法律史料的搜集和整理。计划是先整理、编辑史料，然后撰写一部革命法制史，以总结经验，为社会主义法制建设服务。参加这项工作的有张仲麟、李淑清和我。这部分资料是新中国成立初期收集的，藏于最高人民法院档案室，不能借出。我们开始是手抄，速度很慢，后决定复印。我先去天津买复印机，后又去保定买复印纸。复印倒是大大加快了速度，但当时复印工艺滞后，基本是按照像印洗程序暗室操作，整个夏天我们只能在无空调的暗室汗流浃背地操作。这项工作未完成，1955年9月我和张仲麟便奉命下乡参加"四清"，其余工作是由刘楠来、常兆儒等完成的。

1966年6月下旬，"四清"尚未结束，以中宣部张际春副部长为组长的中央派驻哲学社会科学部工作组就下令要我们急速回京，参加此前已轰轰烈烈展开的"无产阶级文化大革命"。尽管我上大学前曾参加过历次政治运动，也参加了1958年的"大跃进"，但回京后看到"排山倒海""翻天覆地"的"革命"阵势，看到一些受尊敬的著名人士被扣上"走资派""反动学术权威"或"修正主义分子"的帽子，受到批斗，仍感到突然。但是当考虑到这是一场"毛泽东主席亲自发动和领导的大革命"，就按

"不理解的也要执行"的要求参加了这场"革命"。开始总觉得有中央派驻的工作组领导,方向不会错,所以是积极的。不过,很快就有许多现象使我迷惘、不解。当工作组被宣布犯了"何其毒也"的"资产阶级反动路线"受到批判,让群众"自己解放自己"闹革命后,便逐渐失去了主心骨。1966 年 10 月之后我在忧悒中一步步退出了这场"革命"的激流。

整个"文化大革命"十年,我们大部分时间是"翻烧饼"式的"斗私批修","灵魂深处闹革命"。许多时候是在军工宣传队领导下,这一段翻那一段"革命"的账,后期翻前期的账。此外,便是到工厂、农村和"五七干校"劳动。哲学社会科学部的"五七干校"先是在河南息县,后转移到信阳县明港镇附近的一座兵营。无论多么集中、如何加大力度,清理不存在的问题仍达不到预设的目的。大约是林彪摔死于温都尔汗后,干校管理出现松弛,学员们开始读书。一部《资治通鉴》,我就是在这段时间读完的。

在明港这样的小镇能找到一部《资治通鉴》,完全是巧合。法学研究所在"五七干校"序列是"十三连"。我是"十三连"最强的劳动力之一,重体力活总是少不了我们几个人。劳动使我肌肉矫健凸显,淮河之滨大地的阳光把我的皮肤晒成了古铜色,一条短裤和破旧军上衣成为工作服。到明港后的一天,我奉命跟汽车去离兵营十多里地的明港镇粮库拉粮。当我背着近二百斤重的麻袋来往于粮库和汽车之间时,眼前突然闪过了一个似曾相识的妇女身影。她右手抱着一个光犊子男孩,身后跟着一个年龄稍大、脸上挂着泪珠的女孩。妇女的白汗衫已呈灰色,显得相当破旧,手里拿着购粮本和钱排队买粮。真不敢相信是她——一个在大学曾一同听过世界历史课的低年级同学。那时她热情、大方、

刘海年

开朗、好学、上进、乐于助人，很受同学们喜爱。她是一位人民解放军高级将领的女儿，父母亲都是长征干部。曾因父母亲是红军，她幼年时还在湖南老家和奶奶一起坐过国民党的大牢。经过仔细辨认，真的是她！仅仅时隔几年怎么就把一个无忧无虑、活泼开朗的女大学生变成了一个如此狼狈的村妇呢！原来她1966年大学毕业，因父亲在"文化大革命"中受审查，她成为"可以教育好的子女"，1968年下放到基层小镇的工厂。几年来，一个人拖着两个孩子参加劳动，日子之艰辛可想而知。她为大女儿取名叫"坚"，小儿子取名叫"强"，意思是在艰难的逆境中坚强地挺下去。这是她的决心，也是寄予后代的希望。

她家离我们住地约六七里，休息日我曾应邀去拜访。因为当时正搞"清查"，外出都必须二人以上同行。尽管她工资低、负担重，但因是"他乡"相遇，如去，她都会给我们"改善"一顿。在仅有一间房的家里，我看到了一部两册装精装的《资治通鉴》，这是离开北京时她父亲赠送的。经我再三保证不转借他人，她才答应借我一阅。当时我们除读《毛泽东选集》《毛主席语录》，还要求读《反杜林论》《共产党宣言》《国家与革命》《唯物主义与经验批判主义》四部著作，正式学习时间看其他书是犯规的。因大家对上述文献已读多遍，很难再深入下去，读其他著作的积极性倒是非常之高。不过将《资治通鉴》拿出来读还是需要点勇气。

兵营都是大房间，住的地方既是宿舍，又是会议室。一次正式学习时间，我正捧一本《资治通鉴》津津有味地看，不知何时领导十三连的军宣队"一把手"进来了。当时已无法藏匿那么一本厚书，只好坦然相对。他问我："老刘，你看的是么家伙？"我急中生智，告诉他这是伟大领袖毛主席喜欢，并推荐给全党、全军高级干部读的一部很难得的书。这话引起了他的兴趣,连声说好,并请求我日后借给他看。尽管我曾答应那位同学不转借,但此时也不得不欣然应允了。不久之后的一次晚"点名"时,这位领导颇严厉地批评"一些同志在正式学习时间不读经典著作,而看范文澜的《中国通史》",但却没批评我看《资治通鉴》。自此之后,我看《资治通鉴》算是得到了"正式执照"。许多人感到奇怪,却不知个中奥秘。

林彪出逃摔死后,对学部这帮"老九"的"清查"虽然仍在继续,但谁都觉察到底气已经不足。自学时间读外语者有之,读古诗词者有之,大家能抓到什么感兴趣的书就读什么。讨论会上明里暗里"奇谈怪论"开始出现,业余时间则拿着家伙到不远处的河沟里捉鱼,煮鱼汤喝。军宣队的各种不正之风也开始流传。局面很难再维持下去。1972年夏天,学部"五七干校"整体调回北京。

尽管翻来覆去查不出问题,但对学部这批知识分子仍然不轻易放过。回北京后,除了继续"清查"并不存在的问题外,主要是组织学习、批判。各单位都不得不经批准擅自与出版社、刊物和报社发生关系。应该感谢对学部的这种"照顾",一方面给了我们大量读书时间,前四史和诸子中的几部我就是在此期间系统读的;另一方面使我们基本上未再出现一些单位的那种互斗问题。

1975年底,在湖北云梦县发现了记载有法律内容的秦代竹简。当时正在"批林批孔",历史上的法家学派受到极大推崇。消息报道引起了我的注意,后听说国家文物局开始整理这批竹简,并打听法学所有无古代法律的研究人员。当党总支一位委员征求我意见时,我虽然很想参加,但出于当时到外单位参加工作的顾虑，未敢马上表态。待一位同学告诉我这全属学术研究时，我与韩延龙（他和我在 1975 年法学所恢复原建制后为法制史研究组正副组长）商量并经所党总支同意，高恒同志与我同去。事实证明，这是一次非常难得的机遇。

  云梦秦简整理小组由国家文物局直接组织领导。办公地点设在沙滩"北大红楼"。先后参加整理工作的有来自湖北省云梦县博物馆、湖北省博物馆、中国科学院历史研究所、法学研究所、四川省博物馆、湖南省博物馆、北京大学中文系、北京师范大学历史系、山东大学历史系以及来自北京、上海工厂的考古、历史、古文字和法律史专家。他们是（按姓氏笔画为序）：于豪亮、安作璋、刘海年、朱思中、李学勤、陈抗生、张政烺、高恒、唐赞功、曾宪通、舒之梅、裘锡圭、窦爱丽、李均明。文物出版社负责人金冲及、胡绳武负责组织领导工作。由于和先后组建起来的马王堆汉墓帛书整理小组、银雀山竹简整理小组、吐鲁番文书整理小组是同楼层办公（唐山大地震后移至故宫博物院龙王庙同一大殿），除云梦秦简整理小组的专家外，我认识了唐兰、顾铁夫、夏鼐、朱德熙、马雍和吴震等著名文物考古和语言专家，结识了吴九龙、李嘉浩、宋小梅等青年学者。经过十年"文化大革命"，当原单位和整个社会仍处于混乱状态，还继续组织"大批判"时，大家能聚集在一起从事真正的研究工作，觉得十分幸运。所以，尽管饭食清淡，居住简陋，查阅资料不便，但大家不计较、不抱怨，都是情绪饱满、夜以继日地工作。两年的云梦秦简整理和研究，与来自各方的专家相处，我不仅学到了知识，也从他们的思想品德、治学态度和敬业精神中获得了教益，并与其中的许多人结成朋友。这对我后来与杨一凡共同组织编纂《中国珍稀法律典籍集成》有诸多帮助。

云梦秦简计有1150余支。我们到整理小组时，先期工作的同志已对竹简做了初步整理。按工作计划，要先依据简文的内容和竹简编痕，对竹简做进一步排列、释文和分类，然后再注释。至于是否翻译，曾有不同意见。主张翻译的，说是便于读者了解、使用；不主张翻译的，是怕译文不准确贻误后人。双方都是出于一种负责的态度。整个工作要求认真、细致、一丝不苟。尽管残断竹简不算很多，简文多数字迹书写还算清晰，但要恢复到原状，并准确释读和注释，并非易事。有时为一个字的辨认、注释和一两支简的排列，要查阅许多资料，经过反复讨论才能达成一致意见。李学勤以其刻苦钻研精神，对许多问题的解决发挥了重要作用。

秦简内容大体释读后，有关领导希望尽快整理出版，送毛泽东主席看。这一指示既给了参加整理工作的人员以动力，又很大程度排除了外界仍在进行的"大批判"对工作的干扰。整理工作进行到注释和翻译阶段，我分工注释、翻译《秦律杂抄》。为此，这期间比较集中地查阅了《尚书》《左传》《周礼》《商君书》《管子》《韩非子》《吕氏春秋》《史记》《汉书》等历史文献的有关内容；查阅了《唐律疏议》《宋刑统》《大明律》《大清律例》等现存的古代法律；查阅了《历代刑法考》《七国考》《西汉会要》等后人编纂的关于古代法制的著述。古文献和文物中的大量资料积累，不仅有利于完成所担负的任务，而且也为从事专题研究奠定了基础。在律文注释和翻译工作结束后，我撰写了《秦汉士伍的身份与阶级地位》《秦律刑罚考析》《秦汉诉讼中的"爰书"》和《从为吏之道看秦的治吏思想》等专题论文，并参与了由中华书局出版的《云梦秦简研究》一书的总体构思和组稿工作。

云梦秦简出版时，按考古界发掘古代墓葬惯例，被命名为《睡虎地秦墓竹简》。这部分秦简按计划出了三种版本：一是线装大字本。简注，加急印出供图书馆、收藏家珍藏和送毛主席阅；二是平装本。汇集日书甲种和日书乙种之外的《编年纪》《语书》《秦律十八种》《效律》《秦律杂抄》《法律答问》《封诊式》和《为吏之道》等八种简文和注释，除《编年纪》和《为吏之道》，其他简文均附有译文。三是精装本。睡虎地秦墓竹简全部十种释文，并附彩色图版，供珍藏和研究用。可惜的是，还没等线装大字本出版，毛泽东主席便去世了。他最终没能看到这批极为珍贵的史料。

1977年秋平装本完稿，除于豪亮同志担负的《日书甲种》《日书乙种》注释和部分专家撰写的《云梦秦简研究》书稿外，云梦秦简整理小组工作基本结束。尽管原单位陆续委派给参加整理工作的专家以新的工作，但大家都迟迟不愿离去，已离去的也不时相约返回重聚。大家已在真诚的合作中建立了深厚友谊。

（二）奉命参加起草中央文件和"两案"审判工作

通过两年多的秦简整理工作，我对中国法律史专业进一步产生了感情，对先秦和秦汉法律史研究产生了强烈兴趣。但是，1976年10月"四人帮"被清除，国家民主法制建设的客观需要，一次次召唤我从事应急工作。1978年春夏至1979年，法律史研究逐渐成为我的"副业"。按中央指示和中国社会科学院领导部署，此后一个时期我主要从事了这几件工作：其一，为院、所领导起草有关民主法制方面的重要讲话文稿。其二，参加招考"文化大革命"后中国社会科学院第一届硕士研究生的工作，并担任中国法律史专业硕士生指导教师。其三，在所领导支持下，与所内有关同志一起参与组织了几次以解放思想、拨乱反正为主题的北京法学界"民主与法制"学术研讨会。其四，与陈春龙、常兆儒等一起为《人民日报》《光明日报》《解放军报》《湖北日报》《河北日报》《长江日报》《法学研究》《学习与探索》等报刊撰写了三十余篇有关民主与法制方面解放思想、拨乱反正的文章。其五，在院、所领导的支持下，同韩延龙、常兆儒一起，到北京大学和尚未恢复教学的中国人民大学、北京政法学院等院校与法律史学界的同人商议成立中国法律史学会。1979年秋，参加了在长春召开的中国法律史学会成立大会的工作。其六，最重要的是参加了有关中央文件的起草。

为了保证即将交付1979年7月五届全国人大二次会议通过的《中华人民共和国刑法》和《中华人民共和国刑事诉讼法》的实施，1979年春夏之交，中共中央决定起草一个文件，在刑法和刑事诉讼法公布后和正式生效前发至党内，要求各级党组织以及广大党员、干部严格遵守法律，依法办事。我和王家福、李步云参加了这个文件的起草。当时，王家福已先参加中央领导讲话的起草工作，李步云和我则稍晚。集中之前，我和李步云按要求起草过一个稿子，结果被评价为"是一篇文章而非文件"，集中后推翻重来。文件起草工作由邓力群同志主持。参加起草者有滕文生、王家福、李步云、于浩成和我。我们到中南海集中，邓力群同志谈了工作的目的、性质。然后开始"务虚"："文化大革命"前十七年和"文化大革命"十年的教训、党组织与司法机关的关系、国外的经验，以及影响公正执法司法的主要问题，等等。在党的十一届三中全会精神指引下，参与起草的人思想解放，比较集中地讨论了这样几个问题。

第一，党委对司法工作的领导问题。针对实际存在的党委直

刘海年

接干预司法、决定具体案件裁判的弊病，讨论了如何加强和完善党委对司法机关的领导。起草组传阅了河北省某县委书记给中央的一封信。信的中心意思是应改革实际存在的党委审批司法案件制度。他以现身说法讲意见：如由他批案件而不听审判、不阅卷，是让他犯官僚主义，易铸成错案；而让他听审判，甚至仅仅让他阅卷，每天24小时工作，时间也不够，当不好县委书记。多位中央领导批示都肯定这个意见。经反复讨论，最后定稿的文件对党委与司法机关的关系做出了正确指示。

第二，法院、检察院和公安局三机关的关系。针对实际存在的公安机关在三机关中往往处于主导地位，影响权力制衡造成的严重后果，起草组同志认为应按照宪法关于三机关权力的配置健全制度，一定不能把法院和检察院视为像公安机关那样，仅仅是政府的一个部门，否则就很难避免党政机关领导人对司法的干涉，人民法院、人民检察院独立行使权力的宪法原则贯彻就很难保证。为了理顺三机关的关系，起草组还煞费苦心地想将多年对"公检法"三机关的习惯称谓，顺序上改为"法检公"。意图是好的，但改变观念和制度却很困难。

第三，关于"以法治国"的提出。根据党的十一届三中全会对加强社会主义民主和法制的指示，以及广大群众的迫切要求，文件的最初几稿都写上了"以法治国"。严格说，"以法治国"与"依法治国"的内涵不同，"以法治国"仍视法为治理国家的工具。法当然有工具的作用，但不能仅仅将其视为工具，更重要的它是一种所有人都应共同遵守的行为准则。所以，"依法治国"远比"以法治国"确切。尽管如此，当起草组把基本满意的文件初稿拿到更大范围征求意见时，来自很关键机关的一位干部却提出了质疑，争辩说："我们历来是'以党治国'，为什么现在提

'以法治国'？"后来定稿时，代之而提出的是实行"社会主义法治"。尽管如此，文件发布后，仍有人对"法治"一词表示不同意见。由此可知，即使在理论界、在较高级别干部中，解放思想、摆脱传统影响也非易事。

这份文件 1979 年 9 月经中央讨论定稿发出，名称为《中共中央关于坚决保证刑法、刑事诉讼法切实实施的指示》。它发出后，得到了普遍肯定，时任最高法院院长江华同志说："这个文件是建国以来甚至建党以来……关于政法工作的第一个最重要的最深刻的最好的文件。"我始终认为这是一个具有开拓性的文件，是实现社会主义法治坚实的一步。

中央文件起草工作结束，1979 年秋的一天，所党委书记张楠通知我和吴建璠、欧阳涛、张绳祖去参加另一项重要工作。当天下午，我们先到北京东华门中组部招待所的一间办公室。中组部一位同志告诉我们是参加起草林彪、江青反革命集团案件起诉书工作。后听说是胡耀邦同志建议要中国社科院研究法律的同志参加的。开始这项工作由中央纪律检查委员会牵头，最高人民法院、最高人民检察院、公安部、司法部和解放军总政治部、军事法院、军事检察院等机关的同志参加，办公地点在中南海东南边的中央警卫局大楼。我们报到时，准备工作业已就绪，但对起诉书究竟写哪些内容、写成什么样子却莫衷一是，主要是思想上尚不明确。有的想把"文化大革命"所有的问题和造成的危害都归咎于林彪、"四人帮"集团，受"文化大革命"大批判文风的影响，希望把起诉书写成一篇语言铿锵的声讨檄文。另一部分有政法实际工作经验的同志觉得不行，但对如何写又形不成具体意见。我们四人开始是看材料听讨论。我发觉这里的讨论远不似在中央研究室起草文件时那么开放。政法实际部门同志的正确议论

刘海年

不敢大胆发表，各部门领导人的意见又往往不一致。这种情况下，各部分执笔人实际上按自己的理解写。一次又一次写，一次又一次修改，结果还是不满意。我们认为，问题的症结还在于指导思想。起诉书是法律文书，起诉的内容是罪行而不是错误，不能把"文化大革命"所有问题和造成的损失都认为是犯罪而归咎于林彪和"四人帮"。起诉书的语言，应尽量避免大批判文式。如此，起诉书列举的林彪、"四人帮"集团的罪行虽不像原来公布的那么多，但却是扎实的，是对历史负责的。我们的意见发表后，既有支持的，也有反对的。时任军事检察院检察长的图们同志就对我说："佩服你们，真是无官一身轻啊！"然而，持不同意见的领导同志居多。他们认为："文化大革命"的问题不归咎于林彪和"四人帮"，归咎于谁？！

为了打破僵局，加快工作进度，我们酝酿向中央更高层反映情况。考虑直接写信有"告状"嫌疑，影响合作，后决定以向院长汇报工作的方式写信给胡乔木。乔木同志既是中国社会科学院院长，又是中央书记处书记。同时将信抄送给主持这项工作的中央纪委第三书记王鹤寿同志。

信是经反复讨论由吴建璠、欧阳涛和我起草的，建璠做了文字斟酌。这封信的主要内容是：集中到中纪委参加"两案"工作已几个月了，对于起诉书草稿已经多次讨论，但都不满意。不是不会写、写不好起诉书；未写出满意稿子的主要原因是指导思想不明确，意见统一不起来。起诉书是法律文书，法律上要经得起推敲，经得起历史检验。起诉的应是林彪、"四人帮"的罪行，而不是错误。"文化大革命"的问题和造成的损失，是由毛主席和党中央的错误以及林彪、"四人帮"集团犯下的罪行造成的。起草起诉书要把毛主席和党中央的错误与林彪、"四人帮"集团的罪行分开，严格区分罪与非罪的界限。区分二者的标准是林彪、"四人帮"集团背着毛主席和党中央颠覆中华人民共和国政权、谋害毛泽东主席的反革命阴谋。经毛主席、党中央讨论决议或同意的，不能认定为林彪、"四人帮"反革命集团的罪行。背着毛主席、党中央另搞一套，或歪曲中央精神以售其私者，哪怕只伤及一人，也是他们的罪行。现在关键是要组织力量做认真、细致的工作，查清林彪、"四人帮"在"文化大革命"中犯下的罪行，搜集充足证据。这是搞好起诉工作的前提，也是搞好整个审判工作的基础。

这封信送上后，未获答复。1980年春中央成立了由全国人大常委会副委员长彭真为主任，法、检、公三机关主要负责同志组成的"两案"审判委员会。在"两案"审判委员会的第一次会议上，吴建璠代表法学所参加"两案"工作的同志，又陈述了以上意见和建议。

"两案"审判委员会成立，我被调到起诉意见书、起诉书起草小组工作，后又被正式任命为最高人民检察院特别检察厅助理检察员。起草小组主要办公地点在公安部五号楼，有时也到总政治部大楼和秦城监狱。基于工作需要，这段时间我经常随领导同志听取各专门问题查证小组的汇报。正如我们所估计的，起诉书真正写的时间并不多，大部分时间是听汇报、看材料、查罪证和开会讨论。由于任务紧，当时的中央领导都长期跟毛泽东主席养成了夜间办公习惯。我们工作人员也总是凌晨2—3点睡觉，每天只睡4个小时左右。这期间有两件事情值得提及。

第一，关于审判林彪、"四人帮"集团适用法律问题。起诉工作进行到后期，有同志提出对林彪、"四人帮"集团审判究竟应适用《刑法》还是适用《惩治反革命条例》。本来在1979年7

月《刑法》公布、1980年1月生效后，按照该法第9条关于从新、从轻的规定，适用《刑法》不是什么问题。但有些同志可能觉得1951年颁行的《惩治反革命条例》量刑较重，林彪、"四人帮"集团罪大恶极，应予重刑惩治。在一次工作小组会议上，我做了较系统的发言，阐述应适用《刑法》而不应适用《惩治反革命条例》的理由。会上因发生争论未得到认可，散会后，时任"两案"审判委员会工作小组负责人的刘复之、凌云同志却要我将会上发言内容以1500—2000字的篇幅写成书面材料上报中央。我于当天晚上写成初稿，经他们修改后，于第二天以"绝密"件急报中央政治局在京委员。后经专家论证，这一意见被采纳。

　　第二，关于对江青判处何种刑罚问题。为了发挥刑法的震慑作用，"文化大革命"后期对于重大刑事案件的量刑，政法机关均在一定范围征求意见。林彪、"四人帮"案审判后期，也在党政军系统和有关机构进行了类似抽样调查。反馈意见是对江青一片喊杀之声，只有科学院和社会科学院知识分子集中的单位许多人不主张判处极刑。当时，审判工作机构的工作人员也同时进行讨论，大家发言都比较慎重。我则认为，无论从案件的具体情况看，还是从将来对历史的影响看，对江青都不宜判死刑立即执行。如实在考虑"民愤"，可判"死刑缓期二年执行"，由此"过渡"到无期徒刑或有期徒刑。考虑到此事重大，我的意见正式发表后，特意与当时已任法学研究所副所长的吴建璠交换了看法，当即得到了他的大力支持。最后商量决定把不杀江青的意见坚持到底，即使将来判江青极刑，也保留意见。

　　为支持不处死江青，以当年列宁对乌拉尔省地方苏维埃决定处死俄国沙皇及其家人表示不满、戴高乐总统特赦贝当死刑改为终身监禁、阿根廷未处死前总统贝隆夫人等例子，由我写成材料，由全国人大法工委转发。江青最后未判死刑立即执行，是中央在听取各方面意见后，由最高人民法院特别法庭决定的，我在讨论中发表的意见无足轻重。但这种意见从提出到决心坚持到底以及书写论证材料，却反映了法学研究工作者参加"两案"审判对法律和历史负责的态度。

参加"两案"工作前后一年半，我受到了"两案"工作机构和一起工作的同事的好评。最重要的是一年多与有良好理论水平、丰富实践经验的政法机关以及军队干部一起在领导身边工作，我获得了从他们身上学习优秀品德、敬业精神以及政法业务能力的难得机会。

（三）集中时间研究先秦和秦汉法制

"两案"审判工作尚在进行总结，我就接到通知，和韩延龙、黄明川、吕文忠等一起随韩幽桐副所长去日本访问，开始了访日的准备工作。访问于1981年6月1日成行。主要目的是考察日本的法学研究、日本的法制史研究和日本对中国法制史的研究。由于是中国社会科学院第一次派赴日法学代表团，也由于韩幽桐副所长30年代初是日本帝国大学（现东京大学）的研究生，在日本名声颇高，我们受到了高规格接待。日方成立了以东京大学原校长加藤一郎教授为首的接待委员会，从关东至关西，从东京到大阪，各大学都是校长出面接待，这为考察成功提供了良好条件。为了这次考察，出国前我突击看了有关日本历史和法制方面的资料。其中有井上清的《日本历史》，他在前言中的一段话给我印象很深。大意是说日本这个民族，历史上没有什么重大创造发明，但却善于学习其他民族文化来发展建设自己的国家。古代是通过朝鲜学习中国；明治维新是学习欧洲；第二次世界大战之后主要是学习美国。为了把外国的经验学到手，常是先照搬，然后逐步消化吸收。日本就是这样在学习其他国家中发展的。在日本的所见所闻证实了这一评介。明治前的法律条文，许多与大明律相同；明治维新则以法德等国法律为楷模；第二次世界大战后移植了不少英美法。日本在学习别国经验的过程中，并未刻意强调本民族特点，但我们一踏上日本国土，就会感到强烈的日本特色。日本如何学习外国的经验我们不必照搬，不过对于改革开放的中国来说，其学习精神不是没有启发的。

访日期间，我和韩延龙在明治大学发表了学术演讲。我重点讲了曾在日本引起轰动的云梦秦简的发现及其内容；秦简中的史料对中国古代特别是战国、秦汉经济、政治、法律和文化史研究的意义；回答了与会学者提出的整理中遇到的难题及解决过程。我还应邀在爱知大学就中国社会主义民主和法制建设的若干问题做了报告。在参观该大学图书馆时，一位教授当场从电脑中调出了我的著述目录。参观后他指着刚刚调出的著述目录问我，为什么1966年发表唐律的论文，1978年才又开始发表云梦秦简的系列论文，中间12年干什么了？他的提问刺得我一阵心酸。由于行程太紧，赶去集合，我只简单告诉他，在参加政治运动，参加"文化大革命"。对这样的回答，一个外国教授能听得懂吗？

从日本考察回国后，我又一次得以集中七八年时间对法律史进行研究。应中国社会科学出版社和群众出版社之约，我与研究室同事一起编撰出版了《中国古代办案百例》《中国警察制度史话》和《中国警察制度简论》；与杨一凡同志一起编著了《中国古代法律史基本知识》。编著这些读物，是为了以事实说明，即使在封建时代，一些杰出的统治者和官员也是重视法律和制度建设的。与此同时，我继续进行法律史料搜集、整理和研究，发表了《云梦秦简的发现与秦律研究》《睡虎地秦简中有关农业经济法规的探讨》《秦代法官法吏体系考略》《秦律刑罚的适用原则》《论秦始皇的法律思想》《秦简〈语书〉探析》《训匜铭文及其所反映的西周刑制》《关于中国岁刑的起源》《中国古代早期现场勘查与法医检验的规定》《中国古代监狱管理及有关制度》《战国齐国法律史料的重大发现》和《文物中的法律史料及其研究》等专题论文。以此和 20 世纪 70 年代末以来发表的论文为主，汇集成《战国秦代法制管窥》一书，共 50 万字，于 2006 年由法律出版社出版。

  随着银雀山汉简、云梦秦简、居延汉简和西周铜器铭文中法律史料的发现与研究进展，80 年代初，法学界同人强烈感到要加强中国法律古籍整理。此时，调到中央书记处研究室的杨一凡对法律史的研究兴趣依然不减。他以在撰写硕士论文时接触的明代法律史为基础，又查阅了国内图书馆藏明代法律史料。他向李光灿教授和我表示进一步搜集整理这些史料的想法。考虑到单独整理出版明代法律史料，难以适应法律史学界研究需要，杨一凡和我商量同时整理出版明代之前和之后的珍贵法律史料，并决定由我组织商周至明代之前部分和联系清代部分有关专家，分三编形成一部大型珍稀法律史料汇集。为在更广泛范围引起学界同人对整理中国古代法律史料的重视，我俩商量并得到法学所领导以及瞿同祖、韩延龙等大力支持，组织召开了以此为内容的大型国际学术研讨会。这次会议有力地推动了中国法律古籍的整理工作。会后，我国台湾和日本一些学者寄来了他们珍藏的中国古代法律史资料复制件；国内文物和历史学界的史金波、杨生南、吴震、唐耕耦、李均明、吴九龙、沈厚铎、郑秦等专家也加快了整理工作进度。

这部大型法律史料汇编共分三编十四册，约 1000 万字。内容既有甲骨文、金文、简牍、吐鲁番文书、敦煌文书中的法律史料，又有久已失传的西夏法典，还有不易见到的明清法律的珍稀版本，以及沈家本的部分未刻书稿。这些史料一方面搜集不易，筛选困难，如何将其加以标点、注释，甚至翻译，更是一项细致的研究工作。经过前后十余年的努力，此书终于 1994 年出版。在《序》中我写了这样一段话："本丛书命名为《中国珍稀法律典籍集成》，只是指已'集成'收录的主要是具有代表性且目前我们有条件能够整理的文献。本书之所以未能广泛收录其他各种稀见史料，出版基金少、时间要求急，当然是原因，但主要的不仅是以汉文书写的珍稀法律文献不易搜集整理，以少数民族文字书写的法律文献搜集、翻译困难，还由于文物中的法律史料的发掘和整理需要更长过程。随着中国考古事业发展，文物中的法律史料将会不断发现。前几年在湖北江陵发现的西汉初年的法律尚未公布，从同一地区和西北敦煌又传来了发现汉代法律的新消息。此外，在明、清档案中还有不少原始法律史料有待整理……整理出版全部中国珍稀法律史料，是一项巨大工程，需要几代学者坚韧不拔的努力。我们期待今后有更多更好的法律古籍整理成书问世。"这部书的出版，为国内外中国法律史研究和教学工作者，以及中国经济史、政治史、军事史、思想史和通史研究和教学工作者提供了诸多方便；该书受到学界极大欢迎，1996 年被授予中国社会科学院优秀科研成果荣誉奖。

（四）呼唤社会主义法治

1988 年 8 月，我被任命为中国社会科学院法学研究所副所长。由于同时被任命为所长的王家福教授当时身体欠佳，我被委以主持常务工作。我从小成长于军营，后又读大学四年本科、三年研究生，之后就到法学研究所工作。比较单纯的环境使我性格直率，处事简单，刚毅有余，温和不足，坚定却不善迂回。1991年在美国和加拿大考察时，一位朋友与我谈心，他称我对人诚实，是位好同志，但太实、太直，常常显得不会保护自己。加上由于我对法律史专业有浓厚兴趣，一直不愿当官，因此，1979年秋，我谢绝了一位朋友动员我到正筹建的中央某机构工作；1981年春，"两案"工作结束时，领导已决定调我到政法口，并说"先提起来"。我得到信息，急忙通过党委书记张楠向院领导胡乔木、邓力群同志"求援"。当得到"还是尊重个人意见"的答复，才算有了定心丸。搞"两案"工作的同事知道我回绝了这一"美差"，都戏称"傻小刘"。这次我没拒绝副所长的任命，一是在研究所还可以继续从事研究工作；二是我与王家福是多年朋友；三是法学所绝大多数同志支持我们。最重要的是为了法学所，为了法学研究更好地服务于中国法治。

1993年，我被任命为法学所所长，1995年兼任政治学研究所所长，到1998年12月，任副所长、所长已十年有余。按照院领导关于所长职在治所的要求，我除了与王家福、黄明川、王保树、刘瀚、郑成思、信春鹰等先后担任所长、副所长的同志按"出成果，出人才"的总要求，一起抓了法学所的基本建设，抓了法学所、政治学所的人才引进、培养，组织了科研工作和对外学术交流之外，主要与王家福等一起组织领导了依法治国理论的研究和人权理论与实践问题的对策研究。

在1978年党的十一届三中全会前后与陈春龙等呼吁发扬社会主义民主、加强社会主义法制、保障人民权利系列文的基础上，我与王家福1988年接手法学所领导工作后，决心使研究工作恢复到党的十一届三中全会后的势头，对党和国家有关决策发挥参谋助手作用。按照党的十一届三中全会决议和邓小平讲话的精神，我们决定首先抓关于依法治国理论和实践研究。无论从历史经验还是从切身经历中，我们都深深认识到中国吃重"人治"轻"法治"的亏太多、太大，今后如不注意制度建设，很难不重蹈类似"文化大革命"的覆辙。法学研究应为社会主义法治做应有贡献。

1989年，我和王家福与时任科研处长的肖贤富商量召开一次推进法制改革学术研讨会。按照这次会议的主旨，王家福和我、李步云决定写一篇关于《论法制改革》的文章，其内容与我在研讨会开幕时的讲话精神一致，中心是摈弃人治、弘扬法治，建设社会主义法治国家。论文共分三个部分，依次由王家福和我及李步云分头执笔。集中统稿后，由李步云做文字斟酌。这次学术研讨会与《论法制改革》论文均属开拓性，反应良好。但一年后却有人在一份"内部"材料上将其打入"另册"。我颇不以为然。曾想写一篇《再论法制改革》作为回应，但后来想想，认识都有个过程，又释然了。江河滔滔，逝者如斯，一些微词不可能改变总的趋势，我和王家福及法学所的同志决心把依法治国的理论坚持研究下去。

1991年年初，王家福、肖贤富和我共同商量，筹备一次"法治与社会经济发展"大型国际学术研讨会。这次研讨会于1991年10月21—24日在北京召开。参加会议的有来自日本、美国、加拿大、荷兰、德国、俄罗斯等国和中国内地以及香港地区的代表共一百多人。当时，由于我国被西方国家"制裁"，国际学术交流受到影响。这次研讨会有突破"制裁"的意义，很难得。王家福在开幕词中指出："法治，是人类文明进步的重要标

出席"依法治国与中国法律传统"座谈会（2014年11月29日）

志，是社会经济发展的强大杠杆和重要保障。""各国的历史证明：实行法治并使法治不断完善，经济就繁荣，社会就进步，科技就发达，人民就安居乐业；相反，不实行法治或者破坏法治，经济就凋敝，社会就动荡，科技就落后，人民就遭殃。显而易见，法治对社会经济发展、人民福祉、国家前途，具有极其重要的意义。"研讨会上，我提交了题为《中国古代法治与社会经济发展》的论文，并作了大会发言。我指出："在中国古代，'法治'一词的含义与现代不同，它是封建专制制度的附属物。尽管如此，只要我们认真考察历史就会发现，法治与社会经济发展也是密切相关的。"我最后说："在中国古代以自然经济为基础的君主专制制度下，法律也反映了经济要求，依照法律办事也比凭某个人的个人意志，尤其是比个人专横更能符合社会经济的发展。中国历史上的乱世和治世、衰世和盛世留下的经验十分生动地说明了这一问题。""历史已进入20世纪90年代，法治对社会进步和经济发展的意义比以往任何时候都更加重要。"这次国际学术研讨会进行了四天，与会代表从不同角度、不同国度的经验论述了法治对经济发展的重要意义，在国内外都产生了良好影响。

1992年，邓小平南方讲话提出发展社会主义市场经济。为推进和保障社会主义市场经济的发展，法学所在王家福的带领下，开始对建立社会主义市场经济法律体系问题进行研究并写出了研究报告。此报告对于国家1994年制定《建立社会主义市场经济法律体系规划》提供了有价值的参考。

建设社会主义市场经济，对社会主义法治提出了更迫切的需要。为推动法治进程，中央政治局连续举办法治讲座。由于自1978年党的十一届三中全会后，法学研究所在社会主义法治理论方面开拓性的研究，先后有5位研究员相继被推荐为中央政治局法制讲座主讲人：1995年王家福主讲《社会主义市场经济法律制度的若干问题》、1996年王家福主讲《依法治国，建设社会主义法制国家的理论和实践问题》、1997年吴建璠主讲《一国两制与香港基本法》。作为法学研究所所长，我和主讲人一起主持和组织了上述讲稿的设计、起草和修改工作。不再担任研究所所长职务之后，我参加了2000年夏勇主讲的《西部大开发的法律问题》，2001年郑成思主讲的《互联网的法律问题》和2003年李林、林尚立（复旦大学）主讲的《坚持依法治国，建设社会主义政治文明》等讲稿的讨论和修改工作。其间，1995年底，在研究由谁主讲依法治国课题时，我较系统介绍了10多年法学所研究法治情况，司法部负责同志曾建议由我主讲。考虑到选主讲人拟设 A、B 组，而此课题非本人专业等因素，为使讲课获得最大成功，我极力推荐比我更合适的同志。

在起草关于《依法治国，建设社会主义法制国家理论与实践问题》讲稿的过程中，我们曾竭力建议将其中"法制国家"改为"法治国家"，并在初稿中均用"法治国家"。但听说讲题事前已由领导圈定，就未再变动。当然，"法制国家"总比无法制国家要好，何况前面还冠以社会主义。只是从严格意义推敲，"法制国家"在概念上不如"法治国家"科学。古今中外各种形态的社会均有"法制"，但只有近代"法治"才摈弃了"人治""专制"，与民主政治相联系。在中国这样历史上长期实行封建专制而至今"人治"影响又极浓重的国家，提建设"法治国家"，表明我们坚持推行民主，与"人治"彻底决裂。基于此，尽管中央政治局法制讲座后，1996 年 3 月份召开的八届全国人大四次会议通过的"九五"计划和 2010 年远景目标纲要，仍提"建设社会主义法制国家"，但 1996 年 5 月法学研究所举办的全国性的大型学术会议定名为"依法治国，建设社会主义法治国家学术研讨会"。我向与会的同志解释：这不是不与党中央保持一致，而是为贯彻"百家争鸣"进行学术研究。同年 8 月，出版的研讨会文集也以"依法治国，建设社会主义法治国家"命名。1997 年 5 月，中国社会科学院纪念建院 20 周年，我所作的报告以《继往开来，为建设社会主义法治国家而奋斗》为题目。此时，王家福奉命到中央参加起草党的十五大报告，我们又请李林同志专门为此写了一份《要报》呈报中央，提议改"法制国家"为"法治国家"。正如大家看到的，江泽民同志在党的十五大报告中明确提出："依法治国，建设社会主义法治国家"。1999 年 3 月，九届全国人大二次会议通过的《中华人民共和国宪法修正案》将其确立为宪法原则。这不仅成为中国法学理论上,而且在中国共产党治国方略和国家宪法发展史上都是重要里程碑。当然,"依法治国,建设社会主义法治国家"成为中国共产党的治国方略,并载入宪法,是党中央对马克思主义的发展,是党领导全国人民长期认识的结果。全国理论界、法学界、法律界同人也都为此做出了贡献,法学研究所同志只是做了应做的工作。

在此期间,我除了参加研究所有关科研组织领导工作,还与王家福等同志写了有关法治理论的论文和文章,其中《论依法治国》获中宣部"五个一工程奖"。此外,我还与李步云、李林、刘瀚、张广兴等共同主编了《依法治国与精神文明建设》《依法治国与廉政建设》《依法治国与法律体系建构》等著作。我本人也发表了《依法治国——社会主义法治建设的里程碑》等十多篇论文。就我自己的学术研究来说,这是学习过程,也是认识深化、理论提高的过程。2013年,我将上述论文和之后发表的有关论文,汇集为《依法治国是历史的经验总结》一书,约50万字,由中国社会科学出版社出版。

(五)为了更好地保障人权

在研究社会主义法治理论的同时,从1991年春至今,我的相当一部分精力是从事人权研究。人权是美好的,为享有充分人权而奋斗是崇高的。中国共产党自成立之时,就将人权写到自己的旗帜上,许多革命先烈和仁人志士为这一崇高目标的实现献出了鲜血和生命。然而,自20世纪50年代后期开始,在"左"的思想影响下,"人权"一词从不再提及到被批判,更被定性为"资产阶级口号"遭挞伐,相当长时期成为理论界不敢涉猎的禁区。1991年初,江泽民同志关于"人权问题不应再回避,要进行研究"的批示传达后，中央将人权理论研究交给中国社会科学院胡绳院长。胡绳院长则将此项任务交给了法学研究所。这是一项重要而敏感的任务。此前我个人对人权理论谈不上有什么研究，只是"文化大革命"前整理过革命根据地颁行的十多个有关人权保护的条例和文件，"文化大革命"后与常兆儒同志一起在《法学研究》1979年第1期介绍过这些材料，同年与陈春龙一起发表过呼吁"给文艺工作者以法律保护"等法治和人权的文章。研究所徐炳、李步云等写的文章也多是联系"文化大革命"对干部和群众的权利侵犯谈具体权利保障；王可菊于1990年拟定的关于国际人权保障的课题则刚获批准。总体来说，我对人权理论研究谈不上有多么坚实的基础，在人权问题理论尚存在争议的情况下，如何科学地阐释人权概念及其内容，准确传达国内外研究信息，为党和国家制定政策提供理论依据，心中委实无底。王家福和我议论，这又是一次"走钢丝"式的考验。我们既要谨慎稳妥，又要开拓创新，结合我国实际大力推进人权理论发展。

中央传达指示布置任务，开始是我与院科研局朱崇利局长参加，后来多由我参加。为适应工作需要，法学所成立了人权理论与对策研究课题组，有20余名研究人员参加。在此基础上又组建了"中国社会科学院人权研究中心"，其宗旨是胡绳院长提出的"人权理论研究要以马克思主义为指导，要吸纳人类文明进程的科学成果，主要是为完善中国人权保障制度服务，同时也为国际人权斗争和交流服务"。按照这一宗旨，20多年来，我和王家福及法学所的同志们在人权理论研究、国内人权保障制度完善和国际人权交流方面做了力所能及的工作。

在人权理论研究方面，通过多次切磋和讨论，我们首先在人权概念上达成了共识。在此基础上，1991年6月召开了全国性人权理论大型研讨会。在 6 月的一份《要报》上，我综合大家意见写道："人权就是人依其自然属性和社会本质享有和应享有的权利。它受社会经济和文化发展的制约。""这一概念的主体是人……所有的人。"这一概念的客体是"人应享有的所有权利"。人权有个性也有共性，"我们在制定有关政策时，既应注意个性，也应注意共性。过分强调一方面而忽视另一方面，都可能造成失误，在实践中招致不良后果"。这次全国性的研讨会，大多数人解放思想，在理论上达成了共识。研讨会之后，按照国务院新闻办公室的委托，我所为《中国的人权状况》白皮书框架提供了法律资料，我和王家福多次参加了提纲的研究和初稿讨论修改。按照中宣部理论局的组织，法学研究所承担了大型人权研究资料丛书中的《中国人权建设》（史探经、韩延龙主编，李步云撰写了导言）、《发展中国家人权状况》（刘楠来主编）两部。为进一步推动人权理论研究，我们还多次举办学术研讨会。这些研讨会有国内的，也有国外的；国外有多边的，也有双边的。此外，还陆续请国际著名人权专家、学者到法学所和研究中心作报告。20 多年中，法学研究所和人权研究中心的同志先后发表了 200 余篇学术论文和文章，撰写了 100 余篇研究报告，撰写、翻译出版了 20 余部人权理论著作，并组织编写出版了国内第一部《中国人权百科全书》。公开发表和出版的著述，侧重人权理论阐释，介绍《联合国宪章》《世界人权宣言》和国际人权公约中的普遍原则。内部研究报告则结合我国实际对完善人权保障制度秉笔直书。1992 年，当国家有关部门征询是否参加 1966 年联合国《经济、社会、文化权利国际公约》和《公民权利、政治权利国际公约》意见时，我们写出研究报告建议参加。1997 年、1998 年我国签署参加两公约后，我们又将两公约条文对照我国法律分别写出长篇研究报告，供有关部门和全国人大常委会审议参考。我们还较早建议取消"收容审查""劳动教养"制度，建议在刑事法律中采纳"罪刑法定""无罪推定"原则，还建议修订宪法时完善违宪审查制度，将人权保障写入宪法。针对我国刑法中死刑条款过多，我还和胡云腾于1995年撰写了《关于合并和消减我国刑法中死刑条款的意见和建议》内部报告。上述理论研究和对策建议，多为党和国家所采纳，对政策调整、法律完善，尤其对"国家尊重和保障人权"写入党章、载入宪法起到了推动作用。成绩的获得是群策群力的结果，其中一批老专家和青年专家发挥了主要作用。我个人的研究，正如在哈佛大学回答提问者所说，主要从历史文化角度切入，撰写和发表了《关于人权的概念》《不同文化背景下的人权观念》《人权观念在中国的形成和发展》《中国传统刑法思想对当代死刑的影响》《政治文明建设与人权保障》《提高文化自觉，促进人权保障》《会通中外文化共建和谐世界》等系列文章。

按照胡绳院长指示，人权研究要为完善国家人权保障服务，也要为国际人权斗争与交流服务。从研究角度说，国家人权建设与国际人权交流密不可分。国家人权建设要传承本国历史文化，总结自己的实践经验，也要吸纳人类文明进程中的成果，如此才能找到适合本国人权保障的道路。为此，人权研究开始不久，我们便开始了对外人权交流。至于人权斗争，它是客观存在，不以我们主观意志为转移，不能不认真应对。

为了向党和国家决策机关提供信息，我们从1991年9月开始组团依次对北美、西欧、南亚和中东欧诸国进行访问。北美访问团由我和林地带队，信春鹰、李林参加。这是我国派出的第一个人权考察团，有人称之为"破冰之旅"。消息传出，引起了国

刘海年

际传媒界极大关注。有说是中国开放的积极动向，也有说是"老谋深算"，"为搞情报"。到美国后，听说一些人对我"很感兴趣"，后知道我是从事中国古代法律历史研究的，觉得派这样一个人带团颇为奇怪。这表明他们的思维仍停留在冷战时期。

在美国，我们会见了助理国务卿希夫特、众议院人权领导小组主席波特和其他七位议员、美国律师人权委员会执行主席波斯纳、美国公民自由联盟主席斯特罗森女士、哥伦比亚大学著名宪法学教授亨肯、中国法研究中心主任爱德华、哈佛大学人权中心主任斯坦纳、东亚文化研究中心主任安守廉等；在加拿大，我们会见了外交部副部长麦克罗斯基女士，国务秘书克龙比，世界人权宣言起草人之一、人权基金会名誉主席汉弗莱，魁北克文化交流与移民理事会主席特奥雷，渥太华大学人权中心主任布莱克；在北美期间，还会见了联合国人权中心纽约办公室主任托洛女士和大赦国际秘书长马丁等。在考察团四位同志的共同努力下，在美中学术交流委员会的协助下，考察达到了预期目的。

回国后按院领导的指示，我们以迅速、扼要的方式，陆续写了 20 多份《要报》。后听说这些《要报》江泽民总书记全都看了。当年国务院总理到联合国出席大会，还派人调去了一套。自北美访问考察开始，王家福先后带团于 1992 年、1993 年访问了西欧和中欧一些国家。我于 1992 年带团访问了印度、斯里兰卡和新加坡等南亚三国，参团者有李步云、刘楠来、黄列和王强华。这些访问使我们了解了不同类型国家的人权观念及制度，访问获得了成功。

20 世纪 80 年代末 90 年代初，美国策动一些西方国家在人权问题上对中国采取对抗，我对外人权斗争形势相当严峻。为扭转这种局面，外交部提出以人权平等对话代替人权对抗，为美国所接受。这为法学所的人权对外交流增加了新内容。我和黄列等参加了与欧盟、澳大利亚和美国的人权对话，我主持了与欧盟 20 余次对话研讨；主持了与英国、瑞士、美国、德国、丹麦、挪威、荷兰等国的学术研讨。几乎整个 90 年代，中国社会科学院法学研究所和人权研究中心成了接待外国人权事务使者和来访团的必到单位。其间，为配合我国在联合国人权委员会同美国的斗争，打掉美国等国家的反华提案，在外交部部长助理主持下，我和王家福、刘楠来等两次出席外国记者招待会。每次参加的记者均超出报名数，多达 60 余人，且都超出 100 分钟预定时间，长达两个多小时。外交部给予了充分肯定。法学所的学者在人权问题上既能坚持中国特色社会主义原则，又能展现改革开放态度，获得了良好声誉。交流过程中获取的信息是双方的，也有利于研究的深入。

1998 年底，我不再担任法学研究所所长和政治学研究所所长，王家福和我同时被指定为人权研究中心主任。本来当时身体尚好，精力也充沛，就自己意愿来说，有朋友希望我继续研究中国古代法律史，一是我收集和编辑有不少资料；二是此前出版的江陵汉简从法律沿革说可以称为云梦秦简的续篇，尤其是湖南里耶新发现的秦简内容对我确实有巨大吸引力；三是一所大学聘请我任法学院院长或名誉院长，每年去工作三个月，待遇颇为优厚，且答应在优美环境中提供一套三室一厅住房。经新任所领导认可后，我前去作报告时草签了协议。但不久事情却发生了变化。为加强中欧人权交流，我国外交部与欧盟委员会协议建立中欧人权网络。此网络由中国 15 个研究机构和高等院校与欧盟 15 个国家相应机构的代表参加，每年在中国和欧盟轮值主席国召开研讨会三次，同时派若干学者互访。此协议在我国经外交部、教育部、中国社科院会签，由李岚清、李铁映、钱其琛等批准。2002年院长指定我为中方协调人。协定运行三年，至2005年圆满结束。此后我的主要工作仍是人权研究，一如既往，许多工作仍是在外交部和中央外宣办指导下进行。除继续主持中欧人权对话研讨会外，2008年初，为排除国外一些非政府组织对北京奥运会的干扰，我和董云虎、王林霞一起到伦敦、纽约会见了大赦国际、人权观察高层，向他们说明北京奥运会是国际奥运会，希望他们及其在各国的分支机构不要捣乱，否则将面临国际体育界和人民群众的指责。最近几年，我和研究中心秘书长柳华文同志参加了国家人权行动计划起草研究和起草工作，参加了向联合国人权理事会递交的国家人权报告起草工作。我还于2013年再次带团访问了美国、加拿大两国，2015年赴法国参加了中欧人权研讨会，均受到国务院新闻办肯定。

人权斗争是复杂的。对外，为维护国际人权宪章的原则，要同美国等一些西方国家奉行双重标准，以人权为借口侵犯我国和与之意识形态不同的发展中国家主权的行为进行斗争；要通过交流消除由于不同文化、社会制度的观念对我国人权制度的误解，同时从中吸取对我国人权保障制度完善有益的经验。对内，由于处于改革开放过程中，无论是人权观念还是制度变革往往为一些人不理解，甚至遭到错误指责。回顾20多年的历程，在院、所党委的领导下，在外交部、中央外宣办（国务院新闻办）和中宣部的指导下，可以说无论对国内人权保障制度发展还是对外人权斗争和交流，我们都没辜负党和人民的期望，研究成果曾四次获中国社会科学院科研优秀成果奖，我和黄列、柳华文等多次受到外交部、中央外宣办和中宣部指名表彰。

在新中国成立60周年之际，我将20多年写的人权理论文章、解密后的研究报告、国际会议上的发言及讲话,汇集成 50 万字的《新中国人权保障发展六十年》,由中国社会科学出版社于 2012 年 1 月出版。出版后被有关机关定为向党的十八大献礼图书,同年 9 月重印,并印上"新闻出版总署迎接党的十八大主题出版重点出版物"字样。此书已由英国帕斯国际有限公司(Paths Internationnl)于 2016 年翻译出版,在欧美等国家发行。

出席中国人民大学"明德法律文化论坛"报告会(2012 年 3 月 12 日)
报告题目:《亲历中国法治进程中的若干问题争议》

五　继续从事教学

1993 年我被国务院学位委员会评定为中国法制史专业博士生指导教师,因法学所当时尚无此专业博士点,兼职于人民大学法学院。由于研究所事务繁忙,两单位相距较远,加之我又频繁出差国外,故在我名下连续招收的博士生多由曾宪义教授等代为指导。2005 年中欧人权网络协调工作结束,我被指定为中央马克思理论研究和建设工程法学组成员，参加了高等院校法理学编写的提纲研究、初编的讨论和修改，参加了思想道德和法律知识教材的审定。博士研究生的指导工作，在中国社科院我指导了一位博士生并获得学位。在中国人民大学指导的中国法律史专业研究生有五位获得博士学位，尚有一位在读。2012年我被聘为中国社会科学院新成立的马克思主义学院法理学专业博士生导师，现有两位学生在读。2016年在我的名下又有两位考试合格，此项工作将持续到2019年。

回顾成长经历和学术生涯，我是幸运的，参加工作六十六年来，一直受到党和人民培养教育，得到师长和同志们的指导帮助。我由衷感谢党和人民，感谢所有关爱我的人。没有他们，我不可能走到今天。现在我已步入耄耋之年，未来的时日，我将抓紧与在读和新招的博士生相互切磋，力争教学相长。希望当他们以优异的成绩毕业时，大家一起迎接我们伟大祖国全面建成小康社会的目标胜利实现！

刘海年
2016年4月　于北京

刘楠来
Liu Nanlai

男，汉族，1933年5月出生，江苏丹阳人。1955年东北人民大学法律系毕业。1961年莫斯科大学法律系研究生毕业，获法学副博士学位。1979年至1981年在罗马尼亚布加勒斯特大学做访问学者，中共党员。1961年进入中国社会科学院法学研究所工作，曾任中国社会科学院法学所国际法室主任，图书馆馆长，中国社会科学院人权研究中心副主任、国际法研究所研究员，研究生院教授、博士生导师，1992年享受国务院特殊津贴，2006年当选中国社会科学院荣誉学部委员。2009年出任设在海牙的常设仲裁法院仲裁员。主要社会兼职：曾任全国海洋资源研究开发保护专家组成员、全国哲学社会科学规划（评审）法学组成员、中国国际法学会副会长、《中国国际法年刊》主编、中国海事仲裁委员会委员等。现任外交部国际法咨询委员会顾问和边海问题咨询专家、国家海洋局国家海洋事业发展高级咨询委员会委员、国家领土主权与海洋权益协同创新中心学术委员会副主任、中国社会科学院海洋法与海洋事务研究中心学术委员会主席。《关于加入〈公民权利和政治权利国际公约〉问题的研究报告》《人权理论与对策研究》《有关南海问题的法理分析》《关于运用〈联合国海洋法公约〉维护我国海洋权益的思考及建议》等九项研究成果,曾获中国社会科学院优秀科研成果奖和优秀对策研究奖。

主要研究领域:国际法、国际海洋法、国际人权法,曾参加《中华人民共和国领海及毗连区法》《中华人民共和国专属经济区和大陆架法》《海域使用管理法》等法律的起草工作,主持"关于加入《经济、社会和文化权利国际公约》的研究报告""关于加入《公民权利和政治权利国际公约》问题的研究报告"等项目研究。主要著作:《国际海洋法》,海洋出版社 1986 年版;《国际法》,法律出版社 1987 年版;《海洋法律制度》,光明日报出版社 1992 年版;《发展中国家与人权》,四川人民出版社 1994 年版;《国际刑法问题研究》,中国人民大学出版社 2000 年版;《国际法苑耕耘录》,中国社会科学出版社 2014 年版等。

耕耘不怠六十载　法域探微多自勉

一　初入学术殿堂

我于 1933 年出生于江苏丹阳。丹阳是美丽富饶而文化底蕴又很深厚的鱼米之乡，"七七事变"后，日本大肆入侵中国，给这片土地带来了巨大的破坏。幼小的我不得不随着家人逃难到上海，在这里念完小学和初中一年级。抗战胜利，举国欢腾，我回到家乡，先后进入著名国画家吕凤子先生创办的正则中学和江苏省办的丹阳中学，继续中学阶段的学习。

1951 年夏，我高中毕业，在高考全国统一招生中，选择了位于吉林长春的东北人民大学并被录取。当时报考的是教育行政系，因为我的愿望是毕业之后能够成为一名教师。入学后才知道是进了行政系。第二年院系调整，行政系与法律系合并，我又成了法律系的学生，从此一生与法律结下不解之缘。在大学四年期间，我学了马列主义基础、政治经济学、中国和世界革命史、逻辑学等基础课程；在法律方面，学了国家和法的理论，中国、苏联和资产阶级国家国家法，中国和苏联民法、劳动法、刑法和刑诉法，以及国际法、国际私法等专业课程。教我们的大多是从中国人民大学进修回来的年纪不大却富有学识和责任心的老师，在他们的教导下，我学到了不少法律知识，为后来的法律研究工作打下了基础。大学四年级我在沈阳法院实习时，学校通知我准备参加去苏联留学的选拔考试。当时，我正在为毕业后是马上工作还是继续学习一事犹豫不决，现在有了读研究生的机会，而且是去向往已久的苏联留学，心里是说不出的高兴。我通过了这次考试，在1955年下半年来到了祖国首都北京，进入北京俄语学院留苏预备班，为在苏联的学习和生活做了必要的思想和语言上的准备。这一年，我也成了光荣的中共预备党员。

1961年3月副博士论文答辩后与导师加兰萨教授合影

1956年10月，我与一两百位留苏同学一起踏上了赴苏学习的道路，乘火车经过七天八夜的颠簸，于十月社会主义革命胜利

39周年纪念日前不久抵达了莫斯科，并随即被分配进了莫斯科大学，进行国家与法的历史专业研究，师从有着"红色教授"之称的彼·尼·加兰萨。这位老师在莫斯科大学执教数十年，年近古稀，仍在孜孜不倦地攻读博士学位。他对学术的执着追求和对我严格而热情的指导，督促着我去克服语言、资料等各种困难，完成了题为《1946年法国宪法的准备和通过》的学位论文，并于1961年3月顺利通过答辩，获得了苏联法学副博士学位。这篇论文是我生平第一份学术论文，它的写作可以看成是我的学术生涯的开始。我永远不会忘记，是国家给了我这个机会以及可以心无旁骛地进行研究的条件，是莫斯科大学、列宁图书馆为我提供了能够全神贯注于学术探究、既严肃又活泼的学术氛围和环境。我也不会忘记既是我大学同学也是研究生同学的诺尔布，他的语言天分不仅为他自己赢得了荣耀，也帮助了包括我在内的许多人；我用俄文写的论文，就是经他润色和修改后定稿的。

1961年夏，我回到了祖国，被分配到中国科学院哲学社会科学学部法学研究所工作。大概是因为我做研究生时学的是国家和法的历史，所以所领导就让我参加了法制史组的工作。该组由老革命家、老法学家周新民副所长兼任组长。最初的工作主要是翻译俄文资料。因为有在苏联生活、学习的经历，对俄文掌握较好，所以翻译工作还算顺手，在两年左右的时间里，我为法学所内部刊物《法学研究资料》提供了一二十篇稿件，还与其他留苏同事合作翻译了《国家和法的理论》《政治学说史》《苏俄民事立法纲要》等书。除翻译工作之外，我也开始了学术论文的撰写。第一篇文章《略论卢梭的国家学说》是周副所长为了纪念卢梭诞生250周年而作的布置，由我自己选题写的。因为是领导交代的任务，又是入所后写的第一篇文章，所以我全身心地投入了这项工作。经过两个多月的日夜努力，我终于怀着一颗忐忑不安的心交了稿。没有想到周新民副所长把它推荐给了当时国内哲学社会科学权威杂志《新建设》。1962年底，当我看到刊载这篇文章的当年第12期《新建设》时，我这个刚刚进入国家研究机构、很不自信的年轻研究人员不由自主地跳了起来。次年，我又在法学权威刊物《政法研究》上发表了另一篇学术论文《读〈中国的红色政权为什么能够存在？〉》。应当说，我的学术生涯有了一个说得过去的开端。

从1964年开始，由于一些非本人的原因，我有10年左右的时间中断了学术研究工作。其间，先后在山东龙口、昔阳和北京郊区参加劳动锻炼、"四清"和"社教运动"；之后，随着"五一六通知"的下发，又被卷进了学部的"文化大革命"，进了设在河南信阳的"干校"。1974年，在周恩来总理的关怀下，哲学社会科学学部的全体人员从外地回到了北京。尽管"四人帮"仍在作祟，但学部还是恢复了工作，法学所也是如此。我和所里的其他研究人员一样都为此感到庆幸，并立志要更好地工作，以补回过去那失去的10年。不过，我个人的工作发生了一些变化。法学所领导考虑到要增强国际法研究的力量，决定将我从法制史组调至国际法研究室，还安排我担任该研究室的临时负责人。当时的背景是：中国在1971年恢复了在联合国的合法席位，之后与我国建交的国家大幅增加，我国参加的国际活动和对外关系发展很快，这些都大大扩展了我国的国际法实践活动，亟须加强国际法的研究。我长期受到的教育是，国家的需要就是自己的志愿，现在领导要我研究国际法，没有理由表示反对，所以我毫不犹豫地听从了这一安排。好在我在大学期间对国际关系史、国际法等学科就很感兴趣，学习成绩也不差，所以这次专业转向并没

刘楠来

有对我后来的研究工作造成什么负面影响；相反还为我的学术生涯开辟出了一片新天地。

在我转向国际法研究不久，党的十一届三中全会召开前夕，邓小平在一次讲话中发出了"要大力加强国际法的研究"的号召。这一讲话是在他提出改革开放政策的同时发表的。我认为，这应当是他认定必须实行的改革开放政策的组成部分，是他预见到国家实行改革开放政策以后，对外关系必然会大大扩展，我国将会面临越来越多的国际法问题，因此，需要很好地了解国际法，很好地运用国际法去妥善地解决这些问题。小平同志的讲话，向全党、全国人民传递了这一信息，也向中国的国际法工作者提出了任务和希望，预示着中国的国际法事业会有一个巨大发展。听了小平同志的这一讲话，中国的国际法学界普遍认为，国际法的春天来到了，都表示要为我国的国际法事业做出力所能及的贡献，我个人也增强了投身国际法研究的信心和决心。

二 投身国际海洋法研究

国际法是一个内容十分广泛、庞杂的规则体系，研究国际法该从何处着手呢？我本着国家急需什么就先研究什么的想法，选择了国际海洋法。在我转攻国际法伊始，正值第三次联合国海洋法会议召开之时。这次会议从1973年到1982年，延续了9年时间，在国际法历史上占有重要地位。它要审议几乎所有的海洋法问题，并准备通过《联合国海洋法公约》，因此受到世界各国的普遍重视。这也是我国在恢复联合国席位后参加的第一个国际立法会议。因为会议的结果与我国国家利益息息相关，所以政府对这次会议非常重视，派出了强大的代表团前往参加。

在会议讨论的几乎所有重大问题上，与会的各个国家之间都存在分歧并发生了激烈的争论。对于其中许多问题，我国代表团虽然事先都有所准备，并就有些问题提交了立场文件，但还是需要结合会上讨论的情况，从维护国家利益出发，依据国际法理论和实践，阐述中国的立场和观点。一方面，为了使阐述深刻有力，就必须对有关问题有深入的研究。另一方面，由于我国过去对国际法不够重视，国际海洋法研究底子很薄，资料不全，会议讨论的问题事先研究不很充分，这就使得深入研究这些问题显得更加迫切。鉴于这个情况，我认定，应当参加对海洋法会议上提出的问题的研究，特别是从意见分歧较大的海洋法问题着手，并力求能为我国代表团参加会议讨论有所建议。为此，我到外交部和国家海洋局，表示愿意参加这方面问题的研究，受到了他们的欢迎。我国代表团领导、国家海洋局罗钰如局长亲自到法学所来与我们讨论相关问题。《联合国海洋法公约》于1982年通过以后，我国面临着是否予以批准的问题，我也积极地参加了对这一问题的研究讨论，并提出了应当批准的建议。由此，我就成了国内较早研究海洋法的专业人员之一。研究海洋法会议中讨论的问题，首先需要了解和掌握会议讨论的情况，而我没有直接参加会议，能够得到的只是一些会议代表和工作人员从会场带回来的为数不多的文件资料。资料的缺乏和时间上的滞后，给我的研究工作带来了很大的不便。一个偶然的机会帮我摆脱了这一窘境。1979年，国家作为对外开放政策的一部分，恢复了"文化大革命"期间停顿已久的对外学术交流。法学所派我到罗马尼亚布加勒斯特大学进修。我在与罗马尼亚老师交谈中获知，布加勒斯特有个联合国新闻署的办事处，在那里可能会有第三次海洋法会议的资料。我满怀希望地第二天就去找到了这个办事处，在那里还

刘楠来

真的找到了我所期待的资料。原来，第三次海洋法会议在每年会议结束以后，联合国都会把各国代表在会上的发言结集成正式记录发表，而联合国新闻署则会及时地把这些正式记录本发送到它在世界各地的办事处。我在这里看到了1973—1978年各次会议的六七卷正式记录。当时的心情，绝对比一个渴望富裕而突然挖到金矿的人还要兴奋。在罗马尼亚的两年，我大部分时间都放在啃读这些正式记录上了。那里只有英文本，而我只是在初中时念过ABC，所以必须借助英汉词典边查边读，十分困难，但我还是把它们从头到尾啃了一遍，做了厚厚的两本笔记，还摘录了数百张卡片。我想，我能够对《海洋法公约》及其主要规定的内涵和形成过程有比较清楚的了解，应当是与这两年下的苦功夫分不开的。回国以后，我之所以有底气接受主持《国际海洋法》一书写作的工作，也是得益于这两年。

1981年9月，我从罗马尼亚回国不久，参加了罗钰如局长发起组织的海洋国际问题研究会的活动，并担任该会海洋法组副组长。在此之前，他已经授意海洋局参加第三次海洋法会议的两位工作人员与上海社会科学院法学研究所的三位研究人员合作写一本海洋法的书。他们邀请我参与并主持这项工作。盛情之下，我接受了这一邀请，在之后的三四年间，除了继续进行海洋法会议问题的研究外，我把很大一部分时间和精力都投放到这部书的写作上来了，与作者们共同商定了全书的内容、结构和章节安排，作了分工，明确了写作的要求和注意事项。我们来自多个单位，在一个共同的信念和目标下齐心协力，比较顺利地完成了全书的写作，并在1996年出版了《国际海洋法》一书。除统筹和统稿外，在这部著作中，我还承担了导论、渔区、专属经济区和大陆架四部分的写作任务，提出了在第二次世界大战以后海洋法发生

· 201 ·

革命性变革的观点，并对这一变革的特征与成因作了阐述。这是前人没有做过的，具有创新意义。我还就专属经济区的法律地位、大陆架的定义等国际上颇有争议的问题发表了意见。《国际海洋法》一书，是被称为《海洋宪章》的《联合国海洋法公约》通过以后，基本按照该公约的体系全面、系统论述现代国际海洋法律制度的第一部国内出版的专著，受到了学界和实务界的广泛重视。中国人民大学程晓霞教授评价说："这是国内最全面、系统，资料最全的国际海洋法专著。"国家海洋局各部门的工作人员都把它放在案边，作为业务工作的参考书。这部书的出版，可以说为我国海洋法学科的奠基做出了贡献，也在国际上引起了注意。联合国出版的《海洋法公报》将该书列为国际海洋法领域中的主要中文著作。有学者发现，在芬兰拉普兰大学图书馆中，也藏有这部书。我深为能参加这部书的写作而感到高兴。

海洋法是一门应用性很强的法律，它的价值贵在应用。我认识到，理论不能脱离实际，理论是从实践中总结出来的，还需要服务于实践，在实践中得到检验和提升。基于这样的认识，我比较重视我国对内对外关系中发生的种种海洋法实际问题的研究，试图运用海洋法及其理论对那些问题作出相对正确的阐述，提出既符合法理又适应我国实际需要的解决办法。我参加了外交部、国家海洋局等海洋主管部门组织的有关海洋立法、维护我国海洋权益问题的研讨，发表过海洋法与我国海洋开发、海洋法与建设海洋强国、完善我国海洋法制等方面的文章。在一次会议上，我提出的整合海上执法力量、建立统一的海上执法队伍以加强海上执法活动的建议，得到了有关方面的赞同，被政府采纳并付诸实施。在国际上维护我国的海洋权益，是中国海洋法工作者的神圣职责。我参加了钓鱼岛争端、南海岛礁和海域划界争端、黄海东海海域划界问题、南海上空中美军机对撞事件、美舰在我国管辖海域内收集情报等问题的研究，以公开发表文章、撰写内部报告、接受媒体采访、上电视台宣讲等各种方式阐发我对有关问题的认识，针对他国侵害我国主权和海洋合法权益的不法行为，发出了一个中国海洋法工作者的抗议和谴责之声。

在对海洋法的长期研究中，我越来越领悟到海洋法是一门横跨国际法和国内法的法律。海洋把各个国家分开，又把它们联结在一起，具有双重性，以海洋活动作为调整对象的海洋法，也必然具有国内海洋法和国际海洋法的双重性，不能将二者截然分开。事实告诉我们，国际海洋法的许多原则和制度来自各个国家的实践和法律，而各国国内海洋法的规定又大多来自国际海洋法，并用于后者在国内的实施。所以，海洋法学者必须既研究国际海洋法，又研究国内海洋法，在二者的密切联系中进行研究。我是从国际海洋法的研究开始的，随着研究活动的扩展和深入，国内海洋法问题和涉外海洋法问题越来越多地进入了我的视野，于是先被动、后主动地参加了国内海洋法问题和国内海洋立法、执法的研究。20世纪80年代中期，应国务院海洋资源研究开发保护领导小组的聘请，我成了它属下的全国海洋资源研究开发保护专家组的一员，是其中唯一的海洋法专家，参与了海岸带管理法草案的讨论。接着，我又被国家海洋局聘请担任《中华人民共和国领海及毗连区法》起草组成员，直接参加了该法的起草工作，并且是两位执笔者之一。后来，我又参加了《专属经济区和大陆架法》《海域使用管理法》《海洋环境保护法》的起草和修订工作。进入21世纪后，我还参加了国家制定《海洋基本法》的讨论，受邀参加了该法的起草工作。我希望，我的工作能为国家海洋法律制度的完善、海洋活动和海洋管理的进一步规范，以及我国海洋权益的更好维护，增添一分力量。

三　开辟国际人权法研究

20世纪90年代末，我在海洋法之外又开辟了一个新的研究领域，即国际人权法。

人权问题，本质上是一个国家如何对待本国国民的问题，历来是一国的国内事务，由一国的国内法加以规定和调整。在第二次世界大战中，德、日法西斯在对外发动侵略战争的同时，对国内外人民也犯下了骇人听闻的侵犯人权的罪行，引起了国际社会对于人权保护的严重关切，认为维护世界和平与安全是同人权保护紧密联系在一起的。因此，在同盟国酝酿成立联合国的时候，就把促进对人权的尊重确立为联合国的宗旨之一和国际法上的一项原则，把它写入了《联合国宪章》，从此，人权进入了国际法的领域。随着联合国改革的进展，今天，尊重和保护人权已经同维护国际和平与安全、促进经济社会发展一起，成了联合国的三大支柱。尽管如此，在当代国际法的框架下，人权问题仍被认为在本质上属于国内管辖事项，由各个国家承担促进和保护人权的主要责任，只是在发生大规模粗暴侵犯人权事件、威胁国际和平与安全的情况下，国际社会才可以加以干预。

中国是联合国的创始会员国和安全理事会的常任理事国。新中国成立以来，一贯承认和尊重《联合国宪章》的宗旨和原则，曾向全世界宣布：尊重和保护人权是中国人民的一贯主张，也是中国一贯遵守的原则。中国在恢复了联合国的合法席位后，积极参加联合国的人权活动，先后加入了《消除对妇女一切形式歧视公约》《经济、社会和文化权利国际公约》等多项核心人权国际条约。1988 年是联合国大会通过的《世界人权宣言》（以下简称《宣言》）发表 40 周年，联合国大会通过决议，要求各会员国开展纪念活动。对此，我国政府积极响应，决定由《人民日报》编发文章以纪念这一具有重大历史意义的国际人权文献的发表。我应邀写了《〈世界人权宣言〉的诞生及其意义》一文，在《宣言》通过的 12 月 8 日发表在《人民日报》上。文章对《宣言》的通过过程、内容和意义作了阐述，提出了人权已经从长期被资产阶级垄断的专利品转变成了受压迫、受剥削人民可以用来为自己谋利益的思想、政治武器的观点。这是我进入国际人权法研究的开始，也是我发表的第一篇有关人权方面的文章。

如果说当年我研究国际海洋法是主动选择，那么，我开始国际人权法研究，则在很大程度上是被动的，是因为国家和形势发展的需要。但我并不介意，作为一个国家培养出来的研究人员，本来就是应当这样做的。在第一篇人权文章发表后，客观的需要又引领着我在很多年中把国际人权法作为自己的主要研究对象，并且逐渐地从被动变为主动，取得的成果似乎也不少于海洋法。

在我转向人权法研究的过程中，1989 年北京发生的政治风波是一个转折点。事情发生后，对我国社会政治制度和意识形态怀有敌意的以美国为首的西方国家的一些人错误地认为有了机会，遂采取捕风捉影、造谣污蔑的手法，对我国展开了一场声势浩大的人权攻击，并威胁要对我国实行经济、科技等方面的制裁。面对这一形势，时任党中央总书记的江泽民同志作出了"对人权作一番研究"的指示，随后中央作出了将人权理论研究交由中国社会科学院院长胡绳承担的部署。胡绳院长将这一任务交给了法学所；1993 年，又批准成立了以法学所研究人员为主的中国社会科学院人权研究中心。这一系列举措，极大地推动了我国的人权研究工作。我作为法学所的一员，很自然地成为人权研究队伍中的一员。因为我还被任命为人权研究中心的副主任，所以在随后相当长的一段时间里，参加人权活动、进行人权研究就成了我的研究生活的主要部分。

2001年11月率团访问澳大利亚国会

在人权活动方面，我参加了印度、斯里兰卡、新加坡这南亚三国的人权考察，参加了与欧盟、北欧和非洲国家的人权研讨和对话会、外交部组织的驻京外国记者招待会，接待了联合国人权事务高级专员，等等。在人权研究方面，主要是编写了《发展中国家与人权》，与荷兰学者共同召开了讨论人权的普遍性和特殊性问题的研讨会，会后用中、英文出版了会议论文集，主持撰写了关于我国参加《经济、社会和文化权利国际公约》和《公民权利和政治权利国际公约》这两个最重要的国际人权条约的报告。此外，还对人权与主权的关系等问题进行了研究，写了一些有关人权的文章。关于人权与主权的关系，国际上存在很大的争议。西方国家学者一般认为，国家主权已经成了世界范围内实现人权道路上的障碍，为了促进保护人权，就要限制或取消主权。这种观点被称为"人权高于主权论"。另一方面，许多发展中国家学者认为，人权在本质上是一国国内管辖事项，促进和保护人权应在尊重国家主权的基础上进行。这种观点被称为"主权高于人权论"。我在中非人权研讨会上就人权与主权的关系问题做了一个发言，反应很好。后来，我把这一发言整理成了《论人权与主权的关系》一文发表，提出了人权与主权不是一对相互冲突、相互对立的概念，以及它们之间存在着内在的统一性和同一性，共同地为世界和平与正常秩序、为增进人权的正义事业发挥着作用的观点。这为上述争论的解决提供了另一种思路。在我有关人权的文章中，有的是为配合我国的有关活动而写的，如《国际新秩序与人权》《从德黑兰到维也纳，步履维艰而充满希望的国际人权活动》等。后者是由时任国务院新闻办公室副主任的李源潮布置，由我自己选题，并在1993年6月14日的《人民日报》上发表的，表达了我国对当天在维也纳召开的第二次世界人权大会的支持和期望。

1991年上半年，为了落实江泽民总书记关于人权研究的指示，中宣部理论局召开包括中国社会科学院在内的多个部门参加的会议，讨论部署《人权研究资料丛书》的编写工作。我出席了这次会议。在没有单位认领《发展中国家与人权》一书的写作任务的情况下，我对当时出席会议的刘海年副所长嘀咕说，我们可以接受，并得到了他的首肯，会议也就把这本书的写作任务交给了法学所。大概是这个缘故，所领导在分配工作时就把这本书的主编任务交给了我。

我知道，我领受的任务是前人没有做过的，会碰到很多困难，首先遇到的就是要搜集必要的、尽可能广泛的发展中国家有关人权的资料，而这在当时还没有互联网的中国，其困难之大简直难以想象。但是，既然已经领了任务，就一定要努力完成。在所领导的大力支持和其他同事的热心帮助下，我通过商请驻外使馆帮助等种种办法，终于基本解决了资料问题。书稿完成后，经中宣部理论局审定，由四川人民出版社于 1994 年出版。书中，我针对西方学者中普遍存在的"发展中国家不尊重人权"的观点指出，发展中国家人民历史上的悲惨遭遇，使得他们比曾经压迫、剥削他们的一些发达国家更加重视人权，在追求人权方面具有更大的热情和积极性。我还基于大量材料的分析研究，得出了发展中国家实际上已经形成了不同于西方国家的人权观，并把这个人权观的主要内容概括为四个方面：（1）人权的内容既包括公民和政治权利，也包括经济、社会和文化权利；既包括个人权利，也包括集体权利；所有这些权利相互联系，相互依存，都是人权不可分割的一部分，应当受到同等重视。（2）个人享有权利和自由，同时对社会和国家也负有责任和义务，在行使自己的权利和自由时，应当尊重他人的权利和国家与社会的需要，在个人权利与责任和义务之间应保持必要的平衡。（3）人权具有普遍性，也具有特殊性。各个国家对人权有自己的理解和独特要求，在具体处理人权问题时，必须考虑到这个世界在政治、经济、社会和文化上的多样性。（4）实施人权首先是一个国家的责任，主要应由各国政府根据本国情况，采取适当措施加以保证，国际上促进和保护人权的活动应以合作和非对抗的方式进行，不得借口人权任意地干涉别国内政。这本书从各个方面汇集了发展中国家

刘楠来

关于人权问题的资料,包括它们的宪法中的有关规定,它们参加的国际人权公约及提出的声明和保留,亚非拉地区区域性的国际人权文件,以及发展中国家官员、学者关于人权问题的论述。我对发展中国家人权观主要内容的这一概括,是中国学者在这一问题上的第一次理论尝试,希望它能经受得起历史检验。

1993年,我在访问荷兰时与荷兰人权研究所学者交谈中,谈到了在发展中国家与西方国家间频频发生争论的人权普遍性和特殊性问题,不约而同地有一个想法,是否可以在北京组织一次会议来讨论这一问题。回国后我作了汇报,法学所领导很同意这一想法,并让我来做筹备工作。在向院领导写开会申请报告时,考虑到这是请外国学者特别是西方国家学者来讨论敏感的人权问题,这在当时国内好像还是第一例。会议名称用的是"国际法学术讨论会"。令人高兴的是,院领导给予了完全的支持。1994年9月20—22日,会议如期在法学所会议室召开,中荷学者围绕人权的普遍性和特殊性问题展开了深入、热烈的讨论,双方都认为,人权具有普遍性不成问题,但在承认人权具有特殊性的问题上有明显的意见分歧。然而,从荷兰学者的文章和发言中可以看出,西方学者中已经出现了接受人权特殊性观点的迹象。中、荷学者都认为,这次研讨会的学术性很强,开得很成功。荷兰学者还赞扬说,没想到中国学者的法学水平这么高。中国学者则感到,会议达到了交流与向外部世界说明中国人权观点的目的。双方还就用中、英文分别在中国和荷兰出版会议论文集的事情达成一致。经过将近一年的共同努力,名为《人权的普遍性和特殊性》和"Human Rights: Chinese and Dutch Perspectives"的两部论文集于1996年差不多同时在中国和荷兰出版。在荷兰出版此书的是西方顶级出版商 Martinus Nijhoff Publishers。1998年是

《世界人权宣言》发表50周年，我应邀去荷兰参加纪念活动，在一次会议展出的人权书籍中看到了这部英文书，可见它在西方国家人权界还是有一定影响的。据我所知，这是用英文在西方国家出版的、比较系统地介绍中国学者人权观点的第一本著作。

20世纪90年代，我国参加联合国人权二公约即《经济、社会和文化权利国际公约》和《公民权利和政治权利国际公约》的问题提上了议事日程。考虑到参加国际人权条约是件十分严肃的事情，有许多问题需要研究解决，法学所和人权研究中心领导决定组织两个各有十几位研究人员参加的班子来进行研究，并让我来主持这项工作。经过大家深入细致的研究，最后由我执笔撰写了《关于加入〈经济、社会和文化权利国际公约〉的研究报告》和《关于加入〈公民权利和政治权利国际公约〉问题的研究报告》。在前一份报告中，我们阐述了加入《经济、社会和文化权利国际公约》的必要性，分析了该公约的法律性质和我国加入公约将要承担的义务，在公约和我国宪法、法律对照研究的基础上，指出公约的大部分条款与我国现行法律规定是一致的，仅有有限的几项公约条款与我国的法律规定稍有抵触或不完全一致，对此，可以通过在签署公约时提出保留或发表解释性声明或在批准以后修改法律的办法予以协调。在后一份报告中，我们首先阐述了我国加入《公民权利和政治权利国际公约》的重要意义，指出尊重和保障人权是中国共产党领导的人民民主专政的社会主义国家的本质特征；加入公约，将对发扬民主，实行依法治国，把我国建成一个富强、民主、文明的社会主义国家起到积极作用；结合该公约的规定，分析了我国加入公约将要承担的义务；通过公约和我国法律的对照研究，指出了二者不尽一致或有抵触的地方，提出了应当采取的对策。这两份报告特别是后一份报告，在上交后得到了中央领导的重视，对我国研究决定加入这两项重要国际人权条约的工作起到了很好的作用。

保护人权，以至充分实现人权，是人们普遍的向往，无论在国内还是世界上都是一个需要长期努力才能达到的目标。在人权理论、人权政策、人权法律等方面，有待研究解决的问题非常多。在这些问题面前，我深感过去已经做的工作仅仅是一个开始。我想，今后还应当继续去做。生命不息，就要为人权研究而努力。

四 践行国际法

我一直认为，学术研究的目的在于探索真理，而探索真理归根结底是要将我们得到的真知灼见用于解决社会生活中发生的实际问题，只有这样，它的价值才能得到充分实现。古人说"学以致用"大概就是这个意思。在我看来，国际法的研究也应当是这样；所以，我在国际法研究中，除国际法原理、国际法历史、国际法原则和基本制度以外，还比较重视国际上发生的，特别是与我国有关的现实国际法问题，试图通过发表文章、接受媒体采访等方式来阐发我对这些问题的国际法分析和看法，表达我作为中国的国际法学者对于国际上发生的践踏国际法的不法行为的谴责和批判，履行我应尽的一份职责。

1999年5月8日，以美国为首的北约用精确制导导弹对我驻南联盟大使馆实施了轰炸，造成20多名无辜人员的伤亡和巨大财产损失。北约的这一骇人听闻的、公然践踏国际法的暴行震惊了全世界，在中国更是激起了全民族的愤怒和一片抗议之声。我在听到广播之后也是义愤填膺、怒不可遏，认为为了国家尊严和维护国际秩序，必须给予最严厉的揭露和谴责。因此我奋笔疾书，并多次接受媒体采访，对北约粗暴侵犯中国主权和我国外交代表、外交代表机关不可侵犯的权利，以及犯下的策划和组织侵害应受国际法保护人员的罪行，进行了口诛笔伐，提出了北约应对自己的这些国际不法行为承担国际责任的意见，表现出了一个中国国际法学者应有的凛然正气。

2004年，驻伊美军虐待俘虏事件曝光后，我也通过撰写文章和接受媒体采访的方式发出了谴责之声，指出美军虐待伊拉克俘虏的行为是国际法规定的一种犯罪行为，粗暴地侮辱了受害人的人格尊严，严重侵犯了他们的人权，直接违反了国际人权法和国际人道主义法。按照《公民权利和政治权利国际公约》《禁止酷刑和其他残忍、不人道或有辱人格的待遇或处罚公约》《1949年关于战俘待遇的日内瓦公约》等国际法律文件的规定，虐待俘虏的犯罪嫌疑人所属国家、受害人所属国家以及国际刑事法院对这种犯罪行为均有管辖权，都可以对实施犯罪的人绳之以法并加以惩罚。

在我的国际法实际问题的研究中，钓鱼岛领土争端和东海海域划界问题、南海岛礁领土争端和海域划界问题，占有重要的位置。这两方面问题都关系到我国的核心利益，涉及历史、国际关系、法律等多层知识领域，既重要又复杂，我为之付出了很多时间和精力，但我觉得很值得，这是我应当做的。

钓鱼岛自古以来就是中国领土，日本军国主义很早就想把它据为己有。1895年日本政府先是通过"内阁决议"，偷偷地把钓鱼岛纳入日本版图，后又胁迫大清帝国谈判使者将台湾全岛及所有附属岛屿割让给日本的条款写进《马关条约》，由此挑起了与中国的钓鱼岛领土争端。第二次世界大战结束后，依据《开罗宣

刘楠来

言》《波茨坦公告》《日本投降书》等国际法律文书的规定，日本本应将钓鱼岛与其主岛台湾岛一起归还中国，但是，它在美国的支持下却至今还侵占着该岛不放；为了逃避通过谈判解决钓鱼岛争端的义务，日本甚至拒绝承认中日之间在钓鱼岛问题上存在争端。近年来，日本动作频频，将钓鱼岛"国有化"，与美国勾结将钓鱼岛纳入"美日安保条约"适用范围，增强西南诸岛军事活动等，极大地激化了东海紧张局势。我积极地参加了钓鱼岛问题尤其是法律方面问题的研究讨论，进一步认定了日本窃取钓鱼岛的历史事实和它负有把钓鱼岛归还中国的法律义务的依据。针对日本否定《开罗宣言》法律效力的诡辩，我专门撰写文章进行了批驳，有理有据地指出，《开罗宣言》《波茨坦公告》《日本投降书》这三个联系密切的文件构成了一个对日本具有拘束力的条约，其法律性质是不容置疑的。根据这一条约的规定，日本负有将其从中国窃取的包括钓鱼岛在内的中国领土归还中国的法律义务。为了迫使日本承认钓鱼岛争端的实际存在，并最终同意与中国谈判解决这一争端，我还提出了打破日本实际控制钓鱼岛的现状是我国面临的阶段性任务的意见。令人高兴的是，在我国相继采取宣布钓鱼岛海域领海基点基线和该海域的常态化巡航等举措以后，日本已很不情愿地接受了钓鱼岛争端实际存在的事实。

关于中日之间东海海域划界问题，我从法理上研究了专属经济区和大陆架两种海域制度和大陆架的法律定义，认为这是两种法律性质不同的海域，中日之间存在专属经济区和大陆架两种划界，但不排除采用一条线划定这两种海域的界线的方法。中国可以主张东海大陆架一直延伸到冲绳海槽。基于国际海域划界实践和有关案例的研究以及国内外海洋法学者的见解，我加深了中日东海海域划界应坚持适用公平原则而不是中间线原则的认识。我还参与了我国与黄海、东海海岸相邻和相向国家之间海域划界问题及共同开发问题的研究讨论，并与日本、韩国学者进行过一些交流。我自己觉得，我的一些观点和看法，既与我国国家利益一致，也符合国际法理，是有利于黄海、东海海域划界问题的解决的。

包括东沙、西沙、中沙和南沙群岛在内的南海诸岛自古以来就是中国的领土，我国对这些岛、礁、滩、沙的主权具有充分的历史和法理依据。但是，进入20世纪以来，它们不断地成了一些外国的觊觎之物，先后遭到了法国、日本的入侵。第二次世界大战后，中国政府派出官员和军舰，从日本侵略军手中收复了南海诸岛。当时还在对越南实行殖民统治的法国和南越吴庭艳集团又把手伸到了这里；从美国统治下独立不久的菲律宾也以"无主地""邻近"等站不住脚的理由，试图将南沙群岛部分岛礁转变成它的领土。所有这些国际不法行为理所当然地都在当时遭到了中国的反对。20世纪60年代末，南海蕴藏丰富油气储量的消息传出后，越南、菲律宾等国大大加强了它们侵占南海岛礁的步伐，企图用这些岛礁去主张广阔的管辖海域和海域内自然资源的所有权。它们的这种行径，严重地侵犯了中国的主权和领土完整，挑起了与中国的岛礁领土和海域划界争端，同时，也粗暴地破坏了国际法和和平稳定的南海国际秩序。美国是南海域外国家，也不是南海岛礁领土争端的当事国，本不应干预南海事务；但是，它为了维护其在全世界的所谓领导地位，在20世纪90年代就已明确地表示出了想要介入南海问题的态度。在奥巴马政府实施"亚太再平衡"的战略下，美国越来越显示出脱离"不在主权问题上选边站队"的中立立场的迹象，或明或暗地支持与我国有领土争端的国家，甚至推动菲律宾不顾已与中国达成的通过直接有关方谈判和平解决南海争议的协议，单方面地把与中国的南海争端提交国际仲裁。不仅如此，美国还在"飞行和航行自由"的幌子下，频频派遣军舰和军用飞机进入中国管辖海域搞抵近侦察，搜集情报，威胁中国安全，使得南海形势更加错综复杂和紧张。在这种情况下，南海争端引起了全国上下的普遍关注，成为与我国和平发展关系重大、必须予以认真对待的问题。

我比较早地进入了南海问题的研究，多次参加了有关部门组织的研究南海问题的会议，结合历史和法律，就我国南海岛礁主权、南海争端及其解决等问题进行了比较深入的研究讨论。我发表了《论菲律宾侵占我国南沙群岛的非法性》《南海争端的由来和解决之路》等文章及媒体访谈，揭示了南海争端的内容与实质，以及争端对方国家违反国际法的不法行为，宣扬了我国在南海问题上的政策和立场，也阐发了我个人对这一问题的一些认识。应有关部门的要求，我撰写了《关于南海问题的法理分析》一文，从法理角度比较全面地梳理了我国面临的南海问题及其可能的解决方法。针对国内在南海断续线性质问题上的意见分歧，我在《从国际海洋法看U形线的法律地位》等文章和内部报告中，本着求真务实的态度进行了辨析，提出应将断续线定性为岛屿归属线的观点。我还参加了多届中越人民论坛，利用这个对话平台向越南代表比较详细地解释了"共同开发"的法律性质和意义，收到了一定效果。

美国是南海局势的搅局者，而且因为它还在南海与我国发生了直接冲突，所以，它实际上已经成为广义上的南海争端的当事一方。我国与越南、菲律宾等国的南海之争，现在已经很难在不考虑美国因素的情况下寻求顺利解决。因此，我在南海问题的研究中，也把美国在南海的所作所为纳入了视线范围，在发表的文章和媒体访谈中，依据国际海洋法和一般国际法，对美国在南海的种种错误行为进行了揭露和批判。除此以外，我还在与美国驻华使馆官员的交谈中，有理有据地对美国在南海问题上明显违反国际法的行为表示了不同看法，尽我所知地介绍中国政府在南海问题上的政策和立场，要求美国从建立中美新型大国关系的大局出发，慎重处理南海问题。2009年3月，美舰"无瑕号"进入我南海专属经济区进行搜集情报的活动，引起中美两国冲突。当年7月，我应美国海军战争学院中国海事研究所的邀请，去该院参加"专属经济区军事活动的战略涵义研讨会"，会上，我针对美国官方为了规避它的军舰在中国管辖海域内应当遵守中国有关法律和不得从事危害中国安全的义务，而把中国的专属经济区说成是"国际水域"的诡辩，严正指出，根据《联合国海洋法公约》的规定，专属经济区是沿海国的管辖海域，而不是公海或什么"国际水域"。我还引用美国向第三次联合国海洋法会议提交的《关于专属经济区和大陆架的条款草案》中的"沿海国在称为专属经济区的海域内并对整个海域享有管辖权"的规定，对与会的美方学者和官员强调指出：你们美国在第三次海洋法会议上的正式立场也是认为专属经济区是沿海国的管辖海域，而不是"国际水域"。我的这一发言得到了美方与会者的认同，而且回应说，要把我的看法向领导部门反映。回国后听中国海监的一位领导说，在最近的海上喊话中，美舰已不再说是在"国际水域"了。我本来很高兴，我的工作能在改变美国对华关系中的错误言行方面起到一点作用。但是，在后来与美国官员的一次交流中又听说，美国政府仍然认为专属经济区是国际水域。我的心情一下就从高兴转为沮丧。原来，学者们的意见，在美国政府的政策考量中是没有分量的。一个经常把国际规则挂在嘴上的政府怎能不顾国际法，甚至不顾自己曾经向国际社会公开宣示过的国际法立场呢？！

五　感悟和展望

从1974年开始，我从事国际法研究迄今已逾40载。如果从1956年开始国家和法的研究算起，我的学术生涯已近60年。在这半个多世纪里，国家经历了风雨，迎来了灿烂的明天，我个人也十分幸运。虽然也曾有过不如人意的事情，但是一路走来基本上是顺风顺水的。我深深感到，我们生活在一个可以大有作为的时代，层出不穷的国家需要在不断地推动着我们从一个问题走向另一个问题。只要肯付出，就能取得一个又一个的科研成果。我深深认识到，顺应新形势，迎接新挑战，解决新问题，提出新观点，乃是本质在于探索创新的科研工作的基本任务，也是走向成功的真谛。当然，这里也需要有学术兴趣和学术追求，前者是上下求索的必要条件，后者是学者应有的崇高品质；具备了二者，我们走向成功的道路也就基本铺成了。另外，我觉得要做成一件事情，做老实人，说老实话，认真做事的态度也是不可缺少的。

几十年的国际法研究还告诉我，理论研究和应用研究应当并举不悖。这不仅因为二者都是客观的需要，而且也是研究活动本身内在的要求，实际上是很难将它们分开的。古语"学以致用"说明了研究的动机和目的，决定了应用研究应是我们研究的主导方式；而从事应用研究又不能没有理论研究的支撑，否则，应用研究可能会限于现象的简单堆砌，而失去它的方向、意义和价值。我们要提倡理论和实践的结合，提倡求真务实的研究作风。

我还想说，无论是理论研究或是应用研究，它的表现形式都应尽量做到通俗易懂，以便有更多人能够接受。哲学要从象牙塔中走出来，成为大众哲学；法学，包括国际法学，也要从艰涩难懂中解脱出来，成为大众法学、大众国际法学，只有这样，才能满足广大人民群众对于国际法的需求，有利于我国国际法知识的普及和国际法的实践运用。

  回顾以往，我可以聊以自慰的是，不必因为过去碌碌无为而饮恨终身。我工作了，努力了，还得到了一个国际法研究人员所能期望的荣誉，中国社会科学院选我当了荣誉学部委员，国家承认我为发展中国社会科学做出了贡献并给予政府特殊津贴，还委任我去国际常设仲裁法院当仲裁员，物质待遇方面也过上了比一般人要好的生活，可谓"名利双收"，应当满足了。但是，我仍有遗憾之处，有许多事情没有做好，更有许多事情想做、应当做而没有来得及做。中国国际法人历来就有一个建立中国特色国际法理论体系的梦想，并一直在为它的实现而施展才华。我在自己的研究工作中，在担任全国哲学社会科学规划（评审）法学组成员和《中国国际法年刊》主编期间，也曾为推进这一事业作了一些努力，但是，因为自己的能力有限，关注度不够，因而未能在这一领域做出什么成绩。另一个我感到遗憾的地方是，未能在普及国际法知识方面做得更好。目前，国内不重视国际法、漠视国际法、误读国际法的现象很多，有损国家形象，甚至影响到了我国的国际法实践。我想，在国家公职人员以及广大人民群众中普及国际法，应是党中央作出的全面推进依法治国战略中的一项重要内容。宣传、普及国际法是中国国际法工作者责无旁贷的任务，我作为一名国际法研究人员，自然应承担一份责任。反躬自省，对此我还是有一定认识的，也努力着去做了，但是个人的力量毕竟是有限的。如果能动员更多的国际法同人一起来做，效果一定会更好，众人拾柴火焰高啊！

  我今年八十有三，已于 2002 年从单位退休；不过，我总觉得还有事情没有做完，还不到可以退而休之的时候。目前，外交部聘我担任国际法咨询委员会顾问和边海问题咨询专家，国家海洋局聘我担任国家海洋发展高级咨询委员会委员，有关教学研究机构邀请我参加学术活动，一些新闻媒体找我进行采访，说明国家和社会还希望我发挥余热，而我自己觉得身体还健康，无论是体力还是智力都还没有怎么衰退，还没有到应当退而休之的时候。我相信，我还能为中国的国际法事业继续工作一段时间。2016 年 6 月 25 日，中国和俄罗斯联邦共同发表《关于促进国际法的声明》，表示决心要"进一步加强合作，以捍卫和促进国际法，建立以国际法为基础的公正、合理的国际秩序"。国家表示的这一决心，向全体中国人民提出了促进国际法的要求。我作为中国的一名国际法研究人员，更应当认识到自己的责任。

刘楠来
2011 年首发于中国社会科学网
2016 年夏修订

孙宏开
Sun Hongkai

男，汉族，1934年12月生于江苏省张家港市。1954年毕业于北京大学中文系语言学专业，同年分配在中国科学院工作，先后在语言研究所、民族研究所研究少数民族语言，历任研究实习员（1956）、助理研究员（1962）、副研究员（1979）、研究员（1985）等职。1995年1月退休。现任中国社会科学院荣誉学部委员、民族学与人类学研究所研究员，《中国新发现语言研究丛书》《中国少数民族语言方言研究丛书》《中国少数民族系列词典丛书》《汉藏语同源词研究》《中国的语言》主编。曾受聘北京大学、南开大学、四川大学、宁夏大学、西南民族大学等校兼职教授。1988年，在访问日本期间，接受京都大学校长授予的教授名誉称号。1992年起，享受中华人民共和国国务院特殊津贴，同年被国务院学位委员会认定为博士生导师。1992年起，受聘担任新加坡《中国新讯》《中国行》等杂志专栏作家。1996年，《藏缅语语料库及比较研究的计量描写》获国家优秀科技信息成果二等奖。1996年，《中国语言地图集》获中国社会科学院优秀成果奖，1999 年获国家社会科学成果一等奖。1998 年，被美国语言学会选举为名誉会员（终身），获赠会刊《语言》杂志及相关资料。同年，被美国国际传记研究学院聘请为名誉顾问，获赠"高级研究员"金质奖章。同年，获聘英国剑桥国际传记中心名誉顾问。2007 年 6 月，获人事部、文化部颁发的"国家非物质文化遗产保护先进工作者"奖，享受省部级劳动模范待遇。2011 年 7 月，被中国社会科学院批准为荣誉学部委员。

主要成果有：《羌语简志》（民族出版社 1981 年版）、《独龙语简志》（民族出版社 1982 年版）、《白马译语研究》（与西田龙雄合著，中文、日文，日本京都松香堂 1990 年版）、《阿侬语研究》（与刘光坤合作，民族出版社 2004 年版）、《白马语研究》（与齐卡佳、刘光坤合作，民族出版社 2007 年版）、《中国的语言》（孙宏开、胡增益、黄行主编，商务印书馆 2007 年版）、《阿侬语语法》（与刘光坤合作，英文，荷兰 Brill 出版公司 2009 年版）、《八江流域的藏缅语》（中国社会科学出版社 2013 年版）、《史兴语研究》（与徐丹、刘光坤、鲁绒多丁合作，民族出版社 2014 年版）、《藏缅语族羌语支研究》（2015 年国家哲学社会科学成果文库，中国社会科学出版社 2016 年版）。

走遍万水千山　追寻学术真谛

一　童年

我出生在江南农村的一个小知识分子家庭里，出生地是现张家港市东来乡，我们都称那个地方为老宅，后来又搬迁到合兴乡天福镇的和丰圩居住。我父亲排行老二，祖父、大伯、三叔、小叔都是小知识分子，在抗日战争胜利以前，我们这个大家庭一共二十几口人一直住在老宅，抗战胜利那一年才分了家，各奔东西。

父亲、母亲年轻的时候都当过小学教员，母亲生了我大姐、二姐以后，就不再教书，种几亩薄田。在我幼小的记忆里，由于经济命脉掌握在爷爷、奶奶手里，家庭生活相当困难；分家以后由于经济独立才稍稍好一些了。

在抗日战争时期，我的家乡是国民党、新四军、日军和土匪等多股势力争夺的地方，戏剧、电影里的沙家浜，基本上反映的就是我们家乡的情况。有时候这股势力来了，有时候那股势力来了，地方政府穷于应付，苛捐杂税多如牛毛，绑架、凶杀经常发生，我记得我们家里就住过新四军的伤病员，我父亲还被土匪绑架过，被打得死去活来。为了躲避战乱，我母亲不得不把我寄居在杨舍镇（现在张家港市所在地）的大姨、二姨或外祖母家里，因此我的小学最早是在杨舍的范贤小学上的。后来家乡平静一些了，我就回到老宅附近的悦来小学上学，分家后我又转到天福小学，高小又转到合兴小学，我的童年可以说饱受战乱和颠沛流离之苦。

但也有一些美好的回忆。我记得在天福小学二、三年级的时候，曾经与新四军有过密切的接触，我们在一起联欢，端午节还给新四军送过粽子等慰问品，新四军在学校教我们唱革命歌曲，讲革命道理，我现在还记得其中一些歌词，如："春天一到杨柳青，何应钦正好大练兵，坚持团结反摩擦呀，打走鬼子享太平呀！"以江南小调唱的抒情歌曲有："送兄送到荷池东，荷花开来满池红，荷花开来结莲子，兄长马到就成功！兄在前方打冲锋，妹在后方把田种，只要东洋（当时称日本人为东洋人）打出去，一场心血勿落空！"还记得小学毕业典礼上热血沸腾地唱着毕业歌。

我的中学一直是在大南中学（现改称沙洲中学）上的，家离学校有好几公里，由于家庭困难，只好走读，每天天不亮就起床，热一点泡饭，就一点咸菜，有的时候带一点头天剩下的麦细饭（当地称元麦，类似于青稞，把它磨成粉做饭，是长江以南解放前后家境不富裕的农户常年的主食）。夏天天气热，带的中午饭会馊掉，冬天饭跟冰碴子似的，也只好硬着头皮吃下去。没有剩饭的时候只好中午饿一顿，下午放学以后再回家吃，经常是饥一顿饱一顿。我记得初中一年级的时候，学校规定必须交清学费以后才能够参加期中考试，由于我缴不上一学期4斗米的学费，不能够参加考试，当年没有期中成绩。幸好我的一个远房亲戚蒋

孙宏开

希益，是我大姑夫的哥哥，他在学校当老师，帮我说情并垫付了当年的学费，我才没有彻底辍学，但也只好读了两年初一，也就是说留了一级。这在我幼小好强的心灵里留下了难以忘怀的痛楚和不快。那时候我最害怕下雨天上学，路途遥远又泥泞，夏天光脚走路还问题不大，一到冬天，尤其风雪交加的路上，刺骨的寒风，那又滑又陷并带着冰碴的泥巴路，深一脚浅一脚地光脚走在上面，那滋味现在想起来都后怕，可是这样的日子我从小学到中学整整经历了近10个年头。

初中阶段是我最彷徨的时期，一方面面临经济上的压力，为了找学费煞费苦心；另一方面，在学校新旧两种势力的较量中，我无所适从。社会上一些地下党被抓、被杀，我感到恐惧。对国民党的横征暴敛，我不满。我的班上就有两种势力，同班同学中有国民党三青团，有共产党的外围组织。在苦闷中，我只好两耳不闻窗外事，一心只读圣贤书。1949年春节后，我在长江边上的家已经被国民党的江防部队所包围，3月下旬的一天，隆隆的炮声响了一夜，第二天一早，在国民党军队撤退的路上，满地都是遗弃的水壶、衣帽，国民党军队逃走了，解放军过江了，人民获得了解放。

学校也变了样。军训教官逃走了，反动势力转入地下，新民主主义青年团开始活跃起来，组织大家扭秧歌、贴标语，热闹非凡。我的心情由阴转晴，学习成绩也扶摇直上。我参加了一系列社会活动，如抗美援朝宣传队、土改摸底工作队，扭秧歌唱革命歌曲、排演《白毛女》，等等。解放军的一些技术兵种也到学校里来招生，我报了名，但由于家庭不同意而未能如愿。高中的3年，给我留下了难忘的回忆。我记得由于家庭缺乏劳动力，我每年寒假、暑假都要帮助家里干农活，如为树剪枝、平竹园地基、

· 225 ·

插秧、拾棉花等，我脚脖子上的一块伤疤就是割稻子不小心留下的，那段时间的强体力劳动以及少年时期的艰苦奋斗经历，给我后来适应少数民族语言田野调查的各种艰苦环境打下了非常扎实的基础。

二 求学之路

我的高中是在大南中学上的，几位老师给我留下了比较深刻的印象。一位是世界历史老师，叫刘沐华，我记得他给我们讲十字军东征的故事，有声有色。还有一位英语老师，我忘记他的名字了，但他对人非常和蔼和诚恳。班里的同学都不喜欢上英语课，给他起了外号，还经常搞些恶作剧。但我经常与他来往，他鼓励我多背诵单词和一些有趣的故事，纠正我的发音，还借我 *New Shanghai* 报纸读。我记得最清楚的一件事是，他在课余时间教我韦氏国际音标的发音和拼读，这是我第一次接触国际音标，由于掌握了它，我的英语发音打下了一个比较好的基础，没有老师教也可以拼读英语单词。大学阶段我就改学俄语了，这就是我现在英语的那点底子，后来我再也没有机会去系统深造英语，完全靠自学，现在基本上可以应付国际交流的外语需要。再一个就是我的远房亲戚蒋希益，我们亲切地叫他蒋家老伯。他是一位历史老师，对地方史有深入研究，他就像一位慈祥的父亲，不仅在经济上支持我、生活上照顾我，还经常给我讲历史典故，其中包含了许多人生哲理，在我刚刚踏入初中的幼小心灵里，我曾经默默告诫自己，长大要做像他这样做有学问、人品好的老师。

1952年，我考上了北京大学，但是我心里并不满意，因为这是按照指导志愿分配的。1952年，教育系统进行了院系调整，我们没有像其他专业那样，在9月1日开学就到学校报到，而是拖到了12月份。据说是因为我们的班主任还在广西出差。初到北京，我们报到的地点不在北京大学的新校址燕京园，而是在老校址红楼和景山东街的理学院。报到的专业既不是理工，也不是本科，而是两年制的语言专修科。我一下子思想转不过弯来，跟一些同学闹了很长一段时间情绪。后来我们才知道，1952年春夏之交，为了推动文字改革、汉语方言和少数民族语言的调查研究，当时中国科学院语言研究所向教育部请示，在北京大学设立了两年制的语言专修科（以下简称"语专"。这类专修科对北京大学来说，以前从来没有办过，后来也再没有举办过），专门培养汉语方言和少数民族语言调查研究方面急需的专门人才。由于这一动议是临时决定，当时招生工作方案已经确定，因此这一批学生不得不从已经录取到中文系及其他专业的名额中调剂。据说在抽调学生时，根据将来专业的需要，在本人讲什么方言以及地区分布等方面预先就有了一定考虑。

语专同学们尤其是原来分配在文学专业的学生不安心学习的情况，很快被当时中国科学院语言研究所所长罗常培知道了，他千方百计做大家的思想工作。记得1953年初春，天气还相当寒冷，在语言所的一间小会议室里，罗先生专门请了老舍先生与同学们座谈，老舍先生语重心长地与同学们讨论语言与文学的关系，长达数小时，给大家留下了十分深刻的印象。当时，罗先生身患高血压心脏病，开学后，仍然坚持来校上课，为同学们讲授语音学，讲学习语音学的重要意义，讲声音产生的原理，讲发音器官的构造，讲辅音、元音的发音部位和方法，他一边给大家放刘复、赵元任和他本人录制的国际音标发音，一边还领着大家一遍又一遍地练习一些比较难发的辅音和元音。罗先生的教学精神令人敬佩，语专同学至今仍难以忘怀。由于我在中学阶段就学习过一些国际音标，因此掌握比较快，在班上当起了辅导员，经常课余时间帮助其他同学听音、发音和记音，罗先生知道以后，给了我许多鼓励，这对于我坚定继续学下去的信心起到了重要作用。平时罗先生对学生关怀备至，有时候请学生到他家里做客，了解学生的学习情况，并语重心长地鼓励大家要勤学苦练，尽快掌握调查语言的本领。

在北大，另一个对我影响最大的要算袁家骅先生。袁先生既是我的同乡，又是我的恩师。1952年语专一直拖到12月才报到上课，就是因为作为班主任的袁先生还在广西开展田野调查工作。那时候，先生正带领调查小组在广西调查壮语，为创制壮文而奔波、忙碌。我记得，那年冬天先生风尘仆仆一回到北京，就从西郊到城里来看望大家。我当时正闹情绪，不想读语专。先生知道后，反复给我做思想工作，对我进行劝说。他既是我们的班主任，又是语言调查方法论和实习的主讲教授，带领我们记录了汉语广东话和水语、侗语等，还专门从中央民族学院请来会讲水语和侗语的老师教我们记录和分析少数民族语言。在我即将毕业的前夕，先生还专门指导我开展了家乡话音位系统的整理和描写研究。

1953年夏，语专从沙滩搬到现在的新北大，也就是从城里搬到了城外，离袁先生的家近了，我作为先生的同乡，先生经常请我到他家里做客，他不仅在学业上给我以指导，还在生活上给予我这个靠助学金生活的学生无微不至的关怀，从北大西校门到先生住所承泽园这条羊肠小路上，我不知道走过了多少个来回。在这段时间里，我与先生的关系越来越亲近，他的为人，他的学识，他的胸襟，他的风度，他的一言一行、一举一动，至今仍历历在目。他对我潜移默化的影响,他对年轻人的鼓励和鞭策,是难以用语言来表述的。他的形象一直激励着我在民族语文工作岗位上拼搏和奋斗,总觉得不做出点成绩来就对不起先生的教诲和培养。

在西南交通大学讲学(2012 年 3 月 31 日)

语专实际上是一个应急的速成班,是形势所需,目的是培养少数民族语言调查(包括创制和改革少数民族文字)、汉语方言调查和文字改革方面的急需人才,因此讲课的老师都是知名学者,如罗常培和王均合开的《语音学》和《音韵学》、唐兰的《文字学》、费孝通的《民族理论和民族政策》、高名凯的《普通语言学》、俞敏的《现代汉语》、袁家骅的《语言和方言调查的理论和方法》等。1954 年夏季毕业后,语专的同学几乎全部分配到语言所，只有少数分配在当时的文字改革委员会（后改称国家语言文字工作委员会）。入所后，为进一步提高语专同学的专业知识和业务水平，尽快熟悉研究工作，在所长罗常培和副所长吕叔湘的关怀下，又专门为刚刚到所的语专同学举办了为期一年左右的"语言学进修班"。培训班课程有丁声树先生的训诂学和清代朴学；吕叔湘先生的语法和修辞；陆志韦先生的文字和音韵；郑奠先生的词汇学和古汉语；周殿福先生的语音学和实验语音学；傅懋勣先生的普通语言学和音位学；李荣先生的方言和音韵等。这段时期的进修班与对在校学生的要求基本相同，管理严格，有教材、作业、考试等，甚至还针对不同的对象"开小灶"。这段时间的学习，由于目的明确，每个人的专业水平都有了又一次较大的提升。

我记得丁声树先生知道我在北大学习期间做过家乡话的记录和研究，要求我把稿子给他看，并且布置了一个作业，要我将家乡话的音系与《广韵》做一个比较，他从思路到做法一一具体交代。当我做完他布置的作业交给他后，他又一一做了批改，提出了一些疑问和许多值得进一步深入的地方。后来由于我接受了新的调查任务，未能按丁先生布置的思路继续做下去。但通过这项工作，我对汉语《广韵》系统的了解比学校学习期间掌握的音韵学的知识又大大深入了一步，对于我现在从事的汉藏语系历史比较研究有很大的帮助。

在此期间还有一件使我终生难忘的事情。我们分配到语言所时，正值语言学界在热烈讨论汉语有没有词类、怎样划分词类的问题。进修班上，吕叔湘先生有一天找我谈话，说："宏开，你对当前有关词类的讨论有什么看法？"我回答说："我看过一些文章，还没有很好消化和思考。"他说："我给你一个任务，你把讨论的所有文章好好看一下,把各种观点梳理一遍,你有什么看法也提出来,写一篇东西给我。"我欣然接受了这个任务,用了将近一个月的时间,完成了一篇不到两万字的资料,许多地方我还大胆提出了自己的看法。我把稿件送给吕先生看,一周以后,吕先生把文章退还给我,说:"我的意见都已经写在稿子上了,你拿回去仔细看看,有什么问题再找我。"我把稿子拿回办公室翻开一看,天哪!稿子空白处的许多地方已经用红笔密密麻麻批了批语:"这个分析有点道理""你这支箭射歪了""你歪曲了人家的本意""你看了哪些文章,为什么没有一个参考书目"……稿子最后还有几十字的总评语:"文章下了一番功夫,有些看法有可取之处,但铺排太甚,不够规范,要好好练习写文章的格式和方法。"这段经历虽然时间不长,但对我这一生做人、做学问、写文章产生了难以估量的影响。

到工作岗位以后,我基本上是独往独来,靠自己读书、钻研,或者与他人合作开展少数民族语言调查研究,很少再有人具体指导和帮助。但是有一件工作,对我一生事业的发展有较大影响,那就是以付懋勋先生为集体的老一辈民族语言学家们对我撰稿的"简志"和"概况"的审稿定稿工作。我1960年就已经完成了《羌语概况》《羌语简志》的初稿,后来又完成了《独龙语概况》等文章的写作。当时的少数民族语言研究所有一个简志编审委员会,由老一辈的民族语言学家组成。我的稿子基本上由金鹏、陈士林两位先生初审,他们提出了许多宝贵意见。我记得他们二位的书面审稿意见加起来有三十几页纸之多,而且还在稿子上批了许多意见,划了许多杠杠,提出了许多问题。那时候我年轻气盛,对他们审稿中的一些具体意见不以为然,有时候甚至在具体语言实事的处理上与他们争吵起来。为此付懋勋、罗季光、王辅世等也参加进来，一起讨论，主要是对我进行说服教育。他们摆事实、讲道理，尤其是结合语言实事，来分析羌语音位系统、词汇系统和语法系统中许多具体问题，使我从中悟出，要处理好一个语言的各个子系统，一定要通盘考虑，不能够一味强调个别语言现象处理的对错。这个时期的学术讨论以及老一辈民族语言学家的谆谆教导，虽然现在很难指出哪些意见对我起到了什么作用，但我意识到，这对我一生的学术生涯以及我后来藏缅语族乃至汉藏语系语言的调查研究是至关重要的。

说实在的，要从我个人的爱好来说，我并不喜欢学文科，更不喜欢少数民族语言这个专业，但是从中学开始，就受服从国家需要来选择自己专业的思想影响，当时有一句口号："国家的需要，就是我们的志愿！"到北大以后，虽然闹了一段时间情绪，但很快也就安定下来了。有一件事情对我触动很大，那就是费孝通先生在北大给我们讲《民族理论和少数民族政策》课程时，他说：为了体现民族平等和语言平等，为了解决各少数民族使用本民族文字进行母语教育的问题，为没有文字的各少数民族创制文字，是解放后国家和政府的一项重要工作，现在许多少数民族没有文字，迫切需求与自己语言相适应的文字。他还描绘了他亲身经历的一件事情：1950年他参加了中央民族慰问团西南分团，到达贵州地区慰问少数民族时，当地的苗族和布依族给慰问团送了一面锦旗，上面一个字也没有写。并表示，希望政府为他们创造文字，等有了文字后再把它写到旗帜上。这样的场面后来语言大调查过程中也遇到过多次，这反映了少数民族群众迫切需要本民族文字的强烈愿望。

后来，在北大学习阶段，一门一门的专业基础课和专业课把我这个原来不熟悉民族语言学的门外汉逐步领进了门，使我从不

孙宏开

喜欢到喜欢，又从喜欢到热爱。我感觉到这门学问有自己的一套理论体系和方法论，有为少数民族服务的广阔天地。应该说，在北大学习阶段我就已经确定了为少数民族语言文字事业献身终生的信念。为此，我在北大毕业前夕，向党组织递交了我有生以来第一份入党申请书。

三　走上民族语言研究之路

到了工作岗位后，我蹚过十万大山，登过苗岭，翻越过岷山、碧罗雪山、高黎贡山和喜马拉雅山，几乎走遍了西南少数民族居住的高山峡谷，我在少数民族地区调查工作的时间累计有十多个年头。我曾经沿着红军走过的路程，在村寨里长期与少数民族同吃、同住、同劳动。我在云南独龙江边的梯田与独龙族一起插秧；我在四川理县桃坪羌寨与羌族群众一起割麦子；我在西藏察隅县与僜人一起平秧田；我在四川阿坝藏族自治州的山上与藏族群众一起扑灭山火；我在西藏墨脱县雅鲁藏布江边的帐篷里与门巴族群众一起喝瓢瓢酒；我在云南怒江碧罗雪山上用怒族的竹筒背水。我和少数民族群众的汗水流在一起，我们同呼吸、共命运。我已经不记得我是一个汉族，好像我就是他们中间的一员。我用我的知识和能力为他们请命，为少数民族语言文化事业奔走呼号，说他们心里想说而说不出来的话，做他们心里想做而没有能力做的事情。我从来不计报酬，不讲条件，义无反顾地献出我的时间、精力和一切。我以一个知识分子党员的良心实践着入党时对党和人民的承诺。

学科的发展要靠一代又一代学人不断积累和创新，对每一个该学科的成员来说，这是一种义务，也是一种责任。新中国成立之初，罗常培、付懋勣、马学良等老一辈民族语言学家带领大家在建立学科、开展语言普查、制订语言规划、进行语言描写研究、培养人才等方面做出了自己的贡献，他们为新中国的民族语文事业铺设了一条康庄大道。他们所带领的新一代语言学者，是在党的培养和教育下成长起来的。改革开放以来，这一代语言学者在继承老一辈语言学者开创基业的基础上，在推进学科建设、深入语言调查、完善语言规划、提高语言研究水平、开展国际学术交流等方面都做出了新的贡献，他们现在也差不多已经步入暮年，但仍然实践着"小车不倒只管推""学习到老、工作到老、改造到老"的信条，我是他们中间的一员，是在这种信条的支撑下工作的，我愿意在老一辈语言学家铺设的康庄大道上继续当一块铺路石。

有的人说，退休以后学术生涯就画上了句号。我不这么认为。我1994年退休，20多年来，从我所主持的项目和撰写的文章看，我为发展少数民族语言学科所做的事情，比退休前40年所做的工作还要多好几倍。

四 研究工作

我的研究工作可以分为两大部分：一部分是为了学科发展所做的科研组织工作，具体说就是申请或承担各类比较大型的科学研究项目（包括与境外学校或研究机构的合作项目），其中主动申请的项目是我自己认为这些项目完成后对学科发展有一定的促进作用；承担的项目是有关部委或学术机构要求我主持或承担的大型项目。据不完全统计，自改革开放以来，我主持或承担的项目累计有20多个，其中包括国家社会科学基金（一般、重点、重大）项目、国家自然科学基金项目、院重点或院重大项目、国家民委重点项目、教育部重点项目等。与境外的合作主要是与美国世界少数民族语文研究院东亚部、法国科学研究中心东亚语言研究所、荷兰皇家科学院所属的亚洲研究院和莱顿大学、香港科技大学等。这些项目除了我自己参加外，主要组织我所以及兄弟单位的科研、教学人员来完成。最终成果是完成若干套丛书和大型集体性成果。

（一）《中国少数民族语言简志丛书》

这是国家民委民族问题5种丛书之一，起始于20世纪50年代的语言大调查，曾经作为向新中国成立10周年献礼；70年代末国家民委编辑民族问题5种丛书时列为丛书之一。我当时仅仅是分编委之一，协助付懋勣等老一辈语言学家做具体工作，负责分编委会与作者、出版社之间的联系，将各方出现的问题向编委会反映，定期开会讨论解决，并将成熟的书稿经过我的手签署后发往出版社。这是当时研究所交代给我的一项任务。当然我自己也承担部分简志的撰稿。简志共出版了57本，描写了59种语言，至1987年全部出齐。2005年国家民委决定对民族问题5种丛书进行修订再版，要我负责语言简志修订工作。在国家民委总编委会的领导下，我们组织了新的编委会，经过几年的努力，完成了修订工作。修订后的简志包括60种少数民族语言，约1000万字，分6卷合订，已经于2009年6月全部出齐，我自己也承担了3种语言简志的撰稿和修订工作。在这个过程中，我先后通读了全部语言简志3次。在这项工作中，我本来希望此次修订能够补充新的研究成果，但是国家民委确定的修订原则是"只改错，不做大的增补"，因此，在语言简志修订结束以后，我就有一个愿望，希望重新编辑一套反映 21 世纪少数民族语言研究水平的《中国民族语言志》。因为语言简志太单薄了，仅仅反映 20 世纪 50 年代的研究水平，为此我给院领导写了信，希望得到进一步的支持。

（二）《中国新发现语言研究丛书》

这实际上是中国濒危语言调查研究，开始作为国家社会科学基金和中国社会科学院重大项目，于 1993 年启动，后来作为中国社会科学院 A 类重大课题进行了两期。除了我所科研人员参加外，还有 10 多所高等院校的教学人员承担了子课题。先后有 60 多种语言被列入计划开展调查研究。从 1997 年开始出版第一批成果，至今已经陆续出版了 41 种语言的描写性专著，近两年内，还将完成 20 种语言的调查研究和撰稿工作。由我主编的这套丛书的内容比语言简志要深入一些，避免了语言简志的许多不足，篇幅也比简志大一些，每种一般都在 25 万字以上，有的已经超过 40 万字。但是编写这套丛书比语言简志难度要大得多，主要是这些小语种发现难、调查难、鉴定难、出版难。我承担了所有书稿的审稿定稿工作。经过近 20 年努力，现在应该说已经接近尾声了。2011 年元月，《中国社会科学报》用 3 个整版的篇幅，报道了这套丛书的学术价值。境外多个语言学刊物陆续报道、评介这套丛书。在这套丛书里，我主持了 6 种语言的调查研究，已经有 4 种出版。

（三）《中国少数民族语言系列辞典丛书》

这是院重点项目，20 世纪 80 年代在院科研局的支持和帮助下开始立项，后来又得到世界少数民族语文研究院东亚部的支持。对一种语言来说，语言简志也好，新发现语言丛书也好，后面附录的词表仅仅 1000—2500 个，这不能反映一个语言词汇系统的全貌，而一个语言的许多"资源"往往保留在词汇里，只有将这个民族生活中所使用的全部词汇收集起来，编成辞典，才能够保存这个语言词汇的全貌。但是编一部辞典的难度是非常大的，需要多年的积累，一般我们在调查一种语言的词汇时，记录 3000—4000 个常用词是比较容易的，但是在 4000 个以上就有一定难度了，收集到 6000 条词目以后，每增加一条新的词目都非常困难。在我主编的系列辞典中，有的辞典是作者尤其是本民族的学者一辈子积累的资料编写而成的。我们现在出版的辞典，一般都是比较小的语种，目前已经出版了 21 种。我参加了多部辞典的编纂，其中一部《汉嘉戎辞典》已经出版，另一部《汉羌词典》，列入羌学丛书出版，怒族 4 种语言词典和白马语词典也将在最近陆续出版。

（四）《中国少数民族语言方言研究丛书》

这是 20 世纪 90 年代初期的国家社会科学基金项目。中国少数民族许多语言都有方言差异，有的差异非常大，如果仅仅研究某语言一个地方的话，或者说标准音地区的话，不照顾面上的语言差异的实际，应该说是不全面的，况且从新中国成立以来，我们组织了大批人力、物力和财力，调查研究各少数民族语言的内部差异，每个语言都收集了不同数量调查点的方言资料，划分了方言土语，但具体语言资料却一直没有公布。而方言资料有时候保留了该语言许多重要的语言信息，因此学术界普遍认为，方言研究资料的论证和刊布是对该少数民族语言研究的进一步深入。列入我主编的本套丛书分两类，一类是对某个方言深入描写研究的单刊，另一类是比较全面的方言比较研究。目前已经出版18种，有4种已经列入计划即将出版，包括我主持的《羌语方言研究》。遗憾的是一些大的语种，50年代调查的资料很丰富，但是直到现在还没有专人整理研究，资料散失很严重。

（五）《汉藏语同源词研究丛书》

这是我申请的国家社会科学基金与香港科技大学人文社会科学院的合作项目。1998年两方面同时获得资助启动。汉藏语系是一种假设，是指分布在东亚大陆和海岛上的近千种语言之间是否有发生学关系，其中包括6大语言集团，即汉语、藏缅语、苗瑶语、侗台语、南亚语和南岛语，除汉语外，每个语言集团都包括数十种乃至数百种语言。18世纪以来，汉藏语系假设一直是中国语言学者和国际汉藏语学界关注的重大学术问题。6个语言集团内部的发生学关系基本上已经争议不大，但6个语言集团之间哪些有发生学关系则众说纷纭。20世纪60年代以来，每年一次的国际汉藏语会议已经开过40多届了。由于这个语系的语言主要分布在中国，故几代语言学人为此付出了大量的劳动，但至今收效甚微，各种分歧意见依然存在。本着对发展中国家语言学的一种学术责任，我意识到有必要组织集体力量，开展这个领域的研究。立项以后，我把有关问题解剖成许多子课题，组织对这一问题有兴趣的学者开展专题研究，将完成的子课题成果结集出版。经过10多年的努力，现已经完成了20多个子课题，出版了4卷。

与上述研究项目相关的一项工作是完成一个大型的数据库《汉藏语词汇语音数据库检索系统》。我意识到，汉藏语系同源关系的论证，仅仅靠我们这一代学人是不可能完成的，这需要几代人乃至更长时间的努力，因此，为了做好打基础的工作，完成一个大型词汇语音数据库，对各种不同学术观点的学者开展研究是非常必要的。这个项目差不多与上面的项目同时启动，经过 5 年左右的努力，完成了一个包括 130 种语言和方言的检索系统。但是当这个数据库大体完成以后，我感到无论是数据量还是覆盖面与美国 Matisoff 主持完成的数据库比都还有一定差距。于是从 2005 年起，在教育部（国家语委）的支持下，启动了这个项目的第二期。与此同时，为了收集喜马拉雅南麓的汉藏语系语言资料，我又于 2005 年与荷兰亚洲研究院和莱顿大学的喜马拉雅语言研究中心谈成合作项目，翻译整理了一批分布在尼泊尔、不丹、印度、巴基斯坦、缅甸等国家的汉藏语系藏缅语族语言资料充实到数据库里。截至 2009 年 6 月教育部项目结题时，我们已经完成了 240 种语言和方言的新资料放到数据库里，总数已经接近 370 种语言和方言，每种语言包括 1332 个以上常用词和一批辞典，还包括一批不同层次构拟的资料，数据量已经达到 70 万条以上，远远超过了美国 25 万条的数据量。最近从数据库提取的核心资料约 540 万字的词表、音系和背景资料，即将由民族出版社出版，希望它的出版将对汉藏语系各个历史层次的研究起到推动作用。

（六）《中国民族古文字古文献研究丛书》

这是我主编的另一套丛书。大家知道，中国是一个历史悠久的多民族多语言的国家。自古以来，各民族人民群众在创造本民族灿烂文化的过程中，同时也创造了记录自己语言的文字。用各种民族文字记录的不同历史时期的文献，不仅是本民族的珍贵的文化遗产，也是中华民族文化宝库中重要的组成部分，是我们国家文化多样性的具体体现，对促进整个中华民族文化的发展、推动各民族之间的文化交流、丰富我国各民族的文化生活、传播和加强各民族之间的团结和友谊起着十分重要的作用。我国民族古文字古文献内容丰富，类型多样，具有重大的科学研究价值。就目前已经发掘和整理的资料看，它们无论在语言学、文字学、文学、人类学、历史学、哲学、宗教学、经济学、法学，乃至天文、地理、历法、医学、农业等方面都具有一定的学术价值。整理和研究各民族的古文字古文献，对于继承和弘扬各少数民族优秀的文化传统，打开各民族的文化宝库，吸收有利于建设社会主义物质文明和精神文明的积极因素；对于发展中华民族的多元文化，建立各民族共同繁荣的和谐社会；对于挖掘前辈遗留下来的历史经验，提高各民族的自尊心和自信心，都将大有裨益。20世纪50年代以来，我们在少数民族古文字古文献的收集、整理和研究方面做了大量的工作，取得了很大的成绩。目前研究工作正在向纵深发展，一大批有相当深度的理论探索研究成果问世，显示出中国民族古文字古文献研究百家争鸣、百花齐放的繁荣局面。顺应这一大好形势，2004年起民族出版社陆续推出了这套丛书。已经收入这套丛书出版的有南开大学孔祥卿的《彝文的源流》、华东师范大学邓飞洲的《纳西东巴文字字素研究》和海南师范大学黄思贤的《纳西东巴文献用字研究》。我希望，今后有更多反映这个领域的有学术价值的研究著作问世。

（七）《中国的语言》

这是单卷本的国情专著，是读者了解中国语言状况的一本既通俗又有一定学术价值的专著。全书共360多万字，介绍了129种语言，包括汉语。每种语言按照语言谱系分类的远近关系排列，还收集了 5 种混合语。商务印书馆将其作为精品图书出版，院里也很重视，出版后举行了首发式兼学术讨论会，领导和专家们对此书的评价都非常好。编这本书的组织工作前后费了我 5 年左右的时间，因为联系的面太广，有 80 多位作者，而且大部分是老年人，有地方的，甚至有国外的。为了保证书稿质量，我设计了把各种语言按语系、语族、语支等分类框架排序，除了执笔 10 多种语言简介外，还写了前言、后记，先后通读了 4 次书稿。

五　个人学术贡献

2011 年 6 月 7 日在意大利马切拉塔市政府礼堂做公开演讲，
与马切拉塔大学的部分师生合影

60 多年来，除了有近 1/5 的时间在少数民族地区开展田野调查外，在北京或在境外，我夜以继日地读书、工作和写作，年轻或中年时期一般每天坚持 12 个小时，现在年纪大了，但一般也每天坚持 7—8 个小时。根据不完全统计，我先后在境内外出版专著 29 种，发表文章 300 多篇，其中有 61 篇（种）是在境外出版或发表的，其中有日本、美国、加拿大、澳大利亚、法国、印度、波兰、意大利、荷兰、德国、新加坡、西班牙以及中国香港和台湾地区，有的文章已经被翻译成英文、法文、日文、波兰文和西班牙文。此外我还在境外 30 多所大学或研究机构做过 60 多场专题学术讲演。把我的研究成果综合起来看，主要有以下几个方面的学术贡献。

（一）调查研究了 30 多种汉藏语系语言，积累了丰富的第一手资料

其中有 15 种语言是我首次发现并系统调查研究的，全面公布了它们的语言结构资料，论证了它们为独立语言，如白马语、怒苏语、柔若语、阿侬语、格曼语、达让语、义都语、木雅语、尔龚语、尔苏语、纳木依语、史兴语、扎坝语、贵琼语、却域语等。这方面发表的文章包括各种语言概况、简志、新发现语言丛书等。还有一些重要文章，如长篇论文《六江流域的民族语言及其系属分类》（《民族学报》1983 年第 3 期，约 26 万字）、《民族走廊地区的语言》（《西南民族研究》，四川民族出版社 1983 年版）、《西藏东南部地区的藏缅语族语言》（美国《藏缅区域语言学》1999 年第 22 卷第 2 期）等。我们 1976 年调查中印边界地区的语言，发现了门巴、珞巴、僜人等使用的 7 种语言；1978 年参加白马人的民族识别工作，论证了白马语；后不久，又发现了川西民族走廊地区的 8 种语言。这些第一手调查的语言资料在未公

布以前，就已经被研究所内部广泛讨论，被学术界所了解，尤其是费孝通和李有义两位先生，他们那时候还在我们研究所的牛棚里，他们知道这些情况后非常高兴。打倒"四人帮"后不久，我们经常在一起交换情况，这为费先生1978年提出的民族识别理论和藏彝走廊理论打下了坚实的基础。

在论证某个语言是否独立的语言、这个语言与使用该语言的民族是什么关系、为什么不是该民族语言的一个方言等问题时，需要从理论上加以解决。对此我根据自己多年在语言识别方面的经验，提出了识别语言的一整套理论依据，以《语言识别与民族》为题，全面论证了一个民族使用两种或多种语言的历史原因，提出了语言识别的必要性和可能性，论证了社会标准和语言结构标准相结合的识别语言标准。此文发表在《民族语文》杂志1988年第2期，得到了学术界的基本肯定，并被翻译成英文于1992年在美国发表。后来我又应香港城市大学约稿，为纪念王士元教授65岁华诞，发表了《中国空白语言调查研究》（香港城市大学出版社1999年版），应《语言文字应用》杂志约稿，发表了《用科学的眼光看待我国的语言识别问题》等论文，进一步阐明了语言识别的必要性和复杂性。我的语言识别理论引起了国际语言学界关注，2009年美国《科学》杂志有专栏作家对此有所评论，这是一个国际国内语言学界都没有彻底解决、值得进一步研究的大问题。

（二）提出了在藏缅语族内建立羌语支的学术观点

这个问题要追溯到1958年，在第二次全国民族语文科学讨论会上，内部印发了"中国少数民族语言分类系属表"，但该表有相当一批语言系属未定，其中包括羌语等一大批语言。1960年

5月，当时少数民族语言研究所领导打电报给我（当时我在四川阿坝州做羌语方言资料核对、整理工作），决定要我和多吉马上动身去云南调查独龙语和怒语，并解决它们的系属问题。我们用了大约半年多的时间，于当年年底完成了调查任务。回所后，研究所领导正式提出要我组织一个小组，研究羌、独龙、怒3种语言的系属问题。经过两年左右的比较研究，我于1962提出研究报告，初步论证了羌语应属于羌语支，并将该结论公布在我执笔的《羌语概况》（《中国语文》1962年第12期）上。当时的羌语支仅仅包括羌、普米和嘉戎3种语言。改革开放以后，我在川西民族走廊地区开展长期语言调查，新发现了8种羌语支语言，这就更坚定了我把羌语支语言的特点搞清楚、把这个学术观点坚持下去的决心和信心。为此我开展了一系列羌语支语言之间的比较研究和与相关语言的比较研究，撰写了《羌语支属问题初探》，这是我在首届中国民族语言学会上宣读的论文，后来刊载于1982年青海人民出版社出版的《民族语文研究文集》上。后来我又结合羌语支语言使用者的历史文化背景，撰写了《试论"邛笼"文化与羌语支语言》（《民族研究》1986年第2期）。1999年，台湾召开了首届羌语支学术讨论会，这表明羌语支这个学术观点已经被学术界广泛承认。我在会议上发表了全面论证羌语支特点的长篇论文《论藏缅语族中的羌语支语言》（台湾《语言暨语言学》2001年第2卷第1期）。该文章比较系统地论证了羌语支作为藏缅语族一个独立语支的依据和创新点，梳理了它的文化和历史背景。至此，羌语支语言的调查研究已经成为国际国内民族语言学界的一个热点，中央民族大学、西南民族大学、四川大学、西南交通大学、复旦大学、浙江大学、北京大学、清华大学等高校的师生不断在这一地区开展羌语支语言调查研究。境外美国、日本、法国、荷兰、澳大利亚以及中国港台地区的专家学者，几乎每年都有人去这些地方开展实地调查，已经有多篇博士论文描写这一带的羌语支语言。与此同时，我的《藏缅语族羌语支研究》专著也被收入国家社会科学基金文库将于年内出版。

与建立羌语支有密切关系的另一个问题是西夏语的系属问题。早在1916年，美籍德人劳费尔（B. Laufer）在《通报》上发表长篇文章，提出西夏语属"西摩罗"语支，其中"西"指西夏，"摩"指纳西（摩梭），"罗"指彝（罗罗），也就是说西夏语属于彝语支。这个学术观点一直统治西夏语学界半个多世纪。"文化大革命"期间，我在北图收集西夏语资料过程中，就发现西夏语与羌语等比较接近，1978年以后，新发现了一批羌语支语言，尤其在我调查了与西夏语比较接近的木雅语、普米语、却域语、扎坝语等以后，发现西夏语在词汇、语法等方面都比较接近羌语支的这些语言。于是在1981年宁夏召开的首届西夏学术讨论会上，我对传统的西夏语分类观点提出了质疑，初步论证了西夏语应属羌语支的意见。以后我撰写了一系列文章，都涉及西夏语归属问题的讨论。20世纪90年代，宁夏方面组织西夏语比较研究课题，邀请我参加，我提出了系统比较西夏语的设想，并亲自主持词汇比较研究。在此期间发表了《从词汇比较看西夏语与藏缅语族羌语支的关系》（《民族语文》1991年第2期），后不久，《西夏语比较研究》在银川出版，加上我对西夏语研究的一系列文章，如《西夏语鼻冠声母构拟中的几个问题》（《民族语文》1996年第4期）、《也谈西夏语里的小舌音问题》（《宁夏大学学报》2001年第6期）、《关于西夏语发生学分类问题》（《国家图书馆学刊》（西夏研究专号）2002年）、《关于西夏语声母中的复辅音问题》（载《庆祝王均先生八十诞辰语言学论文

· 245 ·

集》，吉林人民出版社 2002 年版）等，西夏语属羌语支的问题基本上已经得到西夏研究学界的肯定。

（三）开展藏缅语族语言描写研究和历史比较研究

在 20 世纪 50 年代大调查以后，我基本上已经确定了自己的研究方向为藏缅语族语言研究。因此我的主要成果体现在藏缅语族语言描写研究和历史比较研究方面。描写研究方面的成果从语言概况、语言简志和新发现语言描写算起，初步统计"概况"发表了 10 多种语言，"简志"写了 3 种，"新发现语言"丛书写了 6 种，此外还发表了一批专题描写性文章，估计有 10 多篇。对单个语言的描写相对来说比较容易，但面对国内有数十种语言、境外有数百种语言的藏缅语族，开展历史比较研究要难得多。但是，谁都知道，藏缅语族是国际国内都认为与汉语有亲缘关系的一个庞大的语族。为了推进这一领域的研究，我 20 世纪 60 年代学习了藏语文；到 80 年代，我发起组织所内同行学习缅甸文，并且组织课题组开展藏缅语族语言词汇、语音的资料整理，完成《藏缅语语音和词汇》，我为该书撰写了约 10 万字的"导论"，讨论了藏缅语族语言单辅音的分化，复辅音的历史演变，复元音、长短元音、松紧元音、鼻化元音、卷舌元音等的来源，辅音韵尾的历史演变，声调产生的机制和分化的条件，弱化音节的来源和特点等。这部书稿 1984 年初完成，民族出版社已经同意出版，但后来由于种种原因，一直拖到 1991 年才得以在中国社会科学出版社出版。与此同时，我还对藏缅语族语言及其语音问题和语法问题开展了一系列专题研究，发表综合研究方面的文章有《试论中国境内藏缅语的谱系分类》（载《东亚的语言与历史》，日本松香堂 1988 年版）、《原始藏缅语构拟中的一些问题——以

"马"为例》(《民族语文》1989 年第 6 期)、《藏缅语亲疏关系的计量分析》(《语言研究》1993 年第 2 期);语音方面的文章有《藏缅语若干音变探源》(《中国语言学报》创刊号,1983 年)、《藏缅语复辅音的结构特点及其演变方式》(《中国语文》1985 年第 2 期)、《藏缅语复辅音研究》(美国《藏缅区域语言学》1986 年第 9 卷第 1 期)、《计算机进行藏缅语语音相关分析的尝试》(《语言研究》1994 年第 2 期)等。

  藏缅语语法研究是藏缅语研究的难点,过去极少有人涉及,包括境外的专家学者。由于种种原因,我从 20 世纪 80 年代开始转向语法专题研究,发表了一系列几乎覆盖语法体系所有重大问题的论文。根据时间先后大体有《羌语动词的趋向范畴》(《民族语文》1981 年第 1 期)、《我国藏缅语动词的人称范畴》(《民族语文》1983 年第 2 期)、《我国部分藏缅语中名词的人称领属范畴》(《中央民族学院学报》1983 年第 2 期)、《藏缅语动词的互动范畴》(《民族语文》1984 年第 4 期)、《藏缅语语法研究中的一些问题》(《云南民族语文》1988 年第 1 期)、《藏缅语量词用法比较——兼论量词发展的阶段层次》(《中国语言学报》1989 年总第 3 期)、《论藏缅语语法结构类型的历史演变》(《民族语文》1992 年第 5、6 期)、《试论藏缅语中的反身代词》(《民族语文》1993 年第 6 期)、《再论藏缅语中动词的人称范畴》(《民族语文》1994 年第 4 期)、《藏缅语中的代词化问题》(《国外语言学》1994 年第 3 期)、《藏缅语人称代词格范畴研究》(《民族语文》1995 年第 2 期)、《藏缅语疑问方式试析——兼论汉语、藏缅语特指问句的构成和来源》(《民族语文》1995 年第 5 期)、《论藏缅语的语法形式》(《民族语文》1996 年第 2 期)、《论藏缅语动词的命令式》(《民族语文》1997 年第 2 期)、《论藏缅语中动词的使动范畴》(《民族语文》1998年第6期)、《藏缅语族语言里的"数"及其表达方式》(徐丹主编《量与复数的研究——中国境内语言的跨时空考察》,商务印书馆2010年版)等10多篇。通过这些专题的艰辛研究,藏缅语语法研究达到了一个新的水平,得到国内外同行的高度评价,其中有多篇论文被翻译成英文在境外发表。最近我承担了院学部委员创新岗位项目,梳理了喜马拉雅南麓分布在巴基斯坦、尼泊尔、不丹、印度、缅甸、泰国、老挝、孟加拉、越南等9个国家包括401种藏缅语族语言的国别报告,正在开展它们之间亲缘关系远近的研究。

(四)开展汉藏语系历史比较研究,并与境外汉藏语研究界建立了学术交流平台,推动了国内汉藏语系的历史比较研究

语言的历史比较研究,是语言学中的一个重要分支,发凡于18世纪,当时首先提出的是"印欧语假设"。汉藏语系概念的提出要晚于印欧语系,大概是19世纪初。汉藏语系语言虽然主要分布在中国,或者说是由中国这块土地上迁移并扩展出去的,但由于汉藏语系语言文献大大少于印欧语系,因此直至今天,汉藏语系仍然是一个没有解开的谜团,这主要表现为汉藏语系究竟包括哪些语族。一般学术界比较肯定汉语和藏缅语族的语言有同源关系,但与南岛语族、苗瑶语族、侗台语族、南亚语系孟高绵语族的语言等是否有同源关系,则学术界分歧很大,众说纷纭,莫衷一是。汉藏语系语言主要分布在中国,尤其是藏缅语族的分布,除了中国以外,周边西起巴基斯坦、尼泊尔,经过不丹、印度,往东到缅甸、泰国、老挝、柬埔寨、孟加拉直至东面的越南等10多个国家都有分布,但使用人口、语言和方言的复杂性,尤其是汉语的历史文献和各种方言都分布在中国境内，中国学者理应对汉藏语系研究做出自己应有的贡献，拥有更多的发言权。为此自20世纪90年代起，在藏缅语族综合研究取得一定进展以后，我一方面应国外出资邀请，出席在国外举行的国际汉藏语会议，介绍国外汉藏语研究的状况，如《第26届国际汉藏语会议述评》（《民族语文》1993年第6期）、《第27届国际汉藏语会议述评》（《民族语文》1994年第6期）等；另一方面发表文章，介绍这方面的研究情况，如《关于汉藏语系分类研究中的一些问题》（《国外语言学》1995年第3期）等，让国内学者了解汉藏语研究的最新动态。更重要的是我整合国内力量，开展汉藏语历史比较研究。经过与相关单位的专家学者商议，在一批老专家的支持下，我以中国民族语言学会的名义（我当时是学会的常务副会长），决定与南开大学合作召开"汉藏语系理论和方法专题研讨会"，用这种比较松散的方式联系和整合国内汉藏语系的研究力量。这次被一些老专家称为具有里程碑意义的学术讨论会集中讨论了如下问题：关于汉藏语系研究的理论意义；关于汉藏语系的分类问题；什么是同源关系，如何认识并确立汉藏语系的同源关系；如何认识汉藏语系的原始面貌和它的演变轨迹；关于上古汉语问题；关于汉藏语系论证的思路和方法问题；在汉藏语系比较研究中的一些认识问题；对今后开展汉藏语系研究的意见和建议等。由我执笔为这次会议所写的总结《继往开来，把汉藏语系研究引向深入》（《民族语文》1996年第1期），全面深入报道了此次会议的成果。会议还做出了以下行动计划。

第一，动员一些博士生和硕士生导师，引导他们的学生开展汉藏语系的历史比较研究，在选择论文题目或研究方向时，尽可能引导他们做这一方面的题目。10多年来，已经有20多篇博士论文或博士后研究报告开展了不同层次、不同专题、不同方向的研究。

第二，多在国内召开国际汉藏语系会议。会后，于1997年，在北京语言大学召开了第30届国际汉藏语会议。国内外200多位专家学者出席了会议。此后，我又协助云南民族大学举行了第34届（2001）、厦门大学举行了第37届（2004）、黑龙江大学举行了第40届（2007）国际汉藏语会议，对推动境内外汉藏语系研究队伍的学术交流起到了一定的促进作用。

第三，组织大型项目攻关。1998年，我申请国家社会科学基金项目获得成功，开展"汉藏语同源词研究"，同年与香港科技大学共同申请香港大学拨款委员会的经费资助，开展同一专题研究。一批专家学者被组织在课题组内进行联合攻关。经过数年的潜心研究，课题组完成了一批专题成果以丛书形式出版。

第四，利用现代化手段，整理汉藏语系资料，建成一个有利于汉藏语系历史比较研究的各种语言或方言的词汇语音数据库。在香港科技大学、国家社会科学基金、教育部语信司等机构的支持下，截至2007年底，已经收集到境内外370多种汉藏语系语言及其方言资料计划放进数据库。其中包括各语族构拟和上古汉语构拟资料，每个语言或方言包括1332个核心词表，另有20多部汉藏语系最主要语言的词典，这些大容量的词典资料放入数据库，有利于做词族研究和语音对应研究。数据库具有强大的管理和检索功能。这是一个目前国际汉藏语学界资料最丰富、检索功能最强、设计思想最先进，而且可以和境外资料交换和接轨的开放性的数据库。我们希望，它的建成和投入使用，对国内外汉藏语系历史比较研究将起到重要的推动作用。

为推动汉藏语系历史比较研究，20多年来，通过出访、国际合作和交流，在许多境外机构和朋友的帮助下，我已经收集到数百部分布在境外的汉藏语系语言的语法、辞典以及综合研究的专著，这些资料对了解国外的研究动向、对开展汉藏语系研究、对完善我们的数据库都是非常重要的。最近已经将这些资料全部复制给相关单位和个人，希望他们能够利用这些资料开展研究工作，以推动汉藏语系的比较研究。

  与此同时，我个人也开展了一些专题研究，发表了相当数量的文章。如《原始汉藏语的复辅音问题——关于原始汉藏语音节结构构拟的理论思考之一》（《民族语文》1999年第6期）、《原始汉藏语辅音系统中的一些问题——关于原始汉藏语音节结构构拟的理论思考之二》（《民族语文》2001年第1期）、《原始汉藏语的介音问题——关于原始汉藏语音节结构构拟的理论思考之三》（《民族语文》2001年第6期）、《开展汉藏语同源词研究，确立汉语与藏缅语亲缘关系》（《学术动态》2003年第20期）、《汉藏语系里的一个疑问语素》（《庆祝〈中国语文〉创刊50周年学术论文集》，商务印书馆2004年版）、《汉藏语研究中的一些问题》（《语言科学》2006年第1期）、《汉藏语研究方法之我见》（《语言科学》2007年第6期）、《汉藏语系语言研究中的若干问题——访李方桂先生》（《中国语言学集刊》第2卷第1期，中华书局2007年版）、《关于汉藏语系里的代词化现象——一个语法化的实例》（《东方语言学》第3辑，上海教育出版社2008年版）、《汉藏语词汇语音数据库检索系统的价值和功能》（与江荻合作，《汉藏语学报》第2期，商务印书馆2008年版）、《汉藏语系假设——中国语言学界的"歌德巴赫"猜想》（《学术探索》2009年第3期）、《汉藏语系历史类型学研究中的一些问题》（《语言研究》2011年第1期）、《汉藏语研究40年——写在第40

届国际汉藏语会议召开之际》(《汉藏语研究四十年》,黑龙江大学出版社 2010 年版)、《关于原始汉藏语音节结构的理论思考》(《汉藏语同源词研究》卷四,广西民族出版社 2011 年版)、《羌语支在汉藏语系中的历史地位》(《云南民族大学学报》2011 年第 6 期)、《原始汉藏语语音系统的拟测》(《现代人类学通讯》2011 年第五卷)、《汉藏语系语言的共同创新》(《民族语文》2014 年第 2 期)、《前缀,前置辅音还是二者兼而有之——有关汉藏语系音节结构构拟的讨论》(《云南师范大学学报》2015 年第 2 期)、《东亚地区的语言及其文化价值》(《暨南大学学报》2015 年第 9 期)等。

(五)引进国际上关于濒危语言的理论和方法,推动国内濒危语言的记录、保护和抢救工作

20 世纪 80 年代末,在国际语言学界的推动下,濒危语言问题被语言文化学界所重视,学界召开多个国际会议,讨论濒危语言问题。1992 年在加拿大召开的 16 届语言学家大会上,濒危语言问题作为会议主题之一列入议程,第二年联合国教科文组织确定当年为保护濒危语言年。其后,坚持语言多样性和文化多样性一直是联合国教科文组织工作的主题之一,濒危语言问题一直是联合国教科文组织的重要工作之一。中国是多民族多语言的国家,毋庸讳言,相当一批使用人口较少的语种已经濒危或正在走向濒危,保护濒危语言刻不容缓。但是有的人不赞成提濒危语言,认为放弃母语是少数民族"自愿"的,没有必要进行保护和抢救。1993 年,在中国社会科学院科研局的支持下,我申请立项开始对一些小语种资料进行抢救性记录和整理,由于上述原因,未能够提濒危语言,改用"空白语言""新发现语言"等。但

孙宏开

是，实际上语言濒危已经引起一些少数民族的忧虑。20 世纪 90 年代以来，每年的人民代表大会、政协会议都有提案，要求保护濒危语言。2000 年在国家民委授意下，中国民族语言学会与《民族语文》杂志社联合召开了濒危语言专题学术讨论会。至此濒危语言问题才正式放到了桌面上加以讨论。我在会议上的发言《关于濒危语言问题》很快被刊登在《语言教学与研究》杂志上。之后濒危语言问题成为民族语言学界的一个热门话题。我也发表了一系列文章讨论濒危语言问题，其中有《记阿侬语——对一个逐渐衰亡语言的跟踪观察》（《中国语文》1999 年第 5 期）、《双语问题与濒危语言保护》（《双语教学与研究》，中央民族大学出版社 2001 年版）、《重视少数民族语言与文化的记录和保护》（《满语研究》2006 年第 1 期）、《中国濒危少数民族语言的抢救与保护》（《暨南大学学报》2006 年第 5 期）、《中国少数民族语言活力排序研究》（《广西民族大学学报》2006 年第 5 期，英文稿刊载于纽约出版的《宏观语言学》，西班牙文稿和日文稿分别在西班牙和日本发表）、《加紧抢救和保护濒危少数民族语言》（中国社会科学院《要报》2009 年第 13 期）、《语言濒危与非物质文化遗产保护》（《云南师范大学学报》2011 年第 2 期）等。

2003 年 3 月，联合国教科文组织在巴黎总部召开全球濒危语言专家会议，我作为中国派遣的代表出席了该次会议，并在会上做了题为《我们对濒危语言问题的看法》（此文已翻译成法文放在联合国教科文组织的网站上）。会议讨论并研究了联合国教科文组织在世界濒危语言问题上的作用；评价维护和推动濒危语言继续生存的实践活动和创造性；讨论维护濒危语言的机制以及开展国际合作的可能性；制订联合国教科文组织 2004—2005 年度开展维护濒危语言工作的行动计划。会议还讨论并通过由联合国教科文组织专家组起草的《联合国教科文组织关于保护濒危语言行动计划的宣言》。此次会议及其相关文件的原文及其译文已经收入《联合国教科文组织关于保护语言与文化多样性文件汇编》，由民族出版社于2007年正式出版。2009年，我们又承接了联合国教科文组织的濒危语言问题的问卷调查，提交了中国境内105种语言活力状况的问卷调查（未包括台湾的少数民族语言）。2011年5月末，联合国教科文组织又指名邀请我出席在巴黎总部举行的关于濒危语言问题的国际研讨会，我在会议期间提出建议，希望在2003年通过的《非物质文化遗产保护公约》以外另外制定《全球濒危语言保护公约》。

由于在记录和保护濒危少数民族语言和文化方面所做的贡献，2007年6月我被中华人民共和国人事部和文化部授予全国非物质文化遗产保护先进工作者荣誉称号，享受省部级劳动模范和先进工作者待遇，在人民大会堂受到中央领导的接见并合影。

（六）调查研究多种《西番译语》，匡正了前人对西番译语的误判和误传

早在20世纪50年代，我就了解到明清以来有一批记录少数民族语言的文献，称《华夷译语》，其中有一批西番馆所记录的译语有多种，称《西番译语》，大都分布在四川西部和北部。但具体数量和内容并不十分清楚。"文化大革命"期间，有机会去北京图书馆查阅各种版本的图书，我当然不能错过这个机会，于是借阅了所有晒蓝本9种译语。当时没有复印设备，就用最笨的办法，一本一本地抄录。在抄录过程中就已经发现其中多数是记录的藏语及其各地方言和土语，但有一些译语记录的并不是藏语，也不是我所熟悉的羌语和普米语，这引起我的极大注意。粉

碎"四人帮"以后，我有机会带着抄录的译语，到译语所提到的分布地区一一踏勘并核对语言状况和语言特点，逐个解开了译语种类及其语属的谜团。

1980—1981年，我正在撰写《川西民族走廊地区的语言》，现在首都师范大学工作的冯蒸经常来我家聊天，打听我在川西新发现羌语支语言的情况，包括分布地区和特点，他没有告诉我他正在调查华夷译语，直到他的《"华夷译语"调查记》（《文物》1981年第2期）正式发表，我才恍然大悟。他在调查里对译语所做的推测，有的与语言实事大相径庭。改革开放以后，日本语言学家西田龙雄来华访问，送来了他所著的数种译语研究，其中也有一些与语言实事有出入的地方，如他认为多续译语已经死亡，但是经过我们实地调查，多续译语所记录的语言，在今四川冕宁县境内仍然有人使用，属于尔苏语中部方言。以上种种原因，激起了我写文章匡正一些不正确提法的想法，于是完成了《西番译语考辩》（《中国民族史研究》第2辑，中央民族学院出版社1989年版）。文章对已经公布的10种西番译语根据实地勘察的资料一一做了认定，并且为每一种译语根据自称和地望确定了名称。

上述译语基本分布在四川西部和北部，其中6种为藏语，4种为非藏语。核对一种译语，确定它记录的确切地点是非常困难的，由于译语本身所指的分布地域非常宽泛，而且是历史上的小地名，现在大都已经改用新的地名，因此一定要查阅地方志或地方历史档案，才能够找到确切的记录地点。紧接着要核对语言，尤其是译语用的是汉字和民族文字注音，语音不十分贴切，民族文字注音大多数是训读，只有仔细辨认和反复核对，才能够大体确定该译语记录的较确切地点。

《西番译语考辩》着重讨论非藏语的特点和西番译语的语属，后来我又写了《西番译语再考》（香港《中国语文研究》2001年第1期），着重讨论若干种藏语的语音特点，并从译语的汉字注音验证藏语音变的过程。同时我还提到了西田龙雄公布的另一种《天全译语》，这是一种记录藏语的译语，但经过在天全一带核对，没有发现有藏语分布，这仍然是一个需要继续解开的谜。1988年，我应日本京都大学西田龙雄教授邀请访问日本，在日期间，完成了50多万字的《白马译语研究》在日本出版（日本京都松香堂1990年版）。

（七）解读原始文字——尔苏沙巴文

20世纪80年代初，我在四川甘洛县调查研究尔苏语的过程中了解到尔苏人使用的一种原始文字沙巴文。沙巴文是尔苏人中被称为"沙巴"的宗教活动者使用的文字，他们在从事宗教活动时用来占卜、祭天、送神，也给群众治病。首先报道这种文字的是刘尧汉、严汝娴和宋兆麟三位学者。1980年，我在调查尔苏语时遇到了甘洛县政协副主任杨光才老先生，同时在甘洛县文化馆得到了沙巴文经书的复制品《虐曼史答》的黑白照片。在甘洛县调查期间，在拍摄尔苏人做活道场过程中，我有幸遇到了凉山州摄影协会的负责人曾克广，他告诉我他曾经用彩色胶卷拍摄过则洛乡老沙巴杨光银家里的经书，而且愿意无偿提供给我研究。我欣喜若狂，在感谢之余，我夜以继日抓紧解读沙巴经。好在杨光才本人就是沙巴，正好从汉源县来了一位他的亲戚，也是沙巴，于是他们二人联合起来，为我解开了尔苏沙巴文的秘密。沙巴经和东巴经一样，靠老沙巴看着经书讲经书的内容，我当时没有带录音机，只好用国际音标将解读的沙巴经一篇一篇地记录下来。

《虐曼史答》一共有 360 幅，我大约记录了不到 100 幅，已经基本上了解了解读它的规律。由于时间关系，我只好转移到新的调查点工作。之后，在越西县、石棉县、冕宁县等地，我都发现了沙巴经。于是我撰写了若干篇解读沙巴经的文章，其中有《尔苏沙巴图画文字》（《民族语文》1982 年第 6 期）、《试论尔苏沙巴文字的性质》（《中国民族古文字研究》，语文出版社 1993 年版）。与此同时，在 1990 年中国社会科学出版社出版的《中国民族古文字图录》中，作为一个文种介绍了尔苏沙巴文，公布了若干种沙巴文经书的照片，引起了文字学界的关注。周有光、聂鸿音、王元鹿等专家学者在他们所著比较文字学和文字发展史的著作里，都把沙巴文作为文字的一个发展阶段的例证来加以引用。

2005 年 5—6 月，我再次去甘洛县调查尔苏语，老沙巴杨光银已经去世，他的儿子杨德成继承了父业，近 70 岁的他，在当地也算小有名气的老沙巴了，他还继续为群众驱鬼治病。我希望全文解读沙巴经，跑到村子里去找他，虽然找到了，但遗憾的是他已经不大会讲经书了，他把他父亲遗留给他的经书卖给了国家博物馆，我送给他们一套经书的复印件，他反而要我将过去解读的沙巴经念给他听，他一面说"对的！对的！"，一面回忆，终于断断续续把沙巴经书全部解读了。这次我们不仅做了文字记录，而且还录了音，录了像。希望这次记录有助于推动沙巴文字的进一步解读和研究。

最近，我们又在川西民族走廊地区新发现许多用原始文字记录的文献，其中有用普米语记录的韩归文献、用贵琼语记录的公麻文献、用那木依语记录的帕孜文献、用羌语记录的释比文献，等等。2010 年冬，我和清华大学合作申请国家社会科学基金重大招标项目——中国西部地区濒危文字调查研究项目获得成功，推进了对这些文献进行调查研究的工作。

（八）推动了少数民族语言规划研究和少数民族语言应用研究

1982年夏，学科的发展把我这个在"文化大革命"中被贴上"白专典型苗子"大字报的书呆子推上了民族语言学科的领导岗位，学科发展的责任心要求我们这个领导集体一方面要继承老一辈民族语言学家已经开创的民族语文研究工作事业，另一方面要有所创新。除学科分工要求我抓好语言简志出版工作外，我还坚持提出在少数民族语言研究学科领域发展社会语言学、实验语音学和计算语言学等与现实问题密切相关的分支学科的计划。当时我正在撰写《试论我国的双语现象》（此文后来刊载于《民族研究》1983年第6期），我意识到，要深入了解我国的双语现象，必须开展语言使用情况调查研究，而且这项调查对今后制定国家语文政策有重大的现实意义。于是我提出在当时的语言室筹建社会语言学组，这个组的主要任务就是开展语言使用情况调查，我当时还提出了调查提纲的初稿。1983年底，我在院所两级领导的支持下，立项开展少数民族语言使用情况调查。1984年初，院重点项目《中国少数民族语言使用情况试点调查》启动，分7个调查组分赴全国各地开展调查研究。到年底，完成了7份调查报告，我为这个项目起草了总报告。应该说，这次调查研究为尔后开展的与国家民委合作的国家社会科学基金重点项目《中国少数民族语言使用情况调查研究》打下了坚实的基础。与此同时，我还经常应国家民委的要求，参加由国家民委主持的许多有关语言政策制定、语言立法工作等项目，应邀为各地民族语文工作者开讲座、做报告，与各地民族语文管理机构的负责人开座谈会，等等。

1986 年春，院里通知，联合国教科文组织在加拿大首都渥太华召开国际语言规划学术讨论会，研究所决定要我代表院里出席。接到通知，我连会议主题 Language Planning 这个术语也很少听说，但也只好硬着头皮答应下来。这是我第一次出国，而且只有我一个人。经过各方面咨询和准备，我完成了约 40 多页 3 万多字的长篇报告《中国开展语言规划的基本情况》，而且请人翻译成英文。我缩摘了约 3000 字的发言稿在会议上宣读。后来这个摘录稿发表在加拿大出版的会议文集上，而中文全文刊登在美国王士元主编的《中国语言学报》1989 年第 17 卷第 1 期上，英文稿全文经外籍专家修订后，1988—1989 年分 3 次连载于印度出版的《新语言规划通讯》上。

此后，我在这个领域的文章发表了许多，其中有《建立有中国特色的社会语言学，促进民族地区两个文明的建设》(《云南民族语文》1987 年第 1 期)、《谈谈关于设计字母五项原则的体会》(《云南民族语文》1987 年第 3 期)、《论羌族双语制——兼谈汉语对羌语的影响》(《民族语文》1988 年第 4 期)、《羌族双语制的形成和发展》(《语言·社会·文化》，语文出版社 1991 年版)、《中国少数民族语言规划新探——从羌族拼音文字谈起》(《云南民族语文》1997 年第 1 期)、《汉语拼音方案与少数民族文字的创制》(《现代语文》2002 年第 2 期)、《少数民族文字的创制、改进和改革》(《中国民族语文工作》，民族出版社 2005 年版)、《少数民族语言规划的新情况和新问题》(《语言规划的理论和实践》，语文出版社 2006 年版)、《进一步完善规范彝文方案，促进彝族地区文化经济发展》(《西南民族大学学报》2008 年第 12 期)，我还与美国学者合作，主编了《中华人民共和国的语言政策——理论与实践》（英文）（美国 Kluwer Academic Publishers 出版公司 2004 年版）；与挪威奥斯陆大学法学院合作主编了《中国民族语文政策与法律述评》（民族出版社 2007 年版）等。

与夫人刘光坤在美国国会大厦（2011 年 4 月）

我认为，民族语文工作者所从事的研究工作、所掌握的知识，一定要为现实服务，为少数民族服务，否则他就没有生命力。为此，只要民族地区需要，我总是毫不犹豫地投入一定精力，在语言规划和语言应用方面做自己力所能及的工作。例如为羌族创制文字，我投入了相当多的精力做这件事情，虽然没有升职、评职称所需要的具体成果。再如为了保护怒族文化，2010 年怒江州的怒族提出希望为他们的语言设计拼音符号，以记录和抢救他们的语言和文化，我也专程赶往怒江，和怒族朋友一起讨论怒族拼音方案中的一些具体问题。这是民族语文工作者义不容辞的责任，为此花一点精力和时间是值得的。

（九）站在少数民族语言学科发展的高度，总结学科发展的经验，提出学科发展的方向

尤其是世纪之交和新中国成立 60 年、改革开放 30 年等，根据工作的需要，或者应领导安排或者有关单位约稿，写过许多总结性质的文章、报告和综述。如《20 世纪的中国少数民族语言文字研究》（《20 世纪的中国语言学》，北京大学出版社 1998 年版）、《20 世纪中国民族语言学的回顾与展望》（《语言与翻译》1998 年第 4 期）、《20 世纪的汉藏语系语言研究》（《中国民族研究年鉴》，民族出版社 2001 年版）、《开创新世纪民族语文工作的新局面》（《民族语文》2002 年第 6 期）、《中国少数民族语言研究》（《20 世纪中国学术大典·语言学》卷，福建教育出版社 2002 年版）、《改革开放以来的少数民族语言文字研究》（《科学发展——社会秩序与价值构建——纪念改革开放 30 周年纪念文集》，北京师范大学出版社 2008 年版）、《民族语言文字研究 30 年》（揣振宇主编《中国民族学 30 年》，中国社会科学出版社 2009 年版）等。

此外，作为中国语言学年鉴编委，我自始至终承担中国语言学中少数民族语言文字研究的综述，开始于 1992 年，每年 1 篇，至 1999 年，改为每 5 年出 1 次，每次综述基本上都是由我承担的。后不久，《中国民族研究年鉴》创刊，我曾经担任过编委，为每年的年鉴写过综述，总数估计在 10 篇左右。

（十）完善了中国少数民族语言谱系分类表

一个多民族、多语言的国家，是否有比较完善并经得起时间检验的语言分类表是反映这个国家这一领域学术研究水平的重要标志。早在 20 世纪 30 年代，著名语言学家李方桂就提出了中国语言分类表，1951 年，我的老师罗常培在科学通报再次修订了中国语言分类表，后不久，他与付懋勋合作，于 1954 年在《中国语文》杂志发表了较详细的分类表，涉及 48 种语言。但是不管哪个时期的分类表，都有一大堆语言地位未定的问题。直到 1958 年在第二次民族语文科学讨论会上，内部印发了中国少数民族语言分类表，那是在语言大调查基本上结束以后提出的，共涉及 60 多种语言，其中有 10 多种分类未定的语言。语言分类表的修订和完善，是一个渐进过程，是与一个国家语言科学调查研究所取得的成就分不开的，是建立在对每个具体语言深入研究基础之上的。没有上述条件是给不出语言谱系分类表的。改革开放以后，付懋勋在撰写大百科全书词目写到"中国少数民族语言"时说，"中国少数民族语言约在 80 种以上"，但在他撰写的另一个条目"中国少数民族语言的研究"时所附录的中国民族语言系属简表只收了 63 种语言。

后不久，少数民族语言领域掀起了语言识别的小高潮，民族语文工作者在全国各地陆续调查研究并发现了一批新语种。直到我 1988 年撰写《语言识别与民族》一文时，中国的少数民族语言已经确知达到 100 种以上。在该文章的附录列出了 102 种语言的名称，并进行了分类。后不久，1999 年我在香港发表题为《中国空白语言的调查研究》一文时，已经列出了 137 种语言或"话"的名称，后来经过深入比较研究，一些话被合并到另一种语言里作为该语言的方言，如草苗话合并于侗语、锦话合并于莫语、宽话合并到户语、耶容话合并到侗台语的某种语言里等。到2007年出版《中国的语言》，列出了129种语言，未包括俄罗斯、艾伊努以及后来发现的布芒、户、撒都、那斗等语言。把最新成果反映到语言系属分类表里，不断修订和完善它，是少数民族语言研究工作者义不容辞的一项重要工作，也是反映这个学科成熟程度的表现。当然，对这个分类表中一些具体语言，可能存在这样或那样的不同意见，我们本着实事求是的原则，不断吸收各方面的新成果，不断完善这个分类表，是完全应该的。

如果把学科建设比做用钢筋水泥建成一座大厦的话，那我的工作仅仅是起到了水的作用。把前人搭建的钢筋架子，加上大家收集的石子、水泥，添上水混合在一起，浇灌到前人开凿好的地基、搭起的架子里，一层又一层，越建越高，越建越雄伟……

（十一）在长期开展少数民族语言尤其是汉藏语系语言研究的过程中，积累了一些理论问题

在我的文章或著作里，包含了以下一些理论思考有待于进一步深入。

第一，历史类型学问题。在汉藏语系历史比较研究过程中，一些学者提出汉藏语系的一些特点，另一些学者则反驳说这是类型学的雷同，不是发生学的关系。语言的类型是会改变的，有亲缘关系的语言原始类型应该是相同的，即使后来变得面目全非了，但只要我们把类型的历史演变研究清楚。历史类型学也应该是汉藏语研究的一个重要课题。我有几篇文章是讨论类型的历史演变的。

第二，语言或方言的区域趋同问题。语言接触是当前语言学

界一个热门话题，开过多次专题讨论会。区域趋同是语言接触的一种隐形表现，有大量的语言实事可以用区域趋同来加以解释，因此研究区域趋同理论对说明语言或方言的演变趋势和特点有很强的解释力。

第三，语言演变链问题。语言的演变是渐进的，比较汉藏语系的许多语言特点，无论语音或语法都存在演变链问题，大到不同语言的历史演变往往处在某个演变链节上，小到一个语言现象在不同的语言或方言里处在不同的演变阶段，形成链状。研究这个演变链对语言分类、语言关系、语言定位、语言演变趋势的评估有重要意义。汉藏语系的语音演变链和语法演变链基本上是同步的。

第四，语言与方言的界限问题。这是国际语言学界一直争论不休的问题。我结合中国语言和方言的实际情况，提出区分语言和方言的理论框架，为中国的语言识别建立了理论依据，把语言识别的社会政治标准和语言结构标准有机结合起来。我在《语言识别和民族》一文中提出了这一理论。

第五，关于构拟原始共同语的理论和方法问题。我多次提出，构拟要建立在扎实的资料基础上，构拟者要洞察所构拟语言的主要音变规则，构拟要排除语言历史演变过程中的一些枝节现象，防止将语言演变过程中产生的语言现象当作原始现象，构拟的形式要能够解释所构拟的语言集团所有（至少大部分）的语言现象。

第六，混合语问题。中国历史上就是多民族多语种的国家，几千年各民族接触的历史形成了非常丰富的语言接触的实事，包括形成了一些混合语现象，这并不奇怪。但是如何解释这类现象，与境外已经提出的洋泾浜、克里奥尔等语言现象哪些有关系、哪些不同，是值得深入研究的重要语言学理论问题。中国的语言实事和经验也许对国际语言学界是一个重要的丰富和补充。

　　中国少数民族语言文字研究经过几代学人的前赴后继，已经走向成熟期。每一代学人不管他主观意识如何，都要掂量掂量自己的角色，要想一想，我为这个学科贡献了什么？小到写了一篇或几篇有新意的文章，大到为某个学术领域做出了重要的贡献。我坚信，学术发展的规律是"青出于蓝胜于蓝"，这个规律是永远改变不了的。

孙宏开

2011 年首发于中国社会科学网

2016 年春修订

杜荣坤
Du Rongkun

男，1935年生，上海人，中共党员。1957年毕业于复旦大学经济系。同年分配至中国科学院民族研究所（后改为中国社会科学院民族学与人类学研究所）工作。先后任实习研究员、助理研究员、副研究员、研究员。2006年被推选为首届中国社会科学院荣誉学部委员。曾任民族学与人类学研究所所长、《民族研究》杂志主编。并曾兼任国家社科基金民族问题研究评审组副组长、中国民族研究团体联合会副会长及多个学会副会长、会长。2007年、2008年和2011年，由中国校友会、《大学》杂志及21世纪人才报等联合发布的三届《学科研究报告》中，被遴选入"中国杰出人文社会科学家"名单。现仍被聘为中国民族学研究会汉民族分会名誉会长、影视人类学分会名誉会长、中国民族史学会顾问等。享受国务院特殊津贴。曾被授予中国社会科学院优秀共产党员称号。科研成果多次获国家和省部级奖。

主要著作：独著及合著有《杜荣坤民族研究论集》《中国民族史》（副主编，1996年获北京市社科优秀成果特等奖、1997年获吴玉章人文哲学社会科学优秀成果一等奖、1999年获国家社科基金项目优秀成果一等奖等)、《准噶尔史略)》（编写组负责人)、《西蒙古史研究》(1987年获北方十五省市自治区哲学社会科学优秀图书一等奖)、《柯尔克孜族简史》(1991年获新疆维吾尔自治区哲学社会科学优秀成果二等奖)、《柯尔克孜族》（知识丛书)、《柯尔克孜族社会历史调查》(1991年获新疆维吾尔自治区哲学社会科学优秀成果二等奖)、《中国少数民族调研丛书·哈萨克卷》、《中国历史地图集·西北图幅》（曾获上海哲学社会科学优秀成果特等奖、中国社会科学院优秀成果荣誉奖等)、《中国大百科全书·民族卷》（民族史分支学科副主编)、《新疆三区革命史鉴》（编写组负责人）等。并发表了一批有学术价值的论文，得到专家学者好评。

我与民族研究结下"不解之缘"

我自1957年从复旦大学毕业进入民族研究所工作至今,已度过将近60个春秋。在这长达半个多世纪岁月中,祖国的政治、经济、文化等方面皆取得了辉煌成就,到处呈现一派欣欣向荣的景象,社会面貌发生了翻天覆地的变化。而于此大背景下,我个人也不断成长进步,由一个刚解放时稚气未脱的中学生,升入高等学府,迈进科学殿堂,走上民族研究的学术道路。

一 选定以"民族研究"作为终身职业

2017年是我从事民族研究工作60周年。在这数十年里,我和民族研究建立了深厚感情,并取得了一定成绩。有人问我,你毕业于复旦大学经济系,之后为何选择以"民族研究"工作为自己的终身职业,并为之奋斗不已?

的确,民族研究并非我原来的志愿。从幼时起,由于我受到姨父母及诸表姐弟的影响(姨父曾开设"康济医院"),立志长大成人后要做大夫,当个好医生,认为当医生既能治病救人,救死扶伤,生活又有保障,是最好的自由职业。1953年当我报考大学医疗系体检时,竟因患有红绿色盲及平足,不能报考医科和工科类，要重新填报志愿，我顿时感到很失望。经过反复考虑，我最后决定报考文科经济系，并以优异成绩被复旦大学录取。当时，党和政府对高等教育十分重视，虽然那时尚处于新中国成立之初国民经济恢复时期，国家经济十分困难，但党和政府对大学生实行公费和"三包"政策（免交学杂费、包伙食、包分配），对调干生和家庭贫困的大学生，每月还发给零用钱，使入学者无后顾之忧，能安心投入学习中去。在复旦就读经济系期间，我的情绪才逐渐稳定下来，随着对经济学诸课程的学习和对经济学未来工作的深入了解，我认识到从事经济理论研究和经济部门工作对国家建设与发展的重要意义。在经济系4年学习期间，我一直担任班长和课代表，大二时曾被组织推荐为留苏预备生（后因故未能去成），并确立了较稳固的专业思想，使我决心在毕业后，要把从事经济工作作为自己的终身职业。但1957年夏我从经济系毕业时，却遇到新问题，从事经济工作的愿望又遭破灭。由于当年全国正在开展"反右"运动，很多经济理论部门和经济机构都处于人事冻结状态，所以我被分配到中国科学院民族研究所工作。

同年8月，我服从组织分配，带着对民族研究工作茫然无知的心情赴北京报到。当时中国科学院民族研究所尚未成立，正处于筹备过程中，故当年由复旦、北大、南开、厦大四校分配来的毕业生报到后，先参加中央民族学院历史系民族学研究班，听苏联和中国著名专家切博克萨罗夫、吴汝康、林耀华等讲授民族学、人类学等诸课程，并参加研究所部分筹备工作。在民族所工作和学习期间，我们学习了马克思主义关于殖民地问题和民族问题理论及有关古代社会产生与发展的经典著作，阅读了大量国内少数民族地区的历史及社会、经济、政治与生活习俗的材料，学习了国内有关民族学、人类学的专业知识及党和政府的民族政策，使自己对民族研究的目的、内容、方法和理论有了较为全面和系统的了解，对民族研究工作有了初步认识。特别是毕业一年后，即1958年，正赶上根据1956年毛主席关于"开展民族社会历史大调查"指示，在全国开展民族大调查的机遇下，我有幸参加了民族大调查和民族问题丛书编写工作。这对我最终选择以民族研究作为自己终身职业起到了关键和决定性作用。

2006年秋，被推选为中国社科院首届荣誉学部委员后，在书房拍照留念

1958年，中国科学院民族研究所正式成立，在全国人大民委和国家民委的领导下，全国组建了16个民族调查组，在民族地

区开展了大规模的社会历史调查工作。当年我就被分配到全国人大民族委员会新疆少数民族社会历史调查组进行调研工作和民族问题"三套丛书"("简史"、"简志"、"史志合编")编写工作,并被任命为新疆调查组柯尔克孜族分组组长。从1958年至1962年,我一直在新疆进行社会历史调查和分组民族丛书编写的组织领导工作。20世纪50年代至60年代初,正值我国国民经济恢复和经济困难时期,一切都得白手起家。当时从北京至乌鲁木齐连火车都不通,再加上新疆地域辽阔,地形复杂,气候多变,交通不便,民族调查条件十分艰苦。但民族大调查是大熔炉、大课堂,为人们提供了很好的锻炼环境,是学会"做人"和"治学"的有效途径。在多年的民族调查中,人们充分发扬了艰苦奋斗、奋发图强的精神,锻炼了意志,改造了思想,极大地提高了大家为人处世的能力、学术水平及治学方法,使我受益匪浅,一生受用不尽。

在当年的民族大调查工作中,大多数为年富力强的中青年,包括我本人在内,很多原本不了解民族研究工作。但我在多年调查工作中,通过与兄弟民族接触,并得到他们热情接待及大力支持,从而对兄弟民族和民族研究工作产生了深厚的感情和浓郁的兴趣。这使我更加热爱少数民族,更加确立和坚定了要把民族研究作为自己终生奋斗的职业、要为民族工作服务的决心和信心。

全国民族大调查参加人数最多时有1000多人,仅新疆地区参加者最多时就有100多人。它不仅在政治思想上造就了一代人,学术上也取得了很大收获,收集和积累了大量丰富的学术资料,编写和出版了数百部"简史"、"语言简志"和"自治地方概况",培育了大批人才和专家学者,开创了我国民族研究工作新局面。我本人通过民族大调查和丛书编写工作，多年来亦在老专家的指导和帮助下，采取边干边学、调查研究与编写相结合等方法，对民族研究专业知识有了更深了解，熟悉并积累了更多资料，专业水平得到不断提高，为以后在民族研究工作中成长和发展创造了良好的条件、打下了较为深厚的基础。

二　主要的学术思想和学术成就

1963年我参加完民族大调查，从新疆回所后，长期从事西北民族史、民族学及中国民族关系史的研究工作。历任实习研究员、助理研究员、副研究员、研究员，并曾兼任《民族研究》杂志主编工作。虽身兼所长等行政职务，担负科研组织领导工作，但我仍抓紧时间完成各项科研任务。已出版的个人和合作的主要论著有以下几项：《杜荣坤民族研究论集》（中国社会科学出版社2014年版）；《中国民族史》（主编王锺翰，我为副主编、主要执笔者，中国社会科学出版社1994年版）；《准噶尔史略》（编写组负责人、主要执笔者、全书统稿人，人民出版社1985年版）；《西蒙古史研究》（新疆人民出版社1986年版）；《柯尔克孜族简史》（新疆人民出版社1986年版）；《柯尔克孜族》（民族出版社1991年版）；《柯尔克孜族社会历史调查》（合著，主要执笔人，并负责全书编辑修改、定稿，新疆人民出版社1987年版）；《中国少数民族调研丛书·哈萨克卷》（合著，为调查组组长，民族出版社2001年版）；《中国历史地图集·西北图幅》（西北图幅编绘组后期负责人，编绘者之一，地图出版社1982—1987年版）；《中国大百科全书·民族卷》（民族史分支学科副主编，大百科全书出版社1986年版）；《新疆三区革命史鉴》（编写组负责人,中国社会科学出版社2013年版)。负责编辑《中国民族史学术讨论会论文集》《哈萨克族社会历史调查》;主编《影视人类学国际会议论文集》等。我还参加多种辞典条目撰写工作;发表了一批学术性、理论性和开拓性较强的学术论文,在诸多问题上提出自己的见解,受到学术界的关注。我的学术思想和学术成就主要表现在以下几个方面。

(一)深入开展柯尔克孜族社会历史调查与研究

在长期深入柯族地区进行调查和搜集大量文献资料基础上,我与他人合作编写了我国第一部《柯尔克孜族简史简志合编》(后以《柯尔克孜族简史》为书名出版),撰写了多篇柯尔克孜族历史和现况的调查报告,皆已发表。编写少数民族知识丛书

1992年率团赴德国进行学术交流

《柯尔克孜族》（民族出版社1999年版），并发表了多篇有关柯尔克孜族史学术论文。在这些论著中，我提出不少新见解，对维护祖国统一和领土完整、加强民族团结，做出了自己应有的贡献。

（二）开拓我国西蒙古史研究新领域

长期以来，在我国蒙古史研究中，往往着重东蒙古史，而忽视西蒙古研究，一般只在从事清史研究中论述清统一西北时，才稍许涉及西蒙古问题，专题性著作和文章很少，尤其对元明时期西蒙古的研究更是寥寥无几。自1976年起，我即策划和组建包括中国社会科学院民族所和新疆社会科学院民族所科研人员在内的《准噶尔史略》编写组。同名书是新中国成立后编写的第一部比较系统完整的西蒙古准噶尔史（1985年由人民出版社出版）。编写组对相关的中外历史文献和档案资料作了全面系统的搜集整理与研究，充分吸收了国内外成果，对准噶尔历史的各个不同发展阶段和一系列重大的历史事件与历史人物分别作出了分析论述，提出了许多新见解。通过对准噶尔史的研究，我们还出版了一批相关论著和资料译编。编写组一些成员后来成为国内外研究西蒙古史的著名专家，为其后在国内开展对西蒙古史的一系列研究起了积极推动和促进作用。

（三）在西蒙古史研究中，提出一系列新见解

关于西蒙古史问题，我在论著中提出一系列新见解，主要表现为：第一，对厄鲁特的族源、分布、迁徙、政治、经济和社会发展变化及其与周围诸族的关系等，都提出过自己的独到见解；第二，关于对准噶尔领袖和历史人物如何评价问题。根据当时国内外历史背景和实际情况，我在《关于准噶尔历史人物评价问题》的论文中，提出三条标准：客观上是否有利于民族团结、祖国统一；是否有利于本民族社会经济发展；是否有利于反对外来侵略的斗争。16世纪至18世纪中叶，准噶尔出现不少有名的台吉和可汗，前后有十多位领袖，过去有些学者对他们的评价常常采取全部否定或全部肯定的态度。根据以上标准，我对准噶尔领袖人物评价不囿成说，而是根据大量历史资料，经过深入研究，实事求是地加以评述。我认为，对大多数领袖人物，不应轻易加以否定，破坏民族团结和祖国统一的民族败类毕竟是少数。特别是对策妄阿拉布坦和噶尔丹策零在准噶尔社会发展和对外斗争中所起的积极作用给予充分肯定，恢复了其历史本来面目。而对阿睦尔撒纳等人所进行的叛乱分裂活动，因其违背历史发展趋势，应给予否定。我还认为，在评价准噶尔历史人物时，必须立足于中华民族，放眼整个历史发展过程，坚持实事求是、民族平等的原则，既要铲除历史上正统的封建王朝体系和大民族主义影响，又要冲破历史上遗留下来的民族偏见的束缚。只有站在全中国和全民族的立场，才不至于因为准噶尔首领曾反对过清廷而统称之为叛乱，否定他们在历史上的功绩；才能避免对清廷统一西北边疆只歌功颂德，而忽略他们的阶级局限性和民族压迫、歧视政策。同样，只有站在全中国和全民族立场，我们才能消除民族主义偏见，对一些领袖人物勾结外国侵略势力，进行民族分裂活动，给各族人民所造成的祸害有足够的认识，而不致偏爱，才能对清朝统一西北边疆的历史意义作出恰当评价。

（四）对我国统一多民族国家历史形成和发展规律问题的探讨

1982年，我发表《试论我国历史上统一与分裂、战争与民族英雄》一文，提出我国历史发展之规律，是个有统一有分裂、以统一为主流的不断发展过程，是历史长期发展和不断统一的结果。即由小统一到大统一，由局部割据政权的统一到地区的统一，再由地区的统一发展至全国的统一，由若干民族的统一发展至几十个民族的统一。其间虽然经历分裂时期，但总趋势是向着越来越大的地域、越来越多的民族统一的方向发展，最后形成为清代大一统，奠定了今天祖国大家庭的基础。1995 年，我在台湾作学术报告《略论中华民族的形成和发展》，具体论证了我国历史上所经历的 4 次民族大迁徙、大融合和 5 次大统一，中华民族在无数裂变和凝聚中孕育成长，逐渐形成为不可分割的整体。我在《准噶尔史研究中的几个问题》一文中也提出，从历史上看，我国与世界上某些多民族大国具有不同的发展特点。世界史上出现过的多民族大国，如罗马帝国虽有一时之统一，终究还是分裂成很多独立国家；而我国多民族国家历史的发展，虽也出现过分裂时期，但总的发展趋势是一次又一次地走向统一，至清朝前期最后奠定我国多民族大家庭的基础。

（五）游牧民族宗法封建社会，是否存在封建土地所有制问题

关于游牧民族宗法封建制问题，在 20 世纪 50 年代，国内外学者曾展开讨论，但尚未得出一致结论，特别是在我国，对此的探索很不够。一般都认为，游牧民族宗法封建社会，牲畜是生活资料，亦是唯一的生产资料，土地这种物质生产要素不起重要作用，不是生产资料，也不能建立封建土地所有制，不存在封建土地所有制问题。1989 年，我发表了《论哈萨克族游牧宗法封建制》一文，根据自己长期对柯尔克孜族、哈萨克族的调研，以有关的历史文献、习惯法及调查资料为依据，进行全面深入研究，对 15 世纪至新中国成立前我国哈萨克族游牧宗法封建制的基本特点进行探讨，认为游牧宗法封建社会和通常所指的农业民族封建社会既有共同点、又有不同点。其共同点是，在封建制度下，生产关系的基础都是封建主占有生产资料和不完全占有生产者。在游牧封建社会，土地亦是重要的生产资料，实际上存在着封建土地所有制，它是在氏族公社共同使用形式掩盖下的封建土地私有制。

（六）关于如何评价"新疆三区革命"的性质和错误问题

1944 年 9 月至 1949 年 9 月，在新疆伊犁、塔城、阿尔泰三区爆发了以维吾尔族和哈萨克族为主体的各族人民声势浩大的反对国民党反动统治和帝国主义侵略的起义，建立三区革命根据地，开展了英勇的武装斗争，一直坚持到全国解放战争胜利，为新疆的和平解放做出了重要贡献。但由于它不是在中国共产党直接领导下进行的，最主要的是它没有进行民主改革，未能废除剥削制度，因而基本上没有触动封建地主阶级利益。在革命初期，封建统治上层还把持着一定领导权，特别是在基层，尚保留着封建统治阶级特权，人民仍然受到阶级剥削和封建压迫。三区革命初期，主要领导权曾一度掌握在封建宗教上层手中，他们大肆宣传泛伊斯兰教主义和大土耳其主义，不加区别地对待汉族，甚至发生杀害汉族人民的现象，公开宣称要成立所谓"东土耳其斯坦共和国"，企图将新疆从祖国大家庭中分裂出去，给三区革命带来严重危害。因而三区革命问题就成为很敏感的问题，维吾尔、哈萨克等族和汉族学者都不敢去碰，不敢展开讨论，怕被说成是民族主义和大汉族主义。直至改革开放初期，提倡学术思想自由后，对三区革命的研究仍是一潭死水。为打破此僵局，引导大家破除顾虑、解放思想，开展"三区革命"问题自由讨论，以便分清是非、总结历史经验教训，最终得出正确的科学结论，我于1986年在《民族研究》杂志上发表了论文《新疆三区革命是我国人民民主革命一部分》。文中对三区革命作了充分肯定，认为三区革命是新疆近代史上一次具有重大意义的民族民主革命运动。由于三区革命坚持斗争，打击了国民党反动派在新疆的专制统治，粉碎了帝国主义的侵略阴谋，牵制了国民党在新疆的10万军队，有力地支援了全国尤其是西北的解放战争，为新疆和平解放创造了极为有利的条件。文中还指出，"三区革命"初期，在民族问题上是有错误和缺点的，但其内部始终存在着统一和分裂的矛盾与斗争，而最后先进分子革命派终究取得胜利。此文发表后，起了积极推动作用，对新疆乃至全国研究三区革命与近现代史都有较大影响。后我又与其他同志合作撰写专著《新疆三区革命史鉴》，对此问题进行更全面系统而深入的论述。

（七）关于"炎黄子孙"与"中华民族"的提法问题

多年以来，我对包括官方在内的人们常常以"炎黄子孙"来代表"中华民族"的提法持有异议。2002年，在陕西宝鸡召开的汉民族研究国际学术讨论会上，我提交《对"炎黄子孙"提法之我见》一文，此论文后在《中国民族报》和《论文集》上刊登。论文认为，"炎黄子孙"、"炎黄文化"，并不等于"中华民族"、"中华民族文化"或"中华文化"，反之亦然。"炎黄子孙"主要是指汉族，虽也包括部分少数民族，但不能涵盖所有少数民族，并从历史学、考古学、人类学和民族学的角度加以论证。在论述"中华"含义之历史演变后认为，"中华民族"为各民族之总称，其提法应包含"炎黄子孙"之内涵，但又不同于"炎黄子孙"。在一般情况下，"中华民族"的提法较为科学，也更符合我国统一多民族国家历史发展的实际，更有利于国家统一、民族团结及"振兴中华"之大业。

三　治学中之经验教训

新中国成立以来，我国的民族工作和民族研究工作经历了毛泽东时代的黄金时期和邓小平、江泽民、胡锦涛改革开放的黄金时期，现又进入新时代。我国的民族研究工作，无论是历次中央慰问团慰问工作、民族识别和民族大调查工作、资料收集整理还是科研机构的发展、科研成果和人才培养，以及国内外的学术活动及学术交流、学科的发展等方面，都取得了丰硕成果。特别是1978年以来，我国进入以经济建设为中心的改革开放时期，民族研究诸学科取得了更大成就，研究工作面貌发生了根本性变化，民族研究进入了繁荣发展新时期。我所在的民族所的建立和发展的全过程，就是新中国成立后两个黄金时期反映在民族研究领域的缩影。

民族研究所成立于1958年6月，为新中国成立后第一个国家级少数民族综合性多学科的研究机构，是根据1956年毛泽东主席指示要在全国开展大规模少数民族社会历史调查工作的产物，特别是根据当时社会主义改革和建设以及民族工作与民族研究需要应运而生的。因此，它的成立受到中共中央、国务院有关部门和社会各界的关注和重视。民族所成立以来，在中共中央、国务院有关部门和中科院、中国社会科学院等党组织的领导下，在全体科研人员和职工的努力下，有很大发展。现略举二三例为证。

例一，民族所成立后，党组织不断发展壮大。1958年，民族所刚成立时，只有6名党员，1个支部。经过几十年发展，至新中国成立60周年，已有在职党员89人，离退休党员101人，党员总数为190人，有党支部11个。党员人数已增加数十倍，建立了所党委，领导力量大为增强。

例二，科研机构和学科设置不断完善发展，日益健全。民族所刚成立时，只有民族问题室、民族历史研究室、民族问题编辑室、图书室和行政办公室等五六个机构。而至2009年，民族所的设置，随着我国政治、经济、文化、社会和学科的发展与民族工作的需要，仅研究室就有11个，还有3个杂志编辑部，加上行政部门、党政科研管理部门及图书馆，机构已增至20多个。研究所还管理7个全国性学会和5个研究中心。研究人员建所时只有50多人，而至2009年，在职人员已有159人，离退休人员170人。全所在职人员最多时一度曾发展到200多人，为学部和社科院人数最多最大的一个所。

例三，从科研工作数量和质量来讲，都有很大提高。据科研部门统计资料，民族所成立以来至2009年，出版专著515部、合著182部、工具书121部、译著113部，发表学术论文5121篇，拍摄人类学影视片70余部（集）。质量上也有很大提高。民族所论著和对外合作项目中，很多项目曾获国家和省部级特等奖和一、二、三等奖及荣誉奖等，有多项论著和工具书为精品与传世之作。

在充分肯定建国以来所取得伟大成就之际，我们也应总结经验教训，以利再战，续创辉煌。民族研究工作亦不能例外，它在发展中并不是一帆风顺，而是有很多深刻的经验教训，其中最突出的有两条：一是在民族研究工作中，必须坚持科学发展观；二是在指导思想上，必须坚持马克思主义唯物史观和辩证法，坚持正确的政治方向、理论方向和科研方向。

1956—1964 年，民族大调查虽然在民族研究诸多方面和民族工作实践方面取得了很大成果，但也走了一些弯路，存在不少问题。原定要在短期完成"三套丛书"的编写和出版工作未能完成，直至 1991 年才全部完成，时间上延续了很多年。原来要在 4—7 年内完成调查和基本弄清以社会形态为主体等专题调查研究，也因为在调查中以围绕编写"三套丛书"为主体，而影响了调查工作的重点和质量，使不少学术问题和专题研究未能深入下去，有的甚至还未来得及研究。而收集的材料，因是为编写"史志"服务，往往面面俱到，又显得一般化，较肤浅。有些现状部分因为受到当时"大跃进"浮夸风和极"左"路线干扰影响，含有虚假和错误的东西，使"史志"丛书一改再改，改不胜改，最后全国完成的时间，不得不一再向后拖延，差不多拖了 20 年（"文化大革命" 10 年除外）。

当前，我国的民族研究工作虽处于繁荣发展中，但仍存在许多不足之处，其表现主要是理论落后于实践，研究落后于现实需要，基础理论研究薄弱，精品和传世之作还不多。科研人员的马克思主义理论水平与实际运用水平和观察问题的能力还有待进一步提高。民族研究领域著名的"大家"还不多。有些领导和研究人员对调查研究工作艰巨性、长期性和复杂性认识不足，未能实事求是地按事物内部发展的本来面貌和科研工作内在的客观规律行事，缺乏科学发展观。在调查研究工作中表现出怕苦、怕累，急功近利，急于求成，急于出成果，急于求学位，图虚名，甚至发展到研究工作中出现弄虚作假、学风不正等种种不良现象，给我国的科研工作带来损害。

　　科研工作本身是一种艰苦事业。它既是脑力劳动，又是体力劳动，有其自身发展的内在规律。凡事不能违背事物发展规律，不能背离科学发展观。科研工作要求研究人员必须实事求是，扎扎实实，一步一个脚印，要老老实实坐下来，扎下去，日积月累，知识才能不断丰富深厚，才能日久见功底。它要求科研人员必须具备无私奉献、刻苦钻研、奋发图强的创新精神和雄心壮志。这样，才能多出人才，多出成果，多出精品，有所建树，科研工作才能又好又快发展起来。总之，科研工作不能多快好省，无捷径可走，违反科学发展观，则欲速而不达，只能走向邪路。只有那些不畏崎岖艰险者，才能攀登上科学高峰。

　　科研工作中另一重要的经验教训，就是在指导思想上要坚持唯物史观和辩证法，坚持正确的政治方向、理论方向和科研方向。在研究工作中，要力求运用历史唯物主义和辩证法来分析和解决问题；努力做到理论与实证、历史与现实、田野调查与文献研究相结合，使科研成果具有学术理论价值和现实意义。我过去出版的一些论著，就是力图在大量调查研究的基础上结合文献记载，运用马克思主义有关理论和方法进行研究和撰写，并取得一定社会效益及学术价值的。

　　坚持马克思主义唯物史观和辩证法，坚持理论与中国实际相结合，这是我们社会主义国家社会科学研究与西方国家的根本区别。但这并不排斥汲取西方国家比较先进的理论和方法，结合本土特色加以运用。有的领导和科研人员虽口头上也表示要以马克思主义为指导，但在实际研究工作中却置若罔闻。个别人甚至学术上搞"全盘西化"、"全盘洋化"，而对我国本土上民族识别和民族大调查及其他民族工作、民族研究工作则采取全盘否定态度。有人说，学术无国界，若强调以马克思主义为指导，就是人为设置障碍，违背科学发展原则。固然，作为一门科学，其研究对象、内容、方法是无国界，各国大同小异，但研究这门学科的主体人有不同身份、不同立场、观点、方法和目的，因而研究同一学科往往会得出不同结论、达到不同目的、产生不同后果，这涉及科学性问题。多年来的实践证明，社会科学研究只有在马克思主义的指导下，有选择地汲取西方某些理论和经验及方法，结合中国实际加以运用和创新，才能使中国社会科学又好又快地发展，实现为各族人民的利益和福祉服务的宗旨，真正坚持正确的政治方向、理论方向和科研方向，民族研究也才能更好地为少数民族地区的开发和繁荣做贡献。

四 做人要恪守的原则

数十年来，我在从事民族研究工作期间，曾长期兼任所、室和好几个学会的领导工作。去年有来访者谈到，群众反映我为人谦和正直，淡泊名利，德高望重，深受大家爱戴，要我谈谈人生感悟。"德高望重"，我自不敢当，人生感悟也谈不上，不过概括我的大半生，在日常生活和工作中，有几条原则是较为坚持的。

（一）认认真真学习工作，清清白白做人

我祖籍江苏宜兴，出身于上海一个小知识分子家庭。父亲毕业于工商管理专科学校，长期任税务局职员，母亲曾就读于女子师范学校，为小学老师。当时家里人口多，经济拮据，常为生活问题而奔波。但是父母很重视对子女的教育，经常嘱咐我和兄姐四人要"认认真真读书，清清白白做人"。因此，在家庭的熏陶

下，读书阶段，我可以说在家是"乖小囡"，在学校中是好学生。我1951年加入青年团，1953年入复旦大学经济系，1955年成为共产党员，从中学到大学，学习成绩优秀，并一直担任班级及学生会干部。平素尊师重道，与同学真诚相处。在中学期间，我白天在校学习，晚上还抽时间兼任民校老师，义务为社会上贫苦儿童和青少年讲课，既服务于社会，对自己也是很好的锻炼。

参加工作后，我也遵循这一原则，勤奋踏实工作，光明磊落做人。在科研工作中兢兢业业，撰写论著力求有所创新。每次开会发言，都预先做好充分准备，以期言之有物、听者受益。而在每年硕士生、博士生论文评审中，经认真审阅后，在充分肯定成绩的同时，也提出中肯的修改意见，使其从中获益。

1993年夏，在北京主持"海峡两岸民族史讨论会"期间，参观雍和宫时，与夫人白翠琴研究员及台湾学者王吉林教授合影

我平时经常提醒自己，要严于律己，宽以待人，少说多做，多为群众办实事。对自己要多看不足之处和存在的问题，虚心听取群众意见；对同事和后学，则要多看其长处和优点，尽量解决他们的实际困难，加以奖掖提携。

在工作顺利和取得成绩时，要有忧患意识，多看到前进中的困难；在工作和生活中遇到困难和挫折时，要求自己"胜不骄，败不馁"，常用"愈挫愈奋"的精神来激励自己，摆正思想，坦然面对困难，使问题逐步得到解决，使工作和生活沿着正常轨道前进。

（二）在工作中坚持民主集中制原则，充分发扬民主，勇于承担责任和改正错误

在民族所工作期间，我除从事研究工作、努力完成各项科研任务外，还兼任研究所行政领导工作和多个社会学术团体工作。行政上历任副主任、副所长、所长等职务。曾兼任全国社会科学基金民族问题评审组副组长、中国民族研究团体联合会副会长、中国民族理论研究会副会长、中国少数民族哲学思想史研究会副会长、中国民族经济研究会副会长、中国都市人类学研究会副会长、中国民族学研究会汉民族分会会长和影视人类学分会会长等职务。现仍担任中国民族学研究会汉民族分会名誉会长和影视人类学分会名誉会长、中国民族史学会顾问等。

长期的工作实践使我深深地体会到，在个人和组织关系方面，一定要树立牢固的组织观念，坚持贯彻好民主集中制原则。强调要有组织观念，并不等于抹杀个人不同见解和看法。但当组织作出决定后，个人意见可以保留，而在行动上就要坚决服从。在我的一生中，有很多问题皆有自己看法，不少事情是违背自己

初衷的。我自认为不善于当领导，不愿出头露面，但当组织上决定要我出任所、室负责人，进而更要担任好几个学会副会长和会长工作后，尽管内心有想法，但在行动上坚决服从。不仅要组织上服从，更需要把所担负的工作做好，以不辜负组织对自己的殷切期望和群众的信任。

多年兼任行政工作，我深切地感到，作为所、室领导，必须充分发扬民主，听取各种不同意见，勇于承担责任和改正错误。要善于团结领导班子成员，同志之间，一定要开诚布公，若有意见，摆在桌面上谈，不搞小动作，不当面一套、背后一套，不互相争权夺利，不搞宗派和小圈子。努力创造一种以诚相待的工作氛围，以充分发挥大家的积极性，促进各项工作的开展，并注意培养青年科研骨干和学术带头人，形成老中青相结合、具有开拓精神和学术实力的科研队伍，使民族研究薪火相传，后继有人，日益繁荣发展。

（三）名利面前退避三舍，生活方面清心寡欲

在现实生活中，"毫不利己，专门利人"是很高的标准和思想境界，一般人极难达到，我也不例外。但我在工作和生活方面，特别是涉及个人名利的时候，绝不去与人争，更不会做损人利己之事。我要求自己尽可能地做到"先公后私，先人后己"。无论是住房分配，还是职称评定、评选突出贡献干部及博士生导师申报等牵涉到个人切身利益和荣誉的问题，皆要求自己后退一步。对于群众生活和工作中的实际困难，则要求自己满腔热情地尽可能加以解决；暂时不能解决的，也要说明情况，并竭力为其创造条件。总之，需把群众冷暖时刻放在心中。

我平素不抽烟、不喝酒，衣食住行都不讲究，很长时间两家

9口合住在一个单元中，拥挤不堪。当所长时，每天坚持骑自行车上下班，退休后去院部开会也多坐公交车往返。生活中没什么特殊要求，牢记"知足常乐"之真谛。时常提醒自己，生活上要与过去比，与低生活水准者比，而工作上则须高标准严要求，保持共产党员本色，为科研事业发挥余热。

对照以上几点原则，我做得并不完好，也没什么成功经验可加以总结。但我时常以此告诫自己，鞭策自己，作为自己做人和治学的座右铭，并在工作生活中身体力行，尽力而为，以无愧于毕生之追求。本文最后，我拟用"夕阳无限，晚霞满天，学海遨游，冀谱新篇"这16字以自励，也愿与大家共勉之。

杜荣坤

2011年首发于中国社会科学网

2016年春修订

杨一凡
Yang Yifan

男，汉族，1944年3月生，陕西富平人。中国社会科学院荣誉学部委员，法学所研究员、博士生导师，社科院研究生院教授。曾任中国法律史学会会长。1990年人事部批准为"有突出贡献的中青年专家"，1992年享受国务院颁发的政府特殊津贴。

长期从事中国法律史研究，已出版独著、合著和主编科研成果40余种。独著有《重新认识中国法律史》《明代立法研究》《明初重典考》《明大诰研究》《洪武法律典籍考证》等，合著有《历代例考》《明代法制考》《中国法律思想通史》（明代卷）等。主编有《中国法制史考证》（15册）、《中国法制史考证续编》（13册）、《新编中国法制史》《中国法制史概要》《中华人民共和国法制史》《日本学者中国法制史论著选》（4册）《中国古代法律形式研究》《中外法律史新探》等。整理和主持整理的法律古籍成果有《中国珍稀法律典籍集成》（14册）、《中国珍稀法律典籍续编》（10册）、《皇明制书》（4册）、《中国监察制度文献辑要》（6册）、《中国律学文献》（19册）、《中国古代地方法律文献》（40 册）、《古代榜文告示汇存》（10 册）、《古代乡约及乡治法律文献十种》（3 册）、《历代珍稀司法文献》（15 册）、《古代折狱要览》（16 册）、《历代判例判牍》（12 册）、《古代判牍案例新编》（20 册）、《清代秋审文献》（30 册）、《清代成案选编》（甲编）（50 册）等。发表有见解的法律史学论文 60 余篇。

科研成果获十余项国家级、省部级奖，其中，《明大诰研究》1994 年获全国法学优秀图书一等奖；《中国珍稀法律典籍集成》1996 年获第 2 届中国社会科学院优秀科研成果荣誉奖；《中华人民共和国法制史》1998 年获第 11 届中国图书奖；《中华人民共和国法制史》（修订本）1999 年获第 4 届国家图书奖提名奖、中宣部精神文明建设"五个一工程"第 7 届入选作品奖，2000 年获中国社会科学院追加优秀科研成果奖；《中国珍稀法律典籍续编》2004 年获第 5 届中国社会科学院优秀科研成果二等奖；《中国法制史考证》（甲编）2007 年获第 6 届中国社科院优秀科研成果一等奖；《历代判例判牍》2011 年获第 7 届中国社会科学院优秀科研成果一等奖；《清代成案选编》（甲编）获 2014 年度全国优秀古籍图书一等奖。

全力推进中国法律史学的创新

我和许多同龄学者一样，治学道路是曲折、艰辛的。1963年秋，我实现了梦寐以求的夙愿，考入北京政法学院法律系学习。在大学读书期间，我树立了从事法学研究的志向，准备大学毕业后考研究生深造。然而，正当我为自己的理想发奋攻读的时候，先是"社教运动"打断了学习计划，接着横扫一切的"文化大革命"风暴使我的家庭遭受政治迫害，我不但受到株连，还在几年间丧失了读书的机会。

1970年春，我到边陲城市黑龙江省鸡西市委宣传部工作，遇到了一个得天独厚的读书机会。这里的负责人是几位有一定理论修养、政治头脑清醒的老干部，部里的一些图书可以自由阅读。更令我高兴的是，被解散的原市委党校图书馆的数万册图书由我所在的科室负责保管，管理鸡西市图书馆封存图书的又是我的好友，可以从那里私下借书阅读。在那个全国大学停招停课、大小图书馆一律闭馆的年代里，面对如此特殊的优越条件，我不甘虚度年华，又钻进了当时被视为"一钱不值"的学问中去。在鸡西工作的8年间，我坚持读书，未曾间断，从容地读完了上千种包括各类史籍在内的图书，写下了数百万字的读书笔记。这段"乱中治学"的读书生活，为自己争取了近万个小时的学习时间，为以后的研究奠定了基础。打倒"四人帮"后短短几个月内，我在省市报刊上连续发表了多篇文章，内容涉及哲学、史学、经济学等领域，这是那些年日积月累攻读的结果。我在研究生学习期间完成了两本书的写作，并发表了多篇学术论文，也是得益于那些年的知识积累。

一

1978年秋，我进入中国社会科学院研究生院法学系深造，这是我学术生涯的真正开端。3年学习期间，我不仅把中国法律史确定为专业方向，在学术上进行了"突破传统模式"的尝试，而且对法律史学的研究现状和发展方向进行了认真的思考。那时，中国法学是幼稚的，法律史学更是一块亟待开垦的处女地。诚然，数十年来已有许多学者从事这方面的探讨，发表过一些有价值的著述，为学科的建立做出了历史性的贡献。但由于学界对绝大多数文献尚未来得及整理和研究，许多研究领域未曾涉及或刚刚探索，总体来说这门学科仍处于起始阶段。特别是法律史学缺乏科学的学科理论，断代法制史、专题史的研究十分薄弱，研究的思维方式和方法也很滞后，所有这些都制约着它的发展。我在3年研究生学习期间，先后在北京图书馆（中国国家图书馆）、中国社会科学院法学所图书馆、故宫博物院图书馆、北京大学图书馆、中国科学院图书馆等多个图书馆和中国第一历史档案馆，查阅了200多种基本法律文献，阅读了上百种珍藏善本、前人著述和从国外购进的微缩文献，开阔了研究思路。

经过反复思考和总结，我深深感到法史研究中存在着重大缺陷：一是忽视了历史上实际存在的多种法律形式，在许多方面以刑事法律编纂史替代了立法史；二是忽视了各种形式的法律都有其特定的功能，往往只注意从阶级斗争、镇压劳动人民反抗的视角去描绘历史上的法制，这就把丰富的、具有多种功能法律的发展史简单化，使人看不到中华法律文化有何优秀成分；三是法律思想与法律制度、立法与司法割裂研究，未能较全面地反映中国法律发展史的概貌；四是对一些多代相承的基本法律制度和被统治者奉为立法、司法指导原则的法律思想在不同历史时期发生的变化，尚未通过深入的剖析予以揭示，以静态的法律史替代了动态的法律史。

　　阅读大量的古代法律文献，使我认识到，传统法律和法律文化中，精华与糟粕并存，但精华大于糟粕；古今法律是相通的，有着密切的传承关系，历史上法文化的精华有古为今用的价值，应当以实事求是的态度阐述和评价中国法律发展史。基于这种看法，1981年我在硕士学位论文《明初重典考》一书的"后记"中，就"如何创建这门学科的科学体系"和"实现学术思维和研究方法的变革"这一命题发表了自己的观点："在研究方法上，也要从传统的模式或框框中解放出来。这里，我想以下几点是值得注意的：第一，要把各种形式的法律结合起来研究。中国历史上的法律形式较多，如汉有律、令、比等；唐有律、令、格、式；宋于律、令、格、式外，重视编敕；元代重视条格和断例；明、清于律之外，注重编例。从法律实施的实际看，敕、令等的法律效力又常常在律文之上。所以，只有把律与其他形式的法律结合起来研究，把刑事、行政、经济、民事诸方面的法律结合起来研究，才能弄清各代的立法状况。第二，在君主专制制度条件下，法律很难约束皇帝，官吏贪横为奸，法律的规定与实行之间往往有很大的差距，只有将二者结合考察，方能搞清楚古代法制的真相。如果简单地以法律条文为依据撰写历史，势必会出现以伪充真的问题，铸成大错。第三，历代法律的颁行，无不受当时社会经济条件和政局变化的制约，并深深受到文化、军事诸因素和统治集团法律思想的影响，为此，要揭示历史上法律的产生、本质、特点、作用及其发展变化的规律，就不能孤立地只去研究法律本身，而必须结合当时的政治、经济、军事、文化状况和法律思想加以探讨。第四，我国古代法律文献极其丰富，由于历史的局限性等种种原因，不少记载未必完全可靠，对带有关键性、普遍性的重大问题，做一番鉴别、核实和辨异等考据工作，也是需要的。第五，同研究其他历史分支学科一样，法律史的研究必须是在充分地、全面地占有史料的基础上，以科学的方法综合分析，做到实事求是，而不能仅凭个别言论和事实去下结论。"

研究思路的更新，促进了学术水平的提高。我在写作《明初重典考》过程中，运用综合考察的研究方法，在学术上取得了突破。此书出版后，国内外多家报刊发表书评，认为此书"不囿于成说"，"澄清了长期以来在研究明初朱元璋的重典之治问题上许多不实之论，是一部力求恢复历史真相，在历史研究领域中特别是中国法制史研究方面具有突破性的著作"；"在研究方法上打破了传统的模式"，"一整套的'结合'研究在书中得到较好体现"；"是我国法制史学界出现的一部优秀著作"。日本《东洋史研究》发表长篇书评，对此书的内容做了比较详细的介绍。由于该书受到较高评价，后来我被国务院学位委员会、国家教委授予"做出突出贡献的中国硕士学位获得者"荣誉称号，以资鼓励。

1981年7月，我在反复论证之后，提出了实施以创新法律史学为宗旨的"三大学术工程"的总体设想和初步规划。"三大学术工程"由"珍稀法律文献整理""法史考证""重述中国法律史"[①] 三个分支学术工程构成,其总体科研规划是:计划用30多年或更长一些时间,完成20多个重大科研课题,力求达到下述学术目标:第一,在对海内外散藏的法律文献进行全面调研的基础上,完成数百种有代表性的珍稀法律文献的整理,抢救和流传中华法律文化遗产,为开拓法史研究提供必要的基础资料;第二,撰写、出版3部大型法史系列考证丛书,对上千个法史研究的疑义或争议性问题进行考辨,厘正史籍错误或前人不实之论,为法史研究提供基础性科研成果;第三,坚持实事求是的治学原则,较为全面和正确地阐述中国法律发展史,创新法律史学理论,构建科学的中国法律史学的基本框架和学科体系。从那时起,我把创新法律史学确定为自己治学的目标。

我原定1981年8月研究生毕业后,到科研机构从事中国法律史研究,但人事部门根据上级意见和国家需要,安排我到中央政策研究部门工作。在此之后6年中,承蒙单位领导和同事的支持,我仍能挤出相当多的时间从事法律史的研究。在这段政策研究与学术研究双肩挑的日子里,为推动"三大学术工程"的实施,我在法史研究中进行了新的探索。

其一,1981年秋至1985年,基本完成了对国内图书馆藏明代法律史料基本情况的调查,并点校了四编《大诰》等法律文献。其后又历时2年,与王天增等完成了从1600余万字的《明实录》中辑录法律史料的工作。1983年2月,在李光灿教授支持

[①] 1981年提出的"三大学术工程"规划中,三个分支学术工程原称为"珍稀法律文献整理""法史考证""学科科学体系创建"。其中"学科科学体系创建"在1988年春制定的《法学所法制史研究室科研规划》中改称为"重新认识和科学阐述中国法律史";2007年后又改称为"重述中国法律史"。

下，我向学界和全国的一些大型图书馆发出了《关于搜集整理明代法律文献的倡议书》；1986年4月，又同中国政法大学、华东政法学院的有关学者一道，倡议和组织召开了全国法律古籍整理会议，确定在1989年前基本完成从海内外搜集明代稀见法律文献的工作，为《中国珍稀法律典籍集成》（14卷本）的整理做了比较充分的准备。

其二，突破传统模式，运用综合考察的方法研究法史，取得了新的学术进展。这方面的收获有：一是运用法律制度史、法律思想史结合研究的方法，对明代法律史进行了多方位、多层次的探讨和考证，发表了多篇论文。我的学术代表作之一《明大诰研究》，就是运用综合考察的方法，在这一时期完成的。二是打破学科界限，开拓法史研究的深度。我和刘笃才合著的《中国法律与道德》一书，把法学、伦理学、历史学三门学科结合研究，坚持论从史出，就是这方面的一次尝试。同时，针对中国法律史研究中有若干基本问题尚需要予以阐述，我和刘海年先生就80个法史题目做了简明的论证，并汇集为《中国古代法律史知识》一书出版。

二

1987年秋，我到中国社会科学院法学所工作。从那时候到现在近30年来，我坚持把珍稀法律文献整理、法史考证、重新认识和科学阐述中国法律史（后简称"重述中国法律史"）这三大学术工程作为自己科研工作的基本任务，一心一意地投入法律史学的研究。法学所的良好科研环境和充足的时间保证，给我的学术研究创造了优越的条件。1988年春，"三大学术工程"列入法学所法制史研究室科研规划。我在1988年3月写的《关于学科研究现状的基本评估和本室科研工作的基本方针任务》报告及有关会议的发言中,就学科现状评估、搞好三大学术工程及当前科研工作的重点发表了见解。文中认为:"近百年来,中国法律史学研究经历了两个重要的发展阶段。自清末至20世纪70年代末,是法律史学的创立和初步发展时期。进入改革开放新的历史时期以来,是法律史学空前繁荣但存在重大缺陷时期。如何进一步推动法史研究走向科学,已成为学科能否进一步发展繁荣的重大课题。这一点已被许多学者所认识,并开始了有益的探索。人们有充分理由可以深信,今后数十年内,将是中国法律史研究进一步走向科学的极其重要的转折时期。推动法史研究走向科学,需要学界同人长期坚持不懈的为之奋斗。我们(指我和所在的研究室)的学识和精力有限,只能下气力主攻当前影响学科发展的关键性问题。为此,必须把珍稀法律文献整理、法史考证、重新认识和科学阐述中国法律史这三大学术工程作为我们科研工作的基本任务,并制定出具体的科研规划逐步实施。我以为,有必要花费15年左右或更长一些时间,着重搞好珍稀法律文献整理、法史考证两大学术工程,这是创新法律史学、建立科学的学科体系的必要前提。再用10年左右时间,着重就'如何科学地全面地阐述中国法律发展史'进行探讨。在写出若干论证扎实的断代法律史、专题法律史成果的基础上,编写具有较高学术水准的中国法律史。"

从上述认识出发,我对自己60岁前能够进行的科研项目进行了论证,制定了1988—2003年科研工作计划,采取具体措施,推动三大学术工程的实施。

我对法史学科研究现状的评估及今后科研工作基本任务的看

在云南昆明召开的中国法律史学会年会开幕式上致辞（2011年10月15日）

法，得到研究室同人的赞同和所领导的大力支持。1989年4月，为了推动法律古籍整理和法史考证，刘海年、韩延龙先生和我倡导、主持召开了首届中国法律史国际学术研讨会。1991年以后，我主持的有关法律文献整理、法史考证的重大项目，得到了院和国家有关部门的支持，在实施中大多被列为国家或院重点项目。1994年3月、1999年11月，法制史研究室在讨论和制定《科研工作规划》中，均把这些项目列为本室科研工作的重点课题。全室同人同心协力，使科研规划得到了很好实施。

1988—2003年，我在继续搜集和编辑多种法律文献的同时，主持完成了"中国珍稀法律典籍集成"、"中国稀见法律文献整理与研究"、"中国法制史考证"（甲、乙、丙编）等国家和院重点项目。这三个重大课题的完成，形成了2000余万字的多项学术成果，各项成果结项时都达到了"优秀"等级，出版后获三项院优秀科研成果一等奖。

在北京召开的首届中国法律史国际学术讨论会上致辞（1989年4月21日）

如此繁重的科研任务之所以能够如期完成，并达到较高学术水准，是在院、所的大力支持下，参加这些项目的数百名海内外学者共同奋斗的结果。为了保证项目的学术质量，我也尽了自己最大的努力。多年来，我每天都工作十多个小时，几乎所有的节假日都没有休息过。回顾这些年的治学历程，我深深感到："在我的学术生涯中，1988年是一个重要的转折点。从那时起，我有了更加明确的学术目标，以后的学术研究是紧紧围绕这些目标自觉进行的。"

1988—2003年，我用较多的时间撰写了《洪武法律典籍考证》（独著）、《明代法制考》（合著）两本著作；此外，还主编了《中华人民共和法制史》《中国法律史国际学术讨论会论文集》《中外法律史新探》，参加了国家重点项目《中国法律思想通史》明代卷的撰写。

三

2004年，我步入花甲之年。从那时起到现在12年来，我仍全力以赴投入中国法律史的研究，以开拓法史研究的新领域、全面揭示中国古代法律体系和法制面貌为科研工作重点，继续完成三大学术工程的其他重大项目。12年来，我出版独著、合著和主编科研成果29种，计269册，发表论文20余篇，科研成果总字数为8000余万字，其中撰写著述100余万字，点校法律古籍240余万字，独立整理编辑法律古籍影印本3600余万字。这是我一生中学术成果出版最多的时期。

在中国社会科学院法学所图书馆留影（2014年7月31日）

1. 鉴于中国古代律学、地方法律、民间规约、司法制度和清代成案一直是法史研究的薄弱环节，相关研究成果的错误或争议尚多，为开拓法史研究的新领域和解决科研、教学的急需，我着重进行了这几个方面法律文献的编辑和整理。我采取点校和影印相结合的方法，在前些年搜集、整理稀见法律文献的基础上，编辑、整理和出版了《中国律学文献》第1—4辑（19册），《中国地方法律文献》甲、乙、丙编（40册），《古代榜文告示汇存》（10册），《古代乡约与乡治法律文献》（3册），《中国古代民间规约》（2册），《历代珍稀司法文献》（15册），《古代折狱要览》（16册），《历代案例判牍新编》（20册），《清代秋审文献》（30册），《清代成案选编》甲编（50册），为开拓法史研究提供丰富的基础史料。

2. 我组织学者撰写和出版《中国法制史考证续编》系列专著，计13册，435万字。这些专著均是在多年研究的基础上写成，是当代中国学者法史研究的力作。我与日本学者寺田浩明先生主编了《日本学者中国法制史论著选》（4册），进一步推动了中日法文化交流。我先后主编了《新编中国法制史》《中国法制史概要》两部研究生教材，进行了革新法史教材的尝试，取得了较好的效果。为方便学者检索已发表的法史著述和古籍整理成果，我与赵九燕合编了《百年中国法律史学论文著作目录》（2册）。

3. 从2006年起，三大学术工程科研工作的重点逐步转入"重述中国法律史"写作阶段，已完成并出版了《重新认识中国法律史》《历代例考》《中国古代法律形式研究》等阶段性成果。鉴于明代以前的法律大多失传，资料缺失，古代法制研究中的许多重大疑点、难点问题急待解决，为全面、正确地揭示古代法制的面貌，我组织十多位治学严谨、专业功底好的学者，在广泛辑佚资料的基础上，撰写《古代法律辑考》多卷本。这部丛书由十多部专著组成，各专著分别围绕某一研究难点，历时多年，穷尽资料，考证真伪。现已形成多部专著的初稿，计划2018年后逐步出版。该项目的完成，将为重述法律史提供一大批新的重要基础成果。

参观海南博鳌亚洲论坛国际交流中心（2016年1月31日）

30多年来，我主持的以创新法律史学为目标的三大学术工程取得了重要收获。到2015年年底，总共出版了20多部著作和论文集，23部丛书，计310余册，1亿余字。其一，在珍稀法律文献整理方面，出版丛书21部，计266册，收入文献680余种，8250余万字（内有整理标点本3340余万字）；其二，在法史考证方面，原规划的3部考证丛书，已出版《中国法制史考证》

《中国法制史考证续编》两部丛书，计28册，1173万字；其三，在重述中国法律史方面，已出版《重新认识中国法律史》等多部专著和论文集，并与刘笃才、徐立志等学者合作，先后完成了国家社科基金重点项目《中国古代地方法制研究》《明清则例研究》《明清事例研究》的写作。目前，我正在主持"十三五"国家规划"中华法律古籍基本库"工程（3亿余字）、"古代法律辑佚"工程（3400余万字）和《古代法律辑考》多卷本的写作。我们有望在今后10年内，基本实现"三大学术工程"规划的学术目标。

搞好三大学术工程，为推动法史研究创新和走向科学尽心尽力，是我这一生的学术追求。我的学术使命是为后学者当好铺路石子，让他们在前辈和我们这一代学者耕耘的基础上，攀登新的更高的学术高峰。

杨一凡

2011年首发于中国社会科学网

2016年春修订

李步云
Li Buyun

男，汉族，1933年8月生，湖南省娄底市人。中国社会科学院荣誉学部委员、法学研究所研究员、博士生导师。广州大学法学院名誉院长、人权研究院院长，上海金融与法律研究院院长。中国法学会学术委员会委员、法理学研究会顾问、比较法研究会顾问、中国行为法学会顾问。最高人民检察院专家咨询委员会委员，中共中央宣传部和司法部"国家中高级干部学法讲师团"成员。兼任国家行政学院等多所大学的教授。已出版著作40余部，发表论文400多篇，有17项科研成果获奖。1992年10月起享受国务院"有突出贡献专家"政府特殊津贴。2001年5月，获"1996—2000年全国法制宣传教育先进个人"称号。2002年11月，获"2002年全国优秀博士论文指导教师"殊荣。2004年获湖南大学"师德标兵"称号。2008年5月，在《南方都市报》等单位主办的评选活动中，入选"改革开放30周年""风云人物"200名；同年11月30日，在中国经济体制改革研究会等单位主办的评选活动中，入选"改革开放30年120名社会人物"；

同年 12 月 1 日，获中宣部、中央政法委等 4 单位颁发的"双百活动""最佳宣讲奖"。2009 年 7 月 5 日，获中国国际经济技术合作促进会等单位授予的"建国 60 周年共和国建设 100 名功勋人物"称号。2012 年被中国法学会评为"全国杰出资深法学家"。2014 年被中国科学院评为"20 世纪中国知名科学家"。2015 年被一些媒体和出版社评为"中国法治有影响人物终身成就奖"。

法治征程的足印

1978年党的十一届三中全会的召开，开创了我国改革开放的新时代。在这短短的30年里，我们取得了在人类发展史上令世人惊叹的经济发展奇迹，取得了政治、文化、社会进步的举世公认的成就。这首先应当归功于智慧、勤劳、勇敢的全体中国人民，但也同我们的执政党和政府遵循人民的愿望、顺应历史的潮流，而采取以下5项具有根本性、全局性和深远意义的战略决策分不开：一是从实行以阶级斗争为纲，转变为以经济建设为中心；二是从实行闭关锁国，转向对外开放；三是从实行计划经济，转变为实行市场经济；四是抛弃人治，实行法治，倡导依法治国，建设社会主义法治国家；五是确立以人为本的科学发展观，提出构建社会主义和谐社会的目标。

中国社会科学院作为国家最高的人文社会科学研究机构，在改革开放的新时代，充分发挥了它的智囊团和思想库的作用。法学研究所作为社科院的一个研究机构，也发挥了它应当起的重要作用。在参与和推动依法治国、建设社会主义法治国家的历史性进程中，它所做的工作，是学术界和实务界普遍认可的。我一直认为，我们所尽管在某些具体问题上出现过这样那样的不同看法，但在一些根本性的重大理论与实践问题上，表现出了高度的一致。如果法学所在推进依法治国进程中曾起过它应当起的作用，那是全所同志共同努力的结果。我为自己能成为社科院和法学所的一员而感到非常骄傲，也为个人能作为改革开放伟大事业的见证人和参与者，在建设法治国家的历史征途中留下了自己的一行足印而感到十分欣慰。下面，我将回忆同我个人有关的若干活动，作为 30 多年伟大改革开放事业的一个小小的印记和纪念吧。

在中国社会科学院研究生院成立 30 周年庆典上
代表全体导师致辞（2008 年 8 月）

一　突破理论禁区第一声

党的十一届三中全会是 1978 年 12 月 15 日召开的。此前的真理标准问题的讨论和理论务虚会议，为这次全会的召开作了思想上和理论上的准备。依照胡乔木等院领导的指示，法学所于1978年11月下旬在北京市法院的大法庭，召开了全国法学界第一次解放思想学术研讨会。会议由法学所常务副所长韩幽桐主持，副院长于光远、副秘书长刘导生出席会议，于光远同志在会上作了重要讲话。我当时协助王珉同志管科研。这次会议的丰富成果，由我负责整理成一篇详细的会议纪要，以《四个现代化需要民主和法制》为题，发表在1978年11月30日《光明日报》上。这次会议的最大贡献，是强调"必须解放思想，冲破禁区"。所提"禁区"主要有：法律平等与审判独立问题，人治与法制、政策与法律、法制与民主、法制与专政、法制与党的领导等关系问题；还有律师、人权、革命人道主义、法的继承性问题，等等。这次会议对法学界的思想解放起了非常重要的作用。

1979年12月6日，我在《人民日报》上发表了《坚持公民在法律上一律平等》一文，被公认为是法学界突破思想理论禁区的第一篇文章，在国内外曾引起很大反响。我个人曾收到国内不少读者来信，其中一封匿名来信发自陕西农村，说"真担心你被打成右派"。以5种外国文字对外发行的《北京周报》1978年第22期曾对此文作了报道和介绍。民主德国的闵策尔教授曾将此文译成德文在德国发表。我国的《参考资料》1978年12月15日曾登载美联社记者约翰·罗德里克的一篇报道。他说："中国领导主张，所有的公民，包括敌对阶级的人在内，在适用法律上一律平等。""中国要彻底肃清封建特权思想和等级观念，即使对资本家、地主和富农，也要遵循司法。""如果《人民日报》的许诺得到实现，这些阶层的千百万人的命运会有明显的好转。"鉴于这篇文章的重要影响，党中央机关刊物《红旗》杂志不久又主动约我从理论与实践的结合上进一步对该文加以论述，以"人民在自己的法律面前一律平等"为题，发表在该刊1979年第3期。由于当时刚刚闭幕的党的十一届三中全会公报使用了"人民在自己的法律面前一律平等"这一提法，该刊责编曾先后三次向作者提出不能用"公民"而必须用"人民"，否则文章不能发表。考虑到该刊的性质和地位，我作了妥协。后来的文集，我作了更正。写这两篇文章的时候，我的内心已确信：改革开放的新时代、法治建设的春天已经到来，因此异常兴奋，曾一连三天三夜没能合眼，为此头部剧痛而卧床休息了近一个月。我至今仍怀疑，我过早谢顶是否与此有关。

二 参与起草"64号文件"

1979年7月的一天，法学所党总支副书记张楠同志找我说，"中央要起草一个重要文件，所里决定让你参加"。我立即赶往中南海，接待我的是中央书记处研究室副主任王愈明同志。他说，《刑法》与《刑事诉讼法》等7部法律即将通过。胡耀邦同志要求起草一个中央文件，认真研究一下党内有哪些规定不利于这些法律的贯彻实施，应当改变。我接受任务后，先在所里开了座谈会，并查阅了不少文件。起草第一稿后，我向中央书记处研究室主任邓力群同志提出，建议在文件中取消党委审批案件的制度。他知道我曾经给中央写过这一建议。此即1979年3月6日《人民日报》的《理论宣传动态》第26期刊登的《党委审批案件的制度需要改变》。同一天，该报专供最高领导层阅读的《情况汇编》第1038期又转载此文，报中央领导参阅，受到重视。但问题关涉重大，邓力群同志仍然提出应到有关部门再征求一下意见。最高人民法院负责接待我的是研究室主任鲁明健同志和另一位厅长。他俩也表示完全同意取消这一制度，最高人民检察院对此也十分重视，黄火青同志亲自主持召开党组扩大会议，包括副检察长关山复同志（曾任社科院副院长）也专门向全国人大请假回院参加会议。过去，检察院批准逮捕时，也要事先请示当地同级党委同意后，才能最后决定和执行。最高检与会者也全部表示同意取消这一制度。"64号文件"就是中共中央《关于坚决保证刑法、刑事诉讼法切实实施的指示》。其间，邓力群同志提出，文件涉及的问题很复杂，再增加几个人参与起草。我推荐了法学所的王家福和刘海年同志，邓力群推荐了公安部的于浩成同志。文件前后共8稿。其间曾多次召开座谈会听取各方意见，每次会议都是由邓力群亲自主持，滕文生同志参加。在政治局讨论通过这一文件之前不久，邓力群同志通知我，你们再最后讨论一次，看一看还有没有什么地方需要修改。我们4人最后一次讨论是在公安部一间会议室，由我将意见向邓力群作了汇报。该文件经中央政治局讨论通过后于9月9日正式下发。这是文件形成的大致经过。应当说，它是在我们党确立了改革开放总方针的背景下，集中了很多人的政治智慧的产物。这一文件除了取消党委审批案件的制度，还作出了其他不少重要决定。例如，文件指出，刑法等7部法律"能否严格执行，是衡量我国是否实行社会主义法治的重要标志"。这是在党的重要文献中第一次使用"法治"这一概念。又如，文件指出："执行法律和贯彻执行党的路线、方针、政策是一致的。今后，各级党组织的决议和指示，都必须有利于法律的执行，而不能与法律相抵触。"同时，还明确宣布，取消"文化大革命"中"公安六条"规定的"恶毒攻击"罪和"反革命"罪，明确规定，"摘掉了地、富、反、坏分子帽子的人，则都已经属于人民的范围，应保证他们享有人民的民主权利"。"64号文件"的发布，对我国法治建设的发展起了非常重要的作用。时任最高人民法院院长的江华曾这样高度评价这一文件："我认为这个文件是建国以来甚至建党以来关于政法工作的第一个最重要的最深刻的最好的文件，是我国法律建设新阶段的重要标志。"他还说："取消党委审批案件的制度，这是加强和改善党对司法工作领导的一次重大改革，改变了党包揽司法业务的习惯做法。"（《江华传》，中共党史出版社2007年7月版，第412—413页）中国社会科学院也对《党委审批案件的制度需要改变》一文予以充分肯定，并于1984年授予该文院级"优秀研究报告"奖。

三 "罪犯法律地位"引起的风波

1979年10月31日，《人民日报》发表了我和徐炳共同撰写的《论我国罪犯的法律地位》一文后，在全国引起了很大震动。当时确有很多服刑人员拿着这张《人民日报》找监狱当局说：我们也是公民，我们也有一些权利应当保护。公安部劳改局、全国人大法制工作委员会、《人民日报》和我们两个作者，都曾收到大量来信，有支持的，也有反对的。某最高司法机关的一份重要文件甚至点名批评这篇文章是我国资产阶级自由化的两篇代表作之一。那时候，我决定写这篇文章，完全是出于一件偶然遇上的事情。1979年上半年，邓力群同志曾在法学所举办的一次学术研讨会上讲，"文化大革命"时他曾被关在小汤山的秦城监狱接受"审查"，和他关在一起的还有王任重和刘建章等领导同志。他说，秦城监狱是当时的公安部副部长杨奇清同志负责修建的，而"文化大革命"中第一个被关进去的就是他自己。邓力群还说，有一天他曾亲眼看见一个监管人员为了"惩罚"一位被监管人员，故意把一碗米饭倒在地上，让他趴在地上舔了。这件事对我的心灵震动很大。我想，对那些并未定为有罪的干部尚且如此，在监狱服刑的已决犯所处境况会是怎样就不难想象了。我们这篇文章的观点主要是两个。一是充分论证了"罪犯也是公民"；二是罪犯被剥夺了自由，很多权利不能也不应享有，但还有不少权利是不能剥夺也是应当予以保障的。应当说，文章的所有观点都是正确的。但是当时的法学界还有不少人没有搞清什么是"公民"，不少干部对服刑人员还有什么权利甚至一无所知。但是令我至今仍然念念不忘的是，也有不少有识之士支持了这篇文章的观点和立场。例如，我曾到公安部劳改局座谈此事，当时劳改局办公室主任李均仁和另外两位同志和我交谈了一个上午。他们说，你的观点没有错。很多问题过去我们没有想过，你的观点对我们很有启发，希望你今后再写这方面的文章。监狱管理当局自己，而且是在"文化大革命"刚刚结束不久的条件下，能够如此看问题，实在是难能可贵。1983年"清理精神污染"时，法学所上报了两篇文章，其中就有这篇。当时主持院"政法片"的张友渔副院长在会上说："李步云这篇文章观点没有错。如果一定要说有什么不足，顶多是讲早了点。现在我们这些干部的权利还得不到保障呢！"后来这事也就不了了之了。这篇文章的观点后来被1994年12月制定和颁布的《监狱法》所采纳。该法共78条，其中涉及保障罪犯权利的有20多条。当然这篇文章的影响，主要还是促进了法学界思想尤其是人权思想的解放。

四 总结审判"四人帮"的经验

对林彪、江青反革命集团的审判,不仅在共和国历史上,甚至在我们国家的历史上,都是空前的,影响深远。审判结束后,当时负责政法工作的彭真同志要求中央书记处研究室负责撰写一篇在《人民日报》发表的"特约评论员"文章,代表中央总结这次历史性审判的经验。研究室把这一任务交给了我。我提出,最好请王家福同志和我一起撰写,领导同意了我的建议。我们俩大约用了一个月时间完成了任务。经一些中央领导同志审阅后,由研究室副主任林涧青主持,滕文生参加,最后定稿。林涧青同志说,王任重同志提了一条意见是,在"人道主义"原则前加"革命"二字。邓力群主任则在文章里加了一段话,即"1976年4月5日在全国发生的以天安门广场事件为中心的亿万人民的伟大民主运动","为同年10月粉碎'四人帮'准备了思想基础和群众基础"。这篇文章以"社会主义民主和法制的里程碑"为题发表在1980年11月22日的《人民日报》上。它总结的5条法治原则是:司法独立、司法民主、实事求是、人道主义和法律平等,并在文章结束语里指出:"它充分体现了以法治国的精神,坚决维护了法律的崇高权威,认真贯彻了社会主义民主和法制的各项基本原则,在国内外引起了强烈反响,具有除旧布新的重大意义。"这是在党中央的重要文献中第一次使用"以法治国"这一概念。当时,我是有意识地利用各种机会将这一概念写进一些重要文件和文章的。如"64号文件"以及我为《工人日报》撰写的社论《公正的判决,法制的典范》(载该报1981年1月26日)。

五 党必须在宪法和法律的范围内活动

1981年7月,我和法学研究所其他几位同志在北戴河休养了10天。我同刑法室一位同志住在以前陆定一同志的别墅里。我利用这段时间,撰写了《党必须在宪法和法律的范围内活动》一文,投寄给了《光明日报》。该文从理论与实践的结合上,对为什么要提出和实行这一原则作了充分论证,对如何贯彻与实施这一原则从制度上提出了若干建议。鉴于这篇文章主题的意义十分重大,该报一直压着没有公开发表,一直等到党的十二大修改党章写进了这一原则,才于1982年11月22日将文章发表。胡耀邦同志在党的十二大报告中指出:"新党章关于党必须在宪法和法律的范围内活动的规定,是一项极其重要的原则。从中央到基层,一切党组织和党员的活动都不能同国家的宪法和法律抵触。"1984年,《光明日报》从3000多篇文章中评出26篇获奖文章,胡福明的《实践是检验真理的唯一标准》获特等奖,其他25篇均为二等奖,法学类仅此一篇。鉴于这一问题的重要性,我又撰写了《政策与法律关系的几个问题》和《再论法律与政策的几个问题》,分别发表在《法学季刊》1984年第3期和《法学与实践》1985年第2期,共提出10个问题,进一步阐明了如何具体贯彻"党必须在宪法和法律的范围内活动"这项重要原则。

六 参与"八二宪法"的制定

1980年7月,我被借调到中共中央书记处研究室工作。报到后的第一项任务就是为宪法修改委员会叶剑英主任委员起草第一次会议的讲话稿。负责这项工作的另一位同志是陈进玉。他是学经济的，研究室学法律的只有我一个。讲话稿主要是代表党中央对这次修宪的意义和指导思想作出说明。我在讲话稿中提出了两项原则：一是民主立法，二是司法独立。讲话稿未做大的修改就被采用。我之所以建议提"司法独立"，是因为1954年宪法关于"人民法院独立行使审判权，只服从法律"和"中华人民共和国公民在法律上一律平等"这两项极其重要的宪法原则在1975年宪法中都被取消，"四人帮"垮台后的1978年宪法也未得到恢复。关于法律平等原则，《人民日报》和《红旗》杂志此前已发表我的两篇文章，我想恢复这项原则已不成问题，而"司法独立"必须在讲话中强调一下。后来，这两项原则都在1982年宪法中得到了恢复。当时，中国社会科学院副院长张友渔同志协助胡乔木同志一起主持宪法修改委员会秘书处的工作。在社科院张老的办公室里，他对我说，我想让你参加秘书处的工作。我说："不一定好，我现在在中央书记处研究室负责法律方面的事务，宪法修改稿报党中央审阅时，先会经过我的手。"他说："那倒是。"后来，一般的程序是，报书记处研究室的征求意见稿，我提出修改建议后，报送邓力群等室领导审阅，再报有关中央领导。现在，我已记不清提过几次修改建议，但有一次印象特别深刻。就是1981年7月当我离开研究室回法学所工作后，邓力群仍然要求我负责看一遍，并提出意见，供中央参考。我对那次修宪的实质性建议，除法律平等和司法独立这两条大家比较熟悉的以外，主要是通过1981年11月2日至12月18日这一个半月里，在《人民日报》连续发表10篇文章中提出的。其中不少意见被采纳。例如《什么是公民》一文建议将"凡具有中华人民共和国国籍的人都是中华人民共和国公民"写进宪法，后被规定在第

33 条第 1 款中。从此解决了一个长期争论不休的问题，使许多被认为不是中国公民的人，在法律上取得了自己应有的法律人格，从而改善了这些人的法律与政治地位。《宪法的结构》一文，建议将"公民的基本权利和义务"一章置于"国家机构"一章之前，也被采纳。它能更清楚地表明：人民是国家的主人，国家机构是人民选举产生的，它是为人民服务的。

七　最早提出并全面阐明"以法治国"

最早提出是搞"法治"还是人治问题的，是北京大学法律系原主任陈守一教授，但他只是提出需要研究而并未论证自己持何种观点。后来也有一些同志撰文介绍过中国古代法治与人治之争或提出这样的意见。我和王德祥、陈春龙合作撰写 17000 字的《论以法治国》一文，被公认为是最早明确提出我国不能再搞人治，必须搞法治，并对实行"以法治国"从历史背景、理论依据、观念变革、制度保障等方面作了全面而系统论证的第一篇文章。该文共分三部分，即"以法治国是历史经验的总结""以法治国的思想障碍""健全法律制度，实现以法治国"。中国社会科学院于 1979 年 10 月上旬召开了有全国 600 多名学者参加的"纪念中华人民共和国成立 30 周年学术讨论会"，其中法学组共 80 余人。《论以法治国》就是提交给这次讨论会的论文。10 月 9 日上午，我代表法学所的另外两位合作者在法学组的第三次讨论会上作了发言。当时，《光明日报》看上了这篇文章，但又有点害怕，于是向中央有关部门征求意见，其中包括全国人大法制委员会的副主任高西江同志，反应是完全肯定的。但该报还是有点担心，要求我改题目，后以《要实行社会主义法治》为题，于

1979年12月2日在该报摘要登载。此后，法学所曾在北京市法院大法庭和北京市委党校先后两次召开人治与法治问题的专题研讨会，开始形成并开展了三大对立观点的大讨论，即反对人治，主张法治，倡导依法治国；法治好，人治也不错，两者应当结合；提以法治国不科学、有片面性和副作用，应抛弃法治与人治的提法，我们只提"健全社会主义法制"就可以了。这场争论参与学者之多、讨论之广泛与深入，在我国历史上尚不多见。争论持续了近20年，直到党的十五大将其作为治国方略，通过党内民主正式确立下来，以及1999年修宪将其载入宪法，才基本定格下来。法学所多数学者如吴大英、刘瀚、罗耀培等都持第一种观点。在党的十五大前，我在这一问题上的文章有20余篇。前不久，社会科学文献出版社出版我的《论法治》一书，共收入论文52篇。我国的这场争鸣，在国外也引起了众多学者关注。例如，日本京都大学针生诚吉教授来社科院作学术讲座，带来了我的《论法治概念的科学性》一文及他对这场争鸣所作的概述和评论的复印件。他说，这是他在课堂上介绍中国这场争论时发给学生的资料。他在自己的评论中将这场争论分为四派，即法治论、人治论、折衷论和取消论，而《论法治概念的科学性》即是"法治论"一派的代表作。由于依法治国符合人民的愿望、历史的规律和时代的精神，因此逐渐为广大干部和学术界所认同与接受，并为党和国家将其确立为治国方略奠定了思想理论基础。

八　给中央和省市领导讲法治

从1994年下半年开始，中央政治局决定每年举办两次法制讲座。第一次是当年12月由曹建明主讲"国际商贸法律制度与关贸总协定"。第二次是 1995 年 1 月由王家福主讲"社会主义市场经济法律制度建设问题",我是这一讲的课题组成员。1995 年冬,江泽民同志在司法部建议可讲的两个题目中圈定了讲"关于实行依法治国,建设社会主义法制国家的理论和实践问题"这个题目,作为第三次法制讲座的主题。司法部在征求一些法学家的意见后,决定由我主讲。司法部办公厅主任贾京平同志约我谈话时,传达了领导的这一决定,并问我:"需不需要有人帮助你准备讲稿?"我说:"不用了。"他说:"由你自己定。"我经过半个多月的准备,写成了《依法治国,建设社会主义法治国家》这一讲稿。当贾京平、刘一杰等同志约我吃饭并了解工作进展情况时,我说稿子已经准备好,但我建议改一下题目,因为"关于实行""理论和实践问题"等用词是多余的,而"法制国家"改为"法治国家"比较准确。几位司长均未表示反对。没过几天,在王家福同志的生日宴会上,有人提出,为了确保这一讲由法学所负责,最好增加几个人组成课题组。我当即表示同意,并建议由王家福、刘海年、刘瀚、梁慧星、肖贤富 5 位同志参加,并向贾京平同志当面作了汇报。他说,这事由你自己决定吧。大概是 1 月中旬或下旬,在司法部的一间会议室里,由司法部长肖扬主持、有 20 余人参加的会议上,我做了试讲。中午,肖扬设午宴招待。他说,题目不要改,江泽民圈定题目才一个多月,你们就改了题,我们不好解释和交代。你们想改"法制"为"法治",咱们等一年以后再说吧。第二天一早,刘海年同志找我说,司法部领导出于某些考虑,决定改由王家福同志出面讲比较好,你仍然是课题组成员。经过一段时间的努力,课题组几位同志又准备了另一讲稿,于 2 月 8 日由王家福同志代表课题组在中南海作了讲解。一个月后,第八届全国人大第四次会议的一系列重要文件都将"依法治国，建设社会主义法制国家"作为民主法制建设的总方针和奋斗目标肯定了下来。后来以王家福为首的课题组的讲稿，以及我个人撰写的讲稿作为"附录"，都刊载在司法部和全国普法办公室编辑的《中共中央法制讲座汇编》一书中。中南海这次讲座后，到党的十五大，司法部又在省部级单位组织了一系列关于依法治国的讲座，法学所王家福、刘海年、刘瀚等同志都曾参与其中。我在这一年半的时间里，可能去的地方多一点，其中省、市五套班子听我讲的有北京、重庆两市和湖南、江西、河南、河北、青海、安徽等省；省级人大有云南、湖南、广西、黑龙江、天津；以及中央党史研究室、司法部、国家计委、全国供销合作总社、财政部等中央部委，还有广州、哈尔滨、西安一些副省级市。中南海的这次法制讲座和随后各省部级单位的讲座，对党的十五大作出依法治国决策起到了重要的推动作用。

九 "依法治国"入宪

1999年3月15日第九届全国人大二次会议通过现行宪法的第三次修正案，在第五条增加一款，作为第一款，规定："中华人民共和国实行依法治国，建设社会主义法治国家。"这具有很重要的意义。就依法治国而言，党的十五大的重要贡献是，通过党的代表大会的正式民主程序将这一治国方略确定下来，而"治国基本方略"是一个十分重要的提法；并且它对依法治国的理论依据和重大意义作出了四个方面的科学概括。但这只能说是执政党的治国方略；而将其载入宪法，则成了国家机构治理国家的基本方略。因为党的方针政策只是党的主张，宪法和法律则是党的主张和人民意志的统一。为这次宪法修改，以李鹏委员长为首的党中央修宪小组在人民大会堂先后召开两次座谈会征求专家意见，一次有经济学家参加，一次是法学家参加。我和法学所的张庆福、王家福 3 人参加了 12 月 22 日上午有 15 位法学家出席的座谈会。大家对中央提出的 6 条修改建议原则上均表赞同，其中就有将"依法治国，建设社会主义法治国家"写进宪法这一条。而在全国人大正式通过时得到了一致同意，说明当时在这个问题上，全国人大代表认识高度一致。党的十五大后，我在全国人大作过两次讲座，对促进依法治国入宪可能有一定的积极作用。一次是我被邀请参加 1996 年 12 月上旬在深圳召开的全国人大的高级研修班。会议由田纪云副委员长主持，另外两位副委员长、各专门委员会负责同志以及各省、市、自治区人大常委会主任和秘书长约 200 余人参加会议。我在会上作了"依法治国的理论和实践"的主题发言。另两位应邀作主题发言的，一是吴家麟教授讲宪法，一是厉以宁教授讲市场经济。我作报告后，有过两个小插曲。在我作主题发言头一天，一位省人大常委会主任对我说，你的报告稿我们已经看过了，你能否再讲一点报告中没有的东西？第二天作主题发言时，我又讲了"人大制度改革的 12 点建议"。中午，我同 5 位省市人大常委会主任在一桌吃饭。上海市叶公琦主任对我说，你的报告好，人大制度改革几点建议我们都同意，但其中也有一点不足。我说："什么呀？"他说："你为什么把改善党和人大的关系放在人大改革的最后一条？"我说："叶主任，我还有句话，你可能没有注意听。"我说，这几条改革建议，最后一条是关键。另一件事是：我在 12 月 8 日作完主题发言就回了北京。后来有人告诉我，一位领导同志在会上讲话时，反对用法治而主张用"法制"。理由是，我们已经有"有法可依，有法必依，执法必严，违法必究"十六字方针，有静态的，也有动态的，没有必要再用"法治"。长期以来，这个问题在是否同意用"依法治国"提法的争论中带有关键性。1996年3月的第八届全国人大四次会议期间，乔石委员长就亲自召开小型座谈会，讨论究竟用"法制"还是"法治"，因为意见不一，在一系列文件中，未能将"法制国家"改为"法治国家"。党的十五大报告起草时，王家福、刘海年和我3人商量，一定得想办法在这次党代会上把它改过来，于是送了几条材料上报，其中就包括1989年7月26日以江泽民为核心的第三代领导集体上任时在人民大会堂举行的中外记者招待会上，江泽民同志在回答记者提问时的一段话：今后"我们绝不能以党代政，也绝不能以党代法，这也是新闻界讲的究竟是人治还是法治的问题，我想我们一定要遵循法治的方针"。当时仍有反对意见，但江泽民同志最后拍板，将"法制国家"改成了"法治国家"。我从1982年发表《论法治概念的科学性》一文起，就从三个方面对"法治"与"法制"作了原则区分，并在各种文章和讲话中反复说明，其中包括给中央政治局准备的法制讲稿，并撰写了《市场经济：法制？法治！》《关于"法制"与"法治"的区别》等专题论文，对统一思想认识起了一定作用。我第二次给全国人大常委会讲课，是1998年9月28日在人大会堂，由李鹏委员长主持。我曾建议这次的讲稿用《依法治国的理论与实践问题》。具体负责这项工作的研究室主任程湘清同志告诉我，他们的意见还是用给中央政治局准备的讲稿题目《依法治国，建设社会主义法治国家》。讲稿中引用了邓小平同志在1942年发表的《党与抗日民主政权》一文的一段话，即我们绝不能像国民党那样搞"以党治国"，因为那"是麻痹党、腐化党、破坏党、使党脱离群众的最有效的办法"。我曾担心这段话通不过，因为学术界几乎无人敢引用这段话。但负责审稿的程湘清、何春霖、刘政和姜云宝4位领导同志对讲稿未提任何修改意见。这令我十分感动。它再一次证实了我长期以来的一个看法，凡在人大工作特别是工作较久的同志，思想都比较开放，民主法治观念相对较强。

十　"人权保障"入宪

2004年，现行宪法作了第四次修改，共14处，其中包括将"国家尊重和保障人权"写入宪法。在十一届全国人大一次会议上，人大常委会工作报告指出，这是"我国宪政史上又一重要里程碑"。为此次修宪，以吴邦国委员长为首的中央修宪小组曾先后召开过6次座谈会，听取各方面的意见和建议。我和法学所张庆福同志参加了2003年6月13日上午在人民大会堂有5位宪法学家出席的座谈会。其他3位是许崇德、韩大元、徐显明。应邀与会的还有顾昂然和项淳一两位老同志。我被要求第一个发言，讲了四点建议，即将"国家尊重和保障人权"写进宪法；宣布撤销《流浪乞讨人员收容遣返条例》，以解决因"孙志刚事件"引发的"违宪审查"问题；修改宪法第一百二十六条关于司法独立问题的不正确表述；成立"宪法监督委员会"，以建立违宪审查和监督制度。后来，前两条建议被采纳，后两条则没有被采纳。会上，徐显明教授讲了应将人权写进宪法。但是有人反对。当时我感觉最高领导层也没拿定主意。吴邦国同志曾提问：什么是人权，该如何下定义？我接着作了解释。会后，人大同志请我们吃饭。我又讲了两点意见。因为会上有学者提出，应将"三个代表"写进宪法，至于"名字"，可写，也可不写。可写的理由是毛泽东、邓小平的名字已经上了宪法，有例在先。针对这一意见，我说，"三个代表"看来不上也不行，但名字千万不能上。其间，一位部长说，不少人主张应将"以德治国"写进宪法。我说，这一条也千万不能写，因为我所接触到的各级干部无不反对将"以德治国"同"依法治国"并列，将其作为"治国基本方略"。这次修宪完成不久，中央电视台作了一期长达50分钟的专题节目，阐述这次修宪的过程和基本精神。我在这期节目中主要讲了两点：一是这次比前一次修宪在民主立宪上又前进了一步。这次没有事先拿出具体方案，而是先听大家的，而且会上有不同意见争论，修宪小组的领导同志也提问题并发表自己的一些看法，会议非常活跃。二是解释为什么应将"国家尊重和保障人权"写进宪法，我讲了四个方面的意义。

2005年参加世界哲学与法律学大会与德沃金夫妇同游意大利威尼斯

2001年2月，我在68岁时办了退休手续。这几年来，我的工作反而更忙了。除笔耕不辍，还做了不少科研组织工作。2005年出版了我主编的《人权法学》，这是"普通高等教育'十五'国家级规划教材"，是教育部迄今为止唯一一本有关人权法学的统编教材。2007年，我发表了长长短短的文章17篇。我一直在法学所承担力所能及的工作，包括指导博士后。又先后在湖南大学、广州大学、东南大学的人权研究中心担任主任或所长，以及前两所大学法学院的名誉院长。广州大学人权研究中心已于2007年被批准为广东省人文社会科学重点研究基地，这是全国唯一一家这类性质的省级重点基地。最近3年，我参加了中宣部、中央政法委、司法部和中国法学会组织的"百名法学家，百场报告会"活动，我先后讲了6次，包括山东与福建两省的党政领导，以及由中宣部、中央政法委、司法部、国家机关工委、中直机关工委、中国法学会、解放军总政治部和北京市委共同组织的在人民大会堂的报告会。1978年和1979年先后为解放军政治学院100多名师级干部、解放军总政治部800多名士兵与将军、《人民日报》500多名工人与编辑作法制讲座，到现在，我也记不清究竟讲了多少次。但最令我难忘的是2015年5月7日为山东全省20万干部讲课这一次。除山东大会堂1200名省直及济南市的领导和干部直接听课外，全省各市、县、乡的所有干部在各分会场通过山东的公共频道同时收看讲座。从后来反馈的信息看，各地都认真按省委、省政府下达的要求办了。这样的事情，在全世界任何国家都是不可想象的。我想这绝不是因为我的课讲得怎么好，而是全国上下都非常关心和重视"依法治国，建设社会主义治国家"这个问题。这次讲座结束后，协助讲师团团长负责组织工作的王处长给家在山东农村年已70多岁的老母亲通了一次电话，老人家告诉他，这次讲座她自始至终都收看了。王处长问她："您老听得懂吗？"她老人家说："我都听懂了。"这是一位多么可敬可亲的老人呵！我没有见过这位老母亲，但自 5 月 7 日以来，这位老人慈祥而智慧的形象就时常出现在我的脑海里。如果有人问我，是什么力量支撑着你把老骨头还一年四季在全国各地到处跑？我会不假思索地回答，因为我的心里装着祖国、装着人民；因为我深深地知道，13 亿中国人民都在渴望着自己的祖国经济日益繁荣、政治日益昌明、国家日益强盛、人民日益幸福。

李步云
2011 年首发于中国社会科学网
2016 年春修订

李 林
Li lin

　　男，1955年11月出生于昆明市。祖籍山东招远市。当过3年工人。1972年至1979年服役期间入党，受书面嘉奖10次；1979年参加对越自卫反击战，荣立三等功1次。1984年毕业于西南政法大学法学系，获法学学士学位。其间被评为校级三好生3次，重庆市级三好生1次，优秀学生干部2次。1987年毕业于中国社会科学院研究生院法学系，获法学硕士学位。1990年毕业于中国社会科学院研究生院法学系，获法学博士学位。1993年8月至1995年3月，在美国哥伦比亚大学法学院做访问学者，并在哥大国际关系学院东亚研究所完成博士后研究项目。1987年8月到中国社会科学院法学研究所法理学研究室工作，历任法学所研究室副主任、法学所/政治学所所长助理兼科研处长，法学所学术委员会委员，法学所/政治学所联合党委委员、中国社会科学院研究生院博士生导师。2001年获得国务院特殊津贴。2000

年 12 月至 2004 年 6 月，担任中国社会科学杂志社副总编辑，2004 年 7 月至 2005 年 12 月，担任法学研究所副所长，2005 年 12 月至今，担任法学研究所所长，中国社会科学院研究生院法学系主任。1997 年被评为研究员。2011 年被推举为中国社会科学院学部委员。长期致力于法理学、立法学、比较立法学、人权理论、法治理论、宪法与民主理论等领域的研究与教学工作。曾任中共中央政治局集体学习主讲人，全国人大常委会和全国政协法制讲座主讲人。截至 2016 年 6 月出版专著、论著、译著等 40 余部，发表论文 190 余篇，内部研究报告 110 余篇。代表作和主要获奖成果：《政治体制改革与法制建设》，1994 年获中国社会科学院第一届优秀成果奖；《人权理论与对策研究》，1997 年获中国社会科学院第二届优秀成果奖；《"一国两制"与香港基本法》《中国人权百科全书》《关于中国加入国际人权两公约的研究报告》，2000 年获中国社会科学院第三届优秀成果奖；研究报告《切实做好对香港立法机关制定的法律的备案审查工作》《应当重视对香港基本法的解释》，1997 年获中国社会科学院优秀信息奖；论文《立法价值及其选择》1996 年获中国法理学研究会优秀论文奖；专著《比较立法制度》1996 年获法学研究所优秀成果奖；《依法治国，建设社会主义法治国家》（王家福主持，多人共同完成的丛书和研究报告等）2008 年获中国法学会突出贡献奖；研究报告《完善人权保障制度意义重大》获中国社会科学院 2013 年优秀对策信息对策研究三等奖，《用法治思维保障和推进全面深化改革顺利进行》获中国社会科学院 2013 年优秀对策信息对策研究三等奖，《关于设立法务部的建议》（合著）获中国社会科学院 2014 年优秀对策信息对策研究一等奖，《建设法治中国的改革战略构想》获中国社会科学院 2014 年优秀对策信息对策研究二等奖，《中国共产党的主要机构应该公开挂牌》获中国社会科学院 2015 年优秀对策信息对策研究一等奖，《美国法律对 NGO 的规制及对我启示》（合著）获中国社会科学院 2015 年优秀对策信息对策研究二等奖，《完善我国宪法实施监督制度的对策建议》获中国社会科学院 2015 年优秀对策信息对策研究三等奖，《从治国理政的战略高度深刻把握五中全会〈建议〉的重大意义》获中国社会科学院 2015 年优秀对策信息对策研究三等奖。

我的"四个十年"及法学研究之路

在《人民日报》2003年的一次访谈报道中,采访者用"不寻常的三个十年"来概括我的学术人生。如今可以说"四个十年"了。回首每一步,我都走得很坚定,每一次选择,每一项成果,其背后都有我辛苦的付出,都有我汗水的浇灌。就像冰心先生说的:"成功的花,人们只惊羡她现时的明艳!然而当初她的芽儿,浸透了奋斗的泪泉,洒遍了牺牲的血雨。"

一 我的"四个十年"

(一) 第一个十年:工作十年

我祖籍是山东招远市,父亲是抗战时期的干部,是1950年从部队抽调到中央政法干部学校学习的首批学员之一。我母亲是以学生身份从上海到北京中央政法干校学习的学员,与我父亲是同学。他们从中央政法干校毕业时,主动请求到"最艰苦的云南边疆"工作。1955年,我在昆明出生,从小就有着不错的生活条件和教育环境。但是,刚上到小学四年级,"文化大革命"爆发,我和很多人一样,很无辜地被裹挟着失去了正常的生活,更奢谈到学校学习。后来,"复课闹革命"时,我尽管上过两年初中，但其中至少有 10 个月时间在劳动。参加"围海造田"，每天早上背着书包和饭盒，顺着海埂路走十多公里路一直到滇池，干上三四个小时，然后再拖着疲惫不堪的身子原路走回家。此外，每年还有一个月要去农村接受贫下中农的再教育，一个月时间去工厂接受工人阶级的政治洗礼。初中两年光阴就这样混毕业了。

1970 年，不到 15 岁，我离开了学校，去昆明的一家工厂当了工人。1972 年，17 岁，我又走进了军营。其实我最喜欢的是读书，但是放弃读书去工厂和军营，是那个年代既无奈又很好的选择。在工厂的时候，我阅读了一些外国名著，诸如《约翰·克里斯多夫》《罪与罚》《安娜·卡列尼娜》《被侮辱与被损害的》《战争与和平》《钦差大臣》《上尉的女儿》《死魂灵》《罪与罚》《父与子》《复活》《静静的顿河》《九三年》《高老头》《笑面人》《茶花女》《悲惨世界》《红与黑》，等等。

到军营以后，没有什么小说可读。仅有的几本"文化大革命"小说，诸如《金光大道》《艳阳天》《暴风骤雨》《沸腾的群山》等也都看过多遍。那时的军营，除了各种运动、学习多一些，总体上是相对单纯和平静的，但是没有小说可读对我来说是一种折磨。但是，军营有个图书室，其中大多数是马列主义的经典文献、"文革"政治读物和大批判学习材料等。那时，我阅读了《共产党宣言》《哥达纲领批判》《法兰西内战》《家庭、私有制和国家的起源》《反杜林论》《社会主义从空想到科学的发展》《国家与革命》《毛泽东选集》（1—4 卷），等等。读这些政治书籍渐渐成了我的新习惯。其实我后来读硕士和博士时，选择法理学、宪法学以及人权理论、立法学、法治民主理论等作为研究对象，一定程度上是得益于军营时候的政治学习，或者说受到很大影响。

李 林

1979年2月23日摄于越南巴山垭口战斗间隙

我是一名学者，但是在我的履历中，上过战场，参加过战斗，是我一直引为骄傲的经历。我曾是云南某部高炮营驾驶班战士，我们部队曾在大理洱源方向的邓川驻扎过5年，后来到了下关市（现在已合并到大理市），1978年下半年，我们部队奉令调到中越边境金平县金水河畔的十里村驻防。1979年2月17日接到命令进入越南，一直开进到越南的封土县，3月5日部队撤了回来。我记得有一次在战争最激烈的时刻，我军接到情报：敌人要轰炸我前沿阵地。上级指示前线部队后撤25公里，我作为班长带领驾驶班和整个车队负责开到前线运弹药给养，运回伤亡的战友和民工。一路上，前线的部队在后撤，我们车队却冒着枪林弹雨往前线开。当时我开的车走在最前面，随时可能遇到袭击或者碾压到地雷。那一次，我算是与死神擦肩而过。此外还有几次完成任务，都是危险重重，经历生死考验。

3月5日撤军回国后，我本人荣立了三等功，我所带领的驾驶班也荣立了集体三等功。后来，每当想起那场"战争"，想起因为战争而逝去的无数战友的生命，总是难以释怀。我曾无数次地想，死神面前每一个人都是平等的。在和平年代，我选择成为一名学者，应当认真思考生命的价值与尊严，思考法治及法理学研究的终极意义。

（二）第二个十年：学校十年

1979年12月离开部队后，我去了云南省政协参事室工作，待遇不错，且领导对我很器重。没多久，我决定还是得去考大学读书。其实那时我已经25岁了，领导们起先都不同意我离开，我说，你们就让我考一次试试，继续读书是我的梦想，给我一次机会，如果考不上大学，我也就死心了。

后来我报了高考夜校补习班，白天坚持上班，晚上熬夜补习。当时我自己定的高考策略是，数学和英语基本就不拿分了，答多少算多少，重点是突击语文、政治、地理、历史。最后，竟然考了310多分，比重点大学录取线还超过十多分。当时，在身边所有人看来，我算是创造了个"奇迹。"填报志愿的时候，我听从了父辈亲戚的建议，选择了当时的西南政法学院法律系，即后来的西南政法大学。

1980年，25岁，我来到了西南政法学院（后改名为"西南政法大学"），在那里我经历了人生又一次脱胎换骨的转变，那里是我走上法学研究道路的起点，也是我最难忘的岁月。25岁，在

李 林

现今看来偏大的入学年龄，在当时对我来说却是时代给予我崭新命运的开始，是改革开放政策对我的眷顾。由此可见，追求自己的梦想，任何时候开始都不算晚。

在我的校友中，有诸多堪称当代法学翘楚的人物，西南政法大学也被称为"中国法学家的摇篮"，但是当时学校里尘土飞扬的土路、简陋破败的校舍，这一切都似乎与全国重点政法大学的名声不相适应，以至被学生戏称为"稀烂蒸发大学"（普通话不标准的四川读音）。在这样艰苦的环境中，西政给予了我一生受用不尽的精神财富。因为当时学校的学术氛围十分浓厚，师生之间的关系也很融洽，老师、同学常聚在一起"坐而论道"，相互论辩。我很庆幸在这样的学术氛围中启蒙法学的学习，它培养了我的思维方法，让我了解法学的世界，也更多地认识了自己。

记得大三的时候，在绵阳上法律实习课，我被指定为一个就要被判处死刑的被告辩护，法院书记员私下里告诉我，该犯的死刑判决书都已经打印好了（当时在一些地方，法院实际上执行的是"先定后审"），这个案子没什么好辩护的。但是我没有放弃，发现了案子中的多处疑点，运用所学，最终使将要被处死刑立即执行的被告判了死缓。这件事情，使我第一次感受到法律带给我灵魂上的震撼，从此我沉醉其中，乐而忘返。

大学四年给我最多的是校园文化的氛围，知识的系统化和专业化，以及学习和思考方法的科学化。这些知识为我的人生学术道路奠定了坚实基础。虽然在工厂、部队、机关工作过十年，但一直感觉很迷茫，不知道自己的人生道路在何方，事业的前途在哪里。进入大学以后，随着知识的积累和毕业临近，越来越觉得自己选择上政法大学是对的，知道自己的未来就是要朝着法学专业化的学术方向走下去。目标明确之后，对读书、思考甚至自己的性格塑造和综合素质培养，等等，都产生了非常重要的指引作用，同时也使自己不断加深对社会的了解，对法律（法学）与社会（公民）之间关系的认识也进一步深化。

毕业前，云南省委组织部到西南政法大学挑选第三梯队后备人才，在学校优先推荐的几个人中就包括我，但我放弃了这次机会。我选择了考研，进入中国社会科学院研究生院法学系，师从吴大英教授。其实在1984年我考研究生之前，曾经来北京求教和咨询，第一次见到中国社会科学院法学研究所的吴大英老师，他非常谦虚和蔼，言简意赅地告诉我应该看哪些书，怎样学习，注意什么学习方法，等等。吴大英老师的鼓励、鞭策和指引，在我人生新的一个转折点上起了至关重要的作用。我1987年获硕士学位，随即进入社科院法学研究所法理学研究室工作，紧接着又继续在职攻读博士学位。再后来，到美国哥伦比亚大学法学院访学，并完成政治学的博士后研究项目。

有时候我想，或许这就是人们所谓的"贵人相助"吧，关键时候的"贵人"指点非常重要：上大学之前报志愿，亲戚的指点使我鬼使神差地进入了西南政法大学，实现了人生的一次重大"转轨"；准备考研之前，大英老师的点拨和指引，使我进入到中国社会科学院法学研究所，走上了法理学专业的研究道路。

（三）第三个十年：研究十年

毕业后的十年，完成了我从学生到老师（学者）的转变，也是我从事法学教育、法学研究最忙的十年。从1996年到2000年，我所在的社科院法学所连续组织了5次依法治国学术研讨会，在决策层和理论界都产生了较大影响。

1991年，我曾撰写报告，建议我国应高举人权旗帜，加强人权保护。1997年，我成为了中央政治局法制讲座的执笔人之一，那次的题目是《"一国两制"与香港基本法》。2002年12月，我参加十六届中央政治局第一次集体学习讲座的撰稿，那次讲座的题目是《认真贯彻实施宪法和全面建设小康社会》。另外，我参加有关重大民主法治问题研究，是在1998年。是年，身为中央政治局委员的李铁映到中国社会科学院担任院长、党组书记。铁映院长要实施"一号工程"，组织专家学者研究中国特色社会主义民主问题，我被指定参加课题组。有一次在会上，铁映院长鼓励大家"关上门什么都可以讨论，什么问题都可以研究"，我当时还有点惊讶，参会的领导和那些资深专家的思想竟一个比一个解放，我作为"小字辈"相当紧张，就依法治国背景下"依法治党"的问题，做了简短发言："依法治党，就是执政党的外部行为要在宪法和法律范围内活动，内部行为要用党章党纪来规范。"当时，不管在学界还是在党内，都极少有人触及这个"敏感领域"，我发言完毕还有点诚惶诚恐！后来事实证明，我的发言还是引起了关注。

（四）第四个十年：所长十年

2005年12月，50岁，我担任社科院法学研究所所长。2011年3月被推举为中国社会科学院学部委员。担任法学研究所所长的10年，是我人生中最辛苦、最充实、压力最大、成果最多的10年，也是自己回报社科院、回报法学所、回报那些培育我的老师们的10年，更是自己"双肩挑"重压下夜以继日工作、身心俱疲、体力透支、累并快乐的10年。

2004年至今，我一直担任《法治蓝皮书——中国法治发展报告》的主编，已经连续出版十多部的《法治蓝皮书》，不管是在国内还是在国际社会，均被视为记录和研究中国法治进程的最核心和权威的文献。我觉得《法治蓝皮书》有一个内在的使命，那就是要讲真话。不讲真话，就失去了它应有的价值。

2014年1月在中国人大制度理论研究会成立大会上发言

总结起来看，我担任所长的10年，大致可以概括为：责任重大，使命光荣，付出极多，成绩喜人，仍有遗憾，还需努力。

所长的工作千头万绪，难以一一总结归纳。把我填写的2015年社科院年终考核表附上（注：为了突出重点，内容有压缩），算是对我担任所长工作（包括科研）的管中窥豹吧。用2015年考核表的工作量乘以10年，大致就是本人任所长10年的基本状况。

李 林

二 法学研究之路

(一) 作为所长的管理服务工作总结

2015年能够严格执行所长工作条例，认真履行所长工作职责，努力实施法学所创新工程，抓好分管的科研、外事、教学、财务等工作，在全面落实"人才强所、科研强所、管理强所、教学强所"等方面，主要做了以下一些工作。

1. 加强马克思主义法学阵地建设，把握正确的办所方向

注重抓好全所科研工作的政治方向和政治导向，在政治上行动上与党中央保持一致，恪守政治纪律、外事纪律和各项规章制度，结合我所建设实际认真贯彻落实党和国家、院和所等方面的决定决议，坚持正确的政治导向和办所方向。

在2015年的科研规划及创新工程项目安排中，注意突出重点，动态调整，及时体现和落实三中全会、四中全会、五中全会《决定》精神；2015年积极宣传中央关于全面依法治国的思想和理论，在《人民日报》理论版发表理论文章4篇，在《光明日报》理论版发表文章两篇，在《求是》杂志发表文章两篇；其中以中国特色社会主义理论研究中心名义发表理论文章两篇，在《中国社会科学报》发表理论文章十多篇。

2015年在中央电视台、新华社、人民网等中央媒体发出坚持中国特色社会主义法治理论、全面推进依法治国的学者声音，主要内容涉及：坚持和发展中国特色社会主义法治理论，坚持党的领导与社会主义法治的统一性，习近平全面依法治国思想的核心要义，党的领导是中国特色社会主义法治之魂，坚定不移走中国特色社会主义法治道路，马克思主义法学理论，中国特色社会主

义法治理论的思想基础和理论渊源等；出版了《中国：在历史新起点上全面推进依法治国》《习近平全面依法治国思想》等论著。李林、陈甦、莫纪宏等共约宣讲50余场次，参加"双百"宣讲十余场次；刘海年等为研究生作马克思主义法学理论和四中全会精神讲座十余场。2015年法学所专门成立了由李林和陈甦担任主任的"马克思主义法学理论研究中心"，大大加强了两所马克思主义法学研究和宣传的阵地建设。

2. 充分发挥法学（法治）领域思想库智囊团的作用

2015年法学所收到全国人大常委会法工委、国务院法制办和其他部委征求意见建议的法律、法规、规章草案30余部，与去年相比有明显增加。加强智库建设，组织学者撰写要报等对策性研究报告。今年新成立了法学所国际法所法治战略研究部，作为我院新成立的十一家专业智库之一——国家治理智库的重要组成部分。研究部全年向国家治理智库秘书处提交了三篇专门报告。据信息情报研究院反馈，2015年1—10月，院要报共刊发两所科研人员撰写的内部研究报告129篇，其中《要报》正刊刊发47篇，中办《专供信息》刊发57篇，国办《专供信息》刊发21篇，中宣部《专供信息》刊发1篇，《国情调研》刊发3篇。总量比去年有较大幅度增加，其中以智库名义提交的内部要报有数十篇。

2015年法学所连续第三年荣获全院优秀对策信息组织奖。此外，法学所还获得2014年全院优秀对策信息对策研究类一等奖7项、二等奖2项、三等奖12项，情况报告类三等奖1项；共计22篇研究报告获奖。

3. 深入实施"科研强所"战略

推进创新工程实施坚持基础研究与应用对策研究并重，坚持

"双百方针"，大力推进"创新工程"，注重抓好全面依法治国进程中的基本理论和重大现实问题研究，争取各种渠道的科研经费和科研项目，加强学风和学术规范建设，奖励青年学术论文，努力推进我所的"三名"工程建设，把我所建设成为中国民主法治人权领域的最高学术殿堂。

2015年我所创新工程的14个项目组（11个科研项目组、两个期刊项目组、一个图书馆项目组）和管理岗位人员，均完成了年初确定的研究（工作）任务，年终考核取得了较好成绩。2015年度法学所共出版各类论著39部，其中中文专著20部、英文专著1部、译著3部、皮书3部、研究报告4部、论文集8部。在权威期刊发表论文3篇，在核心期刊发表论文59篇，在一般期刊发表论文56篇，共计118篇。另外在各类论文集发表论文30多篇。

2015年法学所共获得省部级以上单位设立重大课题9项，其中国家社科基金课题6项，院级课题2项，司法部2013年度国家法治与法学理论研究项目1项。共有12项成果获得院创新工程学术出版资助。

4. 深入实施"人才强所"战略

2015年研究室主任或副主任进行了相应调整：让青年学者逐步走上研究室领导岗位，积极参与院里对研究室主任副主任的培训计划，推动青年人员出国进修，顺利完成职称评定工作，法学所3人晋升正研资格。组织开展人才引进工作，分别于3月、10月两批组织面试选拔，第一批引进4名专业岗位人员（3位博士、1位博士后）；第二批引进3位专业岗人员（2位博士后、1位京内调干）。结合我所实际，开展了2015年度专业技术职务分级工作以及科研、管理、采编岗位绩效考核后期资助目标报偿等工作。

5. 深入实施"教学强所"战略

2015年录取国内博士生24人，韩国留学生1人；录取国内法学硕士生10人，澳门留学生1人，另有7人内部调剂到法本法硕研究生。上半年组织了2015级全日制法律硕士的复试和录取工作，共录取146人。下半年组织了2016级法律硕士推免生招生复试，实际录取6人。目前全体在校研究生人数为611人。

6. 深入实施"管理强所"战略

（1）建章立制进一步规范管理。今年修订完善了《财务报销应注意的问题》《横向课题报销暂行规定》《研究岗位申请晋级管理办法》和《博士后流动站制度汇编》；《行政管理图书馆岗位年度绩效考核办法》今年开始试行。今年新制定《科研成果收集归档管理办法（试行）》和《关于建立学术秘书制度的规定（草稿）》。年末，结合院财务制度大检查情况，两所印发了《创新工程研究经费使用应注意的问题》。

（2）牢固树立服务即是管理的核心理念。以科研为中心，以服务为导向，是两所各项行政管理工作的基本要求。在管理工作中，始终以服务科研人员，促进科研成果产出为工作的出发点和落脚点，各项制度和工作要求都以方便学者、服务学者、尊重学者为准则。发布重要通告、通知以及工作要求，都是在第一时间采取邮件发送、短信提示、网上刊载和张贴公告栏等多种方式告知大家，全年发布各类信息几十次，让科研人员及时了解到院所近期工作安排。各部门互相配合组织了多次大型会议活动；科研处加班加点为科研人员逐一核对、填报院科研成果系统；人事处根据院所绩效考核管理办法，开展绩效评分、分档，尽量寻找制度规定与人文关怀之间的平衡点。办公室努力为科研创造优美的环境，今年法学所被评为首都绿化美化先进集体。

（3）为科研工作提供有力的基础设施保障。今年办公室完成了办公楼、西小楼地下室和东平房的维修，对院内地下所有管线进行了更换，解决了办公楼和西小楼长期渗水问题。完成电话机升级，更新了电话机箱，为图书室增设摄像头等。在完成今年修缮任务的基础上，编写了法学所2016—2018年财政部专项修缮购置申报计划，为今后的发展提供可靠的依据。

7. 认真落实"走出去"战略

2015年法学所外事出访78人次，接待外宾115人次，全年正式的外事活动30余场。10月16日接待美国国务院首席副法律顾问玛丽·麦克劳德率领的法律专家代表团访问法学所、国际法所。双方就中美法治建设与人权保障问题开展了建设性的对话和交流。此次会见是2015年度中美人权对话活动的一部分，外交部特发函感谢社科院法学所的精心组织以及学者的出色表现。

2015年法学所接待外宾115人次，安排来访学者讲座20余场。来访学者来自印度、美国、澳大利亚、韩国、日本、巴西、芬兰、德国等20多个国家和地区。其中，法学所接受外交部、对外友协、院国际合作局的委托，安排了美国和芬兰等一些国家重要外宾的来访，完满地完成了外事任务，取得了较好效果。

2015年法学所出访共78人次，出访的国家和地区近20个。通过学者的大量出访，有利于扩大我所和我院的学术影响，积极宣传我国法治建设的成就和经验，了解国外立法和法学研究的最新成果，吸收借鉴国外的有益经验，推动我国的立法和法学研究。

8. 深入推进"名刊、名网、名馆"工程建设

（1）名刊建设成绩突出：《法学研究》学术地位继续巩固，2015年《法学研究》顺利完成了年初提出的创新任务。除按质按时出版期刊外，编辑部还主办了多次学术会议。继续完善法学研究期刊网站暨在线投稿、审稿系统，实现了所有过刊和现刊数据的免费开放获取。进一步完善了内部管理制度，如期刊编辑流程，投稿指南和注释体例的修订，外审专家库的扩容。在中国社会科学期刊评价中，《法学研究》被评为法学类"顶级期刊"。《环球法律评论》在学界的影响力不断提高。2015年编辑部创新组圆满完成2014年《中国社会科学院创新工程学术期刊申报书》中所设定的创新目标与创新任务。2015年《环球法律评论》更加注重对党和国家重大治国方略的研讨；倡导对理论前沿问题和重大法律问题的研究，注重部门法学科发文数量的一定平衡；更加注重作者和稿件的多元化，支持年轻学者发文与发展；进一步改革和完善审稿程序；加强与兄弟期刊的交流；重视编研结合，鼓励编辑人员积极参与科研活动。她在法学界的影响也在不断提高，自身风格与特色更为突出，已成为法学界公认的最优秀的"双核心"期刊之一。

（二）作为学者的科研工作总结

下面从总的方面分类介绍一下我的法学学术研究情况和工作情况。

1. 学术情况

（1）科研成果。1985年以来，在《中国社会科学》《法学研究》《中国法学》《政治学研究》《求是》《人民日报》《光明日报》等报刊上发表论文和理论文章共200余篇，其中多篇被《新

李 林

华文摘》等报刊转载；出版（含独著、合著和主编）《立法机关比较研究》《法制的理念与行为》《依法行政论》《立法理论与制度》《走向人权的探索》《政治体制改革与法制建设》《比较立法制度》《法治与党的执政方式研究》《依法治国与司法体制改革》《依法治国　建设社会主义法治国家》《依法治国与精神文明建设》《依法治国与廉政建设》《依法治国与深化司法体制改革》《构建和谐社会的法治基础》《中国法律制度》《中国法治建设六十年》《宪法学》（马工程）、《法理学》（马工程）、《马克思恩格斯列宁斯大林论法》《依法治国与法律体系构建》《依法治国与法律体系形成》《依法治国与和谐社会建设》《中国宪法三十年（1982—2012）》《中国：在历史新起点上全面推进依法治国》《法治中国建设的理论与实践》《中国的法治道路》等著作40余部；提交《关于完善我国立法工作的若干建议》《我国应高举社会主义人权旗帜》《如何划分中央和地方的立法权限》《什么是"依法治国"》《法制观念的更新与法律制度的改革》《建议采用"建设社会主义法治国家"的提法》《应当重视对香港基本法的解释》《建设社会主义法治国家应坚持的五项原则》《关于宪法修改的研究报告》《建设法治中国的改革战略构想》《全面推进依法治国　努力建设法治中国》《完善我国宪法实施监督制度的对策与建议》等内部研究报告110余份。

（2）承担课题。牵头、参与完成中央领导交办的重大课题（如《通过法定渠道的纠纷解决机制研究》《人权理论与对策研究》《民主问题研究》），国家社科基金重大（重点）课题（如《政治体制改革与法制建设》《依法治国建设社会主义法治国家的理论与实践》《构建中国特色社会主义法律体系研究》），中国社会科学院重大（重点）课题（如《民主理论与实践问题研究》

《构建和谐社会的法治基础》），中国法学会重大课题（如《实施依法治国基本方略规划研究》《依法治国基本方略内涵与目标研究》）等 30 余项，有十多项成果获得省部级奖项。

我所主编的《中国法治蓝皮书》自 2003 年创办以来，越办越好。2009 年在 100 多种皮书参评的首届全国优秀皮书评奖中，法治蓝皮书荣膺"政法社会类皮书大奖"；2010 年法治蓝皮书在全国近 130 种皮书的评估中跻身第 4 名，2013—2015 年在全国 150 多种皮书评比中，名列前茅。

（3）主持研讨会。主持或参与主持全国性重要学术研讨会，主要有"社会主义初级阶段法制建设"研讨会（1988 年），"全国人权理论研讨会"（1991 年），"走向 21 世纪的中国法理学"（1995 年），"依法治国建设社会主义法治国家"研讨会（1996 年），"依法治国与精神文明建设"研讨会（1997 年），"依法治国与司法改革"研讨会（1999 年），"依法治国与法律体系构建"（2000 年），"人权与宪政"国际学术研讨会（1997 年），"《公民权利与政治权利国际公约》研讨会"，联合国人权高级专员罗宾逊夫人参加（1997 年），"法治与 21 世纪"国际学术研讨会（1998 年），"人权与 21 世纪"国际学术研讨会（1999 年），"依法治国与和谐社会建设"研讨会（2006 年），"深化司法体制改革"研讨会（2007 年），"改革开放 30 年与法治建设"研讨会（2008 年），"立法过程中的公共参与"国际学术研讨会（2008 年），"新中国法治建设与法学发展 60 年"（2009 年），"形成和完善中国特色社会主义法律体系"（2010 年），"现代化进程中的中国民主法治"（2011 年），"依法治国与社会管理创新"（2011 年），"法治政府建设与行政审批制度改革"（2012 年），"依法治国与法治文化建设"（2012 年），"法治与科学发展"（2012

年），"全面推进依法治国"（2013年），"深化司法体制改革"（2013年），"法治与反腐治权"（2013年），"法治与改革"（2014年），"公法视野下的法制改革"（2014年），"依法治国与法治中国"（2014年），"死刑改革与国家治理"（2014年），"依法治国与深化司法体制改革"（2015年），"马克思主义法学与全面依法治国"（2015年），"习近平关于依法治国思想"研讨会（2015年），等等。

（4）为党和国家民主法治建设服务。2003年9月，为十六届中央政治局第八次集体学习做了题为"依法治国与社会主义政治文明建设"的专题讲解，受到胡锦涛等中央领导的肯定。

2005年6月，为十届全国政协常委会第六次集体学习作专题讲座，贾庆林主席主持。

2014年为全国人大常委会党组学习会讲授"依法治国与推进国家治理现代化"，张德江委员长主持。

2004年4月，为中共中央党校全体学员讲授"当代世界"专题报告，题目为"当代中国的依法治国与政治文明建设"。

2002年十六届中央政治局第一次集体学习主要撰稿人，题目为"认真贯彻实施宪法和全面建设小康社会"。

2004年十六届中央政治局第十二次学习主要撰稿人，题目为"法制建设与完善社会主义市场经济体制"。

1997年十四届中央政治局法治讲座课题组成员，题目为"一国两制与香港基本法"。

1999年全国人大常委会法治讲座课题组成员，题目为"法理学的几个问题"。

2000年十五届中央政治局法治讲座课题组成员，题目为"西部开发与加快中西部发展的法治保障"。

此外,还为黑龙江、辽宁、安徽、山西、云南、江苏、西藏(两次)、山东、广西、湖南、新疆、司法部、财政部、住建部、民政部、国土资源部、新华社、中央国家机关工委、军委办公厅、军委法制局、兰州军区、第二炮兵等省部级领导班子做过专题法治讲座。

由于在法学研究和法制宣传教育方面的出色工作,2001年被中宣部、司法部评为"1996—2000年全国法制宣传教育先进个人",2006年被中宣部、司法部评为"2001—2005年全国法制宣传教育模范个人",2008年被中宣部、中央政法委、司法部、中国法学会评为"百名法学家百场报告会先进个人",2009年被中宣部、司法部、全国普法办授予"全国'五五'普法中期先进工作者"称号,2006年被北京市法制宣传教育领导小组评为"2001—2005年北京市法制宣传教育先进个人",2016年被中宣部、司法部评为"2010—2015年全国法制宣传教育模范个人"。

(5)主要学术兼职。担任中国法学会副会长,中国法学会学术委员会副主任,中国法理学研究会常务副会长,中国立法学研究会副会长,中国审判理论研究会副会长,中国法学会海峡两岸关系研究会副会长,中国人权研究会常务理事,最高人民法院特邀咨询专家,马工程《宪法学》首席专家,国家图书馆国情咨询专家,北京市学位委员会委员等多项学术兼职。

(三)主要学术业绩(观点)

在《法理学的命运》《坚持马克思主义关于法的根本观点》《社会主义初级阶段法制建设若干理论问题研究》《法制的理念与行为》《走向21世纪的中国法理学》《努力开创跨世纪法理学

李 林

研究的新局面》《关于"中国法学向何处去"的两个问题》等成果中认为,中国法理学处于"上不沾天,下不着地",漂浮于"天地"之间的状况,还没有找到自己存在和发展的真正根基。中国法理学研究应当注重从五个结合上来寻求发展:一是马克思主义法律观与当代中国法学研究相结合,努力形成中国化的马克思主义法理学;二是西方法治文明成果与当代中国法治实践相结合,努力建设中国特色社会主义法治国家;三是当代中国法学研究与中国传统法律文化相结合,努力弘扬中华法系的文明成果;四是法理学研究与部门法研究相结合,使之真正成为部门法研究的法哲学基础;五是法理学研究与中国现代化建设和改革开放相结合,使法理学真正摆脱"幼稚"走向成熟。由于本人在法理学研究方面的工作和成果,1992 年担任中国法学会法理学研究会副秘书长,1995 年担任中国法学会法理学研究会秘书长,2002 年担任中国法学会法理学研究会副会长兼秘书长,2008 年担任中国法学会副会长。

自 1985 年发表第一篇法理学论文以来,本人的主要研究领域是法理学中的立法学、法治与民主理论(宪法学、法政治学、比较法学、政治学)和人权法学等方面。

1. 在立法理论研究方面。出版了《立法机关比较研究》《比较立法制度》《走向宪政的立法》《立法理论与制度》《依法治国与法律体系形成》等论著,发表了《关于我国立法权限划分的理论与实践问题》《全球化时代的中国立法发展》《有中国特色社会主义法律体系的建构》《统筹经济社会立法的几个立法问题》《坚持和完善中国特色社会主义法律体系》等论文,提交了《关于完善我国立法工作的若干建议》《应当重视对香港基本法的解释》《如何划分中央和地方的立法权限》《关于宪法修改的研究报告》等研究报告，从国际立法学与我国立法实践相结合的比较法角度，对我国的立法原理、立法体制、立法程序、立法技术、法律体系建构、立法经验等重大理论问题，进行了较为深入的研究和论述，其成果对于繁荣发展我国的立法理论和立法学、服务制定《中华人民共和国立法法》以及民主立法、科学立法、法律修改、法律清理等立法工作，推进中国特色社会主义法律体系的形成和完善，具有重要学术价值和理论意义。如最早论证了我立法机关应实行立法听证、立法助理、立法公开等制度，完善会期制度和质询制度等，受到全国人大和国务院立法机构的重视，有关立法学论著被学界广泛引用。由于在立法学方面的研究成果，本人当选为中国法学会立法学研究会副会长、北京市法学会立法学研究会名誉会长，被聘为全国人大研究室特约研究员、国家住建部立法顾问、北京市人大常委会立法顾问、全国总工会法律顾问。

2. 在依法治国和法治理论研究方面。出版了《政治体制改革与法制建设》《依法行政论》《法制的理念与行为》《依法治国建设社会主义法治国家》《依法治国与精神文明建设》《依法治国与廉政建设》《依法治国与司法体制改革》《法治与宪政的变迁》《依法治国与和谐社会建设》《依法治国十周年回顾与展望》《全面落实依法治国基本方略》《依法治国与宪政建设》等论著，以及《试论合法行为》《政治体制改革与完善行政法制》《论我国社会主义初级阶段的法制》《论我国立法与适用法律的冲突与协调》《实施依法治国的特点和需要解决的问题》《依法治国的概念》《建设社会主义法治国家应坚持的五项原则》《努力推进依法治国基本方略的实施》《当代中国语境下的民主与法治》《民主要稳，法治要快》等成果，所撰写的内部研究报告《建议

李　林

采用"建设社会主义法治国家"的提法》（中国社科院《要报》信息专报 1997 年第 6 期），对于将"法制"改为"法治"这项被法学界称为"一字之改用了 20 年"的重要成果的形成，发挥了重要作用。积极参加和组织法学所集体课题——《依法治国建设社会主义法治国家理论与实践》，该课题于 2008 年被中国法学会评为改革开放 30 年来首届中国法学会优秀成果奖"特别贡献奖"。由于多年关注依法治国和司法体制改革的理论研究，2010 年被增选为中国法学会审判理论研究会副会长，担任中宣部、司法部指定的全国"四五普法""五五普法"国家中高级领导干部学法讲师团成员，担任北京市以法治市顾问，"法治浙江"专家咨询委员会委员等。

3. 在人权理论研究方面。主编或撰写了《当代人权》《人权研究》《人权与世界》《当代人权理论与实践》《人权与司法》（中英文）、《人权与 21 世纪》《走向人权的探索》《我应高举社会主义人权旗帜》《论人权与公民权》《国际人权与国家主权》《人权概念的外延》《如何看待联合国政治权利公约？》（上、下）、《中国宪法与人权保障》《人权的普遍性与相对性：一种国际的视角》《论马克思主义人权观》《中国批准〈公民权利和政治权利国际公约〉需要解决的几个问题》《中国语境下的"人身权"概念及人身权法律保护》《美国·加拿大人权考察报告》等论著和研究报告，全面论述了人权的概念，马克思主义人权观、跨文化的普遍人权、国际人权与国家主权、人权的法治保障等基本法理学问题，为冲破"人权是资产阶级的口号"的藩篱、高举社会主义人权旗帜、形成第一部《中国的人权状况》白皮书，推动尊重保障人权入宪、完善我国人权法律保障制度等提供了法理和智力支持，其中一些观点和建议被决策机关采纳,被理论界作为重要观点引用。在实践方面,除1991年参加对美国加拿大的人权法治问题考察外,还多次参与或率团参加"中欧司法人权研讨会",参加接待联合国人权高级专员罗宾逊夫人等重要人权外交活动,为宣传我国的人权观念、人权政策和人权法治保障成果,维护国家利益,做了一些力所能及的工作,为此多次受到外交部和国务院新闻办公室的表扬,2008年当选为中国人权研究会常务理事。《人权理论与对策研究》(合著)1996年获中国社会科学院第二届优秀成果奖,《中国人权百科全书》(合著)2000年获社科院第三届优秀成果奖,《关于中国加入国际人权两公约的研究报告》(合著)2000年获社科院第三届优秀成果奖。

4. 在民主政治理论研究方面。撰写的《坚持和发展社会主义民主》《民主政治建设要从国情出发》《坚定不移地坚持共产党领导的多党合作和政治协商制度》《坚持和发挥中国特色社会主义民主政治的优越性》《始终不渝地坚持人民代表大会制度》《人民代表大会制度:历史的必然,人民的选择》《坚持和发挥中国特色社会主义民主政治的优越性》《人民当家作主是社会主义民主的本质和核心》等一批论文,从法学与政治学相结合的角度,密切联系我国民主法治建设的实际,深入阐释和论证了中国特色社会主义民主政治建设的理论基础、内在逻辑和本质特征,尤其是系统论述了"坚持党的领导、人民当家作主和依法治国三者有机统一"的理论、制度和实践等问题。2004年参与《中国的民主政治建设》白皮书和2007年参与《中国的法治建设》白皮书的策划、审改和部分撰写工作,2010年参加《理论热点面对面》的写作工作。这些成果和工作分别受到中宣部、中央外宣办、中国法学会的表扬,社科院党组给予充分肯定。

5. 构建中国特色法学理论体系。在新的历史起点上，中国法学繁荣发展面临千载难逢、时不我待的大好机遇。应当以党的十八届四中全会《决定》为法学理论发展的战略支点，以习近平总书记全面依法治国的新理念新思想新战略为法学理论创新的方向指引，以科学立法、严格执法、公正司法、全民守法的法治实践和法制改革为动力源泉，总结历史经验教训，面对当下现实问题，着眼未来发展需要，努力构建中国特色法学理论体系。

构建中国特色法学理论体系，应当坚持和凸显其以下属性特征。

（1）中国特色法学理论体系的科学性。法学是以法律、法律现象及其规律为研究对象的科学，是关于法律问题的知识和理论体系。科学性是法学最基本的属性，否则就可能只有"法"而没有"学"。习近平指出："科学立法的核心在于尊重和体现客观规律。"构建中国特色法学理论体系，必须秉持科学精神、采用科学方法、遵循科学规律。科学精神包括自然科学精神和人文科学精神，是指在科学实践活动中提升出来的价值观念体系，包括理性精神，科学的批判精神，尊重事实的求实精神，探索精神，创新精神。科学理性强调不能迷信、不能盲从，不唯书、不唯上，还要承认规律、追求真理、探寻并揭示法律调整对象的普遍性和类特征。毛泽东曾经说过："搞宪法是搞科学。我们除了科学以外，什么都不要相信，就是说，不要迷信……要破除迷信。不论古代的也好，现代的也好，正确的就信，不正确的就不信，不仅不信而且还要批评。这才是科学的态度。"科学方法是观察法律现象、研究法律对象、回答法律问题、构建法学理论体系、学科体系和教材体系的手段、措施和方式。在英语中，"Law"

的基本含义是指规律。这里的规律，既包括自然规律，也包括社会规律和人类生存发展规律。法律科学就是要发现规律，把握规律，驾驭规律，使法学理论和法治体系体现并反映经济社会发展规律的基本特征和内在要求。

（2）中国特色法学理论体系的实践性。法学本质上属于应用之学、实践之学。实践性是中国特色法学理论体系必须具备的一个重要属性。实践是检验真理的唯一标准，也是检验和评价中国特色法学理论体系的唯一标准。中国法治和法学的发展历程，首先不是来自一整套先定的法学或法治理论，而是来自于革命、建设和改革实践的需要，来自于我们党治国理政的经验教训。习近平指出："全面推进依法治国，是深刻总结我国社会主义法治建设成功经验和深刻教训作出的重大抉择。我们党对依法治国问题的认识经历了一个不断深化的过程。新中国成立初期，我们党在废除国民党旧法统的同时，积极运用新民主主义革命时期根据地法制建设的成功经验，抓紧建设社会主义法治，初步奠定了社会主义法治基础。后来，党在指导思想上发生'左'的错误，逐渐对法制不那么重视了，特别是'文化大革命'十年内乱使法制遭到严重破坏，付出了沉重代价，教训十分惨痛。"改革实践推动了当代中国法治和法学理论的发展，使中国共产党坚定不移地选择了走全面依法治国的法治发展之路。法学是实践应用之学，要求宪法和法律不是"闲法"和摆设，必须得到尊重和实施。习近平在首都各界纪念现行宪法公布施行三十周年大会上的讲话中指出："宪法的生命在于实施，宪法的权威也在于实施。"2013年2月23日在十八届中央政治局第四次集体学习时的讲话中，习近平又强调说："法律的生命在于实施。如果有了法律而不实施，或者实施不力，搞得有法不依、执法不严、违法不究，那制定再多法律也无济于事。"这些重要论断，强调并集中反映了我国宪法和法律的实践性特征，折射出作为宪法法律理论支撑的法学理论的实践性要求。在全面依法治国的新形势下，中国特色法学理论体系不仅要研究法律的概念、原则、范畴、价值、方法、理念、功能、法律关系、法律行为等基本法学问题，构建宪法学、行政法学、经济法学、民法学、社会法学、刑法学、诉讼法学、国际法学等法学科学体系，研究法律规范创制、法治体系建设、法治运行机制等重大法律问题，而且要关注和回应社会现实需要，深入研究如何把"纸面上的法""条文中的法"切实变为"生活中的法""行动中的法"等法治实践问题。中国特色法学创造的动力来自于实践，法学研究的成果又服务于实践，并在实践中得到检验和完善。

（3）中国特色法学理论体系的政治性。政治性是由法律（法治）的阶级性、国家意志性和执政党党性等要素决定的，是法学的基本属性之一。从渊源关系上看，早期（古希腊）法学与政治学是不分的，法学存在于政治学之中，政治学包含了法学。在苏联及当今的俄罗斯，国家级的法学研究机构称为"国家与法研究所"，其政治学研究会的总部设在"国家与法研究所"中。即使"西方法学家也认为公法只是一种复杂的政治话语形态，公法领域内的争论只是政治争论的延伸"。这说明，法学与政治学、法律与政治有着千丝万缕、血脉相连的内在联系。习近平指出："党和法的关系是政治和法治关系的集中放映。法治当中有政治，没有脱离政治的法治……每一种法治形态背后都有一套政治理论，每一条法治道路底下都有一种政治立场。"中国特色法学理论体系的政治性，最核心的是执政党的党性，是中国共产党的领导。党的十八届四中全会指出："党的领导是中国特色社会主义最本质的特征，是社会主义法治最根本的保证……坚持党的领导，是社会主义法治的根本要求……是全面推进依法治国的题中应有之义。"中国特色法学理论是我国法治的理论基础和实践总结，必然具有法治实践的党性特征。法学理论的政治性，是中国特色社会主义法治的阶级性、国家意志性、执政党党性和人民性的集中体现，是中国特色法学理论体系的本质特征。坚持中国特色法学理论的政治性，应当深入理解习近平的重要论断："坚持党的领导，是社会主义法治的根本要求"，而"离开了中国共产党的领导，中国特色社会主义法治体系、社会主义法治国家就建不起来。我们全面推进依法治国……是为了进一步巩固党的执政地位、改善党的执政方式、提高党的执政能力，保证党和国家长治久安"；应当深刻领会四中全会的要求：必须"坚持用马克思主义法学思想和中国特色社会主义法治理论全方位占领高校、科研机构法学教育和法学研究阵地，加强法学基础理论研究，形成完善的中国特色社会主义法学理论体系、学科体系、课程体系"。理解和坚持法学理论的政治性，应当把握好以下重点：其一，处理好党和法治的关系，是构建中国特色法学理论体系的核心问题。习近平指出："党和法的关系是一个根本问题，处理得好，则法治兴、党兴、国家兴；处理得不好，则法治衰、党衰、国家衰。"其二，党的领导和法治是一致的，是高度统一的，社会主义法治必须坚持党的领导，党的领导必须依靠社会主义法治。只有坚持党的领导，国家和社会生活制度化、法治化才能有序推进。其三，构建中国特色法学理论体系，要有利于加强和改善党的领导，有利于巩固党的执政地位、完成党的执政使命，绝不是要削弱党的领导，绝不是要虚化、弱化甚至动摇、否定党的领导。其四，构建中国特色法学理论体系，要求执政党必须坚持依宪执政、依法执政，坚持党领导立法、保证执法、支持司法、带头守法，把依法治国与依规治党紧密结合起来。其五，构建中国特色法学理论体系，要求执政党应当高度重视马克思主义法律观、法治观的中国化，高度重视中国特色社会主义法治理论体系的研究、建构和宣传，不断提高全党的法治观念、法治意识和法治理论水平，提高领导干部运用法治思维和法治方式推动改革、促进发展的能力。

（4）中国特色法学理论体系的人民性。我国宪法和法律是党的主张与人民意志相统一的体现，是通过立法程序上升为国家意志的人民共同意志。习近平在"12·4"讲话中指出："维护宪法权威，就是维护党和人民共同意志的权威。捍卫宪法尊严，就是捍卫党和人民共同意志的尊严。保证宪法实施，就是保证人民根本利益的实现。"在中央政法工作会议上，他又说："我们党的政策和国家法律都是人民根本意志的反映，在本质上是一致的。"我国"法律体系的本质是以人为本，反映人民的共同意志，保障人民的根本利益"。这种本质特征，决定了中国特色法学理论体系必然具有鲜明的人民性，要求法学理论必须始终坚持人民主权原则和人民至上的主体地位，坚持以人为本，尊重和保障人权与基本自由；坚持法学研究和法治建设为了人民、依靠人民、造福人民、保护人民，以保障人民根本权益、促进人的全面自由发展为出发点和落脚点，保证人民依法享有广泛的权利和自由、承担应尽的义务，维护社会公平正义，增进人民福祉，促进共同富裕；坚持立法为民和以"为了人民、依靠人民"为核心的民主立法，努力"使每一项立法都符合宪法精神、反映人民意志、得到人民拥护"，"把体现人民利益、反映人民愿望、维护人民权益、增进人民福祉落实到依法治国全过程，使法律及其实施充分体现人民意志"；坚持执法为民和以"严格规范公正文明执法"为目标的执法体制改革，"加快建设职能科学、权责法定、执法严明、公开公正、廉洁高效、守法诚信的法治政府"；坚持司法为民和以"努力让人民群众在每一个司法案件中感受到公平正义"为目标的司法体制改革，"依法公正对待人民群众的诉求……决不能让不公正的审判伤害人民群众感情、损害人民群众权益"；坚持政法为民和以"保障人民安居乐业"为政法工作的根本目标，"从让人民群众满意的事情做起，从人民群众不满意的问题改起，为人民群众安居乐业提供有力法律保障"。

（5）中国特色法学理论体系的包容性。中国特色法学理论既具有中华法文化的底蕴，又学习借鉴世界法治文明的有益成果，既坚持马克思主义经典作家法学原理的基本立场观点方法，又重视中国共产党长期法治探索的实践创新，它具有兼收并蓄、求同存异、开放创新的包容性。中国特色法学理论体系，必须坚持从中国实际出发，汲取中华法律文化精华，走中国特色社会主义法学理论构建道路，使法学理论创新植根于中国经济社会的实际。习近平指出："坚持从我国实际出发，不等于关起门来搞法治。法治是人类文明的重要成果之一，法治的精髓和要旨对于各国国家治理和社会治理具有普遍意义，我们要学习借鉴世界上优秀的法治文明成果。"在学习借鉴世界法治文明有益成果方面，习近平在关于党的十八届四中全会决定的说明中谈道："我曾经引用过英国哲学家培根的一段话，他说：'一次不公正的审判，其恶果甚至超过十次犯罪。因为犯罪虽是无视法律——好比污染了水流，而不公正的审判则毁坏法律——好比污染了水源。'这其中的道理是深刻的。"包容性是我国加快法治建设和推进法学理论发展的一个重要特点。国务院新闻办在2011年发布的《中国特色社会主义法律体系》白皮书中总结道："中国特色社会主义法律体系的形成，始终立足于中国国情，坚持将传承历史传统、借鉴人类文明成果和进行制度创新有机结合起来。一方面，注重继承中国传统法制文化优秀成分，适应改革开放和社会主义现代化建设需要进行制度创新，实现了传统文化与现代文明的融合；另一方面，注意研究借鉴国外立法有益经验，吸收国外法制文明先进成果，但又不简单照搬照抄，使法律制度既符合中国国情和实际，又顺应当代世界法制文明时代潮流。"中国法学理论体系具有很强的包容性和开放性，充分体现了它的独特文化特征和深厚文化底蕴，充分展现了大国法治文明的道路自信、制度自信和文化自信。

（6）中国特色法学理论体系的创新性。新中国成立以来，法学理论的繁荣发展，经历了不同阶段，大致采取了引进、模仿、改造、探索、创新等不同模式。在全面依法治国新起点上构建中国特色法学理论体系，最重要的是必须坚持实践探索基础上的法学和法治理论创新。党的十八届五中全会提出："创新是引领发展的第一动力。必须把创新摆在国家发展全局的核心位置，不断推进理论创新、制度创新、科技创新、文化创新等各方面创新，让创新贯穿党和国家一切工作，让创新在全社会蔚然成风。"习近平多次论述并强调"创新"的重要性。2014年1月6日，习近平在会见嫦娥三号任务参研参试人员代表时说："创新是一个民族进步的灵魂，是一个国家兴旺发达的不竭源泉，也是中华民族最鲜明的民族禀赋。"2014年8月18日，习近平主持召开中央财经领导小组第七次会议强调："创新始终是推动一个国家、一个民族向前发展的重要力量。"2015年2月

14日，习近平在陕西考察调研时指出："我们党之所以能够历经考验磨难无往而不胜，关键就在于不断进行实践创新和理论创新。"这些讲话虽然没有直接提及法治建设和法学理论的创新问题，但其中精神实质和方法论要求是完全适用于中国特色法学理论体系构建的。事实上，中国法治建设的每一次重大进步，如把依法治国确立为治国理政的基本方略，形成中国特色社会主义法律体系，废除劳教制度，做出《全面依法治国若干重大问题的决定》等，以及中国法学理论的每一项重要发展，如坚持法治、否定人治，坚持法律面前人人平等，市场经济就是法治经济，尊重和保障人权，法律是治国之重器，依法治国首先是依宪治国等，都充分体现了我国法治和法学的创新能力和创新水平。构建中国特色法学理论体系，就是要不断解放思想，积极改革探索，超越"言必称西方"的西方法学中心主义，学习人类法治文明的精髓和要旨，走中国特色社会主义法学理论发展道路；超越主导法学话语体系的"西医法学"理论，汲取中华传统法律文化精华，借鉴世界法律科学有益成果，走"中西医法学"相结合并以中（中国法治国情）为本的法学发展之路，坚持和发展中国特色社会主义法治理论，构建中国特色社会主义法学理论体系、话语体系和教材体系；超越法治形式主义和法治工具主义，坚持形式法治与实质法治相统一，坚持法治价值与法治实践相结合；超越法治万能主义，坚持依法治国与以德治国相结合，坚持依规治党与依法治国相结合；超越法治虚无主义，坚持法治思维和法治方式，充分发挥法治在构建和实现国家治理现代化中的重要作用，更加重视中国特色法学（法治）理论体系的构建。构建中国特色法学理论体系必须坚持中国特色社会主义道路，坚持中国特色社会主义法治理论和法治体系，任何时候都不能偏离这个方向和道路。构建中国特色法学理论体系是一个长期探索实践、不断改革创新的过程，必然会遇到困难、挑战甚至挫折。我们要认准并坚持正确方向，义无反顾地前行；要警惕右，更要防止"左"。正如邓小平指出的"右可以葬送社会主义，'左'也可以葬送社会主义。中国要警惕右，但主要是防止'左'。"应当秉持"不争论""不折腾"的原则。邓小平说："不搞争论，是我的一个发明。不争论，是为了争取时间干。一争论就复杂了，把时间都争掉了，什么也干不成。不争论，大胆地试，大胆地闯。"不折腾，就是不倒退、不摇摆、不彷徨、不停滞，全力以赴推进全面依法治国，一心一意构建中国特色法学（法治）理论体系，不断开创法学理论研究的新局面。

（7）凸显法学理论体系的中国特色。国务院新闻办在2008年发布的《中国的法治建设》白皮书中指出："中国的法律体系，既与人类政治文明发展的普遍性原则相一致，又与中国社会主义初级阶段的基本国情相适应，与社会主义的根本任务相协调，具有鲜明的中国特色。"中国法学是生长并植根于中华人民共和国这块土地上的科学理论，坚持和弘扬法学理论体系的中国特色、中国风格、中国气派，是"加强法学基础理论研究，形成完善的中国特色社会主义法学理论体系、学科体系、课程体系"的必然要求。党的十八届四中全会提出，中国特色社会主义道路、理论体系、制度是全面推进依法治国的根本遵循。必须从我国基本国情出发，同改革开放不断深化相适应，总结和运用党领导人民实行法治的成功经验，围绕社会主义法治建设重大理论和实践问题，推进法治理论创新，发展符合中国实际、具有中国特色、体现社会发展规律的社会主义法治理论，为依法治国提供理论指导和学理支撑。坚持中国共产党的领导，是中国法治和法学最大的政治特色和政治优势。"党的领导是中国特色社会主义法治之魂，是我们的法治同西方资本主义法治最大的区别"。在坚持党对法治建设和法学发展坚强领导的前提下，在坚持从社会主义初级阶段基本国情出发的基础上，坚持和弘扬法学理论体系的中国特色，应当深刻理解习近平关于"我们有符合国情的一套理论、一套制度"重要讲话的精神实质，即"我们要坚持的中国特色社会主义法治道路，本质上是中国特色社会主义道路在法治领域的具体体现；我们要发展的中国特色社会主义法治理论，本质上是中国特色社会主义理论体系在法治问题上的理论成果；我们要建设的中国特色社会主义法治体系，本质上是中国特色社会主义制度的法律表现形式"，举自己的旗帜，走自己的道路。因为"我们是中国共产党执政，各民主党派参政，没有反对党，不是三权鼎立、多党轮流坐庄，我国法治体系要跟这个制度相配套"。我国的法治建设和法学发展要"抱着开放的态度，无论是传统的还是外来的，都要取其精华、去其糟粕，但基本的东西必须是我们自己的"。我们要学习借鉴人类法治文明的有益成果，"但是，学习借鉴不等于是简单的拿来主义，必须坚持以我为主、为我所用，认真鉴别、合理吸收，不能搞'全盘西化'，不能搞'全面移植'，不能照搬照抄"。

（四）几点治学体会

1. 要把法治和政治结合起来。这里讲的"政治"，不是说去钻营或者做政客，而是要懂得中国改革发展的大势、大局、大战略，这是中国最大的政治。如果不懂得中国的政治，是不会有前途的。懂得中国的政治，才知道自己前进和努力的方向。把法治

李 林

和政治结合起来，就是必须始终坚持中国共产党的领导，这是建设中国特色社会主义法治最根本的保证，是中国政法建设最突出的特色，也是全面依法治国最基本的前提和本质要求。

2. 理论联系实际。"学术"从来都是来自对墙外现实世界的执着追问，而不是独坐墙内、面对黄卷青灯的冥想。法学是应用之学、实践之学，要想真正学好法学，一定要把书本上的知识、课堂上的知识、理论研究与当下中国的法治实践、司法改革实践结合起来。用知识去观察实践，去反思和分析实践，就会在实践当中得到你意想不到的新知识。

人们之所以接受美国的法学，接受大陆法系的法典，因为它们的社会实践成功了，如果社会实践不成功，国家建设不成功，经济科技发展不成功，那么所有的东西都可能成为乌托邦。我一直致力于研究中国法治的现状，所以我的学术观点也更加注重关注理论联系实际。

3. 多读书，拓宽知识面。法学知识面宽的好处是，不管你面对的是法学理论问题，还是法治现实问题，也不管面对的是今天的应用对策问题，还是未来的预测分析问题，基本上都可以从容应对。

要深入学好法学，就要在精读一批中外法学名著的基础上，更多地读一些非法学专业的书，尤其是政治学、社会学的书，这是我最大的体会。古人云："汝果欲学诗，功夫在诗外。"这对于学习和研究法学问题也一样，工夫要下在法学之外。本质上讲，法学与医学相似，是一种建构主义和"卫道士"的学科，它存在的价值在于"治病救人"，这个"病"是体制病、社会病和行为病，法学要拯救和维护的是政权、政体、社会和人类秩序、人的权利。法学不像批判哲学那样以批判为目的，也不像艺术类学科那样以追求美为目的。法学追求的是善,没有善的思维是行不了"善"的。从国家政权的角度讲,法学的"善"就是"保守"。法学不能只批判,而是要建构。法学的角色定位很重要,其使命是对体制、对社会、对个人进行"治病救人"。

4. 积极锻炼身体。苏联的克格勃头领说:一个最优秀的克格勃成员一定是要有最优秀的体魄。有最优秀的体魄才会有最优秀的智力,身体和我们的智力是成正比的。身体好了,我们的学习和工作效率才会提高,才能在人生的事业上取得成功。

5. 从做人的角度讲,一定要注意从人格到人性的修养。法学本质上是一种"人学",是一种以人为本的学科。不管从事什么职业,如果人品、人格有缺陷,那么你将是没有前途的。所以我觉得应该在做好科研或者搞好学习、锻炼好身体的同时,一定要注意自己的人性的修养、人格的培育。奉献、宽容、厚道、坦诚、坚毅、持之以恒、矢志不移等,是青年在成长过程中不可或缺的要素。做人是根本,做事是磨炼,做学问是硬道理。

(五)几点人生感悟

一代人有一代人的历史使命。改革开放后的第一代法学家的使命已经基本完成,他们的使命就是解放思想、拨乱反正,使法学研究回归到法学研究中,真正让人们能认识法学、理解法学,接受法治观念。第二代法学家要做的事情,是要回应中国法治和经济社会发展中的现实问题,从而提升法学思想、法学理论,同时要把世界法律文化作为一个参照系,在这样一个大背景下,来关注和解决中国的问题。只有真正回应、总结中国的现实问题,才能推动法学的繁荣发展,法学家的地位才能提高,话语权才能在国际社会受到重视。这就是我们这一代法学家、法律人的历史使命。

2015 年，我带社科院青年学者代表团访问日本，代表团参观了松下幸之助研究所，一进门看到的是个巨大的"道"字，这是一个被松下先生奉为座右铭的字。"道"，不仅指为人之道、处事之道、经营之道、用人之道，同时也是做学问之道，是一种社会道德和社会责任，是一种理念、道路和价值的选择。就是说，一个人，如果道路选对了，方向选准了，方法用对了，加上持之以恒的努力，那么他的人生未来是无可限量的。正如松下先生所言：事情一旦决定之后，必须坚持到底，不得自己迷失方向，或被他人言行迷惑，否则不会成功。习近平曾说过：道路决定方向，道路决定前途，道路决定命运。我是一名学者，以学术的力量影响政治和社会经济生活的方方面面是中国许多知识分子努力的方向，我愿做其中的一员；我选择了法学，普及法律常识，传播法治精神，这是我作为一名法学学者的使命和责任感，我为之骄傲！

中国到 2020 年要全面建成小康社会，到 2050 年要实现国家富强、人民幸福、中华民族伟大复兴中国梦。未来中国的全面发展，法治将是越来越重要的组成部分，依法治国的作用将愈来愈凸显。在全面依法治国的新形势下，法学（法律）人要承担起自己的历史责任和时代使命，勤于学习和思考，规划好自己的人生和学术道路，为建成法治中国做出自己的应有贡献。

李　林

2011 年首发于中国社会科学网

2016 年春修订

李培林
Li Peilin

男,1955年5月生,山东济南人。1982年获山东大学哲学系学士学位,1984年获法国里昂大学硕士学位,1987年获法国巴黎第一大学（索邦大学）社会学博士学位。历任中国社会科学院社会学研究所研究室副主任、主任、所党委书记、所长,中国社会学会常务副会长、会长;现任中国社会科学院副院长、学部委员、学部主席团成员、研究员、博士生导师;兼任国务院学位委员会委员,国家"十三五"规划专家委员会委员,人力资源和社会保障部、民政部、卫生和计划生育委员会等部委咨询专家,国家社会科学基金评审委员会社会学评议组召集人,马克思主义理论工程社会学专家组首席专家。1992年被授予国家"有突出贡献中青年专家"称号,1993年起享受国务院"政府特殊津贴",2003年被授予"回国留学人员成就奖",获得"百千万人才工程"国家级人选、"四个一批"人才、社会科学领军人才等称号。科研成果曾获"全国第一届青年优秀社会科学成果奖一等奖","《社会学研究》十周年青年优秀成果奖一等奖","第十届中国图书奖一等奖"，"中国社会科学院第一届优秀科研成果奖"，中国社会科学院第三届、第六届优秀科研成果二等奖，国家图书奖提名奖等。

独著的主要著作有：《中国社会结构转型：经济体制改革的社会学分析》（1995）、《村落的终结》（2004）、《重新崛起的日本》（2004）、《另一只看不见的手：社会结构转型》（2005）、《和谐社会十讲》（2006）、《李培林自选集》（2010）、《社会转型与中国经验》（2013）、《生活和文本中的社会学》（2013）、《社会改革和社会治理》（2014）。

合著的主要著作有：《转型中的中国企业：国有企业组织创新论》（1992）、《新社会结构生长点》（1993）、《国有企业社会成本分析》（2000）、《20世纪的中国：学术与社会》（2001）、《就业与制度变迁》（2001）、《中国小康社会》（2003）、《中国社会分层》（2004）、《社会冲突与阶级意识》（2005）、《中国社会和谐稳定研究报告》（2008）、《当代中国民生》（2010）、《当代中国城市化及其影响》（2013）。

主编和共同主编的主要著作有：《中国社会发展报告》（1991）、《中国新时期阶级阶层报告》（1995）、《中国新时期社会发展报告》（1997）、《农民工：中国进城农民工的经济社会分析》（2003）、《社会学：理论和经验》（2005）、《社会学与中国社会》（2008）、《中国社会学经典导读》（2009）、《金砖国家社会分层》（2011）、《中国社会巨变和治理》（2014）、《全面深化改革二十讲》（2014）、《2020走向全面小康社会："十三五规划"研究报告》（2015）以及历年来《中国社会形势分析与预测》（社会蓝皮书）。

"为了中国"的学术追求

"为了中国"是中国社会科学院社会学研究所首任所长、社会学奠基人和中国社会学会首任会长费孝通先生的题词。我继何建章、陆学艺、景天魁之后,曾担任社会学研究所第五任所长,并继费孝通、袁方、陆学艺、郑杭生之后,曾担任中国社会学会第五任会长。中国社会学界一直把"为了中国"作为学界同人的共同学术追求。编辑中国社会科学院学部委员自述集的周溯源先生多次催促我完成自述,但因事务繁忙一再拖延,最后只好把以前写的"调查研究中的故事""书斋随笔"和"学部委员陈述"中的一些内容揉在一起,权作学部委员学术自述,并冠名"'为了中国'的学术追求"。

一 当老师做研究似乎是命定的选择

以前已经习惯了听老一辈讲他们的过去和人生体验,习惯了听那种凝重的话语和沉重的话题,在这种聆听中仿佛跨越了代际时空,有了心灵上的碰撞和沟通。现在,忽然到了需要我作为"过来人"和更年轻的朋友沟通的时候,才蓦然间感到时光流逝的一去不返和青春不再之后的追忆。社会变迁的迅速,使我们这

在书房研究

一代和新的一代似乎也有了新的"代沟",他们对新事物的敏感、对新知识的渴求和对新趋势的热情,常常使我和我们这一代人也感到惊奇,甚至他们日常生活的话语有时也使自认为思想并不陈旧的"我"感到陌生。但我坚信代际更替和知识积累的进步法则,历史总是需要铺垫的,经过生活之河经年累月一浪接一浪的冲刷,才能留下晶莹的像宝石一样的颗粒。记得上中学的时候总是愿意向父辈高喊"理解万岁!",现在易位变换角色,真有一种惶恐和不安。

听我祖父讲,我家是曾连续五代从事乡间私塾先生行当的"世家",但从未出过哪怕是秀才头衔的人,所以谈不上是书香门第。我祖父给我灌输的观念是,将来是读书人管理的世界,不管世道怎样变,只要读书就有饭吃。读书教书,在他眼里就像是一门祖传的求生技能,但他那并非密不宣人的技能留给我的深刻印

李培林

象，就是他作为有问必答的方便的活字典和他算账时打算盘的娴熟，这两项技能如今已被电脑和计算器所替代。

我儿时对教书人的崇敬还来自他们的经济地位。"文化大革命"前，我父亲是行政9级干部，一月拿200多元工资，属于高工资了，但那时一个二级教授的月工资是300多元。"文化大革命"中的社会变动，改变了我的家传对"教书人"的看法。那时我父亲在山东一所大学里当校长，他首当其冲受到猛烈的批判，被剃头游街，幸好他多年的待人以诚和他对政治风云的嗅觉不灵敏救了他，他很快"靠边站"，并去"五七干校"下放劳动，避免了许多皮肉之苦。我生活周围的那些平时自视甚高的著名教授，一时间都斯文扫地，是真的去扫地和打扫厕所。社会的舆论和青年人叱咤风云的激情，似乎在塑造着一幅"教书人"的漫画式的形象：戴着一圈叠一圈的高深度近视眼镜，不谙世事，不懂生活，迂腐陈旧，远离社会。一位教授对"尼龙袜"的无知曾成为被普遍嘲笑的话题。我的父亲，这位辅仁大学（教会学校）的毕业生，参加革命后曾任号称山东"小抗大"的胶东公学的校长，多年从事行政事务，甚至把英文忘了大半，但我当时真的庆幸他因此而没有留下太多的笔墨文字，免受了许多刨根究底的无情批判。我当时作为"黑七类"和"走资派"的"可教育好的子女"，受尽了徒然而来的白眼和冷遇，在心灵留下难以抚平的创伤，也理解了在逆境中才能体会的世态炎凉。当时的社会环境塑造了我和相当多的青少年对"教书人"的蔑视，我下定决心，今生绝不从事教师的职业，即使断了世代教书维生的家传也在所不惜！

另一件事情强化了我的这种意识。我中学的班主任是一位数学老师，由于我对学习三角函数的偏爱且数学课程考试常名列前

· 371 ·

茅，因而得到他的青睐，但我同时也是一伙他所头痛的捣蛋学生的同党，使得他常常要对我进行规劝和警告。这位班主任当时已经 30 多岁，还没有女朋友。当时城市中的习俗一般也是男的二十六七岁结婚，他未能找到女朋友可能是由于他的富农出身和不善交往。但这却成了我们这些捣蛋学生私下里的笑柄，有时甚至当面以此取乐，令老师十分尴尬。那时的学生对老师常缺少应有的尊敬，一个个心里想的都是干什么也别干老师这种受学生嘲弄的行当。有一天，我父母的老同事来我家做客，谈起他们有一位侄子在附中教书，希望能请来一起作客，母亲让我赶紧跑腿去请，谁料想要请的客人令我大惊失色，他恰恰是我的班主任，可以想象出我当时的窘境。幸好这位不显山不露水的班主任还能虚怀若谷，对我过去的不恭之举竟一字未提。从此我更坚定地认为，千万不要去当老师。

斗转星移，春秋几度。我父亲在家养病闲住，通读《鲁迅全集》，引得我也跟着看鲁迅的"花边文学"和对鸳鸯蝴蝶派的批判。父母下放后，怕我自己在家学坏，特地委托图书馆的馆长阿姨监管。这位阿姨没有别的高招，为了把我拴在家中，借工作之便，每周都偷偷给我借回一大摞当时还属于禁阅的书籍，都是有关文学、经济、社会、历史的"资产阶级"的书。我那时高中毕业，没有工作在家闲住，一年下来竟把中外经典文学作品和经济、社会、历史书籍读了上百本，非常痴迷。此后当兵服役几年，1977 年恢复高考后，我就沿着学士、硕士和博士一气读了下去。后来到中国社会科学院从事研究工作，但终究还是作了指导硕士生、博士生的导师。虽说当老师做研究并非我的初衷，但冥冥之中似乎有一种无形的力量，潜移默化地为我定下人生道路的坐标。也许这是一种命数和家传的遗风，是一种意识抗拒不了的渗透到血液和骨子里的东西。

二 治学诀窍：耐得住枯燥和寂寞

大学毕业后，我考上出国留学研究生，但因当时是 2 月毕业，留学要等到当年 9 月，大家都很焦急，怕政策有变，趁一个机会选择改派往法国。我们几十个人只好到北京语言学院改学法语，强化训练了一年多，每天早晨 6 点起来枯燥地背单词，晚上躺在床上听录音直到入睡。

1983 年，我终于到了过去通过巴尔扎克和雨果的小说了解到的法国，心想总算结束了锤炼入学敲门砖的枯燥生活。望着巴黎塞纳河的潺潺流水和富人区华丽住宅上面的亭子间，不禁想起巴尔扎克小说中描写的外省小人物到巴黎不择手段地挤入上流社会的奋斗过程。第一学年省下来的钱，就和同学结伴而行，买欧洲学生暑期旅游通票，背着睡袋游遍欧洲的主要城市。据说我们是第一批这样旅游欧洲的中国大陆学生，到哪都被当作日本人。

旅游归来后，兴致勃勃地给导师讲一路趣闻，导师却沉着脸甩给我一份长达几页纸的读书书目。回去细看，心一下凉了下来，所列的书目都是老掉牙的古典得不能再古典的著作，我当时心仪的是最时髦的理论和最新潮的观点，心想读这些书还用不远万里跑到国外？此后我曾多次试着和导师讨论一些最新发表的新奇理论，以炫耀自己阅读的广泛和对前沿问题的跟踪，没想到没有一本书能逃出导师的阅读视野，他的知识面就像弥勒佛的手掌心，任你翻跟头，最后还是扔过来那句老话，回去读经典，要耐得住枯燥和寂寞。我多想让导师更多地带我去参加国际学术会议，更多地去访谈那些大公司和机构，更多地参加学者的聚会和沙龙，但导师似乎最卖力的就是开书单。我所在的巴黎第一大学（巴黎索邦大学，University Pantheon – Sorbonne）坐落在市中心塞纳河畔的拉丁区，它的前身是13世纪中叶创立的索邦神学院，是世界上最早的几所大学之一，周围却是众多的一天到晚热闹非凡的咖啡馆，很多是过去名流学者经常聚会的地方。我常想大学设在这里真不知是出于什么考虑，面对那么多的诱惑，让学生如何守住清心、修成正果？在这样的环境中读导师列的古典书目，有时读起来，说实在的是味如嚼蜡，但也只好硬着头皮读，光读书笔记就做了11本。我曾心想，西方的导师也没有什么治学的诀窍，无非是耐得住枯燥和寂寞而已。

在学术研讨会上发表主题演讲

这耐得住枯燥和寂寞的读书，参加工作后才使我感到终身受用无穷，因为以后忙着进行课题研究，忙着进行实地调查，忙着整理数据和资料，忙着著述写文章，还忙着各种科研、教学和外事的行政事务，再也没有这么集中的时间安静地读书。倒是我的博士生读书，不断地鞭策着我，看到他们捧着自己的博士论文就像捧着自己新生的婴儿，我也分享一份他们耐得住枯燥和寂寞后的喜悦。

三　我们这一代人的使命感

我20世纪80年代初赴西方求学的时候，受到的最大刺激是中国的实际国际地位与原本想象的出入太大，尽管事先阅读了许多材料，有了思想准备，但西方的普通人对中国这个东方大国的漠然和轻视，仍然出乎意料，至多也就是对遥远东方的好奇，西方媒体谈论中国的话题几乎是凤毛麟角。而美国和日本在欧洲的影响则比比皆是，中国的商品也只能摆在廉价的店铺，中国到法国的代表团也常往跳蚤市场跑，在地铁里见到一队西服笔挺东张西望的亚洲人的眼神，就可以立刻断定是从中国大陆来的，他们常成为吉卜赛孩子帮伙围住掏摸口袋的对象。90年代再去法国时，情况为之一变，从日常生活中显露出的中国人的地位明显提高了。中国巨大的购买能力成了新闻媒体的重要话题，很多财团和公司设立了专职的对华贸易人员，我许多过去的同学依靠从事对华业务过上了中产阶级甚至中上阶层的生活，到法国访问和旅游的中国人常常出入于高档商店，中国的产品也进入了"老佛爷"（Lafayette）等老字号豪华店，中国人走在街上的眼神也开始变得悠闲、随意和泰然。过去出国买什么都觉得是天价、老是在橱窗前驻足观望的中国人,现在也感到许多东西比国内还便宜,甚至觉得已经没有什么国内买不到的东西,再也看不见过去大包小包的往国内捎家用电器的现象了。

我80年代末回国后,急于了解改革开放以来中国基层社会发生的变化,便立刻到山东陵县这个中国社会科学院的多年跟踪调查点进行了为期一年的调查。乘车颠簸在乡间,望着一路的尘土和盐碱地,入户访谈与不善于簿记的农户一起计算着货币和实物的收入,为了一个数据的真实性竟书生般地与统计部门争得面红耳赤,晚上回到居住的平房,点燃已忘记如何生火的冒烟煤炉……我常常禁不住思忖:中国的现代化还将是一个多么漫长而艰难的路程,与西方相比,中国农村的差距太大了。但改革开放以来最大的变化也在农村。在胶东半岛,在苏南地区,在浙江的沿海和北部,在福建的沿海一线,在珠江三角洲,这个上亿人生活的农村区域正在迅速成为新兴的城市群带,其发展的趋势就像是上百个城镇构成的洛杉矶,其变化速度之快和观念更新之快令我们这些常下去调查的人也惊讶不已。现实生活底层结构出人意料的快速变迁,是对社会科学研究的最大刺激。我所感到欣慰的,不是自己的研究对现实的变化起到了哪怕是十分微薄的作用,而是意识到我的研究也已经融入这个伟大的变迁之中。

与年轻的亲近朋友谈我的这种"使命感"情结,他们常常会带着不解的神情平淡地问,你们这一代这样活着累不累,谈点别的轻松的行不行?弄得自己倒要反问,难道真的是我自作深沉,总是不自觉地扮演传道授业解惑的角色?世界在变,生活在变,一代人有一代人的历史,但"为了中国",是我始终改变不了的情结。

四 调查研究中的故事：求真是学术的良心

我于 1987 年获得巴黎第一大学博士学位，1988 年和夫人一起回国，到中国社会科学院社会学研究所工作，一干就是几十年。刚回国的时候，院里没有房子，那时住房也还没有市场化，我在几家亲戚家里"打游击"。我的老所长陆学艺教授对我说，你参加"全国百县市经济社会调查"吧，到我们的调查点地处鲁西北的陵县去搞调查，那里空着一排平房。我带领刚入所的五六个年轻人组成一个陵县调查课题组，在陵县一待就是一年多。从法国繁华喧闹的花都巴黎，一下子深入到一个到处都是盐碱地和沙土地的农业县，心理上有一个很大的反差。这个县曾长期是中央农村政策研究室资助的一个调查和观察点，我们住在观察点长期租用的县政府招待所的一排平房里，屋子里有很多过去来过的调查人员留下的旧书刊，甚至还有一张乒乓球台。我们每天骑着自行车，到县政府各个部门和村里去搞调查。刚去的时候正赶上冬天，平房没有暖气，靠烧煤取暖，我们这些在城市暖气房子住惯了的人，最怕的就是晚上封煤炉，因为十次有八次会封灭，第二天重新生火，就会出现一个个被烟熏火呛地直流眼泪的异景，引得招待所里的当地人乐呵呵地就像看西洋景。最惬意的时候，是外面狂风呼啸、雨雪交加，户外的一切活动似乎都停止了，屋里的炉火因气压升高而被烟囱抽得特旺，连炉子也烧红了，这时躺在被窝里，沏上一杯碧螺春，翻着久违了的闲书，心不在焉地听着录音机里传来的 G. 比才（G. Bizet）的《卡门》……

调查本身并不复杂，因为没有什么特别要证明的假设。如果说有什么假设的话，那就是认为，中国的县级单位是相对完整的社会，是国家大社会的缩影，对县社会的解剖，是了解国家大社会运行和发展的基点。然而在调查中要真正做到实事求是，却是很辛苦的事。例如，对于改革以来农民生活水平变化的评价，当时通常是以"人均纯收入"的增长来衡量，但我在调查中发现，这一指标是适应农村生产责任制而产生的，把它与改革前人民公社体制下"人均分配收入"进行比较时，应当注意到，尽管二者在形式上基本一致，都是总收入扣除经营费用、国家税收、集体提留和生产性固定资产折旧后与参与分配人口的比值，但"人均分配收入"却没有包括自留地和家庭副业（尽管可能很少）的收入，而"人均纯收入"实际上有一部分要用来上缴集体提留以外的"乱收费"项目。此外，计算收入时农产品实物的折价标准，由于国家收购牌价的变化而调高了。在考虑到这些因素的基础上，我测算的该县农民人均纯收入 1988 年比 1978 年增长了 3 倍多。对于这一结果，我又通过对农民消费水平、消费结构、食品结构的分析进行了旁证，而此前的多数文章和调查材料，都认为该县农民人均纯收入 1988 年比 1978 年增长了十几倍。再一个例子是教育经费的支出。最简单的办法，当然是分析地方政府教育经费的开支，但实际上，当你深入到具体的学校，分析经费来源时，你会发现，政府的拨款只是"人头费"而已，靠"社会筹集"经费是学校正常运行和教师奖金的主要保障，而"社会筹集"的结果在不同发展程度的地区差异甚大，没有细致费力的调查和测算，就无法掌握这种差异，而仅凭省力的统计数据的比较，在学术上就有很大的风险。

  一年的蹲点调查是耗时费力的，但我的确从中获益匪浅。我常常怀念那种无欲无求、没有太多诱惑和烦恼、在细雨霏霏中独自思考的日子。从那以后，我在使用统计数据进行宏观分析时都非常谨慎，力求弄清楚每一个数据的口径、来源、可比性和可靠性。新中国成立后，我们进行过很多细致的调查，但往往是为了证明某种理念而丧失了学术上的实事求是，真正的学术应当是社会的良心。

五　深入工厂、深入生活的收益

改革开放以来，国有企业一直是经济学研究的重点，但直到20世纪90年代末，20年过去了，尽管从扩大自主权到资产重组，国有企业进行了各种各样的改革，但效益状况并没有得到根本的好转。对国有企业的研究，似乎成为社会科学中的哥德巴赫猜想。那个时期，因为对失业下岗职工的关注，我一直在从社会学的角度进行有关国有企业的调查研究。但随着数千万国有企业职工下岗问题的出现，我又似乎感到自己的研究不过是隔靴搔痒。1996年，我组织了对全国10个城市500多家企业的问卷调查。面对上千万的调查数据，我心里却一直发怵，从纯粹学术的角度说，这么丰富的资料和数据，可以写出不少具有学术价值的文章，但如果这些数据本身存在问题的话，那根据这些数据所作的分析结果是否具有实际意义呢？于是，我决心和课题组一起，花费大量时间进行个案访谈调查。

1997年秋，我们踏上去东北的路程。那里有世界上少有的肥沃的黑土地，有不需要人工灌溉系统也能风调雨顺的气候条件，有丰富的自然资源和人才储备，城市化水平和人均受教育水平都远高于全国平均水平。望着路旁一望无际的庄稼，少了几分中国多数地区人多地少的忧虑，但又多了几分靠粮食作物如何致富的深思。我们调查了十多家几万人的大型国有企业，这些企业由于是资源开发型的或由于当初战略上的考虑，大都设在远离城市的地方，有的在少有人烟的山区，要长时间地乘车跋涉。听说是从北京来搞调查的，企业和工人对我们表现出极大的热情，介绍和陪同我们来的省劳动部门干部对我们说，很多企业都拖欠职工工资一年多了，职工情绪很大，因一时难以解决，他们都不敢来。我们对各个层次的职工进行了个别访谈，有的职工一谈就是五六个小时。我们常常不忍打断他们滔滔的话题，因为他们似乎有太多的事情要向人们诉说，尽管他们知道我们这些研究人员无法给他们解决任何具体问题，但有人倾听他们的呼声似乎就是对他们的安慰。他们中有很多人当年曾是名牌大学的毕业生，为了建立共和国的工业体系，在"先生产后生活"的原则下，"献了青春献终身，献了终身献子孙"。如今冬天在即，企业购买暖气用煤的款项还没有落实，而那里冬天的最低温度常常是零下 30 多摄氏度。一家企业的厂长对我说，他是为了对该企业加强领导和扭亏为盈，从一个城市里的经营效益好的企业调来的，但该企业产品缺乏市场，转产需要时间和资金，企业又是在山区，没有"社会"，企业自己要"办社会"，负责职工的孩子入托、子女上学、家属就业，以及生老病亡、日常生活……再有本事的厂长也会被这众多的事务和由此产生的成本拖垮的。由于产业结构的升级和调整，很多传统产业必然地走向了萎缩，但如何在改革的过程中进行利益的整合、如何在市场经济条件下确立社会公正、如何对历史的欠账进行补偿，的确关系到改革中人心的向背。

这次调查，使我确立了对国有企业"社会成本"进行数量分析的重点。问卷调查中对国有企业养老、医疗、住房、福利以及各种福利设施的调查恰好派上用场，我用数量测算的结果来佐证企业个案访谈的结论。所谓企业的"社会成本"，就是企业正常生产经营成本以外的不得不承担的成本，这种成本直接冲销了企业的利润，但改由国家或社会承担尚缺乏必要的过渡条件。然而，没有对"社会成本"的清晰测算，就没有关于企业实际经营状况的真实信息和正确评价，也就难以作出对特定的企业是否应当补偿以及补偿多少、如何补偿的决策，也无法判断企业的亏损是否真是由于"社会成本"所致。我的研究对于解决国有企业的具体问题，也许只是杯水车薪，但我们研究人员（特别是社会学研究人员）如果对这样关乎民生的重大问题缺乏研究，那就是学术本身的悲哀。

调查研究人员最大的良心上的不安，是面对众多被调查者对你的期望，你的调研结果实际上可能对他们毫无助益。从东北调查回来，为了平息这种不安，我赶写了反映问题的调查报告和解决问题的建议，但我也知道，能够起实际作用的可能性十分渺茫。我从内心中惦念着，这些过去的创业者如何度过那个冬天……

六 "锁定"的应当是职业道德

上初中的时候，我比较喜欢古典文学，楚辞、汉赋、元曲、唐诗、宋词和明清章回小说，透着飘逸、潇洒、壮烈和激昂，人情的跌宕起伏远比数字的换算有趣，加之老师常把我的作文当作学生作业的范文，自尊心的满足就成了追求文学的激励。但时过境迁，儿时的幻想多半与现实的职业选择相异。随着计算机和相关统计计算软件在研究中的普及，社会科学在数量研究方面出现了巨大的飞跃，以致很多国外的社会学和经济学的学术研究杂志，如果没有严格的数量分析的证明过程，单凭理论分析和观点的阐述，文章是很难发表的；文字的精美也愈来愈被图表所取代，有模型、无思想成了人们对当下一些学术文章的诟病。

然而，数量分析的过程也是非常枯燥和辛苦的，这不仅需要掌握大量的调查和统计数据，而且需要比较完善的假设以及正确的测算和证明的步骤。有时你费神熬夜忙上一周，出来的测算结果却与你的假设相隔十万八千里。很多数据分析人员都有那种切身的体验，获得一个理想的模型分析结果，就像买彩票中了头奖那样喜悦。但是，在社会科学领域，由于社会现象的复杂性，没有考虑到的相关变量和无法实现操作化的相关变量总是存在的，这就使任何基于一定理论假设的模型和方程，都不是封闭的。这就意味着，社会科学领域任何的模型测算结果，都存在着无法消除的误差和解释上的弹性。

"第二届世界考古论坛"为获奖者颁奖（2015年12月14日）

在自然科学领域，如果你依照规范的研究步骤获得的测算结果与常识相悖，那可能是你接触到新发现的边缘。但在社会科学领域，如果出现与常识相悖的数量分析结果，研究人员往往首先怀疑自己的变量选择和原始数据有问题，于是有的研究人员反复测算而得不到"理想"结果时，就采取一种"方便"的办法，根据主观判断人为地"校正"测算结果，使之符合经验的判断。

为了杜绝这种"校正"，最新的统计分析软件从程序上"锁定"某些关键性的数据，让研究人员无法擅自变通，其目的是维护研究领域的职业道德，可谓煞费苦心。但职业道德的"锁定"，只能主要依赖研究人员的自律，怎能靠电脑软件守住学术操守？君不闻"道高一尺，魔高一丈"的警句？粗制滥造、假冒剽窃、炒作和雇"枪手"吹捧，在学术界已屡见不鲜。但如果连学术的职业道德也要电脑软件来约束，学术就难逃贬值的厄运了。

前人曾把学术的最高境界概括为："蓦然回首，那人却在灯火阑珊处"。但要具有"蓦然回首"的功夫和机遇，必须耐得住"独上高楼"的寂寞，并有"终不悔"的执着和"众里寻他千百度"的傻气垫底。

七 "社会结构转型"的研究

中国的巨变，促使我从20世纪90年代初就开始研究"社会转型"的问题，也是国内较早提出这一问题的学者。当时围绕"社会转型"的概念，在学术界有很多争论。争论的焦点是什么在转型、转到哪里去。我当时认为主要是两个巨变：一个是经济体制的转轨，另一个是社会结构的转型。当时经济学界的关注点是在经济体制的转轨，即计划与市场的关系。我觉得社会学界应当把社会结构转型当作研究的重点,因为从长远的现代化道路来看,中国作为一个发展中的人口大国,从农业的、乡村的、封闭半封闭的传统社会,向工业的、城市的、开放的现代社会的转型,也就是工业化和城市化的过程,是更加长期、更加深刻、更加艰难的转变。《处在社会转型时期的中国》和《另一只看不见的手:社会结构转型》等几篇文章,记录了这一时期的一些理论思考。作为《中国社会科学》头篇文章发表的《另一只看不见的手:社会结构转型》,获得了第一届全国青年社会科学优秀成果一等奖。

我觉得自己在这个问题上的学术贡献,是把资源配置的作用引入对社会结构的研究。因为当时大家普遍认为,资源配置的力量有两只手,一只是看不见的手,即市场机制对资源起基础配置的作用;还有一只是看得的手,就是政府对资源的配置力量。我通过对各种非正式制度的研究、对社会网络的研究,以及对利益关系的研究,试图证明,特定的社会结构是配置资源的另一只看不见的手,在现实中,无论是市场的力量还是政府的力量,都要受到特定社会结构和利益格局的影响,这也是为什么会出现上有政策、下有对策以及市场机制在实行过程中会发生各种扭曲和变形现象的原因。

现在,在对资源配置的研究中,政府、市场和社会已被视为三个基本的维度,在解决各种经济社会问题中,社会的途径也被视为在政府和市场之外的另一种可能的选择。当然,存在的问题是,我觉得自己在这方面的研究还没有达到规范科学地概括运行法则的要求,这是今后需要进一步努力的方向。要使中国的发展经验在国际社会科学中站得住脚,必须在规范科学研究方面有所突破。

八 "经济社会组织"的研究

我是把经济组织当作一种社会组织来研究的。我认为在中国，任何经济组织都要潜入特定的社会结构，其组织行为也要受到其所处的特定社会关系的影响。在现实中，经济组织的产权形态在国有和私有之间，存在着各种复杂状况，例如各种各样的股份合作制，是把经济合作的一股一票与社会合作的一人一票结合在一起的特殊产权形态。

我先后重点研究了三种经济组织：国有企业、乡镇企业和村落经济共同体。对国有企业的研究成果集中表现在《国有企业社会成本分析》一书中，这项研究的背景是当时国有企业2/3亏损，大批国有企业职工失业下岗，基于对全国10个大城市508家企业的问卷调查和对十几家大型国有企业的案例调查。我分析了我国国有企业的发展历程、职工下岗与失业的根本原因、退休与养老保险制度的变迁历程，以及国有企业福利与福利机构的主要功能等内容，提出了国有企业承担的社会成本的内涵，并具体核算了国有企业社会成本占总人工成本的比值。该项研究认为，在国有企业功能内卷化和人员过密化的情况下，企业会出现有增长而无发展的状况。尽管企业的产值在增长，但企业的资本积累能力降低，单位产值的实际劳动成本增加，而实际人均单位劳动投入边际收益递减，实际劳动生产率降低，经营效益恶化。要改变这种状况，就要从既有的利益格局出发，研究国企改革的操作化程序，并处理好改革、发展和社会稳定的关系。这就需要在国有企业改革中提供"外部替代性资源"，例如以社会保障替代国有企业的单位保障；以社会服务网络替代国有企业的"企业办社会";以市场化就业机会替代国有企业的就业保障等。这本著作获得中国社会科学院第三届优秀科研成果二等奖,作为这项研究的副成果,我写的《要报》稿《扩大教育、推迟就业、缓解失业》,受到中央有关领导的重视,推动了大学扩招政策的实施。

在这方面的另一项研究体现在《村落的终结》一书中。该项研究以对广州市20多个城中村进行访谈调查为基础。当时的研究背景是,从1985年到2001年,在不到20年的时间里,中国村落的个数,由于快速的城市化和村落兼并,平均每天减少70个。广州市作出规划,要在五年内消灭城中村,其他城市也提出"一年一小变,五年一大变"等类似口号。我通过调查,对"城中村"这种行政体系、经济体系和家族体系高度重合的组织形态进行了各个维度的深入分析,提出中国村落的终结的艰难,并不仅仅在于生活的改善,也不仅仅是非农化和工业化的问题,甚至也不是变更城乡分割的户籍制度问题,而在于它最终要伴随产权的重新界定和社会关系网络的重组。我试图通过建立具有普遍解释力的村落终结类型,建构村落城市化整个链条的最后一环,以便能够在理论上复制中国改革开放以后村落非农化、工业化、城市化的全过程。依据这项研究发表的文章获得中国社会科学院第六届优秀科研成果二等奖。我们给广州市的政策建议报告里提到,为了防止因"城中村"的改造带来住房短缺和房地产市场的波动,改造不宜大规模地进行,而要有步骤、分阶段地进行,不能奢望在短期内完成。城市建设是百年大计,切忌在"几年大变"的冲动下一哄而起,要充分考虑"城中村"为农民工和底层职业群体提供居住并避免出现贫民窟的功能。"宜居的城市是各个社会阶层都有自己的生活空间"。费孝通先生很重视这项研究,亲自为我的《村落的终结》一书题写了书名。

九 "农民工与中产阶层"的研究

阶级阶层的研究一直是社会学的经典主题。这方面的研究成果很多，理论流派林立，定量分析的水平也相对较高。我在这方面的研究，一直聚焦于改革开放后中国新产生并迅速壮大的社会阶层，即农民工与中产阶层。20世纪90年代中期，农民工的主体开始从"离土不离乡"的乡镇企业农民工转变为"离土离乡"的进城农民工，我意识到这只是一个巨大深刻变迁的序幕。依据规范抽样调查数据，我写了《流动民工的社会网络和社会地位》，发表在《社会学研究》1996年第4期上，引起了广泛关注，该文成为国内这个领域迄今被引率最高的论文。此后我和李炜在《社会学研究》《中国社会科学》上发表《农民工在中国转型中的经济地位和社会态度》《近年来农民工经济状况和社会态度》。我们的结论是：中国在改革和发展中产生的大量农民工，不仅因为最早进入真正的劳动力竞争市场而极大地推动了中国从计划经济向市场经济的转轨，也因为承担起中国工厂制造的主力军角色而极大地推动了中国从农业社会向工业化社会的转型。收入和经济社会地位相对较低的农民工，却意外地具有比较积极的社会态度，真正从深层决定农民工社会态度和行为取向的，可能不是经济决定逻辑，而是历史决定逻辑。2000年以后，我又开始关注"80后""90后""新生代农民工"在行为选择和社会态度上发生的变化，以及他们的城市社会融入问题，与田丰一起先后发表了《中国新生代农民工：行为选择和社会态度》《中国农民工社会融入的代际比较》。

中国中产阶层的成长，意味着两个大的变化，一个是社会结构和分配格局从金字塔形向橄榄形的变化，另一个是职业结构中的产业工人阶级从以蓝领为主向以白领为主变化，这两个变化正在中国展开，将对整个社会产生深远影响。党的十八大和此后中央全会的文件，都把"扩大中等收入者比重"作为到 2020 年的重要发展目标。这不仅是一个调整社会结构和收入分配格局的社会目标，也是一个适应经济新常态、促进大众消费、推动经济持续稳定增长的经济目标。然而，"中产阶层"又是缺乏学术规范和学界共识的概念，它实际上并不是一个经典意义上的独立阶层，但它对现实变化却有很多难以替代的解释力。在这方面，我先后写了《中国中产阶层的规模、认同和社会态度》《中产阶层的成长和橄榄形社会》《努力形成橄榄形分配格局——基于 2006—2013 年中国社会状况调查数据的分析》《上海中等收入群体研究报告》等文章。我一直坚信，如果在未来的发展中，农民工中上亿人拥有一定技术的工人群体和目前以每年 700 多万人快速增长的高校毕业生，都能够进入中产阶层，这对中国的和谐稳定、形成最庞大的消费市场和合理的分配格局，对老百姓都能过上好日子，至关重要。

十 "利益格局与和谐社会"的研究

自 20 世纪 90 年代中期以后，随着中国经济的快速发展，利益分化、收入差距扩大、社会分配不公等问题开始变得比较突出，我的思考也开始集中在利益关系协调和经济社会协调发展方面。我写的《试析新时期利益格局变化的几个热点问题》，发表在 1995 年 4 月 12 日的《人民日报》上，当时引起较多理论争论。我认为，中国经济的持续增长、举世瞩目，也成为中国道路的最大亮点，但利益格局中的分配问题成为引发许多社会问题和群众不满的深层原因，是我们建设中国特色社会主义必须解决好的问题。在这方面，我们依据全国 30 个省会城市调查所撰写的《社会冲突与阶级意识——当代中国社会矛盾研究》一书，入选新闻出版总署第一届"三个一百"原创图书。

进入 21 世纪以后，中共中央提出了科学发展观和构建社会主义和谐社会的重大战略思想，在社会学界引起了强烈反响，因为这些思想与社会学关于社会发展的基本理念是一致的。我也先后写了《建议把"社会发展"列入政府中心工作》《坚持统筹兼顾，树立新发展观》《合理调整社会结构》等文章。2005 年 2 月，我与我的同事景天魁教授一起，为中央政治局集体学习讲解了"努力构建社会主义和谐社会"。次年，我又参加了《中共中央关于构建社会主义和谐社会若干重大问题的决定》的起草工作。这些经历使我格外关注和谐社会建设理论和实践的发展，并先后写了《在深化改革加快发展中构建和谐社会》《深刻认识我国发展的阶段性特征》《社会主义和谐社会理论的创新》《积极稳妥地推进社会体制的改革和创新》等数篇文章，发表在《人民日报》和《光明日报》上。

但我觉得，对和谐社会的研究，不能仅限于政策层面，为此，从 2006 年开始，我组织了全国社会状况综合调查，每两年进行一次，每次有一个主题，至今已经进行了五次，用数据记录了中国十年巨变的历程。这五次调查的主题分别是"社会和谐稳定""民生""城镇化""中国梦和生活质量""社会发展质量"，已经出版了系列研究专著《当代中国社会和谐稳定》《当代中国民生》《当代中国城市化及其影响》《当代中国生活质量》。我们希望依据这种严谨的大型调查的数据和对基本利益关系的数量分析，把对和谐社会的研究纳入规范科学的领域。

我始终坚信，中国巨大的社会变迁，将会改变社会科学研究的很多既有结论，作为社会科学研究者，必须深入了解这种变化。我很感谢老所长陆学艺教授，我回国后，他立刻让我参加全国"百县市经济社会调查"，到山东陵县蹲点调查了一年多。从巴黎到陵县，使我完成了一种蜕变，从而找到了汲取学术营养的根。

李培林

2011 年首发于中国社会科学网

2016 年春修订

何星亮
He Xingliang

男，广东梅州兴宁人，1956年8月生，中国社会科学院学部委员、国务院参事。1975年到新疆工作，1978年考入中央民族大学少数民族语言文学系，1982年获文学学士学位。1982年至1984年在新疆社会科学院民族研究所工作。1984年考入中国社会科学院研究生院民族系民族学专业，1987年获法学硕士，1990年获法学博士学位。1987年起任中国社会科学院民族学与人类学研究所助理研究员、副研究员、研究员；1998年起任中国社会科学院研究生院教授、博士生导师。2003年起任第十、十一、十二届全国政协委员、民族和宗教委员会委员，2014年起任中国宗教界和平委员会委员，2000年起任国家图书馆专家咨询委员，2005年起任国家反恐怖协调小组软科学专家，2006年起任国家非物质文化遗产保护工作专家委员会委员，2013年起任国家民族事务委员会决策咨询委员。2002—2010年任中国民族学会副会长兼秘书长，2010—2015年任中国民族学会常务副会长，2013年被聘为国家社会科学基金学科规划评审组专家，2015年起任中国社会科学院民族学与人类学研究所学术委员会主任。中山大学、四川大学、中南民族大学、湖北民族大学等多所大学兼职教授，哈萨克斯坦共和国法拉比国立大学外籍博士生导师；曾任日本东洋文库、国学院大学、国立亚非语言文化研究所客座研究员；1993年被评为国务院政府特殊津贴专家，2013年获中国社会科学院第二届科研岗位先进个人荣誉称号。

本人既从事基础研究，也从事应用对策研究，共出版学术著作31部（包括合著和主编），较重要的有《中华文明：中国少数民族文明》《新疆民族传统社会与文化》《边界与民族——清代勘分中俄西北边界大臣的察合台、满、汉五件文书研究》《维吾尔、柯尔克孜、哈萨克、乌孜别克、塔吉克、塔塔尔、俄罗斯、裕固、撒拉族文化志》《图腾与中国文化》（中文和 文出版）、《中国自然崇拜》（中文和 文出版）、《中华民族的形成与中国的民族政策》（与闽正言合著，中英文出版）、《突厥史话》（与郭宏珍合著，中英文出版）、《文化人类学调查和研究方法》等。在《中国社会科学》《民族研究》等刊物上发表学术论文和调查报告共180多篇；在《人民日报》《光明日报》《人民政协报》等报刊发表文章共130多篇。应用对策研究主要集中在民族宗教、文化保护和新疆问题等领域。20多年来，撰写信息和研究报告100多篇，获中央领导批示的有50多篇，撰写政协提案和大会发言有90多篇。至2015年止，获省部级以上奖的学术著作有12项，应用对策研究奖有36项。

从树木到森林

治学方法因人而异，有人强调"先专后通"（即掌握一般的基础知识后先进入某一个领域进行研究，成为某一领域的专家，然后再不断扩大知识面），有的强调"先通后专"（即先掌握广博的知识，然后再进入某一个专业领域进行研究）。前者可称为"从树木到森林"，后者可称为"从森林到树木"。这两种方法各有千秋，各有长短。

本人走的是"从树木到森林""先专后通"的道路，在研究中学习，在研究中扩大知识面。做学问有共同的规律和方法，一门学问精通之后，再钻研其他学问，自然容易得多，正所谓"一通百通"。随着研究领域的增多，知识面也不断扩大，专业和学科界线也越来越模糊。编者来函说要为学术自传起个题目，故以"从树木到森林"为题。

一　研究成果和获奖项目

本人于1982年开始在《民族研究》《民族语文》等刊物上发表学术论文，至今已有30多年的学术研究经历。几十年来，我既从事基础研究，也从事应用对策研究。基础研究主要集中在新疆民族的历史与文化、古代西北民族的语言文字、中国民族文化与宗教、文化人类学（民族学）理论与方法等方面，先后主持、参与国家和省部级重要科研项目共 16 项，出版了学术专著 31 部，较重要的专著有：《中华文明：中国少数民族文明》（上下册，98 万字，福建教育出版社 2010 年版）、《新疆民族传统社会与文化》（40 万字，商务印书馆 2003 年版）、《边界与民族——清代勘分中俄西北边界大臣的察合台、满、汉五件文书研究》（27 万字，中国社会科学出版社 1998 年版）、《维吾尔、柯尔克孜、哈萨克、乌孜别克、塔吉克、塔塔尔、俄罗斯、裕固、撒拉族文化志》（46 万字，上海人民出版社 1998 年版）、《图腾文化与人类诸文化的起源》（27 万字，中国文联出版公司 1991 年版）、《图腾与中国文化》（56 万字，凤凰出版传媒集团、江苏人民出版社 2008 年版，韩文版 2011 年由韩国首尔黄莺出版社出版）、《中国图腾文化》（31 万字，中国社会科学出版社 1992 年版）、《苍龙腾空》（16.2 万字，社会科学文献出版社 1998 年版，陕西人民出版社 2008 年再版）、《中国自然崇拜》（38 万字，凤凰出版传媒集团、江苏人民出版社 2008 年版，韩文版 2011 年由韩国首尔黄莺出版社出版）、《文化人类学调查和研究方法》（30 万字，中国社会科学出版社 2016 年版）、《齿与文化——中日史前拔牙风俗比较研究》（25 万字，日本国学院大学国际交流中心 2000 年印）、《中华民族的形成与中国的民族政策》（20 万字，与闽正言合著，五洲出版社 2011 年版，中英文出版）、《突厥史话》（10 万字，与郭宏珍合著，五洲出版社 2008 年版，中英文出版）、《中国人类学民族学百年重要著作提要》（主编，542 页，知识产权出版社 2008 年版）等。在《中国社会科学》《民族研究》等刊物上发表学术论文和调查报告共约 190 多篇；在《人民日报》《光明日报》《人民政协报》等报刊发表文章共140多篇（包括访谈文章）。

应用对策研究主要集中在民族和宗教问题、反恐反极端反分裂问题、文化保护问题和新疆稳定和发展等领域。20多年来，撰写信息和研究报告100多篇，获中央领导批示的有50多篇，撰写政协提案和大会发言有80多篇。

学术论著获优秀科研成果奖的共有12项，较重要的有《图腾的起源》（《中国社会科学》1989年第5期）1992年获中国社会科学院第一届青年优秀成果论文类二等奖，《中国图腾文化》1995年获中国社会科学院第二届青年优秀成果专著类二等奖，《维吾尔、柯尔克孜、哈萨克、乌孜别克、塔吉克、塔塔尔、俄罗斯、裕固、撒拉族文化志》1999年获国家第四届图书奖"荣誉奖"（《中华文化通志》之一），《新疆民族传统社会与文化》2007年获中国社会科学院第六届优秀科研成果专著类二等奖，《中华文明·中国少数民族文明》2011年获新闻出版总署2011年第三届"三个一百"原创出版工程奖（《世界文明通论》之一），《图腾与中国文化》2013年获中国社会科学院第八届优秀科研成果三等奖等。

应用对策研究获奖项目共36项（至2015年止），其中，较重要的有《关于评审国家级非物质文化遗产的若干意见》获中国社会科学院2006年度优秀对策研究一等奖、《关于内地高等院校办好清真食堂的建议》获中国社会科学院2007年度优秀对策研究特等奖、《大力支持新疆双语教学的建议》获中国社会科学院2007年优秀对策研究一等奖、《关于抢救和保护新疆坎儿井的建议》获中国社会科学院2008年优秀对策研究二等奖、《民族团结教育教材修订应注意的问题》获中国社会科学院2010年优秀对策研究一等奖、《〈高中历史新课程标准〉应增加"中华民族形成和发展"专题》获中国社会科学院 2010 年优秀对策研究一等奖、《处理和防范新疆暴力恐怖事件的若干意见》获中国社会科学院 2011 年优秀对策研究二等奖、《灵活应对达赖新的分裂活动》获中国社会科学院 2011 年优秀对策研究二等奖、《关于新疆叶城"2·28"暴力恐怖事件的分析及建议》获中国社会科学院 2012 年优秀对策研究二等奖、《关于当前民族问题的理论思考及建议》获中国社会科学院 2013 年优秀对策研究特等奖、《编印对外宣传新疆的通俗读本》获全国政协 2012—2013 年优秀信息奖、《对新疆莎车等暴恐事件的分析与建议》获中国社会科学院 2014 年度对策研究二等奖、《促进民族地区文化教育全面发展》获中国社会科学院 2014 年度对策研究二等奖、《关于落实第二次中央新疆工作座谈会精神的建议》获中国社会科学院 2014 年度对策研究二等奖、《关于加大力度培养新疆少数民族硕、博士研究生的建议》获中国社会科学院 2014 年度对策研究三等奖、《关于修改〈中华人民共和国反恐怖主义法〉（草案）的建议》获中国社会科学院 2015 年优秀对策研究一等奖、《应准确解读中央民族工作会议精神》获中国社会科学院 2015 年优秀对策研究一等奖、《关于民族宗教敏感问题的学术会议应注意的几个问题》获中国社会科学院 2015 年度优秀对策研究一等奖、《巴黎"11·13"事件的影响及应对措施》获中国社会科学院 2015 年度优秀对策研究一等奖等。

二 学术历程

本人 1956 年出生在广东梅州兴宁贫穷的客家山村。母亲先

何星亮

后生下8个子女，前3个均为女孩。为传宗接代，母亲求神问卦，说要领养1个男孩才会生儿子。后来邻村有位母亲生了双胞胎，没有奶吃，便把较小的送给我母亲。由于偶然的因素，1年后相继生下4个儿子，本人在男孩中排行第三。

童年和青少年时期历尽艰难曲折，饱受人间风霜。3岁时父亲病逝，10岁时母亲病逝。童年时期在生产队放过牛、养过猪，学过木匠和裁缝。初中毕业后在生产队务农，曾参加过大队和公社的水库建设和农田基本建设等。

"文化大革命"期间，为挣一些买油盐等日常生活必需的钱，常和哥哥到邻近的梅县山区挑木炭、柿子、木板到兴宁县城卖。通常是晚上10点出发，前往梅县山区，买好货即前往兴宁县城。当时贩卖货物是不允许的，被称为"投机倒把"，一旦被发现，货物没收，还要接受批判。因此，为躲过岗哨（当时各大队都有民兵放哨），一般不敢走大路，都是走山里的羊肠小道，有手电也不敢打，因为打手电担心被大队的民兵发现。每贩卖一次货物，挑着比自己体重重很多的东西，来回走80多公里，而且大部分是山路，每次只挣1元多钱。当时我们自称是"铁脚"（不会累）、"夜眼"（不敢打手电）、"神仙肚"（不怕饿）。

"文化大革命"期间，家乡与全国一样，革命第一，生产第二，粮食产量极低，农民种粮没有粮食吃。为解决吃饭问题，常外出打工。我曾到梅县南口瓦窑厂做瓦，挖土、炼坯土、做瓦坯、打砖坯、烧窑等；为驻兴宁县的空军第12军打碎石一年多，把大块石头用小锤打成2—4厘米的碎石，用于防空洞建设；曾到江西万安县修建万安水库，扎钢筋、倒水泥等；曾参加本省的兴老铁路建设，主要从事穿山挖石、打炮眼和放炮炸石等工作。由于年少心细，装炸药、点火放炮、处理哑炮等都由我负责。当时每天都要打几十个炮眼,每次装炸药、装雷管都特别小心。几乎每次放炮炸石后总有一两个哑炮,处理哑炮时必须十分小心,先一点一点把炮眼上方压紧的土拨开,然后轻轻拔出没有响的雷管,然后再放上新的雷管,重新点火引爆。

  1975年,我们家乡与全国各地一样,无产阶级专政下继续革命运动如火如荼,农村掀起割"资本主义尾巴"运动。外出打工被认为是"资本主义尾巴",因而必须禁止,彻底割掉。1975年秋,在新疆182兵团(福海县)工作的堂兄,让我到新疆兵团工作,并参加修建福海水库,住的是地窝子(比新石器时代的房屋还原始的地穴式住宅),冬天的土冻得像石头,需要用炸药炸。由于福海县太冷,冬天最低温度达到零下50摄氏度。我记得1976年12月26日毛泽东诞辰日,福海气温零下46摄氏度。1977年初,表姐介绍我到气候较好的新疆乌苏县红星农场工作,在农场种麦子、玉米、西瓜和蔬菜。1977年秋农场又安排我到天山深处修建红山水库,住的也是地窝子,放炮炸石,十分危险,因炸石事故死了几个人。

  1978年是我一生中最大的转折点。恢复高考后,人人跃跃欲试。我虽仅上过初中,但从小就喜欢文史。家乡虽穷,但先辈留下的古典小说却不少。许多书被视为"四旧",白天不敢看,常借助月光,偷偷阅读。因此,有一定的文史知识基础。于是,不甘落后,白天在农场干活,晚上挑灯夜战,自学各门高中课本。1978年7月,在新疆乌苏县参加全国统一考试。首批录取名单在县城各处张贴红榜,惊动乌苏全县。全县第一批录取的只有3个人,2位汉族,1位维吾尔族。很奇怪,发红榜前夜,我突然梦见了邓小平。录取通知书下达前几天,我到离住地十多公里的广东老乡家帮助他们做木壳烟(用烟茎制作的新疆土烟),没有回农场住地。农场负责文教的干部四处寻找，城里的表姐也到农场来接，但均未找到。发榜第二天，我才听到喜讯。当时如同范进中举，兴奋异常。表姐和表姐夫帮我到教育局申请到北京的路费补贴，买了到北京的火车票，并买了被子和日用品等。

1978年10月，首次由新疆来到北京，成为中央民族学院少数民族语言文学系哈萨克语专业本科生。我们班有汉族、哈萨克族、维吾尔族和达斡尔族4个民族，我与哈萨克、维吾尔和达斡尔族同学1个宿舍，度过了4年美好的时光。

在中央民族学院学习期间，我发奋攻读，博览群书，4年没有回过1次家，没有出过北京城，寒暑假都是在大学图书馆度过的。除学好各门功课之外，在本科期间就在全国重要学术期刊《民族研究》《民族语文》《中央民族大学学报》发表3篇学术论文。

1982年夏，我本科毕业获中央民族学院文学学士学位。原中央民族学院民族研究所所长林耀华、副所长陈永龄、黄淑娉等教授了解到我在本科期间便在全国重要期刊发表了3篇论文，希望我毕业后到该所西北组从事西北民族历史和文化研究，该室马寿千主任（回族）也找我谈过，表示十分欢迎，并通过正常程序上报了院人事处。但按照当时的规定，大学毕业生不能自己找工作，应由组织统一安排，一般是哪里来哪里去。根据全国统一分配原则，我被分配到地处中苏边境地区、离乌鲁木齐650公里的塔城地区行署办公室当翻译。

7月上旬，我拿着毕业分配证坐了4天的火车回到乌鲁木齐。由于哈萨克语口语不太好，担心不能胜任翻译工作，自思较适合做研究工作。到乌鲁木齐后，即到新疆社会科学院民族研究所，找到当时的副所长郭平梁先生，说明来意。郭先生是20世纪50

年代北京大学历史系毕业生，是著名的新疆历史研究专家，学术造诣很深，为人忠厚。他见我已在全国重要学术刊物上发表 3 篇论文，十分高兴，当即表示十分需要我这样既懂语言又懂历史的大学生，并马上打电话给院政治处（即内地的人事处）处长赵青，说明情况，请她要求自治区人事局把我改派到民族所来。当时民族所在中科院新疆分院院内，离新疆社会科学院总部有 2 公里左右。他让我马上去找政治处（即人事处）处长赵青，并给我写了张条。我于是快步走到总部，找到赵青。赵处长是位女同志，河南人，约 45 岁左右，为人朴实厚道，看了我的派遣证和其他材料，并作了记录。她说，你先回招待所，我们会与自治区人事局联系，有消息我再通知你。过了几天，我又来到新疆社会科学院，找赵处长询问结果，她很遗憾地说：为了你能调到我院，院领导还专门开了会，一致同意你到我院工作。我们与自治区人事局联系了多次，并给人事局发了函，还亲自到人事局要人。但现在要求改派的人很多，人事局不同意改派。后来，我通过中央民族大学的哈萨克族老师木哈买提江，找到了时任新疆维吾尔自治区人民政府副主席的贾那布尔，说明详细情况。在贾副主席的直接干预下，顺利完成改派到新疆社会科学院手续，并由院领导安排到民族研究所工作。如果当时没有改派到新疆社科院，到塔城地区行署办公室当翻译，又将改写我的人生经历。我到新疆社科院后，贾那布尔副主席还托他的秘书带口信，希望我好好研究哈萨克族历史。

1984 年，我第二次由新疆来到北京。当年，我参加了全国研究生统一考试，考入中国社会科学院研究生院民族系民族学专业。在中国社会科学院民族研究所副所长、中国民族学会会长秋浦和詹承绪、满都尔图三位先生的指导下，转向民族学、人类学的学习和研究工作。1987年5月，通过硕士论文答辩，获得硕士学位。同年7月，留所从事学术研究，并在职学习博士课程，1990年10月通过博士论文答辩，获博士学位。此后一直在民族研究所从事少数民族文化与宗教研究。

三　基础研究简况

基础研究按时间顺序和所在单位分为四个时期，即大学本科期间的学术研究、新疆社会科学院时期的学术研究、研究生时期的学术研究和中国社会科学院民族研究所（后改为民族学与人类学研究所）时期的学术研究。

（一）1980—1982：大学本科期间的学术研究

自1978年考入中央民族学院后，自思上学来之不易，继承古人悬梁刺股的精神，勤学苦练，争分夺秒，广泛阅读文史哲等学科的许多著作。上学期间没有回过家，没有出过北京城（实习调查除外），寒暑假都是在大学图书馆度过的。除学好各门功课之外，还练习写小说和学术研究。

我从事学术研究具有偶然性。著名小说家张承志可以说是引入我写作和学术研究的启蒙老师。张承志于1979年春考入中国社会科学院研究生院民族系民族史专业研究生，师从翁独健先生，研究元史。为了学习哈萨克语，他到我们班旁听哈萨克语课。他喜欢交往，中午常到我们宿舍聊天，有时带来录音机录我们宿舍哈萨克族同学弹奏的冬布拉曲。当时他的小说获全国第一届优秀小说二等奖，并受到华国锋等人的接见。受他的影响，我仿鲁迅的《阿Q正传》写了一篇《"洋镜"小记》的短篇小说

（约有 4 万字），以有神经病、外号称"洋镜"的堂兄的许多荒诞行为为原形，以讽刺 20 世纪 60 年代后期至 70 年代前期我们家乡荒唐可笑的现象。张承志曾看过两次，提了一些意见，修改后投《人民文学》，但石沉大海。后又投《花城》，亦杳无音讯。有一天，张承志又到我们宿舍，他说我有写小说的天分，鼓励我继续写，但不要写伤痕文学。因当时伤痕文学太多，上面有意见。但我心想自己可能与小说无缘，就此作罢。

我的第一篇学术论文是《匈奴语试释》。研究匈奴语是十分偶然的，有一天，张承志到我们宿舍，当时他带来一本内蒙古大学林干教授编的《匈奴史论文选集》，我拿来翻了翻，发现内有一篇日本著名学者白鸟库吉写的《匈奴民族考》。该文主要考证匈奴语言，我发现其中有些语汇与哈萨克语很相近，很感兴趣，于是开始了匈奴语言的研究。研究匈奴语难度较大，因匈奴语言是用汉字译音记载而被保留在史籍中，如要研究，必须具备三项条件：一是掌握汉语音韵学，二是熟悉北方民族语言，三是了解北方民族史。我国学术界当时只有翻译外国学者的论文，无人真正研究过。我从小喜欢文史，历史学有一定基础。我是客家人，客家话保留较多的古音，学习汉语音韵学不成问题。于是，通过大量阅读有关北方民族史和语言学著作，并结合新疆现代和古代民族语言，写成长达四万字的《匈奴语言考》一文，就白鸟库吉研究过的匈奴语汇逐一重新研究，提出不同的看法，根据语言和历史资料，论证匈奴语言与突厥语关系更为密切。论文写成后，送当时的系主任、著名语言学家马学良教授审阅。马先生阅后，十分高兴。由于论文涉及许多历史问题，他又请蒙古史专家贾敬颜教授审阅。贾先生提了一些意见，并建议压缩篇幅，因杂志只允许发表 1 万多字的论文，提议改名《匈奴语试释》，《中央民族学院学报》1982年第1期以首篇刊载。作为全国重点院校的学报，以首篇刊载大学本科生所写的第一篇论文，可能是少有的。

《匈奴语试释》发表后，拿到140元稿费（每千字10元），对于我们完全靠学校助学金（每月22元，其中伙食费18元、学杂费4元）维持生活的大学生来说，是一笔不小的收入（当时普通职工月工资只有20多元），我因此大受鼓舞。于是，紧接着我又研究稽胡语言。稽胡是匈奴后裔，魏晋南北朝时散居于山西、河北部分地区，其语言亦与匈奴语一样，一些语汇通过汉字译音保留在有关史籍中。我采用研究匈奴语言同样的方法，很快于1982年初写出了第二篇论文《稽胡语若干词试释》，投《民族语文》杂志。当时的负责人照纳斯图先生（蒙古族语言学家，后任中国社会科学院民族研究所所长）看后，让研究生宋正纯到我们宿舍（中央民族学院宿舍楼八号楼）找我，让我到他的办公室，提了些修改意见。该文后刊于《民族语文》1982年第3期。

我在大学本科期间所做的第三篇论文是关于民族学、人类学方面的，题目是《从哈、柯、汉亲属称谓看最古老的亲属制》。此文写作始于1980年，它原是语言学家戴庆厦教授讲授的《语言学概论》课程的作业。当时《民族研究》发表过几篇严汝娴与陈启新、夏之乾等人关于亲属称谓制度是单系起源还是双系起源问题的争鸣性文章，我于是对亲属称谓发生兴趣。根据他们论文中提供的线索，借来美国著名民族学家摩尔根的《古代社会》和恩格斯的《家庭、私有制和国家的起源》和马克思的《摩尔根〈古代社会〉一书摘要》等书，认真阅读。其中对摩尔根论述的亲属制颇感兴趣。摩尔根认为，最古老的亲属制度是按辈分划分的五等亲属制，即祖父母辈到孙儿女辈，他以马来亚式亲属制度为例说明其观点。恩格斯在《家庭、私有制和国家的起源》

一书也采纳摩尔根的观点。我通过系统的调查，发现哈萨克族的基本亲属称谓只有父母、兄弟姐妹和儿女三个基本等级。为了以更多的事例来说明自己的观点，我又调查了不少在民族学院工作和学习的柯尔克孜族，较为详细地了解了柯尔克孜族的亲属称谓，发现他们的亲属称谓与哈萨克族基本相同。在我们客家人中，也存在不少称父母为哥哥、姐姐的现象。另据古代文献记载，古代汉族的亲属称谓也与哈萨克族和柯尔克孜族一样，同样只有三等基本称谓。在掌握大量的调查和历史文献资料的基础上，写成《从哈、柯、汉亲属称谓看最古老的亲属制》一文（约16000字），发表于《民族研究》1982年第5期，提出最古老的亲属制度是按老中幼划分的三等亲属制。文章首先分析氏族社会早期实行群婚制度，无法区分辈分。另外，根据考古资料，原始时代的人们寿命不长，大多死于四五十岁以下，群内亲属不可能分为五个等级。生理特征的显著区别和社会分工使远古时代的人们自然划分为三种人：老年人、成年人和小孩。因此，当群内人们无法区分辈分时，这自然形成的三个等级便会反映到语言中，人们用一种称谓称呼老年人，用一种称谓称呼成年人，用一种称谓称呼幼年人，因而就形成了按老、中、幼划分的三等亲属制。为了证明自己的假设，以哈萨克、柯尔克孜和古代汉族的亲属称谓详加论证。该文既有理论分析，又有三个民族的扎实的资料作为证据，得到有关专家的好评。文章发表前，曾送中国人类学、民族学界元老杨堃教授和黄淑娉、夏之乾、严汝娴等专家审阅过，得到他们的高度评价。后来杨堃、黄淑娉等人也先后发表文章，以其他民族的资料论述这一问题，支持了这一观点。林耀华教授主编的《民族学通论》在论述亲属制时引用了这一观点。杨堃教授在其所著《原始社会发展史》一书也说明最古老的亲属制按老、壮、幼划分。

（二）1982—1984：新疆社会科学院民族研究所期间的学术研究

1982年夏，我本科毕业获中央民族学院文学学士学位，并到新疆社科院民族研究所工作，至1984年考上研究生后离开新疆，工作了整整两年。其间，主要做了两项研究工作：一是参与撰写《哈萨克族简史》的编写，二是调查新疆哈萨克族和阿尔泰乌梁海人。

我到新疆社会科学院报到后不久，当时的新疆社会科学院院长谷苞（民族学家，原中国民族学会副会长、顾问，王震将军进疆时随军任民族问题顾问）教授马上给我分配工作，并在院务会议上通过，让我参加国家重点科研项目之一《哈萨克族简史》的撰写工作，帮助哈萨克族语言学家、全国政协委员尼合迈德·蒙加尼从事收集资料、翻译和编写等工作。从1983年开始，收集有关国内外的历史文献资料。1984年上半年，我和新疆社会科学院中亚研究所纳比坚（哈萨克族）住在乌鲁木齐宾馆，集中精力编写和翻译《哈萨克族简史》，完成24万字，后经修改、压缩成20万字，1987年由新疆人民出版社出版。

1983年上半年，到新疆阿勒泰地区作近六个月的调查。一方面是调查哈萨克族的社会历史与文化，另一方面是调查当时被认为与俄罗斯的图瓦人同一族类的阿尔泰乌梁海人。出发前，新疆社科院民族研究所副所长郭平梁先生让我着重调查图瓦人，了解他们是否愿意成为单一民族。图瓦人主要居住在中苏、中蒙边境地区的哈巴河县的白哈巴、布尔津县的喀纳斯和禾木等地原始森林之中，道路十分险恶，没有公路，汽车不通，大多数路程都是靠骑马。调查期间，我与图瓦人同食同住，走访400多户图瓦人家庭，逐户填写家庭情况调查表，足迹几乎走遍所有图瓦人家庭。在由喀纳斯到禾木的路途中，协助我调查的阿勒泰地区一中教师汤新民（现任阿勒泰地区师范学校党委书记）在一段险恶的山路上，因坐骑失足，翻身落马，手骨摔断一根。由禾木下山至布尔津县城时，乘坐的是禾木乡政府派的手扶拖拉机，因司机（图瓦人）喝酒过多，又险些车翻人亡。此次调查虽然十分艰难，但也是本人历次调查中收获最为丰富的一次，不仅收集大量的第一手资料，而且还发现不少清代珍贵文物和文书，发现阿尔泰乌梁海人三颗图瓦人（乌梁海）银质大印（每颗9斤多）；发现清代勘分中俄边界大臣和卡伦侍卫关于中俄科塔边界划分及其有关事宜的察哈台文、满文和汉文五件重要文书，这些资料受到阿勒泰地委领导和新疆博物馆的高度重视。后来我根据这些发现的文书和文物写成了专著和论文。调查结束后，撰写了《关于阿勒泰地区民族学调查报告》，发表在《新疆社会科学研究》1984年第11期上，受到当时的院领导和自治区领导的高度重视。

在新疆社科院的两年期间，除了完成上述两项科研工作外，我还撰写了三篇文章：一是《从若干民族亲属制度看亲属制度的起源》（《新疆社会科学研究》1983年第24期），二是《阿尔泰乌梁海银印》（《阿勒泰报》1983年11月10日），三是《阿尔泰乌梁海之印》（《新疆社会科学研究》1984年第22期）。

参加了全国研究生统一考试也是我在新疆工作期间的一件大事。1983年，我曾准备报考研究生，但新疆社会科学院不让报考，并希望我安心在新疆工作，说院领导对我们很重视。1984年，国家教委发出通知，允许工作两年以上的大学生报考研究生，各单位不得阻拦。这为我报考研究生扫清了障碍，于是我报

1983年在新疆阿勒泰地区考察乌梁海蒙古人

考了中国社会科学院民族系民族学专业。考试难度较大，一是由于跨学科考试，要花费较多的时间自学有关课程；二是大学本科时的专业是哈萨克语，第二外语是俄语，而哈萨克语当时不算外语，只能用第二外语俄语参加考试。不过，考试结果还算不错，各门课程均过了研究生院要求的分数线。按照当时的惯例，政审很严格，正式录取前，必须派人到考生单位了解有关情况。中国社会科学院民族研究所派当时的民族史研究室副主任任一飞到新疆社科院了解我的情况。新疆社科院同时参加研究生考试的还有中亚研究所的王小甫，他和我一样，1982年北京大学历史系毕业后分到新疆社科院。他报考北京大学历史系的研究生，也如愿以偿，毕业后留在北大历史系任教。因 1984 年是甲子年，我们自称是"甲子登科"。

(三) 1984—1987：中国社会科学院研究生期间的学术研究

1984 年至 1987 年，我在中国社会科学院民族研究所副所长、中国民族学会会长秋浦和詹承绪、满都尔图三位先生的指导下，转向民族学、人类学的学习和研究工作。当时给我们讲人类学理论和方法的是李毅夫、汤正方两位先生，讲宗教的是秋浦、满都尔图和夏之乾等，讲少数民族社会形态的是詹承绪、王承权等人。三年期间，也是一边学习，一边研究。

我在三年研究生期间主要从事三方面的工作：一是整理和研究在新疆工作期间的调查资料，发表了 5 篇有关的调查报告和论文：(1)《金山脚下的乌梁海人》，4 万字，《新疆历史研究》1985 年第 1 期；(2)《清代阿尔泰汉·哈·满五件文书译注》，2 万字，《中央民族学院学报》1985 年第 3 期；(3)《解放前阿尔泰哈萨克社会历史调查报告》，《新疆历史研究》1986 年第 4 期；(4)《阿尔泰乌梁海人的宗教信仰初探》，1.6 万字，《民族研究》1986 年第 1 期；(5)《阿尔泰乌梁海之印及其有关问题》，1.2 万字，《中央民族学院学报》1986 年第 4 期。二是撰写硕士论文《图腾与氏族》。三是应民族出版社的约请，把新疆社会科学院原副院长贾柯甫用哈萨克文写的《哈萨克族》一书译成汉文，1989 年出版。

(四) 1987 年至今：中国社会科学院民族学与人类学研究所期间的学术研究

由于硕士研究生的专业是原始社会史，导师希望我从事原始宗教的研究。我选择图腾崇拜作为我的主要研究方向。1987年5月，通过《图腾与氏族》的硕士论文答辩，获得硕士学位。同年7月，留所从事学术研究，并在职学习博士课程，1990年撰写了博士论文《图腾文化研究》，于10月通过博士论文答辩。

在中国社会科学院民族学与人类学研究所工作的28年里，主要从事如下几方面的研究。

1. 中国早期宗教信仰的研究

从1987年起，花了较多时间从事图腾崇拜、自然崇拜、龙崇拜的研究，主要根据新石器时代的考古发掘资料、历史文献资料和民族学调查资料进行综合比较研究，共出版有关专著8部，发表论文40多篇。

1987年，修改硕士论文《图腾与氏族》，并改名为《图腾文化与人类诸文化的起源》，全书27万字，由中国文联出版公司1991年出版。本书较全面地分析了国内外学者关于"图腾"的概念、定义和性质，分析了图腾崇拜在世界各国的分布情况，较详细地介绍的西方学术界、俄罗斯学术界和中国学术界关于图腾崇拜的研究情况。本书认为，图腾文化丛包含图腾观念、图腾名称、图腾仪式、图腾禁忌、图腾神话等12种元素，图腾类型分为群落、氏族、胞族、部落、民族、性别、婚姻级、家庭（家族）和个人图腾九种，图腾物的种类有动物、植物、无生物和自然现象等。作者探讨了图腾崇拜与宗教、巫术、生殖崇拜、祖先崇拜、自然崇拜和神灵起源的关系，分析了图腾崇拜与社会组织、习惯法、婚姻法、外婚制、节日、文字、姓氏、人名、族名和地名起源的关系，并探讨了图腾标志、图腾传承、图腾禁忌主图腾化身信仰的演变等。

1988年，撰写了《图腾的起源》一文，发表于《中国社会科学》1989 年第 5 期。《新华文摘》1989 年第 11 期作为封面文章转载。英文版《中国社会科学》1990 年第 2 期发表，英文名为"The Origin of Totemism"，*Chinese Social Science*，1990.2，p. 232-246。本文较全面地评析了国内外学者提出的名目论、经济论、灵魂说、妊娠说、转嫁论、象征论、"恋母情结"说等多种理论，然后提出自己的看法。作者认为，图腾发生的社会基础是渔猎经济，思维基础是早期的二元对立转换思维结构，心理基础是原始集体主义。图腾发生的根源基于人的本能：求安全心理，求安全的方式是"认亲"，即认某种动物为亲属，以获得图腾的保护及其超人的力量。选择图腾的原因主要基于三方面的感情，一是因威胁而恐惧，二是因受恩而感激，三是因迷惑而好奇。

1989 年，应香港中华书局约请，撰写图文并茂的通俗读物《龙族的图腾》，香港中华书局于 1991 年出版，台湾中华书局于 1993 年出版。

1990 年，应中国社会科学出版社周用宜老师的约请，在博士论文《图腾文化研究》的基础上修改成《中国图腾文化》一书，由中国社会科学出版社 1992 年初版，1996 年重印。本书是第一部综合比较研究中国各民族的图腾崇拜的专著，作者根据历史文献、民族学和考古学资料，较全面地分析了石器时代、古代民族和近现代民族的图腾文化，探讨了中国图腾文化的特点，分门别类地综合比较各地、各民族的图腾观念、图腾名称、图腾标志、图腾禁忌、图腾外婚、图腾仪式、图腾生育信仰、图腾化身信仰、图腾神话和图腾艺术等的形成、发展和演变形式，认为图腾文化是中国古老的文化体系之一，古代和近现代许多文化现象都渊源于图腾文化，图腾意识是远古居民的共同意识，图腾制度是中国各族早期的社会组织制度，图腾崇拜是各族早期的宗教形式。

何星亮

1991年，应上海三联书店约请，撰写《中国自然神与自然崇拜》（上海三联书店1992年初版，1995年重印）。本书主要运用民族学和历史学相结合的方法，探讨天、地、日、月、星、雷、雨、风、云、虹、水、火、山、石等自然神产生、形成和变迁，分门别类分析中国各民族的自然神观念、形象、名称、祭祀场所、祭祀仪式、禁忌和神话等类型和结构及其历史变迁，分析自然崇拜对古代哲学、古代政治、军事、社会经济、日常生活、生死观念、文学艺术、居住方式和节日等的影响。

1992年，应上海文艺出版社约请，翻译俄文专著《图腾崇拜》（238页，17.5万字），1993年出版。2004年，本书由广西师范大学出版社再版。此外，还翻译了苏联著名学者托卡列夫的《宗教的早期形式及其发展》一书，后因多种原因未出版。

1998年应社会科学文献出版社邀请，撰写了《苍龙腾空》（社会科学文献出版社1998年出版，陕西人民出版社2008年重印）。本书根据考古资料、历史文献资料和民族学调查资料，综合比较古今各地、各民族的龙崇拜现象，分析了龙的种类，探讨了龙的起源，把中国的龙崇拜为分三大类：宗教龙、政治龙和艺术龙，分门别类的探讨了宗教龙、政治龙和艺术龙三类性质不同的崇拜现象，并分析了龙崇拜对中国文化和中国人的影响，探析了中国龙与印度龙的关系。

2006年应五洲出版社邀请，撰写了《中国少数民族图腾崇拜》，中英文出版，英文版为：He Xingliang, *Totemism in Chinese Minority Ethnic Groups*, China Intercontinental Press, 2006。

2008年，应江苏人民出版社邀请，撰写了《图腾与中国文化》和《中国自然崇拜》（修订再版）两书。2009年，两书均入选新闻出版总署的"经典中国国际出版工程"，韩文译本2011年在首尔黄莺出版社出版。

1999年9月至2000年3月,应日本国学院大学邀请,到日本东京进行中日文化比较研究,主要研究史前中国和日本的拔牙风俗。拔牙风俗曾盛行于新石器时代,并残留于近代许多原始民族中。经过半年的努力,撰写了《齿与文化——中日史前拔牙风俗比较研究》(国学院大学国际交流中心打印本)一书,主要根据中国和日本新石器出土的拔牙人骨资料和历史文献及民族学资料,进行综合比较研究。全书分12章,分别为研究概述、拔齿风俗分布、日本拔齿风俗概况、中国拔齿风俗概况、拔齿类型、拔齿年龄与拔齿次数、拔齿与性别、拔齿的方法、拔齿风俗的起源、拔齿的象征意义、拔齿风俗的变迁、中日拔齿风俗的关系等。本书稿对探讨中日史前文化和中日文化的源流关系具有一定意义。

2. 新疆历史、文化和语言文字研究

自1992年以来,投入较大精力从事新疆历史、文化和语言文字的研究,出版有关著作5部,发表论文40多篇。

1992—1995年,中华炎黄文化研究会组织编撰《中华文化通志》,共分十典,每典十卷,共100卷。主编约请我撰写《民族文化典》中之一卷,即《维吾尔、柯尔克孜、哈萨克、乌孜别克、塔吉克、塔塔尔、俄罗斯、裕固、撒拉族文化志》(《中华文化通志》之一),1995年完成书稿,全书46.4万字,1998年由上海人民出版社出版。本书主要从文化学的角度,对本志各个民族的人口与分布、文化构成、职业构成、性别构成、语言文字、族称与族源、历史沿革、制度文化、伦理文化、信仰文化、礼俗文化、物质文化、艺术文化、科技文化、节日文化和竞技文化等分别予以介绍和分析。

1992年至1995年参与我院和国家民委合作的重大课题"中

国少数民族现状与发展调查研究",并任子课题"哈萨克族"调查组副组长(当时的所长杜荣坤任组长),先后两次赴新疆阿勒泰富蕴县调研,前后共3个多月,完成《中国少数民族现状与发展调查研究丛书——富蕴县卷》,本人撰写26万字中的18万字,由民族出版社2001年出版。

1995年12月至1996年12月,应日本东洋文库之请,任客座研究员。东洋文库关于中国的史料十分丰富,有许多国内难于找到的史料,有大量中国台湾和香港的学术著作,于是我充分利用东洋文库的丰富资料,系统研究了本人在1983年调查时发现的清代勘分边界大臣的察合台、满、汉文五件文书。经过一年的努力,在原有研究的基础上,完成了27万字的《清代勘分中俄西北边界大臣的察合台、满、汉五件文书研究》,1998年本书由中国社会科学出版社出版,并改名为《边界与民族——清代勘分中俄西北边界大臣的察合台、满、汉五件文书研究》。本书所研究的文书对于探析清末中俄边界划分与清政府的民族政策颇有价值,对了解《中俄科塔界约》谈判前后事宜亦有较高的史料价值。尤其是勘分中俄边界大臣和卡伦侍卫所写的察合台文文书,价值更大。这种文字与现在的哈萨克文有较大差异,20世纪80年代基本无人能读懂。作者经过多年研究,参考国内有关学者关于察合台维吾尔文的研究成果,掌握察合台文与现代哈萨克文的变化规律,逐个字母进行辨认,转写成拉丁字母。本书对察合台文、满文进行拉丁字母转写、汉译、注释等,对汉文文书进行标点、注释。对文书中提到有关人名、地名、河名、印文和有关事件作了详细的考证,对中俄科塔边界谈判的历史问题作了较深入的研究,对中俄分界与边境民族的关系及清代对边境民族的政策也作了较全面的分析。

2000年至2002年，撰写了《新疆民族传统社会与文化》（40万字），商务印书馆于2003年出版。本书主要根据作者多年调查收集的第一手资料，并结合历史文献资料，重点研究新疆维吾尔、哈萨克、柯尔克孜、塔吉克、裕固、阿尔泰乌梁海蒙古（图瓦）等族历史上的社会组织及其文化，较为深入地研究了这些民族的族称与族源、古代氏族部落组织的结构和变迁、氏族部落印记和口号；分析了历史上的政治制度和法律制度；阐述了家庭类型、婚姻制度、亲属制度和人生礼仪等；探讨了古代巫术、自然崇拜、动植物崇拜、萨满教等早期宗教信仰，并根据新疆古代和近代各民族的资料，对学术界争议较大的关于早期国家的形成、男不娶女不嫁等原始婚姻习俗的来源等问题进行分析，并提出了自己的观点。

2007—2008年，主持中央对外宣传办公室、国务院新闻办交办项目，与郭宏珍合作撰写了《突厥史话》一书，五洲出版社2008年中英文出版，英文版为：He Xingliang, Guo Hongzhen, *A History of Turks*, China Intercontinetal Press, 2008。本书认为，"突厥"只是一个部族概念，"突厥汗国"是在中国境内建立的地方性政权。中国汉文史籍中所说的"国"，是指"部落""部族"或"地方性政权"，它与现代的"国家"是完全不同的概念。突厥汗国消亡之后，古代突厥人融合到许多民族之中，一部分融合到当时的突厥语诸部族中，一部分融合到当时的蒙古人中，另一部融合到当时的汉人中。现代突厥语诸族与古代突厥人并不是祖先与后裔的关系，现代维吾尔、哈萨克、柯尔克孜等族，各有其族源。现代有些民族的先民出现于史籍的时间比古代突厥人早得多，如维吾尔、柯尔克孜等民族的先民在公元前便见诸史籍。

2007年，申请了国家社会科学基金一般项目"新疆若干文物、文书调查与研究"，并获得批准，撰写书稿 40 多万字（待出版），至 2012 年结项。

3. 中国民族文化史研究

自 2006 年以来，花了较多时间从事中国民族文化史的综合研究。2006—2010 年参与我院汝信副院长主持的国家社会科学基金重大项目"世界文明通论"课题，负责撰写《中华文明·中国少数民族文明》一书，全书分上下册，98 万字，福建教育出版社 2010 年出版。本书运用历史学与人类学相结合的方法，综合比较研究历史上中国少数民族语言文字、社会制度、社会组织、政治制度、婚姻制度、宗教信仰的发展和演化，分析了各民族保护自然与自然和谐共处的生态文明等。作者认为，定义"文明"应该"以人为本"，而不能"以物为本"，没有文字的少数民族，也有自己的文明史；"文明"不是生物有机体，文明本身不会冲突，中华文明内部的各种文明之间的差异性不是冲突的前提，而是互补的基础；历史上的中华民族文明的既具有多样性的特征，也具有同一性的特征，多样性是各民族认同的基础，同一性是中华民族认同的基础；中华民族的历史是一个不断互动和融合的发展史；中国古代的"大一统"理念不仅是汉民族的共同理念，而且是历史上少数民族的共同理念；中华民族的历史发展进程是由多元到一体、由自在到自觉、由松散到紧密、由可分到不可分的过程。作者还探讨人类文明发展史上有争议的一些观点，并提出了自己的见解。本书作为《世界文明通论》丛书之一，获新闻出版总署 2011 年第三届"三个一百"原创出版工程奖。

2007—2011 年，撰写国家清史纂修工程《清史图录·民族卷》，搜集清代外国人拍的老照片、清代绘画、清代实物照片等 4000 多幅，从中选出 1000 幅，并撰写文字说明约 10 万字，已于

何星亮于 2006 年 8 月在新疆和田调查和田大清真寺后与该寺大阿訇合影

2011 年结项。本书共分十篇：族系篇、经济篇、社会篇、生活篇、礼俗篇、信仰篇、科技篇、工艺篇、艺术篇和文字篇。每篇由各民族相同内容的图片组成，每篇平均约 100 幅图，反映清代各少数民族的经济、社会、文化和宗教等各方面的情况。每篇前有概述约 1000 字，每幅图片下有数百字的文字说明。族系篇主要介绍清代主要民族及其支系的基本情况和形貌特点；经济篇主要反映清代各民族狩猎采集、畜牧、农耕和贸易四方面的情况；社会篇反映各民族的等级制、婚姻家庭、妇女和儿童三方面的内容；生活篇反映居住、服饰、饮食和交通等四方面的内容；礼俗篇反映生活习俗、人生礼俗和节日习俗等方面的内容；信仰篇反映民间信仰、佛教、基督教和伊斯兰教等方面的情况；科技篇反映医学和天文历法方面的内容；工艺篇反映纺织、刺绣与编织、建筑与雕塑三方面的内容；文字篇分文字和文献两部分，文字部分主要介绍满文、藏文、蒙古文、察合台文、彝文、东巴文、傣文贝叶经、哥巴文、尔苏沙巴文等；文献部分主要介绍满文、藏文、蒙古文、傣文等重要文献和译著等。

2010—2011 年，主持中央对外宣传办公室、国务院新闻办交办项目《中华民族的形成与中国的民族政策》，与闽正言合著，本人撰写中华民族的形成部分。本书由五洲出版社 2011 年用中英文两种文字出版，英文版为：By He Xingliang and Min Zhengyan, *China Ethnic Policy and Common Prosperity and Development of All Ethnic Groups*, China intercontinental Press, 2011。

2014 年初，承担中国社会科学院"长城学者"资助项目《中国少数民族文明史》，本书是在两卷本、98 万字的《中华文明：中国少数民族文明》基础上撰写，全面、系统地研究中国少数民族的物质文明、制度文明、精神文明和生态文明，分四卷，全书约 200 万字。

4. 文化人类学（民族学）基础理论研究

从 1998 年起，在中国社会科学院研究生院招收研究生，并开始在中国社会科学院研究生院开设选修课《文化人类学》，后作为常设选修课，至今已连续开设 18 年，每年选修生 200 人左右。国内虽有几本文化人类学或民族学的教科书，但均不理想。为编写较好的教材，系统地收集国内外和港台地区学术界有关资料，综合人类学、社会学、历史哲学、文化哲学、心理学等学科有关研究成果，并利用大量的中国传统文化资料，从事文化人类学基础理论研究。至今撰写和主编了相关著作 9 部，发表有关论文 30 多篇。

2001 年，本人申报院重大课题"中国人类学与民族学基础理论研究",并获得批准。主持和组织撰写八本有关著作,其中本人撰写三部:《文化学原理》《文化人类学理论》和《文化人类学调查和研究方法》。该课题于2012年结项,并获中国社会科学院2014年出版基金资助,近年内将由中国社会科学出版社出版。

此外,还撰写或主编有关基础理论和学科建设的著作,如《中国民族学50年》(合著,人民出版社2004年版)、《中国人类学民族学百年重要著作提要》(主编,知识产权出版社2008年版)、《文化多样性与当代世界》(周大鸣、何星亮主编,民族出版社2008年版)、《民族文化与全球化》(方铁、何星亮主编,民族出版社2006年版)、《文化多样性背景下的民族和谐》(何星亮、郭宏珍主编,知识产权出版社2012年版)、《文化多样性背景下的宗教和谐》(何星亮、郭宏珍主编,知识产权出版社2012年版)。

四 应用对策研究简况

我们广东客家乡村虽然是穷山僻壤,但家族历史上有不少文人武将。据族谱记载,明清两朝有两位进士和敕封修职郎、国子监太学生等,老屋原有进士匾,房前原有两条约2米高的进士石碑。祖父辈有辛亥革命元老多人(如同盟会会计、孙中山秘书和总统府顾问何天炯,同盟会司法部判事、首任广东支部长何天瀚等),父辈有黄埔军校、陆军大学毕业的十余人(先父为黄埔军校第十一期和陆军大学第十九期参谋班学员,20世纪三四十年代在张发奎部任职)。传统家教十分严格,有许多激励后人、继承先祖优良品质的传统,有崇文尚德、奋发进取的族训家教。传统习惯是成年男子外出从政、从军或从商，家中只留下妇女儿童和老年人。由于家族先辈有从政、从军的传统，族人对政治和国家大事都较为关心。"文化大革命"期间，外出之路被堵死，男子被困在农村。尽管如此，年轻人常聚在一起议论国事天下事。生产队订有《人民日报》《南方日报》等，我们几乎每天看报。我们经常通过报上报道的各种信息，讨论和预测国内外形势的发展变化。家乡的这些传统对我后来的议政建言有一定的影响。1978年上大学后，我充分利用课余时间，阅读了许多古代策论，如贾谊的《治安策》和《过秦论》，晁错的《削藩策》和《论贵粟疏》等。古人的策论对我后来的议政建言也有一定的影响。

北宋大儒张载的"为天地立心，为生民立命，为往圣继绝学，为万世开太平"的名言对我影响较大，并改后两句为"继往圣绝学，开万世太平"，作为自己的治学理念和参政议政的目标，请书法家写对联张挂于书房中。"继往圣绝学"是在学术研究上继承和弘扬优秀、独特的中华学术传统；"开万世太平"是积极参政议政，为我国今后的万世太平事业而建言献策。我认为，影响我国未来统一和长治久安的主要是民族宗教问题和恐怖主义、极端主义和分裂主义问题，只要妥善解决这些问题，彻底消除分裂隐患，建立我国现代治理体系，我国就能够实现万世太平的目标。

我的应用对策研究主要是在苏联解体和东欧剧变之后，尤其是2003年任全国政协委员以来，花了较多时间从事应用对策研究。20多年来，撰写了100多篇信息和研究报告，通过中国社会科学院、全国政协、中央统战部、国务院参事室等单位的内部刊物报送。其中，获中央领导批示的有50多篇，此外，还撰写了80多篇全国政协提案和大会书面发言。

我的应用对策研究与基础研究一样，研究领域较广，涉及内容较多。既有民族和宗教问题的研究，也有文化建设和社会建设问题的研究，还有中美关系和两岸三地的研究等。下面分专题简述。

（一）民族、宗教问题和反恐反极端反分裂的应用对策研究

我从事民族和宗教问题的应用对策研究的动机始于1982年，当时我在新疆社会科学院民族研究所工作。1982年9月，新疆有关部门决定，停止使用了18年的拉丁字母新文字。决议公布后，全疆震惊，许多人纷纷抗议这一决议。该决议对后来的新疆问题影响很大。通过这一次事件，使我认识到决策科学化的重要意义。

1984年的我的一份调查报告受到当时的新疆社科院和自治区领导的高度重视，极大地刺激了我对应用对策研究的意识。我的《关于阿勒泰地区民族学调查报告》（《新疆社会科学研究》1984年第11期）主要是根据我于1983年6月初至11月下旬在新疆北部阿勒泰地区调查资料所写的，其中一个主要问题是关于新疆图瓦人（现属蒙古族）的族属和其他存在问题，并提出解决问题的若干建议。当时的新疆社会科学院院长谷苞看后十分重视，亲自将该报告送当时的新疆维吾尔自治区党委第一书记王恩茂，王恩茂批转新疆民族事务委员会予以解决。1985年，新疆民族事务委员会根据我的建议，联合新疆社会科学院和新疆大学，组成考察团前往阿勒泰地区考察，妥善解决了图瓦人中的存在问题。当时我还是刚参加工作一年的实习研究员，新疆社会科学院和自治区领导如此重视我的建议，使我深受鼓舞，初步体会到议政建言的意义。

1991年苏联解体和东欧剧变之后，世界民族主义浪潮直接冲击我国。国内外曾有人预言：民族主义浪潮也将会"席卷"中

国。于是，我开始思考我国边疆地区的长治久安和国家统一问题。

1992年6月，我撰写了《关于边疆民族地区长治久安的若干建议》，原文一万多字，分六部分。该文较早提出开发西部、在中央设立开发西部委员会、在边疆地区设立经济特区、在新疆和西藏多修铁路、恢复藏传佛教格西学位制度、加强中华民族认同和国家认同、在新疆和西藏推广双语教学、在民族院校开设《中国文化》课、借鉴历史经验等建议。报告完成后，当时不知道我院有直送中央的内部刊物《中国社会科学院要报》，于是我把研究报告送给当时我院党组书记兼副院长郁文（原任中宣部常务副部长，20世纪50年代曾任《新疆日报》社党委书记和宣传部副部长，对新疆问题十分熟悉），请他转交中央领导。不久，郁文书记的秘书张卫峰打来电话，说郁文书记看了我给他的信和报告，充分肯定报告内容，希望我多研究民族问题，并作出批示，在院内部刊物《要报》上刊载。

1994年至1996年，我院刘吉副院长先后找我谈过两次，并写了四封信鼓励我深入研究民族宗教问题。2003年，全国政协副主席陈奎元院长到我院后，又大力支持和鼓励我积极参政议政，深入研究民族和宗教问题及其他现实问题。他在我2005年写的一份材料中批示："积极参政议政，精神可嘉。更为可喜的是言之有物，观点鲜明。"

本人关于民族和宗教的议政建言工作得到不少中央领导的肯定，有不少建议被采纳，有的成为有关部门的决策。2013年10月间，全国政协开展"如何当好政协委员"的宣传报道活动。各专门委员会和各界别推选本专委会、本界别有代表性的政协委员作为报道的对象，我被两个界别推选为报道的对象。凡被推选的政协委员，均派记者专门采访，有关事迹在《人民政协报》头版"如何当好政协委员"栏目中报道。有关本人的采访报道刊载在《人民政协报》2013年12月21日头版头条，题目为《一位政协委员的责任、关怀和担当——记全国政协委员何星亮》。

由于应用对策研究成果较多，议政建言工作成绩突出，受到有关部门的高度重视。经常应邀参加中央办公厅、国家民委、公安部、文化部、中央统战部、中央文明办等部门的有关座谈会或咨询会议，并多次应邀参加中央领导主持的小型专家座谈会，征求有关民族和宗教方面的意见。

自1992年至2014年上半年，先后通过中国社会科学院、全国政协、中央办公厅和国务院参事室的内部刊物上报送新疆、西藏和民族宗教的信息、研究报告有90多篇，其中，关于民族和宗教问题的约70篇，除了前述1992年写的《关于边疆民族地区长治久安的若干建议》一文外，较为重要的还有《关于达赖所谓西藏"一国两制"、"大自治区"问题的意见与对策》（1993）、《关于控制原教旨主义派发展的建议》（1993）、《加强国家与民族和文化的整合》（1995，该文建议香港回归后推广普通话，加强国家认同等）、《中国当前宗教复兴的社会现实与宗教改革的必要性及途径》（1995）、《关于评审国家级非物质文化遗产名录的若干意见》（2006）、《关于大力支持新疆双语教学的若干建议》（2007）、《关于大力支持新疆民汉合校建设的建议》（2007）、《关于于内地各省市进一步培训新疆汉语教师的建议》（2007）、《关于办好内地高等院校清真食堂的若干意见》（2007）、《关于抢救和保护新疆坎儿井的建议》（2008）、《关于大力支持新疆大喇叭进村工程的建议》（2008）、《从全局的角度考虑边疆民族地区的经济发展》（2009，该文建议全国各省市加大对新疆的支持，在部分地区建立经济特区等)、《民族团结宣传教育工作应有新思路》(2009)、《当前民族问题的理论思考及建议》(2013)、《关于编印对外宣传新疆的通俗读本的建议》(2013)、《关于基督教、天主教与伊斯兰教应继承和弘扬中国化传统的建议》(2014)、《关于提高宗教工作法治化水平的几点意见》(2015)。

关于反恐反极端反分裂的研究报告有20多篇。自2005年受聘国家反恐怖领导小组软科学专家以来,一旦新疆发生较大的恐怖袭击,一般都收集有关资料进行分析,并提出建议,不少建议获得中央领导的批示。其中较为重要的有《硬力量和软力量相结合,科学处理新疆三股势力问题》(2006)、《当前新疆恐怖活动的新特点及若干建议》(2008)、《关于妥善处理新疆乌鲁木齐"7·5"事件的几点意见》(2009)、《应把"7·5"事件定性为"暴力恐怖事件"》(2009)、《处理和防范新疆暴力恐怖事件的若干意见》(2011)、《关于新疆叶城"2·28"暴力恐怖事件的分析及建议》(2012)、《新疆巴楚县"4·23"暴力恐怖事件的分析与建议》(2013)、《新疆鄯善"6·26"暴恐事件的分析及建议》(2013)、《关于扼制和扭转新疆恐怖主义发展趋势的若干建议》(2014)、《昆明"3·01"恐怖事件的分析与建议》(2014)、《关于新疆莎车"7·28"等暴恐事件的分析及建议》(2014)、《关于修改〈反恐法〉草案的若干意见》(2014)、《"两会"前后国内反恐形势评估及建议》(2015)、《应高度重视原教旨主义在内地穆斯林地区的传播》(2015)、《巴黎"11·13"事件的影响及应对措施》(2015)等。

(二) 关于文化建设和社会建设的应用对策研究

2000年,应文化部的约请,协助文化部非物质文化遗产保工作，帮助撰写调研提纲和设计有关评选国家级非物质文化遗产申报书等。此后，我开始注重文化建设和社会建设的应用对策研究。一方面是通过报刊发表应用对策研究的文章，另一方面是通过内部刊物和全国政协报送有关建议。其中，关于文化保护的建议获得中央领导批示的较多。14年来，先后撰写了关于文化建设和社会建设的信息、研究报告、提案等共50多篇，主要有：《关于大城市解禁烟花爆竹的建议》（2003，该文较早提出北京等大城市解禁烟花爆竹的建议）、《关于清明节、端午节、中秋节定为法定节日的建议》（2004，该文较早提出端午节、中秋节等传统节日放假的建议）、《关于实行就职仪式制度的建议》（2005，该文较早提出干部任职应举行就职仪式，就职者应手按《宪法》宣誓、以示依法行政等建议）、《关于尽快制定〈中华人民共和国非物质文化保护法〉建议》（2005）、《关于研发环保、安全的烟花爆竹的建议》（2006）、《关于在文化部设立非物质文化保护专门机构的建议》（2006，该建议较早提出在文化部设立非物质文化遗产司）、《关于保护和发展少数民族非物质文化遗产的若干意见》（2010）、《推动春节成为国际性节日的方式与途径》（2010）、《深化改革，建设以价值为导向的公正社会》、《关于构建社会主义核心价值观的几点意见》（2012）、《关于社会科学研究中国化的思考》（2012）、《城镇化建设应注意的若干问题》（2013）、《决策应防止负功能和不良的潜功能》（2013）、《关于充分利用公共场所宣传社会主义核心价值观的建议案》（2014）、《关于把圆明园遗址列入我国申报世界遗产预备清单的建议》（2015）等。

（三）关于台湾和澳门问题的应用对策研究

1998年5月，应台湾"中央研究院"和政治大学的邀请，

何星亮

我前往台北参加学术研讨会并访问 1 个月，此后又多次赴台参与学术交流。在台期间，广泛走访了一些知名教授和亲友，对台湾问题有较为深入的了解，因而撰写了不少关于台湾问题的建议，通过我院和政协的有关刊物报送。1998 年 6 月撰写了《关于两岸关系的若干问题与意见》，认为台湾当局正在采取"台湾本土化"策略，即"政治本土化""教育本土化"和"学术本土化"。建议今后多提"一个中国"原则，因为大多数台湾人认为，台湾和香港性质不同，香港原是殖民地，台湾不是殖民地，因而中央对台政策应有所区别。1999 年李登辉提出"两国论"后，应邀参加我院的研讨会，撰写了《关于李登辉"两国论"的分析与对策》，提出了与他人不同的看法，由我院报送，引起有关部门的重视。在 2002 年撰写的《当前台湾问题及今后几年的发展趋势》(《中国社会科学院要报·领导参阅》2002 年 8 月第 24 期)一文中预测 2004 年"国民党重新掌权困难重重，如果没有外力支持，即使与亲民党联合，下届竞选获胜的可能性不大"。2004 年台湾地区大选结果表明本文的预测完全准确。在台湾 2004 年选举前夕，撰写的《台湾地区"选战"分析及选后的局势走向》一文中，对有关研究机构认为以连宋为代表的国亲两党将胜选的预测提出质疑，预言"如果今后几天没有强有力的外力支持，连宋败选可能性较大"，并希望中央"应作好陈水扁连任后的应对之策"。后来全国政协打来电话，说我预测准确。另据当时的机关党委常务副书记说，台湾选举结束后，院领导也表扬我预测准确。此外，2002 年 8 月撰写了《当前台湾问题及今后几年的发展趋势》，2004 年 3 月下旬撰写了《台湾"大选"争议及今后一段时间局势分析》，2004 年 5 月撰写了《从陈水扁的就职演说看台湾今后四年的政局走向》，2004 年 12 月撰写了《关于制定"反

· 425 ·

分裂国家法"的几点意见》，2005年4月撰写了《关于两岸政党对话和交流的几点意见》，分别报送到上级部门。

1999年，应澳门市政厅的邀请，我作为龙文化展览的顾问前往澳门，其间了解到澳门存在的一些问题。1999年11月，我根据所了解的情况撰写了《关于保持澳门繁荣与稳定的几点意见》，就澳门回归后保持稳定和发展问题提了不少具体建议，受到有关部门的重视。

（四）关于中美关系的应用对策研究

2001年4月1日，中美南海撞机事件发生后，中央统战部请我院党外人士就撞机事件写一篇对策性的建议，我院统战处打电话来让我也写一篇。我从未研究过中美关系问题，但对中美关系较关注，后来通过网络搜集一些资料，并运用人类学和社会学的方法进行分析，提出了几点建议。当时主管统战的李慎明副院长认为我的建议写得较好，因此把我的建议作为首篇报送中央统战部。此后，对中美关系也发生兴趣，先后应邀写了不少研究报告，通过我院《要报》和中央统战部的有关刊物报送。主要有：（1）《关于处理美侦察机撞毁我军机事件的几点意见》（2001年4月）；（2）《美国的"人权"战术与费正清的"冲击—回应"理论模式》（2001年5月）；（3）《小布什当选总统后的中美关系及其走向》（2001年8月）；（4）《"9·11"事件后的美国全球战略与中美关系》（2001年9月）；（5）《布什任期内的战略目标与中美关系》（2002年1月）；（6）《美国的两种欲望与世界秩序的重建》（2002年4月）；（7）《关于美国"倒萨"的战术分析及若干意见》（2003年1月）；（8）《关于当前伊拉克问题及世界局势走向》（2003年2月）；（9）《关于美国"攻伊倒萨"及做好宣传报道工作的几点意见》(2003年3月)。

五　治学特点和方法

本人以"会通中西，圆融古今"作为自己的治学理念。中西学术各有所长，也各有所短。故步自封，只要传统方法，而否定西方的方法，是不理智的；企图以西方的方法代替或排斥传统方法，也同样是错误的。正确的态度应该是各取其长，互为补充，并行发展。当代中国学术一方面要继承优秀的学术传统，抛弃不科学的成分；另一方面要充分吸收西方学术中有价值的理论和方法，使之与传统学术融为一体，才有可能使中国学术走在世界的前列。

工作照

本人学术研究的特点和方法主要在如下方面。

（一）先专后通

关于治学方法，学术界有各种不同的看法，有人强调"先专后通"，有的强调"先通后专"。前者可称为"从树木到森林"，后者可称为"从森林到树木"。

先专后通，即先进入某一个领域，进行深入、细致的研究，做出成果后再扩大知识面，再研究其他领域或其他学科。其好处是能够较早地出成果，缺点是最初的研究成果可能会不太完美，如果有专家把关，也不会有什么大问题。先通后专，即先掌握系统、全面的学科知识和理论与方法，然后再进入某一个专业领域进行研究，其不足是在短时间内出不了成果，优点是做出来的成果可能较完美。

本人走的是"从树木到森林""先专后通"的道路，在研究中学习，在研究中扩大知识面。如果不是有目的地学习，往往学过的也记不住，过一段时间又忘了。边研究、边学习，既出了成果，又学习了新的知识，而且记得很牢。先进入一个领域，把该领域的主要问题研究清楚，写出一两本专著，其他小问题或价值不大的问题可以暂时搁下，然后再进行另一个领域的研究和学习。做学问有共同的规律和方法，一门学问精通之后，再钻研其他学问，自然容易得多，正所谓"一通百通"。我在 1980 年至 1984 年主要研究古代匈奴语言、稽胡语言和哈萨克族历史，1985 年至 1987 年主要研究新疆阿勒泰乌梁海人（图瓦人），1987 年至 1992 年主要研究中国各民族的图腾崇拜、自然崇拜和龙崇拜，1992 年至 1998 年主要研究新疆民族宗教问题、新疆察哈台文文献和新疆主要民族的文化志，1998 年至 2006 年主要研究新疆民族的传统社会和文化、文化人类学理论与方法，以及文化保护问题、台湾问题和中美关系问题的应用对策研究，2006年至今主要研究中国少数民族文明史、清代民族文化，以及反恐反极端问题和民族宗教问题的应用对策研究。这样，随着研究领域的增多，知识面也不断扩大，专业和学科界线也越来越模糊。

科学处理好"专"与"通"或"专"与"博"的关系，是做好学问的重要一环。由于知识结构和思维方式的差异，有些人适合先专后通，有些人则适合先通后专。只有"专"的研究才会有深度，才会有所创新。但专和博是相辅相成的，人类社会和文化各领域之间是相互关联的，知识越广博，对某一领域的理解和认识也会越深。既要先专后博，也要博中求专，广中求精。

古代中国的大学问家没有学科之分，许多大学者既是思想家、政治家、文学家，同时也是历史学家、天文学家和自然科学家。18、19世纪世界各国的人文社会科学各学科间的界线也相当模糊，多数大学者既是哲学家、思想家，同时也是社会学家或人类学家，有的甚至同时还是自然科学家。至20世纪，社会科学各学科不断分化，而且越分越细。到20世纪末，各门科学的边界又逐渐模糊，学科间的交叉越来越普遍，相互渗透、相互影响也越来越大。掌握多学科的知识，是21世纪的要求。知识越丰富，学问越渊博，才能走在21世纪的学术前列。

（二）基础研究与应用研究相结合

中国古代思想家十分注重经世致用，对政治表现出浓厚兴趣和极大关注。他们的理论和学说明显带有应用色彩，孔孟的"德治论"，韩非的"法治论"，老子的"无为而治论"，墨子的"兼爱论"等，无一不是根据时代要求开出的"济世良方"。朱熹主张治学应"穷理以致其知,反躬以践其实",其大意也就是基础研究与应用研究相结合,深入研究各种事物和现象的本质及发展变迁的原理或规律,并把自己的研究成果拿到实践中去检验。明末清初的杰出的思想家和经学家顾炎武曾借古讽今,抨击明末士人"清谈误国",主张士人应以"经世致用"作为主要目标。当代我国的人文社会科学研究不能只做纯学术的研究,一个真正有成就的学者,既要在理论和思想上有所建树,更要在民族复兴、国家富强、人民幸福等方面有所作为。做学问必须有益于国家,应与治国、救世和为民造福相结合。当前一项重要任务是归纳和总结历史上治国理政的理论和方法,并加以创新和发展,解决当前我国社会中的各种存在问题。正如汉初的贾谊在《过秦论》中所说:"是以君子为国,观之上古,验之当世,参以人事,察盛衰之理,审权势之宜,去就有序,变化有时,故旷日长久而社稷安矣"。

本人在30多年的学术生涯中,基础研究主要集中在中国民族文化与宗教、新疆历史与文化和文化人类学(民族学)基础理论研究等方面,应用对策研究主要集中在民族宗教、文化保护、新疆问题和反恐反极端反分裂等领域。

(三) 历时性研究与共时性研究相结合

即时间和空间相结合。西方人类学不同学派研究方法不同,有的从时间的角度探讨,如进化学派、传播学派和历史特殊论派;有的从空间的角度分析,如功能学派、结构学派和象征学派。本人不照搬西方的研究方法,而是综合各学派研究方法的长处,形成自己独特的研究模式。研究某一种文化现象,不仅从空间的角度进行分析,探讨文化的结构、功能和象征等,而且还从时间角度进行探讨，分析各种文化现象的产生、发展、融合和变迁过程。例如，本人在研究图腾崇拜时，一方面从空间的角度分析图腾的社会功能和结构，另一方面从时间的角度探讨图腾崇拜的变迁。本人在《中国图腾文化》《中国自然崇拜》《图腾与中国文化》《苍龙腾空》《中华文明·中国少数民族文明》等书中均运用这种方法进行研究，并形成与他人不同的研究模式。

（四）科学分析和人文学分析相结合

科学范式即探索人类自身及其社会发展变迁的规律、原理或法则的范式。人文学范式即理解、解释的研究范式，是探索意义和象征的范式。在西方人类学界，两者分得很清楚。本人认为，把科学研究范式与人文学研究范式完全对立起来并不是理想的办法，社会现象与自然现象一样，也具有规律性。最好的办法是两者相结合，互为补充，互相借鉴。本人在自己的大多数著作中，既探讨其规律或法则，也分析其象征意义等。

（五）以小见大与以大见小相结合

西方人类学界一般都采用以小见大的分析方法，也就是归纳法，即根据某一民族或某一地区的资料来探讨人类社会文化的发展规律或结构和功能等。笔者在前20年的学术研究中，也主要采用以小见大的方法，如1982年发表的《从哈、柯、汉亲属称谓看最古老的亲属制》一文，主要根据哈萨克、柯尔克孜和汉族的亲属称谓，一方面批驳摩尔根提出的最古老亲属制度是五等亲属制度的观点，另一方面提出人类社会最古老的亲属制是按老、中、幼划分的三等亲属制的观点。匈奴语言和稽胡语言研究也一样，主要根据部分词汇论证其语言族属。

以大见小则是个人在研究中摸索出来的方法之一。当代人类学一般把民间文化称之为"小传统",也就是我们常说的"大众文化";把高雅文化或经典文化称之为"大传统",也就是我们所说"精英文化",如儒家文化和道家文化均属大传统。许多学者还认为人类学家主要是研究小传统的,大传统主要由历史学家研究。国内研究小传统的学者一般运用西方人提出的理论或概念进行解释。而本人在研究中发现,如果不熟悉某一民族的核心理念和信仰,无法科学解释民间的各种习俗。例如,本人在研究民间节日如端午节和春节时发现,运用西方的理论或概念无法解释许多节日习俗的来源和象征意义。于是开始思考古代的阴阳五行理念和宗教信仰与节日习俗的关系,发现两者之间密切相关,大多数民间习俗都是在"阴阳五行""五常""四维八德""大一统""中和"(中正和谐、均衡和谐)等核心理念和宗教信仰的影响下形成的。因而得出结论:精英文化(大传统)与民间文化(小传统)是不可分的,两者相互影响、相互渗透。精英文化来源于民间文化,反过来又影响民间文化。研究乡村文化,如果不了解精英文化中的各种理念、价值观和伦理道德,很难深入研究乡村文化或民俗文化。研究任何一个民族的民间文化,必须首先熟悉该民族的核心理念和信仰。笔者发表的《从传统节日看古代中国人的和谐理念——以端午礼俗为例》和《春节礼俗与古代中国人的思维结构》两文,主要运用阴阳五行学说及传统的均衡和谐理念分析端午节和春节的各种习俗。

六 主要理论观点

本人在基础研究和应用研究中,逐渐形成自己的治学和议政建言的主要理论观点。

（一）整合论

本人在《加强国家与地方和民族的整合》（1995）、《加强社会文化整合，建设高层次的有序社会》（2004）、《关于创新宗教理论的建议》（2012）、《外来宗教应继承和弘扬中国文化传统》（2014）、《中华民族文化的多元化与一体化》（2005）、《论中华民族文化多样性和同一性》（2010）、《中华民族文化的多样性、同一性与互补性》（2010）、《关于各民族共建现代中华民族文化新模式的考察及建议》（2012）、《民族复兴与文化整合》（2016）等文及《文化学原理》一书中，提出整合论的基本观点。该理论的要点有如下几方面。

1. 实现中华民族伟大复兴的中国梦，需要了解历史上中华民族为什么能够崛起于世界，为什么在世界古文明中只有中华文明能够世代延续，为什么只有中国能够保持 2000 多年大一统格局而不分裂。在诸多原因中，一个重要原因是秦汉以来的社会和文化大整合。今天，在推进中华民族伟大复兴的过程中，也应高度重视社会和文化的整合问题。

2. "整合"是指一个社会文化体系整体化、系统化、有机化、统一化的过程，也就把体系中松散的各种要素、各个部分、各个环节和各个群体，通过接触、冲突、交流、融汇或改革、创新、协调等方式，统合成为一个相互协调、联系紧密的有机整体的过程。它是在异质性因素的基础上增加同质性因素、在多样性的基础上增加共同性的过程，形成在差异基础上的统一体。从形式来看，整合包括统一的整合、凝聚的整合、选择的整合、改造的整合和协调的整合五类；从内涵来看，整合可分为社会（制度）的整合、文化的整合、民族的整合和宗教的整合四类。通过整合，可以增强社会文化体系的凝聚力、向心力、吸引力、影响力和辐射力。

3. 秦汉以来中国社会、文化、民族和宗教的不断整合，尤其是在文字、度量衡、法律、制度、价值观和伦理道德等方面的不断整合，是使中华民族能够崛起于世界、中华文明延续五千年而不衰、中国历经两千多年而保持统一的主要原因。

4. 在当代世界，凡是社会、文化、民族和宗教整合程度较高的国家，制度化、规范化程度也很高，具有全社会成员共同认可的价值观、行为规范和准则，具有很强的凝聚力、向心力，具有很强的抗干扰能力和自我调整能力，无论是发生在内部还是外部的冲突，都不会引起社会动乱，更不可能使整个系统崩溃。但在整合程度较低的国家里，各地区、各部分联系不紧密，制度化、规范化程度低，抗干扰能力和自我调整能力较差，即使发生不剧烈的冲突，都可能引起政局动荡、社会崩溃。

5. 复兴中华民族，实现中国梦，必须加快社会、文化、民族和宗教的整合。社会整合即建立良好的、统一的制度和规范来约束人们的行为，维护社会秩序，使社会成为公正的和谐社会。文化整合是指一国之内不同地区的文化相互吸收、融化和调和，逐渐整合为一种有机的文化体系的过程。民族整合是中华民族形成和发展的基本特征，民族整合不是融合，更不是同化，它是在尊重差异性的基础上增强统一性，在保护异质性的基础上增加同质性，使中华民族形成有机的、不可分的整体。宗教整合是中国历史上宗教发展的基本特点，整合的基本形式是中原主流文化和宗教（道教和儒教）融合外来的宗教，它一方面使外来的佛教、伊斯兰教和基督教本土化，吸收了儒教和道教的某些元素，成为具有中国特色的佛教、伊斯兰教和基督教；另一方面，道教和儒教也吸收佛教、伊斯兰教和基督教的精华，融入自己的宗教之中，使本土宗教与外来宗教有机关联，如道教吸收了某些佛教的元素融入自己的教义中。

（二）观念论

本人在《中国图腾文化》（1992）、《中国自然神与自然崇拜》（1992）和《图腾与中国文化》（2008）等书引论中，以及在《建设以价值为导向的公正社会》（2012）、《继承和弘扬中华文明的价值观》（2011）、《大力培育和践行社会主义核心价值观》（2014）、《关于民族问题的理论思考及建议》（2013）、《中国梦的思想基础》（2014）、《精神文明建设与中华民族的复兴》（2014）等文及《文化学原理》一书中，提出观念论的基本主张，其要点如下：

1. 观念变迁是社会和文化变迁的基础。从社会和文化空间而言，可分为表层、中层和深层。表层属于物质或技术系统，中层属于社会系统或制度系统，深层属于观念系统或心理系统。深层次即观念层次的变迁是社会和文化形成、发展和变迁的基础。观念层次的变化，必然会引起整个社会和文化体系的变化。本人在所有关于文化和宗教的研究中，都把这种理论贯穿到自己的研究中，形成自己的研究模式。

2. 构建共同的价值观、伦理道德和理想信念等是维护社会稳定和国家统一的基础。中国历史上的统治者利用"三纲五常""四维八德"等儒家思想和各种宗教观念统一和控制人们的思想。

3. 观念层面的现代化是中华民族复兴的关键。由于观念层面的变化是社会和文化体系变迁的关键，而中华民族复兴的决定因素在于观念层面的现代化。本人认为"文化大革命"是以斗争为导向的社会，改革开放以来是以利益为导向的社会，这两种导向的社会都是不健康、不正常的社会，主张今后应以价值为导向深化改革，建议在传统价值观的基础上构建社会主义核心价值观，并以社会主义核心价值观为导向，以规范文化改革、社会改革、政治改革和经济改革的行为。

4. 转变观念是民族地区长治久安和经济发展的关键因素。跨越式发展不等于长治久安，生活富裕不等于天下太平。消除民族分裂意识和宗教极端意识是反恐反分裂的基础，斩断分裂意识和宗教极端意识的传播渠道是扭转新疆恐怖主义进一步发展的关键；消除落后的与现代社会不相适应的生产、消费等观念，增强现代竞争意识、商品意识、勤奋精神和成就动机，是民族地区经济发展的关键。

（三）平衡论

本人在《文化学原理》（待出版）一书和《中国传统文化的象征体系》（2003）、《从传统节日看古代中国人的和谐理念——以端午礼俗和传说为例》（2008）和《春节礼俗与古代中国人的思维结构》（2013）、《"9·11"事件后的美国全球战略与中美关系》（2001）、《布什任期内的战略目标与中美关系》（2002）等文中，认为平衡的理念不仅存在于经典（精英）文化中，而且普遍存在于民间文化中，主张研究和继承古代中国的平衡学说，运用到基础研究和应用研究中。平衡论的基本要点如下：

1.《易经》中的阴阳二元结构学说是我国最早、最基本的平衡理念。阴阳学说认为宇宙间任何事物都具有既对立又统一的阴阳两个基本元素，它来源于"男"和"女"两个基元。阴阳平衡是宇宙万物的本源和本质，也是宇宙万物运行的法则，世间万物无不处在动态的平衡与不平衡之中。二元对立平衡理念分静态平衡和动态平衡两种。

2. 中国古代除了阴阳二元结构平衡理念外，还存在三元结构、五元结构等平衡理念。三元结构平衡理念基于古代的"三才"，即天、地、人，也就是天上、地下和人间的均衡和谐，同时也象征天神、地神和祖先神的均衡和谐。古代的三元结构理念也较普遍，如祭品通常是三牲，敬香通常点三支，祭拜通常拜三次或三叩九拜，古代礼仪有三揖、三让、三辞等习俗，礼乐多以歌或奏"三"次为原则，敬酒通常敬三杯，有"数不过三"的说法……诸如此类，举不胜举。五元结构即金、木、水、火、土"五行"的均衡和谐。五行学说认为金、木、水、火、土五种元素相生相克的运动之中维持着协调平衡，只有五种元素的平衡，才能使自然界维持生态平衡，使人体维持生理平衡，使社会保持动态平衡。

3. 平衡理念不仅表现在古代经典和政治文化中，而且表现在民间的日常生活、居住习俗、人生礼仪、节日习俗、祭祀仪式、民间艺术和民间禁忌等方面。古代帝王冬至祭祀在天坛并以火祭祀的习俗，是加强阳性的力量达到阴阳平衡；夏至期间（包括端午节）在地坛并以水祭（赛龙舟是祭水的一种形式）是加强阴性的力量达到阴阳平衡。研究传统文化，必须熟悉阴阳学说，才有可能深入认识和理解；必须运用阴阳平衡理念研究民间文化，才有可能真正理解其象征意义。

4. 平衡国内各种关系是古代政治家的重要策略。采取措施平衡上下、左右、前后、内外的关系，促使权力平衡、利益平衡和各派政治力量之间的平衡，促使各地区之间、各民族之间、各种宗教之间、各种教派之间的平衡，是社会稳定和国家统一的保障。

5. 平衡国际关系是当代国际政治的基本原则。近几十年来，美国等国喜欢制造二元对立平衡结构来控制世界各地区的局势，从中渔利。例如，制造以色列与巴勒斯坦的对立、印度和巴基斯坦的对立、韩国与朝鲜的对立、日本与中国和韩国的对立、南海诸国与中国的对立、俄罗斯与独联体国家内部的对立、中国大陆和台湾的对立，等等。想方设法使双方保持力量的平衡，一旦发现某一地区某一方的力量过大，使采取措施扶持另一方的力量，使之重新回到平衡点，以确保自己在该地区的地位和利益。

6. 当前的经济建设、政治建设、社会建设、文化建设和生态建设存在的许多问题，与供求关系、结构关系、利益关系、地区关系等不平衡密切相关。平衡是健康的，不平衡是病态。加快现代化建设，复兴中华民族，实现中国梦，必须注重各种关系的平衡，即经济建设、政治建设、文化建设、社会建设、生态建设平衡发展；精神文明与物质文明平衡发展；法治与德治平衡发展；治吏与教民平衡发展；引进与输出平衡发展，保守与进取平衡发展，继承和创新平衡发展，保护多样性与增强同一性平衡发展。

七　治学体会

治学能否有所成就，关键在于治学态度和治学方法。从治学态度来看：一是事业心要强，事业心的强弱，是治学能否成功的关键；二是能吃苦耐劳，俗话说：癞蛤蟆吃不了天鹅肉，三日打鱼、四日晒网的人不会有成就；三是淡泊宁静，甘坐冷板凳。诸葛亮曾说："非淡泊无以明志，非宁静无以致远"；四是持之以恒，学海无涯，书囊无底，治学无速成之术，必须始终如一，坚持不懈，锲而不舍，水滴石穿；五是扬长避短，应根据个人的才能、性格、兴趣，避其所短，发挥所长，选择适合自己的研究领域；六是求真务实，坚持真理，独立思考，学者应有独立的人格，不趋炎附势，不谄媚逢迎，不为权势所屈，不为利禄所移。

至于治学方法，首先要善于读书。朱熹曾说，"读书有三到：谓心到，眼到，口到"。读书的方法有多种，有闲读、略读、精读、摘读、校读等，重要著作应该精读，一般著作可以略读。其次是善于积累。荀子说："不积跬步，无以至千里，不积小流，无以成江海。"苏轼也说："博观而约取，厚积而薄发。"只有在深厚积累的基础上才会有所发现、有所成就。再次是善于综合。当今治学应善于综合百家之长，由今及古，由中及西。复次是善于怀疑。怀疑是科学发现的先导，是创造性思维的开端，古今中外各种学说、假说或理论的产生，无不起于怀疑。最后是善于创新。治学贵在创新，古往今来，凡有成就的学者，均以创建新理论、建立新体系、发现新方法、建构新范式等作为治学最重要的目标。

何星亮
2014 年首发于中国社会科学网
2016 年春修订

陆学艺

Lu Xueyi

男，生于 1933 年 8 月，卒于 2013 年 5 月，享年 80 岁。江苏无锡人，中共党员。生前主要从事"三农"问题和社会学研究。1962 年从北京大学哲学系本科毕业，同年考入中国科学院哲学研究所，主攻中国哲学；1965 年研究生毕业后留所工作，历任助理研究员、副研究员、研究员；1985—1987 年，任中国社会科学院农业经济研究所（后改农村发展研究所）副所长；1987—1998 年，任社会学所副所长、所长兼所党委书记；2000—2013 年，任北京工业大学人文社会科学学院院长。其中，1983—1986 年蹲点山东陵县，任县委副书记；1986—2005 年，任中国社会学会会长，2005 年后任学会荣誉会长；1993—2003 年，当选为第八、第九届全国人大代表。先后培养硕士、博士近 60 名。1989 年，评为国家级突出贡献专家；1991 年享受国务院政府特殊津贴；2006 年当选为中国社会科学院荣誉学部委员；2012 年荣获首届"费孝通社会学学术成就奖"。

主要著作：《农业发展的黄金年代》《当代中国农村与当代

中国农民》《"三农论"》《"三农"新论》《"三农"续论》《当代中国社会阶层研究报告》《当代中国社会流动》《当代中国社会结构》《当代中国社会建设》《社会建设论》等；主编历年的《社会蓝皮书：中国社会形势分析与预测》。

陆学艺评传

一　少年磨难多砥砺，青年立志为富民

陆学艺 1933 年农历七月十四日（后来他一直沿用公历 8 月 31 日作为自己的生日）出生在无锡县北钱村。小学毕业后，因家境贫寒，于 1946 年 10 月由邻村熟人介绍送到上海艺海袜厂当学徒（用他自己的话说，就是当时的"农民工"）。1950 年春节前，上海遭国民党轰炸，艺海袜厂停业、解散，陆学艺失业回乡务农，同时也参加村里的一些工作，还当选为乡人大代表。

1950 年 10 月，陆学艺参军，先在解放军华东特训兵学校文化教员培训班学习，后在华东第三野战军新兵团二营及安徽无为转业干部速成中学任文化教员。1954 年初，因患肺结核住进医院，在那七个月里他自学完了初中课程；10 月退伍回无锡。他放弃到乡镇政府工作的机会，找到公益中学校长，经严格考试，如愿进入高二读书。因出身农家，陆学艺在他高中最后一篇作文里，就谈到今后要研究农业经济问题。

1956 年，陆学艺考取北京工业学院（今天的北京理工大学）军工类专业，但他觉得不是太遂愿。恰因当年该校录取的学生太

多，很多人难以升入大二，学校同意有文科意向的学生转学，因而他一年后转入北京大学哲学系学习。

从1957年进入北京大学开始，陆学艺一直在社会科学系统学习和工作了56年。其中，他觉得印象最深、感觉最美好的还是在北大燕园里的五个春秋。近1800个日日夜夜，使他认识了世界，认识了社会，认识了许多人，也认识了自己。他从一个懵懵懂懂的青年逐渐成长起来，开始用知识武装自己、走向社会。

大二、大三正是人生观、价值观确立的时期，却遇上了三年经济困难。这种经济形势引发了党龄不长的陆学艺的深入思考。"听毛主席的话，跟共产党走"，可连饭都吃不饱，怎么跟党走啊？那时，已经有几个要好的同学私下在一起议论，国家之所以出了这样的大问题，肯定是我们的农村政策、农业政策有了问题，所以他们一面继续学习专业课程，一面在课余开始想方设法找资料、找图书，私下研究农村政策问题。陆学艺暗暗下决心，要找到这个大问题的原因，找到解决农村农业问题的办法。他经常与农村假期返校的同学交流各地农村的情况，一有机会自己也到农村去。那时，在中央高级党校当教员的大哥被打成右派，这让他很受震动。陆学艺后来回顾说，正是在这个时候，他就开始关注"三农"问题了，立志要把解决吃饭问题、解决农业问题，作为自己的奋斗目标，成为一名农业经济学家。

最值得他怀恋的是，1958年8月，北京大学哲学系全体师生响应党的号召，到大兴县开门办学，跟着社员下地干活，与农民同吃同住同劳动。全体师生在东、西芦城两个大队安营扎寨，直到1959年5月返校学习。1959年冬天，陆学艺又和另外一位同学积极参加农村社会主义教育运动，被安排到西芦城大队当秘书。其中，1961年3月，他俩作为秘书，跟着来大兴宣传贯彻中央《农业 60 条》的北京市政府工作组,白天宣讲,晚上开会听汇报,写简报,一直熬到深夜。在芦城的社会实践和生活体验,给青年陆学艺很深的感受和难得的锻炼。此后一有机会,陆学艺就跑到芦城去和农村朋友交流。他后来回忆说,自己真正研究"三农"问题是从芦城开始的,为此他还专门写成了文章(载哲学系 1957 级同学回忆录《青春岁月在北大》,社会科学文献出版社 2012 年版,第 226—237 页)。

二 哲学所的"三农"专家:研究包产到户而成名

1962 年 9 月—1985 年 7 月,陆学艺一直在中国社会科学院哲学社会科学部哲学研究所工作。其间,他也是一面做哲学研究(师从容肇祖),一面研究农村问题。1964 年,全所干部去农村搞"四清",不少人是被组织强制去的,陆学艺则是自愿、主动要求去,他先后去过湖北襄阳、河北徐水。"文化大革命"期间也是如此,有些人认为是被迫放弃专业,但陆学艺认为下干校恰如鱼得水,可以利用这些机会好好地研究农村。

1978 年 6—7 月,只要有到外地农村出差的机会,陆学艺都积极应诺。这期间,他先是到了河北、山西,后又到了湖北。在湖北襄阳,老同学贾信德(襄阳轴承厂宣传部领导)给陆学艺讲了不少农村的事,还告诉他一个重要信息,说中央正在起草有关文件,要修改人民公社六十条,征求各地的意见。

7 月,陆学艺回到北京,证实了这个消息。于是,他闭门谢客,整理多年来调研和思考的关于农业和农村问题的想法。他花了一个多月的时间,把多年研究的结果写成了《关于加快发展我国农业的若干政策问题的建议》,共 12 条,4 万多字;夫人吴孟怡帮他复写装订成六本稿子。10月3日，新华社《国内动态清样》登载了他写的《关于加速农业发展的若干政策问题》，分三期发表（"目前我国农业生产存在的主要问题"；"落实党的农业政策是当前加速农业发展的关键"；"关于若干农村经济政策的建议"）。其中有些建议被有关方面采纳了。

1962—1978年，这十多年的坚持，陆学艺逐渐形成了对农村发展和农村政策的基本看法。

"千规律、万规律，价值规律是第一规律"，这话是1979年4月中下旬在无锡召开全国价值规律学术研讨会时薛暮桥讲的，当时还有孙冶方、钱伟长到会讲话。会后，陆学艺等人去饭店拜访薛暮桥。闲谈中，薛暮桥鼓励他们要到基层去调查，说学问在下面。从5月10日到7月中旬，陆学艺等先后调研了扬州、盐城、连云港、大丰、肥西县山南区、安庆、芜湖、杭州、上海的农村地区，前后84天。

1980年8月下旬，陆学艺和王小强一起，第一次乘飞机到兰州。在省委宣传部领导的安排下，他们先后调查了榆中、陇西、定西、渭源等县市。到9月中旬，他俩都病了，住进甘肃日报社招待所。其间写成了《包产到户的由来和今后的发展》一文，认为提出包产到户后，可以不回到"三级所有，队为基础"的老框架，可以走包产到户—兼业户—专业户—再联合的新路。他们还在甘肃日报礼堂给省委机关副厅级以上干部讲了一次报告。10月中旬回到北京，文章11月发表在中国社会科学院《未定稿》上。文章对于打破当时的思想藩篱具有很大的冲击力。

10月15日，中央召开省委第一书记座谈会，会上发生了"阳关道"与"独木桥"的争论。会议决定，在"三靠队"地区"可以"搞包产到户，在中等地区搞包产到户，在发达地区搞专业承包。会后，甘肃省委书记宋平回到兰州，看了陆学艺他们留下的文稿，当即说，文中"包产到户将势不可挡"这句话要改一下。文章在甘肃发表后，兰州军区政委肖华看了此文，表示很赞成，作了批示。

1981年1月，《未定稿》又发表陆学艺写的《关于包产到户的几个问题》。3月，《经济参考资料》发表他的《安徽包产到户后的新形势和新问题》；文章重申了包产到户势不可挡的看法，批评安徽省包产到户反复的问题。8—9月，陆学艺连续发表了几篇关于包产到户的文章，明确肯定了从包"产"到户向包"干"到户的发展趋势。9—10月，陆学艺到山东农村调研，认识了菏泽市委书记周振兴、德州市委书记芦洪。回京后他写成了五篇德州农村调查的文章，12月，发表在《经济研究参考资料》同一期上，其中《中国农村市场正在兴起》一文被《人民日报》转载。

1982年年初，甘肃日报社孙民来京说，甘肃人民出版社已同意将陆学艺这几年写的关于包产到户的多篇文章结集出版。1983年3月，《农业发展的黄金时代》正式出版，共17篇文章，11.7万字，吴象作序。这是陆学艺出版的第一本书（论文集）。

1982年年中，陆学艺开始筹划写一本关于包产到户问题的书稿。1983年1月开始，他大量收集了包产到户的历史资料和各地发展的状况，也访问了一些当事人，如安徽的周日礼、刘家瑞，浙江的李云河、侍解天，在北京他还找了曾希圣的女儿曾小东等人。当年8月，他基本完成了全书的写作。1985年6月，上海人民出版社出版《联产承包责任制研究》。这是陆学艺的第一本专著。

三 陵县试点县政改革与农经所副所长

1982年7月,哲学所安排陆学艺去北戴河休假。休养期间,他同科研局长王焕宇和李兰亭朝夕相处,经常在一起讨论改革开放以来的大好形势和一些问题。陆学艺向他们提出:包产到户、包干到户不久就将在全国普及;经济基础变了,上层建筑也应该跟着变化。现在的问题是,县这个层次是关键层级政权,需要进行县级体制综合改革,社科院应该向中科院学习,到东、中、西部地区去选几个县试点,搞县级综合体制改革,为中央提供改革方案。王、李两人力主陆学艺把这个建议写出来。

1983年6月,陆学艺写了关于建立县级体制综合改革试点的建议。社科院院长马洪当即作了批示,说这个建议很好,但一定要同中央农村政策研究室的杜润生主任商量,并取得他们的支持。杜润生收到建议信当即表示,这件事本应由农研室办,既然社科院提出来了,很好,两家合办。随即试点工作组开始筹办,社科院由孙耕夫(时任院部副秘书长)、王焕宇、陆学艺为首,先建小组,要求选点不能离北京太远。

1983年8月,陆学艺带着课题组来到山东,省领导热情接待了他们,并安排到德州地区的首县陵县去建点。9月,杜润生还给课题组成员谈话作指示。10月,课题组正式进点,北京方面有张晓山、孙越生、冉隆清、张晓明、张卫家、刘曙光等人;山东社科院有刘荣勤、郭爱民、张凯旋和韩宪平等人。陆学艺任组长,兼任县委副书记,入驻县委招待所西小院。调研课题组进点以后,先是对陵县的基本情况进行初步了解;接着听取各部委局办介绍情况。11月初,省农工部带了一个县级改革综合试点工作组来一起调研。

约12月初,陆学艺他们回了一次北京,了解到商业部、财政部为这几年棉花丰收而纺织业却用不了、导致库存大量积压的问题担忧,认为"棉花越增产,财政越困难",有关领导已有要压缩棉花生产的想法。陆学艺他们很不以为然。

12月中旬,陆学艺回到陵县,同地委书记交换意见后,带着张晓山、张凯旋等人,一个环节一个环节进行调查,最后弄清了收购一担棉花到百货大楼成品销售,当时政府要补贴39元,收得越多,补贴越多。为此,陆学艺执笔写成了《论棉花政策》一文,由院《要报》分三期印发。万里看到了这篇文章,在《要报》上作了批示。原来想要压缩棉花生产,后来就没有实施。这个批示是当时在农研室联合组工作的王岐山后来转告陆学艺的。

1984年1月,山东省副省长卢洪、德州地委书记王殿臣和县委书记李宝善来看望陆学艺他们课题组,并听取了课题组一段时间以来的工作汇报,尤其是讨论了县级改革的几个问题。其中,王殿臣专门提出希望陆学艺帮德州地区办一所大学,目前该地区仅有一所师专还不够。经过努力,9月,德州农村发展学院开学,首批学生120余名,分三个班三个专业:工业企业管理、农村管理、文秘各40人。1985年,陆学艺全年的主要精力和时间就用在了农村发展学院工作上面。1986年9月,正门悬挂起胡耀邦题写的校名,大理石镌刻,举行了隆重的开学典礼,省市县政要和全国部分学者出席了典礼。德州农村发展学院成为新中国第一所培育农村基层干部和农业专业人才的学校。

当然,学院从一开始就遇到阻碍。1984年秋,省委领导班子进行调整,力主办学的李振已升为省委副书记,不再兼常务副省长,主管文教的副省长把德州农村发展学院批为成人高校,学生毕业不能按正式大学生分配，即不能农转非；经费和学生分配都只能特权特批。为此，陆学艺在1986年下半年，为办学经费和毕业生分配等事情，往济南、德州跑了多次，跑一次解决一两个问题。

此时，关于农业如何进一步发展、农村如何进一步改革面临着争论。1986年春节后，陆学艺回到陵县继续调研，发现一些惠农政策都在往回收，农民务农的积极性受到挫折。据此，陆学艺写了《农业面临比较严峻的形势》一文，约7000字。回京时，他交给了社科院《要报》编辑部的何秉孟，同时送给了人民日报社农村部姚力文和新华社南振中，请他们在内刊发表。姚力文给陆学艺电话说（大意）："现在改革派眼中只有农村改革好，这能错了？文件里说坏了，不好办。"陆学艺说："农村真的有问题了，不是我说坏了！"南振中那边也没有回应。何秉孟编成三篇文稿送院里审，副院长李慎之签字同意发。5月19日，文章在院《要报》发表。

不久，文章就有了反应。6月10日，邓小平在听取中央负责同志汇报当前经济情况时指出："一是农业，主要是粮食问题。农业上如果有一个曲折，三五年转不过来。粗略估计一下，到2000年，以12亿人口每人800斤计算，每年要增产一百多亿斤才能达到这个目标……有位专家说，农田基本建设投资少，农业生产水平降低，中国农业将进入新的徘徊时期。这是值得注意的。我们从宏观上管理经济，应该把农业放在一个恰当位置上，总的目标始终不要离开本世纪末达到年产9600亿斤粮食的盘子。要避免过几年又要大量进口粮食的局面。"（见《邓小平文选》第二卷，人民出版社1993年版，第159页）

1986年7月中旬，陆学艺到北戴河休假疗养，听到社科院农村发展所刘文彬等人说，中央管农业的领导同志给他们课题组有批示，要求研究1985年粮棉大减产后，如何进一步调动农民生产粮棉的积极性，要有一些新的政策出台，准备再建几个大化肥厂和农药厂，要增加水利投资等。后来陆学艺才知道，这事情与他那篇文章以及邓小平的讲话是有直接关系的。

1986年初，在中央农村工作会议期间，陆学艺就和王岐山等人商量，陵县的县级综合试点已近三个年头，需要总结一下。他们针对山东省委工作组关于县级改革的几个文件，以及福建、辽宁、浙江、江苏、四川、河北的试点成就，确定在陵县开一个华东地区的县级体制改革的研讨会。经过陆学艺等同事的精心筹备，6月，会议共有600多名代表参加，就县级综合改革的意义、开展状况、出现的问题、发展的前景进行了讨论，各地都介绍了各自的试点情况，并就解决的问题、出现的困难交换了意见。

会后，陆学艺他们课题组总结，县级体制综合改革是一定要改的，但需要上层做出决定。他们认识到，如果只是县级改了，上面省市不改，孤军奋战，难有成效。很可惜，直到今天，全国性的县级体制综合改革杳无音信。

社科院领导看到了陆学艺在农村方面的研究成果，为此把陆学艺从哲学所的工作岗位上调出来，专门从事农村政策的研究。1985年6月，陆学艺被任命为农业经济所（后改农村发展所）副所长。这样，一个突出的优势是陵县课题组的成员更替有靠山了，主要就由农业经济所派遣。后来这些成员编写了《陵县农村经济社会调查》一书（王贵辰主编）。

1986年春夏，陆学艺指派顾秀林、曹和平等人，下到袁桥、土桥去蹲点。一个月后，他们给陆学艺汇报了意见，一个主要结论是：按现在的生产方式和组织形式，农业和农村经济发展的潜力已经发挥得差不多了，不会再有多大的发展；照此发展，要建设农业现代化几乎是不可能的。加上前述华东县级体制综合改革研讨会召开的内容，陆学艺指示大家将上述这些内容编辑成书，即形成了《中国农村发展研究》第三集，40万—50万字。

1986年11月下旬，中央农村工作会议在京西宾馆召开（自1981年冬召开中央农村工作会议以来，每年一次，一般开15—20天，形成新一年中央一号文件；1986年应该是第六个一号文件，但因1986年底和1987年初出现胡耀邦和赵紫阳交接的问题，这一年的一号文件变为中央人事变动的文件，农业文件安排为第五号文件）。12月初，各地代表齐聚京西宾馆之后，会议照例召开了大组组长负责人会议。会上，杜润生谈了1986年的农村形势，认为1985年粮棉大减产之后，经过政策调整，各地的粮棉生产也有回升，农村经济状况很好，特别是乡镇企业异军突起，东西诸省升幅都是20%—30%大增；但杜老在讲话中突然就农业生产问题讲了他个人的看法，认为1985年的农业是由超常规增长转入常规增长，不同意农业进入新的徘徊期的说法，并几乎是逐条批驳了陆学艺在《农业面临比较严峻形势》中的说法，其中说到，有人说农民生产积极性下降了，不对，那怎么农民还在争购化肥呢？等等。

陆学艺感到有点突然，也觉得杜老当天讲话不实事求是。吃饭的时候，正好与郭书田、段应碧、张从明等一桌，大家议论起当天杜老的讲话。陆学艺插话说："今天怎么能这么讲呢？明明是减产了，怎么说是转入常规增长呢？今年也还未恢复到1984年的水平啊；再说农民购买化肥主要是因为优质的化肥太少，供求出了问题。"他觉得有机会的话，应该找杜老理论一下。段应碧劝阻说，"你要是在杜老的位置上，也会这么说的，他其实是知道状况的。"陆学艺默然。

专心阅读（2010年）

会议期间，陆学艺在思考，农业、农村发展是有问题的，如1985年把粮棉超产加价改为按三七开比例加价，这对中西部粮产区尤其是增产区是不利的。1984年取消粮食统购，改为定量收购，各省都要求国家多购，国家分配定购粮数，给的指标多，目的是照顾这些穷省和稍穷的省。其结果是市场粮价大涨，使指标高的省区吃了大亏，很多完不成定购任务。所以，这次会上田纪云明确说：合作定购粮食，也是任务。"下面反映，定购定购，一定要购"，多交定购粮，就是给国家多做贡献。

参加农村工作会议以后，陆学艺一直在想，政策部门对农村发展现状的认识，同农村的实际状况和发展要求是有差异的。其时，城市国有企业的改革已经开始，大堆问题、注意力集中到城市了，资源还是在向城市集中，有些人还是把农村当作供给粮食和原材料的后方，以为农业靠政府就行了。有人已经在呼吁农村要进行第二步改革了，但怎么改、改什么、切入点在哪里？各说各的。各地实践也大有不同。东南发达地区的注意力都集中到乡镇企业的发展上，对农业、农村发展和基层治理的关注度弱了。

此外，陆学艺还在想，光靠一个点、一个县搞县级综合体制改革，很困难。这个事情不像包产到户那样可以自发搞。12月下旬，陆学艺回到陵县，同一些老朋友和课题组成员交换意见，多数同志劝陆学艺的陵县试点可以告一段落。几经考虑，陆学艺自己也觉得，要解决农村问题，需要重新考虑，尤其要研究宏观问题，如宏观决策部门不想动，下面县级改革也不行。最后，在征得社科院领导同意后，课题组撤回北京。

四 壮大社会学所，重建学会，做强学科

1986年底，陆学艺从陵县回到北京，带回几个纸箱的资料和几十本三年调查的笔记本。他想坐下来对这三年的农村生活体验做一个总结，写一本书，并且读一些书和文件，对客观形势做一个分析，补一补课，需要时间冷静做些思考。

1987年1月中下旬，社科院秘书长刘启林告诉陆学艺，鉴于他的成就，院里已决定调他到社会学所任副所长，主持日常工作（何建章所长被借调到邓力群的写作班子一年）。这事很突然，陆学艺没有思想准备，而且当时他正在整理从陵县带回的资料，一心想继续研究农村问题；同时觉得自己已年过五旬，再转行研究，很难。但过了春节，胡绳院长已签字决定调陆学艺入社会学所。刘启林说："至于改不改行，你在社会学所也可以继续接着

搞农村研究。"从此，陆学艺转入了社会学领域。

1987年初，经上报，陆学艺被评选为1986年国家有突出贡献中青年专家。

陆学艺到社会学所"上班"后接手的第一项任务是主持本年度的职称评审工作。通过这次职称评定工作，他对一部分研究人员的业务水平有了一定的了解：专业人员特别是社会学专业的研究人员，只有3—5人；而且虽然学过社会学，但已多年荒疏，归队后，也要重新学习。

缺人才、缺业务骨干，是当时社会学所最大的问题！近百人的一个所，没有几个真正能研究社会问题的，能写能讲的人太少，而社会学所目前编制又是满的。1987年7—8月间，主管社会学所的副院长赵复三与陆学艺谈话时，很同意他的判断，并当即叫人事局局长先借给社会学所一些编制。1988年，陆学艺为社会学所物色并进了16个人，其中有沈原、苏国勋、魏章玲、张厚义、徐凤贤、李培林等。

1988年7—8月间，院里下文正式任命陆学艺为社会学所所长。同年底，"十一届三中全会十周年纪念理论研讨会"在大兴召开，胡启立主持。陆学艺的文章《改革开放以来农村发展的成就经验和前景》被评为20篇特别优秀论文之一并上台领奖。这是年初院杂志社段若非、何秉孟同时约稿赶写的；后经约稿整理，文章发表在《改革》杂志1989年第2期上。

1989年8月24日，江泽民在中南海主持座谈会，请了何康、郭书田和陆学艺等七八个同志座谈当前农村、农业形势问题。会上，陆学艺主要讲到：1985年粮食减产以后，1986年做了政策调整，粮食逐年恢复，但增长幅度不大，棉花则还未恢复到1984年的水平；但乡镇企业发展很快，农村经济形势是好的；有人认为农业波动是政策不当的原因,有些人批评家庭联产承包制是不对的;"北京政治"风波后,农村是稳定的,当时的问题主要是市场粮价和合同订购价格相差较大,国家要适当提高收购价,以调动农民种粮食的积极性。他的讲话引起与会领导的关注。坐在旁边的中办主任温家宝在会议休息期间还与他讨论了物价问题。9月,《人民日报》理论部约写纪念建国40周年的文章。陆学艺当即写成发表了《农业发展40年的成就和基本经验》。

到社会学所后,陆学艺觉得该所新建,学科建设薄弱,人才稀缺,要抓紧补课,他决定先编写一本《社会学》干部读本。从1989年10月中下旬开始,每周三陆学艺带着一批业务骨干,到中国人民大学西面万泉河渔场招待所,进行《社会学》一书编写的研讨(后称"渔场会议")。当时所里一些骨干如苏国勋、李培林等热心参加,还约请外单位的景天魁、王春光等人参与。大百科全书出版社的谢寿光正在组织《社会学卷》的编写,也积极参加。沈原作为所科研处处长,具体负责组织协调。1990年,大百科全书出版社正式出版了这本《社会学》高级读本。

经过这个冬天的集体写作,大家不仅提高了业务水平,还彼此增进了了解,建立了友谊,陆学艺也从此更加了解熟悉了这些业务骨干的情况。可以说,社会学所学术团队是在这本书的写作过程中建立起来的。

社会学所是1979年3月建立的。当时胡乔木、邓力群邀请费孝通出山,恢复重建社会学学科时,也托他在社科院创建社会学所。国务院正式发文批准社会学所是1980年的1月8日,此后,该日即定为所庆日。1989年3月18日,社会学所举行建所十周年纪念会,开得很隆重,费孝通、雷洁琼两位兼任国家领导人的社会学家,以及社科院几乎所有领导、全国各地社会学骨干等共 150 多人参加了会议。会议肯定了社会学学科的重要性和在社会主义现代化建设中的地位、作用，肯定了社会学所 10 年来的成绩，同时谈到他们对社会学科建设和社会学所发展的殷切希望。陆学艺就社会学所建所经过、10 年来的工作成就和今后的设想作了发言。会上同时为建所以来的优秀论著及先进工作者颁奖。开幕式上，胡绳院长亲笔写了一副条幅送给费孝通教授。

考虑到各个学科每年都有一本年鉴问世，陆学艺找到杨雅彬、沈原等商量，要着手编写《社会学年鉴》。1990 年初，第一本《社会学年鉴》（回顾 1979—1989 年 10 年的成就和不足）由大百科全书出版社出版。其中，陆学艺的专文还发表在 1989 年的《社会学研究》第 6 期上。文章将农民分化成 8 个阶层，一时在学界、在社会上传开了。这可以说是陆学艺转入社会学界后写的第一篇社会学专业论文，也为他后来在中国社会学界所倡导的社会结构学派奠定了基础。

1991 年，陆学艺带着社会学所的骨干研究人员，主编完成《中国社会发展报告》，获得中国社会科学院首届优秀科研成果奖。从此，他采取经济学界出版蓝皮书的做法，1992 年底，组织所内外专家学者撰写了第一本《中国社会形势分析与预测》（俗称社会蓝皮书），以后每年一本，在社会上产生了巨大影响力，对中国社会发展及其决策有重要的咨询价值。

1996 年元旦刚过，一年一度的社科院工作会议召开。会议第二天下午，陆学艺在政法社会片的发言中谈到职工面临突出的两大问题：评职称、分房子，其中分房子的问题较为严重；院里给社会学所 5 套房子，20 个人都要，工作开展不下去。在座的院长李铁映插话说，住房问题，最近中央有个文件，按这个文件办就好了。陆学艺说，这个文件不灵！会场一阵骚动。在座的其他院领导说这个文件是灵的，但执行起来有些困难。李铁映当即对陆学艺说，那你搞个灵的给我看看。陆学艺觉得唐突，自己从前也没研究住房问题，但他性情高远，当场回答说，我们社会学所可以搞，但需要一笔钱。李铁映当场让他"接招"。

接下来，陆学艺也很犯难，房改这事情说说还行，但真要搞出一个比中央政策还灵验的东西，谈何容易！副院长汝信也对他说，既然立下"军令状"，就没有退路。他找来所里有房改研究基础的骨干，其中老同志张仙桥做过房地产研究会的副秘书长，最有经验。他还找到老朋友、中国房地产开发集团公司总经理孟晓苏来座谈。孟晓苏的谈话对他们的研究很有启发性。此外，他兵分几路，下到市县调研，汇总讨论，理出思路。最后，陆学艺综合所里几位研究人员的初稿和调研资料，闭门谢客，亲自操刀，写出长达4万多字的文稿《深化住房制度改革的目标和必要条件——建立城镇住房新体制的基本思路和对策研究》；经全体成员参与研讨、修改，最后形成2万多字的正式报告和1万字的摘要。摘要被编发在1996年7月24日、25日两期院《要报》上。文章提到，住房既是一种商品，也是一种生活福利，需要按照市场经济规律进行住房制度改革；城镇居民如果有了自己的房地产，生活、心态就会稳定，社会也就稳定了。因此，房产改革势在必行。

朱镕基看到《要报》上的文章，觉得很好，批示给李铁映。李铁映回复说，这事情是他让陆学艺挑头干的，其建议还正在研究，社会学所需要建立住房研究室，培育专业人才深入研究。朱镕基转而批示给国家计委主任陈锦华。实际上，从这时开始，全国房地产改革轰轰烈烈搞起来了，课题组的很多观点和思路目前都在执行中，但现在也存在走样的问题。

陆学艺调入社会学所一干就是 26 年多，直到生命终点。这里是他感受颇为深刻的地方，酸甜苦辣、喜怒哀乐在这里尽情展现。

中国社会学学会是凝聚人气、培育人才、推进学科建设的大阵地。自 1982 年在武汉召开第二届中国社会学会理事会之后不久，费孝通先生主要工作转到民盟中央（任主席）和政协（任副主席），卸任了社科院社会学所所长职务，但中国社会学会秘书处一直设在社会学所。该所所长召集全国会议，也只能用全国社会学所所长联席会议的名义组织，并邀请教育系统的同仁参加，工作上有诸多不便。几经协商，1988 年 8 月，决定以中国社会学会和社科院社会学所的名义，在黑龙江伊春召开一次学术会议。当时参会 150 多人，除了就社会主义初级阶段与社会学的任务这个主题进行研讨交流外，还讨论了恢复和增加社会学学会的学术性活动，如筹备召开中国社会学会第三届理事会等问题。会议期间还将黑龙江肇东县列为社科院社会学所在东北的调查联络点。

1990 年 5 月，第三届理事会在中国青年政治学院万年青宾馆召开（原定 1989 年召开，因政治风波推迟）。全国有近百名理事和社会学者参加，通过了新的学会章程，选举了新的理事会，北大袁方教授当选会长，陆学艺等人当选副会长，陆学艺还兼任秘书长。推选费孝通、雷洁琼为名誉会长。1996—2005 年，陆学艺连续当选为中国社会学会会长；2005 年以后，他主动退下来，任学会荣誉会长。

从 1982 年第二届理事会到 1990 年这次会议，前后 8 年间，社会学涌现了一批中青年新秀，大部分被选为理事和常务理事，从此社会学会的学术活动在各地又重新开展起来。目前，中国社会学会每年在不同省份（省会城市为主）轮流召开，参加年会的研究人员已经超出 1000 人，社会学后起之秀日益活跃和崛起；而且，学会已经下设了 30 多个专业委员会、60 多个论坛。

2008 年，作为社会学会荣誉会长，陆学艺因应构建社会主义和谐社会的需要，联合国内知名学者给中央领导写信，建议加大对社会学建设发展的扶持力度，受到中央领导的高度重视，胡锦涛批示："专家们来信提出的问题，须深入研究。要从人才培养入手，逐步扩大社会学研究队伍，推动社会学发展，为构建社会主义和谐社会服务。"这是党和国家最高领导人首次专门对社会学学科的发展给予指示。后来，在社科院首先成立了社会发展研究所，全国社会学和社会工作专业的硕士点、博士点也有所发展。

在学会这 20 多年里，陆学艺见证了中国社会学恢复重建后的发展和壮大，感受到中国社会学在社会转型时期的活跃和沉甸甸的成就。

五　主持百县市调查和百村调查

1988 年 3 月，社科院科研局长王焕宇找到陆学艺，向他传达了中央宣传领导小组关于当年的宣传工作要点。其中有一条是为了拓展、提高对社会主义初级阶段理论的认识，要求开展国情调查，指定由中国社会科学院、中央党校、上海社会科学院组织。为此，陆学艺说出两种方案。王焕宇倾向于第二个方案，即组织科研人员对全国上百个各种类型的县和市，把农村和城市的情况基本弄清了，再在这个基础上综合研究，写出中国国情的研究报告。

不久，副院长丁伟志同意这个方案，并从当时社科院代管的全国社科基金中拨款100万元，同时物色了第一批调查点：山东陵县、福建晋江、河北定县、河南西平。

4月中旬，全国社科院院长联席会议在京召开。会议期间，陆学艺、王焕宇被指定到会发言，讲解组织开展全国国情调查的意义、方法和试验方案，并在会上发出了开展全国国情调查的倡议书。会议反应很好。大多数省级社科院负责人回去不久，即交来了要求开展调查的申请书。经商酌，第一批调查点决定扩展到21个县市，每个主要农业省份安排1个（除了山东是两个）。

1988年8月，第一次国情调查工作会议在郑州召开。会议交流了多个点调查研究的经历、经验和内容。陆学艺在会议总结中就怎么选点、怎么调查、调查什么等问题作了原则性的规定。会议还接受代表建议，每个县市做数百或上千份问卷调查，也初步讨论了部署第二批试点的工作。陆学艺提出最终要做100个左右的县市调查，每个省市区选各类型3—5个县市做样本。据此，可以做出省情、国情的分析研究。

从1988年2月社科院开始酝酿组织这项大型国情调查时起，直到1998年10月出版第100卷百县市经济社会调查报告，历时10年零8个月。这是中国自1949年以来进行的少数几次大规模经济社会调查之一。至今先后共出版了105卷，总数4000多万字。后经评议协商，决定送交100卷作为全国社科基金会的最终成果。这100卷国情丛书，在20世纪80—90年代真实记录了分布全国31个省市自治区的各种类型、各种发展水平的100个县（市）的实际状况和发展轨迹，资料来之不易，十分珍贵，历史愈悠久，其价值愈可贵。这套丛书出版后，受到国内外学术界的欢迎，被认为是社会科学界的一项很重要的学术资料基本建设，具有十分重要的学术价值。中国社会科学院在建院20周年评选优秀成果时，给"中国国情丛书——百县市经济社会调查"颁发了特别荣誉奖。同时，也实现了当时预定的目标，即希望通过100个县市经济社会政治文化等方面的调查，对1949年以后特别是改革开放以来所取得的成就以及现代化建设中面临的各种矛盾问题进行全面系统的调查研究，从多种角度、各个层面提供第一手的真实准确的资料和数据，以便进一步摸准摸清我国的基本国情，拓宽加深对社会主义初级阶段理论的认识。

在此期间，1996年，课题组内外的一部分专家提出，百县市经济社会调查总体上属于中观层次的调查，而对农村基层情况的调查还是比较少，建议在百县市调查的基础上，再做100个村的调查，从微观层次上对这些村乃至村里的每个农户改革开放以来的变化状况加以调查，全面系统地描述和分析，形成村户调查著作，会更有意义。对此，总编委会几位同志经反复研究决定开展了两项工作：一是陆学艺及其社会学所组成课题组到河北三河市行仁庄进行试点调查，形成村的调查提纲、调查问卷和写作方案，为后来开展此项调查做了准备；二是向国家社科基金会申请立项。1998年10月，国家社科基金会特别批准了"百村经济社会调查"课题，将其补列为国家社科基金"九五"重点项目，并专门下批文确认。

"不了解中国农村，就不了解中国社会"。百村经济社会调查既展示了中国农村发展的一般规律，也展示了各个村特有的发展轨迹。同百县调查一样，百村调查同样是一项集体创作、集体成果。参加这项大型国情社会调查的，有国家和各省、市、自治区的社会科学院、大学、党校以及党政研究机构的社会科学工作者，同被调查地区的党政领导干部相结合，并得到他们的支持和帮助。

六　组建社会结构研究课题组，发布重大成果

1994年7月，陆学艺应日本青山学院邀请，赴日参加该院120周年校庆，同时举办主题为"二十一世纪的中国"的学术会议。团长是国家副主席荣毅仁，代表成员有刘国光、江平、吴敬琏、黄朝翰等。陆学艺讲演的题目是"中国社会结构变迁"，这是青山学院教授石川子出的题目。此文后来发表于《社会学研究》；并应云南人民出版社约稿，陆学艺组织王春光等编书出版。

1998年8月，中央政治局委员、社科院院长李铁映约陆学艺谈话，要求他成立一个课题组，深入研究当代中国社会结构，看看社会的变化。随后，陆学艺他们设计了方案，决定先从调研当前的阶级阶层现状做起。1998年11月，"当代中国社会结构变迁研究"课题组正式成立。

课题组首先用了3年多的时间，先后对全国10个县、市和2个国有大型企业、1个大学进行了深入的调查，取得了1.1万份问卷和近千份的各阶层人员的访谈资料。在此基础上，课题组进行了深入分析、研讨，于2002年1月正式出版了《当代中国社会阶层研究报告》。该书是在当代中国正处于由农业、农村社会向工业化、城市化、现代化社会转型期，由计划经济体制向社会主义市场经济体制转轨期的大背景下，通过对当代中国社会阶层结构的变迁，分析中国社会结构的深刻变化。研究的结论认为，改革开放以来，中国社会已分化为十大社会阶层；现代化社会阶层的基本构成成分都已具备，现代化社会流动机制正在形成；现阶段的中国社会阶层结构是在经济结构调整和发展中形成的，但还是很不合理的阶层结构，还不能完全适应社会主义现代化建设

发展的需要，必须采取相应的社会体制机制调整，优化社会阶层结构，使之与经济结构相匹配，适应国家现代化建设需要。这本书一出世，就在社会上引起了广泛而深刻的影响。2001年12月刚出版的5000册被一抢而光，2002年初连续加印30000册、25000册，车站、报刊亭等都有出售，还有盗印此书出售的。它不仅成为学术研究的理论工具，而且对于当政者研判社会形势和分析社会结构具有重要参考价值。

然而，课题组并没有仅仅停留于此，而是更加坚定地对中国社会结构进行了深入研究，于2004年出版了课题组第二份研究报告《当代中国社会流动》。该书是《当代中国社会阶层研究报告》的续篇，以阶层报告为理论根据，深入分析了当代中国十大社会阶层怎样从"两个阶级，一个阶层"结构分化演变而形成的，社会流动机制发生了哪些变化，这十大社会阶层今后各自将怎样继续演化，现有的社会流动机制哪些是合理的、哪些是不合理的、需要怎样的改革和调整，等等。此书当时主要是在石景山区的万商大厦、四川驻京办研讨完成的（尤其是2003年"非典"流行病肆虐期间），因而"万商会议""川办会议"又成为课题组的一段佳话。

在第二份研究报告出版后，课题组认为应该着重分析当代中国社会结构的基本类型及其变迁，并从社会结构理论的角度回答这些基本问题。因而，2004年秋季课题组又开始马不停蹄地下基层调研，先后在四川成都市和大邑县、广东深圳市、北京怀柔区、福建晋江市、浙江宁波市、江苏太仓市等地，对农村和城市的不同阶层群体进行深入调查和访谈，研究了大量的文献资料，召开了多次研讨会，历时6年时间，于2010年1月推出了课题组第三份研究报告《当代中国社会结构》，勾画出了当代中国十大社会结构及其变迁的基本面貌。通过这份研究报告,陆学艺他们认为,中国已进入以社会建设为重点的新阶段,社会结构已经发生深刻的变化,但仍处于工业社会的初期阶段,而经济结构已经是工业社会的中期阶段;据他们测算,中国现在的社会结构大约滞后于经济结构15年,滞后的主要原因是没有适时地抓好社会建设和社会体制改革,而优化社会结构的关键在于社会体制改革,将城市化作为突破口。这本书指出,进入21世纪以来,中国在经济建设取得显著成绩的同时,社会问题和矛盾却日益凸显,而这些问题的根源是社会结构与经济结构不协调;同时,这份报告弥补了中国社会结构理论的空白,成为学界、政界分析社会问题的重要理论工具。这本书还先后获得国家新闻出版总署"三个一百"原创工程奖、教育部人文社科优秀成果二等奖、中国软科学奖(清华大学李强教授推荐)。与第一本书一样,此书也被海外缩减翻译发行。

2006年初,中央主要领导人在听取社会学家景天魁、李培林的讲课后指出,构建社会主义和谐社会,加强社会管理和建设,"社会学的春天来了";并明确提出将"社会建设"与经济建设、政治建设、文化建设并列为社会主义现代化总体格局的四位一体(2007年再次加入"生态文明建设"内容,使之成为五位一体)。

不久,陆学艺非常敏感地意识到,加强社会建设是中国现代化不可逾越的阶段,现在已经到了必须重视并以社会建设为重点的新转折时期,也是当前中国社会学研究的重要议题。为此,他在2007年写就的《关于社会建设的理论和实践》被《国家行政学院学报》2008年初发表。文章论述了中国社会建设研究的历史和当前中国社会建设实践必须把握的基本内容,具有很强的框架性和指导性,在社会学界引用率非常高。上述2010年初出版的第三份报告《当代中国社会结构》就明确提出"中国进入社会建设为重点的新阶段"。

因而，在完成第三份研究报告的基础上，课题组即着手研究当代中国社会建设。为回应当时政界力倡加强社会管理的理念，课题组首先向国家社科基金会成功申报"当代中国社会管理体制改革与创新研究"重大项目。通过3年多的研究，陆学艺等认为，目前中国现代化正处于第三次历史转折时期，社会与经济发展的不协调是当前中国的主要矛盾；加强社会建设是中国现代化不可逾越的必经阶段，中国已经进入以社会建设为重点的新阶段；社会建设实质就是社会现代化建设，核心是优化社会结构调整。这一点与目前国内民生事业派、社会重建派、社会组织派的社会建设主张有所不同。为此，报告提出当前和今后社会建设的三大阶段、九大任务和基本原则；同时，提出全社会要审时度势，转变观念，要像当初抓经济建设那样抓社会建设，加大投入，加强指导，注重试点。这份报告实际上勾画了中国社会现代化建设的宏伟蓝图。

2013年4月，社会科学文献出版社拿出《当代中国社会建设》样书，并被国家新闻出版广电总署推荐为宣传贯彻十八大精神的70种重点出版物之一。但天有不测风云，5月13日，陆学艺先生却因积劳成疾，心脏病突发而离世，留下非常巨大的遗憾。原定的新书发布会不得不取消；7月，该书正式出版发行；后来获得教育部人文社科优秀成果一等奖。此书主要是在北京永安宾馆研讨完成的，因而课题组称之为"永安会议"。

另外，陆学艺一直打算探索当代中国社会阶层关系。2007年有一项基金刚好需要这方面的研究成果，于是，他组织自己的博士生开展初步研究，2008年夏天拿出了《当代中国社会阶层关系研究报告》（未出版）。他一直打算静下来组织大家深入研究这个问题，但未能如愿。当然，当时经济社会发展的客观形势也还需要进一步深入观察，涉及的问题也比较敏感。目前，课题组的两代学术骨干开始沿着陆先生的思路展开这方面的深入探索。

总体看，课题组的第一份报告刻画了当代中国十大社会阶层结构的状况，第二份报告分析了十大阶层社会结构形成的机制，第三份报告形成了社会结构分析的理论工具和基本类型，第四份报告致力于在前三份报告基础上，给出当代中国社会建设的发展方向、基本任务和主要路径。四份报告一脉相承。

从"当代中国社会结构变迁研究"课题组成立到陆先生不幸去世，历时16个年头。课题组的第一代成员有的已经是博导了，有的在其他重要的部门担任了领导职务；第二代成员也在不断成长。同时，第一代课题组部分成员在课题讨论时参加会议，提建议、谈规划、出主意等，起到传帮带的作用。

与同行学者合影（2011年）

陆学艺开创的以社会结构研究为核心的结构学派，在中国社会学界成为杰出的一支。目前，课题组两代骨干成员正在沿着陆先生的学术路线，秉持陆先生的学术大旗，开始了新的探索。首先正在对上述四本巨著进行修改编撰，以期基于当前新的经济社会形势变化，做出新的符合实际的社会学回答，进一步浓郁中国社会学的春天。

七　建设北工大人文学院，创办首个社会学基金会

1998年，陆学艺从中国社科院社会学所长位置上退了下来。2000年11月，北京工业大学副书记冯培、人文社科学院（筹）副书记杨茹等到陆学艺家中，说左铁镛先生1996年到校担任校长以来，设想把北工大办成综合性大学，需要发展文科，目前这方面已有经管学院，现准备筹建人文社科学院，还要接着办外语学院，校方决定请陆学艺去筹建人文社科学院。陆学艺当即表示同意。

2001年3月，陆学艺即应聘为北京工业大学人文社科学院院长，其他学院领导也陆续聘任到位。陆学艺还利用全国人大会议召开之机，请团内宜兴工艺美术大师谭鑫培代表写了一个院名，即现在的院牌。

人文社科学院的前身是马列主义教研室。学院成立后的第一年业务主要还是教授"两课"。针对这种情况，院领导几经商酌，决定先筹建社会工作系、广告系（后来成立了社会学系），一面招兵买马，一面向上打报告，申请成立新的专业和系。

2004年1月，学院接到北京市城市规划办关于北京第四次城

市规划修编的任务。陆学艺将北工大的教师和自己的博士生同中国社会科学院社会学所的研究人员结合起来，一边共同修编城市发展规划研究工作，一边发挥传帮带的作用，为学院培养社会学专业人才。学院建院以来，陆学艺继续采取以往大团队协作的方式，于8月就完成了这个大课题。同年11月，陆学艺接受中科院牛文元的约请，参加路甬祥院士主编的中国可持续发展丛书工作，带着队伍研究其中的社会发展任务。至2006年，历时两年多时间，通过多次调查研究、学术研讨，最后定稿交给丛书编委会出版。至此，学院已经有力量研究大型重要课题了。

在这本书定稿会期间，陆学艺等人考虑到再过几年，就是建国60年，于是决定因应学校面向北京、服务北京的定位，确立开展"北京社会发展60年"的课题研究。2007年十七大召开，社会建设的实践和研究提上日程，后来这本书改名为《北京社会建设60年》，2008年9月，由中国科学出版社出版，170万字的大部头。这个课题的研究与当时陆学艺在社科院的《当代中国社会结构》一书的研究同时进行，两方面的人马和研究相得益彰。从2010年起，陆学艺带着北工大人文社科学院的教师又每年出版一本《北京社会建设分析报告》（又称社会建设蓝皮书），这与他在社科院20多年来倡导每年研撰一本社会蓝皮书是一脉相承的。

到陆学艺先生去世，学院从最初建院40余名教师和职工发展到近百人，设有社会学学科部（下设社会工作系、社会学系、心理学教研室等教学部门）、广告学系、中国语言文化系、法学学科部和艺术教研室等教学单位，设有北京社会建设研究院、社会学研究所、文化创意产业研究所、科学技术与社会研究所、文学研究所、人力资源研究中心、北京新农村建设研究中心、现代广告研究中心、首都协同创新研究中心等科研机构；课题也是从无到有，学院现在已经锻炼出了一个科研队伍，能够承担各领域的科研课题。

不仅如此，2010年以后，陆先生还带着社科院社会学所研究人员和北工大人文社科学院教师，同清华大学、北京大学、中国人民大学、国家行政学院、北京市社科院、社会科学文献出版社等单位一起，共同组织"社会建设月谈会"，探讨问题，交流思想，相互启发，培养人才，影响决策。

学院响应中央"211工程"号召，正当与社科院、国家行政学院、首都师范大学等单位共同组建完成和成功申报北京市市属的"211工程"大课题"首都社会建设与社会管理协同创新研究"的时候，陆先生却轰然倒下，给学院和中国社会学事业留下巨大遗憾和无尽悲哀。北工大为缅怀陆先生的巨大贡献，弘扬其学术思想、学术精神，特别设立了"陆学艺学术思想研究中心"，为后学者们提供交流平台。

陆学艺的学生和子女努力筹集了200万元资金，于2008年11月正式向北京市民政局申报（由北京市社科联作为主管单位）以陆学艺名字命名的基金会。几经周折，"北京市陆学艺社会学发展基金会"最终成立，并于2009年4月在北京国际饭店举行了基金会成立大会，会长由李培林担任。从此，中国社会学进入"有基金会的时代"（李培林语）。

"有志者，事竟成"，30多年来的实践证明，陆学艺在大学立志要研究农村问题、成为农业经济学家的想法，在不断实践中实现了。这正应了20世纪80年代香港传来的一句话：心想事成。虽然陆学艺当初不以为然。

基金会以培养社会学人才、奖掖社会学研究的名篇名作为主要任务，目前已经进行了四届社会学优秀成果评选活动（其中陆先生看到了前三届评选出来的成果），已经评选出 12 部学术著作、22 篇优秀论文。这些论著在中国社会学界明显具有某领域研究的先锋性作用。

在上海大学做主题为"统筹经济社会协调发展是构建和谐社会的当务之要"的讲座（2007 年 3 月 27 日）

八　身后评价：大德魂，英雄气

2013 年 5 月 13 日，正当陆学艺带着中国社会学界高举中国社会建设大旗的时候，突发心脏病夺走了他的生命，给后人留下无尽遗憾。5 月 19 日，在八宝山参加陆先生葬礼的社会各界人士 1000 余人。在他去世之前的 5 月 10 日，他还参加了公安部郭声琨部长主持的户籍制度改革研讨会。5 月 11 日，他还精神矍铄地参加了经济学界《吴敬琏文集》首发座谈会,会上还直言"中国社会科学太落后了";他去世前一天晚上,还在赶写次日应邀去江苏太仓的发言稿……

这一切,都来得太突然。当时,陆先生的弟子和同仁正准备给他操办 8 月份的 80 大寿暨学术研讨会。社会各界因为突然失去这么一位优秀的学者和长者而扼腕叹息。从他去世那天起,几天之内,国内外连续不断发来吊唁和诗文,好评如潮,哀思无尽。也有国家领导人为他送了花圈。

"三农"专家、中央农村工作领导小组副组长陈锡文称陆学艺是"学术拓荒者";中国社会科学院副院长李捷评价陆先生为"品格高洁,成就卓著";中国社会学会秘书长、社会科学文献出版社社长谢寿光评价认为,"陆学艺在社会结构和社会分层方面的学术贡献,不亚于老一辈学者费孝通";清华大学孙立平教授称:"老陆是我们这代社会学者的精神导师。他关切这个社会与民生,富有正义感,即使在面对某种压力的时候,他也勇于坚持。"国务院发展研究中心学者赵树凯评价陆先生是"济世情怀,学人风骨";中国社会科学院农村发展研究所学者于建嵘发微博称:"……无论是学术水平还是人品风范,都对他(陆学艺)非常敬佩。他是非常善良的人,对于三农问题,对于农村和农业有着一般学者无法企及的观察。"曾经上书总理的"农民代言人"李昌平称呼陆先生为"永远的导师";学者唐魁玉称陆先生是"人民社会学家";基层乡镇人大常委会主任贾建友称陆老师为"泰斗风范"……

(一)陆学艺学术思想简评:从"三农"研究到社会结构学派的崛起

陆学艺因出身农村,对农村问题一直情有独钟,虽然在北大和社科院攻读哲学学位，但他也是一面研究哲学问题（当时主要是师从容肇祖研究宋明理学），一面自始至终都以"三农"问题研究为己任。他虽然后来进入社会学所工作，但仍然离不开对"三农"问题的调研和思考，直到去世前夕，他还在审阅重庆出版社即将出版的他的《"三农"续论》文集的清样稿（之前分别于2003年、2005年出版过《"三农"论》《"三农"新论》）。

他对"三农"问题具有超乎寻常的洞察力，如前述1985年前后，当时粮棉生产在连续几年增产后开始大幅度减产，学界、政界很多人认为这是农业生产正在由"超常规增长转入常规增长"，不必过虑，但陆学艺却不以为然。他以坚实的实地调查研究为基础，力排众议，认为农业面临严峻的形势。文章发表后，引起邓小平等中央领导的高度关注。当然，在此之前之后，陆学艺有多篇"三农"研究论著引起学界、政界的高度关注，包括他主持完成的百县市调查和百村调查，均融入国家决策之中。

到1987年，他再一次转行到社会学所工作（第一次是1985年由哲学所调入农村发展所任副所长），先后担任副所长、所长兼党委书记。在这里，他一面带领大家壮大和发展社会学所，一面仍然醉心于"三农"问题研究。经济社会形势的发展是，农民工进城已日益成为农村剩余劳动力转移的主要渠道。为此，陆学艺深刻指出，"三农"问题的本质是城乡分割，要解决中国这类特有的问题，就必须"反弹琵琶"，破解"城乡分割，一国两策"的困局，根本上是要突破城乡二元结构的束缚，深化户籍制度等方面的社会体制改革，彻底解决农民工问题，促进城乡经济社会统筹发展。

这实际上已经将"三农"问题研究熔铸于社会学的核心命题即社会结构研究之中。不仅如此，陆学艺在来社会学所后即1989

年发表的第一篇社会学文章《重新认识农民问题——十年来中国农民的变化》,就已经拉开了中国特色的社会阶层结构研究的序幕。文章将农民划分为 8 个阶层,这实际上为他 1998 年正式退出社会学所所长职位,按照院领导的嘱托成立课题组专门研究当代中国社会结构变迁奠定了基础。

因此,学界一致认为,陆学艺是"三农"问题专家,更是以研究"三农"问题起家的著名社会学家。其后来主持完成和倡导的当代中国社会十大阶层的划分及其社会流动机制研究、当代中国十大社会结构分析、以结构优化调整推进中国三大阶段九大任务的社会建设大业的思想,以及社会建设滞后于经济建设大约 15 年的研判,逐渐成为中国社会学界最有成就的学派即社会结构学派。这些相当符合中国这样一个农业大国的社会学研究进路。

(二)陆学艺学术风格简评:吃透两头做学问与根植于中国土壤的"早鸣鸡"

1997 年 5 月 26 日,央视"东方之子"专栏记者请教陆学艺如何写出具有国家决策咨询价值的精品文章来,他回答说"吃透两头",此话在媒体上不胫而走。"吃透两头",就是吃透上头的精神、吃透下头的实情。同时,要出精品。的确,陆学艺自己是这样践行的,他对自己的弟子们、其他年轻学者们也都是这样劝诫和勉励的。

每次地方政府或科研院所邀请他去演讲或讲座,陆先生唯一的要求就是"先让我下去看看再讲"、"先让我到你们基层或农村去做点调查,否则我心里没底,讲的就不是那么回事了"。这就是社科院社会学所张宛丽称其为"一竿子插到底"的调查风格。每到一个地方,陆先生总是想方设法去农村走一走,去城市居民家中问一问。全国2000多个县，他去了2/3。即便去日本或法国讲学交流，去美国女儿家度假，都不放过机会去那里的农村看一看、问一问，力图与中国农村做一些对比。

他常说，写文章要用中国话写，不要洋话连篇。他尤其批判目前《社会学研究》杂志上的"洋八股"文章，认为搞一连串参考文献、一大堆数据，文章晦涩难懂，结果没几篇有思想的。的确，读陆老师的文章，常常没什么压力，通俗易懂，三言两语就把道理说得非常清楚明了，真正以理服人。这源于他对中国社会尤其基层实情的深度观察和深刻洞见，能够发现其中带有规律性的东西，而不需要西方概念的包装和矫饰。

中国社会科学院学部委员景天魁在纪念文章中说，吴文藻和费孝通早年有一个精辟的论断：中国社会学一定是"植根于中国土壤之中"的社会学，即社会学的中国化；陆学艺典范地实践了这条学术路线，而且使之臻于完美。陆学艺的学问散发着中国泥土的芳香，亦即最具有中国风格、中国气派的真学问。吴文藻、费孝通都是喝过洋墨水的中国社会学家，陆学艺没有出国留过学，但他们都终其一生、矢志不渝地坚持学术研究的"中国情怀"。这恰恰与今天很多漂洋过海或国内"土产"博士写文章"言必称英美"的所谓"规范化"决裂。

此外，陆先生常说，"好记性不如烂笔头"，有时候他对自己那些不爱记笔记的学生严加呵斥。每次开会讨论，他都主张大家畅所欲言，自己先记笔记，尔后发言。他说，随手记笔记，也是对他人的尊重。从进入北大开始算起，陆学艺在社会科学系统的56年里，先后记录笔记本近1000本。这真是一笔宝贵的财富！

在课题研究中，陆先生反复强调一个道理：做社会科学尤其是社会学研究的，一定要在调查研究的基础上，对那些社会发展中的重大问题有理有据地给决策层"提个醒"，要做早晨三四点钟就打鸣的鸡，别怕，要"叫醒"他们，告诉他们哪里要出问题了，要遵循哪些规律，采取哪些措施和政策去预防和治理。

不仅如此，陆先生在课题组里还经常谈到，做研究就要抓住当代中国社会变迁中的重大问题，立足本土，借鉴海外，但不能一味地跟在洋人屁股后面做文章，搞一些鸡零狗碎、拾人牙慧的东西。他一直说，中国这场社会变迁中的很多重大问题，是西方社会没有出现过的，这也是做出"大学问"、解决"大问题"的时代。他常对社会学所的同仁说：中国社会科学院出来的人、出来的东西，是要人家跟着你走，而不是跟在人家屁股后面转，那不叫研究，没啥大出息。

（三）陆学艺学者风范简评："老陆"平易近人的大风范，敢于担当的大德魂

除了自己的学生叫"陆老师"，在社科院社会学所，不分老少，不分先进后来，包括所外的老熟人、老同行，他都喜欢别人叫他"老陆"。有时候别人尊称他"陆老""陆教授"，他很不习惯，要求大家改称"老陆"。

"老陆"这个称呼非常具有亲和力，凝聚了一批干活想事的学者、官员等，以至于在他去世后几天里，成千上万的吊唁、哀悼诗文接踵而至，深受其人格和学问感召的各界人士从五湖四海赶来北京参加他那天的追悼会。

那时，每到一个地方去调研，一开始，地方官员或农民、工人未必搭理他，但陆先生却有一股子劲让人家"先冷后热"，而且反过来迁就他，给他说一些知心话。陆老师常说，这就是做人

做学问的艺术：你要到人家那里去调查情况、了解问题，就要先与人家交朋友，不是当爷，喝酒、抽烟、品茶、吃肉，请客吃饭，你都得会、都得参与，而且要记住人家的姓名和称呼，留下联系方式，友谊关系要细水长流，不能搞"一锤子买卖"，否则人家不会给你说实话、透实情的。的确，他 50 多年的社会科学研究经历，交了各类朋友，包括各级领导干部、各类学者、企业家、小摊主、工人和农民等。除了思考问题或偶尔为公事发发脾气，他大多时候都是慈祥微笑、平易近人的。

陆先生像父亲一样对待自己的学生，从学业、事业到家庭，能照顾尽量照顾。每年元旦，他都要把未婚的、家不在京的学生叫到他家里，自己下厨做淮扬菜，聚餐聊天，让他们在节日里有家的感觉。当然，他对待学生，也有严格的一面。他多次说过，"我的学生从来不直接留在社会学所工作"，"自己的人就要回避，就要吃点亏"，他希望自己的学生靠真本事吃饭、做人、治学。

不论在社会学所还是中国社会学会里，他也总是尽量平衡关系，息事宁人。他与社会学家、人民大学一级教授郑杭生共同主事学会的时候，就共同提出：社会学界要团结奋斗，"可以有学派，但不可搞宗派"。而且，对于社会学学科的全国布局、国家社科基金项目申报立项，他总是建议有关部门要尽量照顾西部地区、老少边穷地区。

陆先生在大是大非面前，相当坚持，毫不含糊。正如他的好友、经济学家吴敬琏等所言，陆学艺是一个富有学术勇气和社会担当的学者。比如，1979 年 6 月，他经过多方基层调研写出的《包产到户问题应当重新研究》报告，顶住当时"两个凡是"的强大政治压力，旗帜鲜明地指出：包产到户促进了生产的发展，受到绝大多数社员的欢迎，我们有什么理由说它是退步的呢？他的报告虽然被技术性地刊登在社科院《未定稿》增刊上，但文章消息还是不胫而走，得到越来越多的拥护，为当时全国的政策突破做了思想准备。又如，前述1985年前后，陆学艺经过深入调查写出《农业面临比较严峻的形势》一文，针对当时粮棉生产正在"由超常规增长转入常规增长"的论调，指出如果不推进"农村第二步改革"，农业可能进入新的徘徊时期。此观点一时被高端"三农"专家批为散布"农业悲观论"。但陆学艺坚持真理，坚持从底层实际出发看问题，深得邓小平的关注。再如，他带着课题组完成的《当代中国社会阶层研究报告》2001年底出版后，引发社会一阵骚动，有几位中央领导点名批评社科院"煽风点火"。一时陆学艺和社科院领导面临又一次巨大的政治风险，该书刚一出版即被查禁。但陆学艺坚持实事求是，认为产业工人阶级地位下降是不争的事实；而且他要求课题组成员不要担心，自己是课题组组长，有事情自己担着，这是为国家做事、为百姓说话。所以，他对这件事很坦荡。不久，这本书因为影响巨大，读者需求趋旺，不但不能禁，反而加印了几万本。

陆学艺就是这样一位有着慈祥心肠，有着大格局大胸怀、大担当大德魂的社会学家。

2012年，首届"费孝通社会学学术成就奖"给他的颁奖词恰是最好的写照：陆学艺教授长期从事农村问题的调查和研究，是我国著名的"三农"问题专家。他在改革开放初期对家庭承包制实践的研究，在20世纪80年代中期对农村形势的判断，显示了他的学术勇气和社会担当，对社会实践产生了重大影响。他始终坚持社会调查，先后组织了"中国百县市经济社会调查"和"中国百村调查"等大型调查活动，开创并长期组织社会形势年度报告的研究与编写。他对中国社会结构和社会流动的研究、对社会建设和社会改革的研究，在学术界和社会上引起广泛的反响。陆学艺教授的研究和学术活动，对于推动中国社会学的发展、扩大社会学在中国的影响做出了重要贡献。

(2016年春陆学艺社会学发展基金会供稿)

郝时远
Hao Shiyuan

郝时远，男，蒙古族，1952年8月生于内蒙古呼和浩特。中共党员，第十一、十二届政协委员。现为中国社会科学院学部委员、研究员。从事马克思主义民族理论、中国特色民族理论与民族政策、国内外民族问题、民族历史研究。

学历：1973—1976年，北京钢铁学院机械系冶金机械专业；1978—1981年，内蒙古大学蒙古史研究所，史学硕士。

工作经历：1970—1973年，插队落户知识青年；1976—1978年，内蒙古呼和浩特市第二机床厂技术员；1982—今，供职中国社会科学院，曾先后担任中国社会科学院民族研究所（后改为民族学与人类学研究所）副所长、代所长、所长，中国社会科学院办公厅主任、副秘书长、院长助理，中国社会科学院学部主席团秘书长、社会政法学部主任。

学术荣誉与兼职：2012年当选蒙古科学院外籍院士；曾任中国民族学会会长（2002—2015）、中国民族史学会会长（2005—2013），现任中国人类学学会会长、中国世界民族学会会长等。

自 1986 年起担任国家哲学社会科学基金民族学科评议组成员、副组长、召集人；国务院学位委员会第六、七届学科评议组民族学学科召集人。

　　学术专著：《中国的民族与民族问题》《帝国霸权与巴尔干"火药桶"》《中国共产党怎样解决民族问题》《类族辨物》《中国特色解决民族问题之路》。

从历史到现实、从国内到国外
——走上民族学的治学之路

一 从事学术研究的背景

步入文科领域的修习，是 1978 年的研究生考试。当时，我在内蒙古呼和浩特第二机床厂质量检验科担任技术员，支撑这项工作的学历背景是北京钢铁学院机械系冶金机械专业。作为"老三届"的初一学生，完整的教育过程事实上是小学六年，初中一年级的课程尚未读完就进入了"史无前例"的"十年浩劫"。不过，在那个疯狂的年代，阅读却始终在继续。从看"大字报"、派别"小报"到飞去飘来的"传单"、"号外"，到如饥似渴地阅读难以尽数的中外文学名著，直到插队落户开始阅读父辈收藏的那套《干部必读》，汲取了马克思主义哲学、政治经济学、科学社会主义、辩证法等基本知识。

从一个初中生到插队知青，再到北京钢铁学院的工农兵学员，身份的两度转换始终伴随着"出大力、流大汗"的经历。农村的劳作自不待言，而且还被老乡评价为像个"庄户人"。[①] 即

---

① 北方农村流行一句话：一年学成个买卖人，三年学不下个庄户人。

便在被誉为"钢铁摇篮"的北京钢铁学院学习期间，也差不多有近一半时间是在火热的钢铁厂生产线上"开门办学"。站在首钢、上钢、太钢的轧钢机前，千度高温、火红透亮的钢锭高速吞吐于轧机之中，炙热的空气使耐高温、阻燃的工作服始终处于汗水浸透和炽热烘烤的交替之间，那的确是火热的"干活儿"。看着钢锭在滚道上穿梭，经过反复轧制成就钢板、轨梁、螺纹、线材等各类钢材，一种成就感油然而生。

1976年唐山大地震后，我作为班党支部书记带领全班同学在唐山钢铁厂完成了"抗震救灾、恢复生产"的"毕业设计"。那是一次特殊的经历，清理废墟、拆除危房、排除险情、疏通重油管道，每天都与气味、尘土、砖瓦、油污打交道，入夜睡在帐篷的大通铺上还不时为余震晃醒。毕业前的最后一个学期，同学们本应分赴各个中小钢铁厂开展毕业设计，对某一段生产线的机械系统进行革新改造，但是我们班所经历的"毕业设计"，却不是图板、丁字尺、计算尺、国标手册和图纸，而是每天与钢钎撬棍、大锤铁锹为伍。或许，这段经历在每个同学的心里留下的感受不尽相同，甚至心存未能将所学知识结合实际绘制一套完整的图纸而遗憾。但是，急国家、人民所急的救灾行动，也的确体现了这些来自农村、工厂、部队等行业的工农兵学员的精神境界，任何时候想起那段经历都感到难能可贵。毕业后，我分配到工厂，主要工作是检验各种机械加工产品的质量，通过游标卡尺、内外径千分尺、各种量具，检测零部件的加工精度、光洁度等。也时不时地去向师傅们学学车钳铆电焊的技能。这些"干活儿"的经历，似乎确定了自己与"火热劳动"为伍的终身职业。

事实上，1973年当我接到北京钢铁学院的录取通知时，南开大学历史系的招生老师曾专门找到我，希望我放弃北京钢铁学院去南开大学学习。当时，他说你的志愿中报了南开大学历史系，表明了你的专业志趣，这种自主的选择对一个人未来的发展非常重要。但是，有机会到首都北京读书的兴奋心情，已经拿到手的录取通知书，战胜了自己对文科并不那么自觉的偏好。直到1978年恢复研究生招考，才再度激发了自己对文科、尤其是历史的兴趣。在北京南池子翁独健先生的家中，叼着烟斗的翁先生听完我的经历和学历介绍后说：你的跨度太大了，从工科钢铁转到文科历史。不过，也许这会成为一种优势，但是要付出很大的努力。或许，在准备考试时面对从匈奴到蒙古1500年的纷繁历史，我从指定的书目中择出年代、主要人物、重大事件制作了一幅列表，属于工科方法论的优势。巧合的是，答卷中一道50分的论述题"试述公元前3世纪至13世纪北方草原游牧民族兴衰"，让人颇有正中下怀的底气。

　　研究生期间的学习，几乎与学习工科一样首先是补基础（从有理数到微积分）。就当时的文科修养而言，专业知识几乎是一张白纸，所以翦伯赞的《中国通史》成为入门的教材也不奇怪。攻读硕士学位的几年，受益于翁独健、亦邻真（林沉）、周清澍先生的指导，逐步进入到民族史、蒙元史的专业领域，完成了20万字的毕业论文《元代监察机构及其职能作用》。答辩时，翁独健先生委托刘荣俊教授主持，贾敬彦、陈高华、周清澍、潘时宪教授为答辩委员。我记得陈高华先生在评议论文时说，这篇论文几乎搜集了元代文献中所有的相关内容，包括存于北大图书馆善本库的赵天麟《太平金镜策》，史料的功底颇为过硬。其实，当时如果没有陆俊岭先生编撰的《元人文集篇目分类索引》这部工具书，就难以按图索骥地去收集资料。前辈学人为学术事业成就的积累，是后生晚辈登堂入室的阶梯，对此后辈学人要始终如一地尊重和感恩前辈师长。

回想起准备毕业论文的资料蒐集过程，那的确需要一种废寝忘食的"干活儿"精神。每天早早赶到国子监的北京图书馆古籍部，一开门即递上头天晚上标好的书目以便尽早得到第一批古籍（限四部），到11点前还书并提第二批书以便图书馆午休时能够继续"干活儿"，下午3点左右再换第三批书，每天总要翻阅十多部几十函的古籍，不喝水、不吃饭，如饥似渴地翻阅史料、摘录卡片。在随后的写作中也是日以继夜地"爬格子"，切实体会了并不火热但充满激情的"干活儿"过程。亦邻真先生授课时经常强调：治史最重要的是出处，写文章的叙述论说都要有史料的支持，这就如同过河每一步要有垫脚石。这对我当时和后来的学术研究实践影响至深。

我的毕业论文曾抽取了几段发表在《元史论丛》等刊物上，但一直没有时间整理成书。洋洋20万言的硕士论文后来已属鲜见，当下的硕博论文不过几万、十几万言。学界朋友也曾多次问及为什么不整理出版，问题不在于是否有价值整理刊布，就元代监察制度而言该篇论文已属系统完整之作，当然精雕细刻的空间仍大。问题在于毕业后的我的研究方向和工作责任再度发生变化，无暇集中精力去整理。尽管如此，在电脑录入业兴盛后，我已将毕业论文的蜡纸打字印刷本转为了电子版，而且始终没有中断对学界同类研究成果的关注和收存。我相信，很快会有时间和精力"老调重弹"。

二 从历史转向现实

研究生毕业后，我进入了中国社会科学院民族研究所，在历史室从事科研工作。当时正值民族史学界热议中国古代民族关系，研究室确定我关注这个研究方向。很快，研究所成立了民族关系研究室，由各室抽调人员组建，我被调到从事现代民族关系研究的这个研究室工作。所以，除了继续参加历史学方面的一些学术活动外，主要精力开始转向当代民族理论、民族问题、民族关系的研究方向。当翁独健先生主持《中国民族关系史纲要》这一国家规划项目时，先生专门找我谈话，为我在由历史转向现代的过程中安排了一个"过渡"课题，即承担该书的第五篇"近代民族关系和中华人民共和国的建立"。这是我入所后参加的第一个集体项目，且是一个全新的领域，距离当时我兴趣盎然的元朝历史差了五六百年。虽然这不是工科到文科的跨越，但从专业知识而言又是一张白纸，仅有的信心是研究生期间治学之道的思想方法训练。

翁先生主编的这部著作，先后获得国家图书奖提名和中国社会科学院优秀科研成果奖、国家社会科学基金项目优秀成果奖，的确是具有划时代意义的一部重头成果。翁先生立足于统一的多民族国家历史过程，对中国民族关系史的发展脉络做出秦汉、隋唐、元、清大统一的阶段划分，对中国民族关系主流的判断，对民族关系史讨论和研究中的突出问题给予的论证，开启了我国民族关系史研究的新境界。当然，就近代篇章而言，我只能庆幸未拖累全书的水准。较之近代史"研究热"兴起后、乃至当下对中国近代民族过程的多角度研究，在史料、观念、视角、方法等方面可谓差距明显。包括自己后来的著述中涉及晚清以降的相关内容，也已经超越了20世纪80年代的视野和水准。所谓进步的意义也在于此，当然这并不影响对早期稚嫩笔触的自我珍重。记得翁先生去世后，学生们都写了追忆文章，师兄张承志对我写的那

· 487 ·

篇评价毫不客气地说：差的里面最好的。很中肯。

事实上，近代民族关系史也未成为自己的研究方向。1985年我被任命为研究所的副所长，分管民族理论、民族关系、世界民族三个研究室和《民族译丛》编辑部。业务领域属于当代范围，同时参与全所性的管理工作。自此以后，历时30年，直到2016年我才脱离了业内所说的"双肩挑"角色。过早地担任所级领导和从事科研管理，或许有利于积累较多的工作经验，但是也错失了诸多业务上再深造的机会。八九十年代，同届留所的研究生大都出国深造去了。对我来说，适应分管的业务工作必须从头学起，学习新的专业知识、学习管理工作规范，我的学术研究方向也由此转向了马克思主义民族理论、中国共产党的民族理论与实践、国内外民族问题与民族政策。1985年底发表的《我国的教育实现程度与少数民族地区教育需求程度的特殊性》一文，与次年发表的《我国的经济活动人口与少数民族人口的职业构成》一文，成为我学术研究转向的代表作。关注和研究现实问题，系统学习党和国家民族工作事务的文献、大量地阅读同行前辈的研究成果，参与相关的科研规划和学术活动，堪称专业知识的"原始积累"。

1993年出版的第一本专著，题为《中国的民族与民族问题——论中国共产党解决民族问题的理论与实践》，这是自己学术研究转向基本成功的一个标志。虽然1988年我调任中国社会科学院办公厅主任一职后，几乎又脱离了民族问题研究，基本上属于从事行政管理。不过，由于那个岗位涉及的文件内容、学术信息、科研局面更加宽泛，对学术政策、学术规划的认知和多学科知识的积累大有裨益，视野也随之开阔。因此，1991年重返研究所后，似乎没有感觉到业务上的生疏或断档，这也是有能力完成这部《科学社会主义研究丛书》之一的重要原因。从事民族问题研究，既需要理论指导和政策规范，又需要深入实际的调查研究。就民族学、人类学等学科来说，田野调查是其安身立命的基本方法。

1993年研究所启动了中国少数民族现状与发展调查，这是继20世纪五六十年代国家组织少数民族社会历史、语言文字大调查之后，展开的新一轮以县域为单元的实证调查。我选择的调查点为内蒙古呼伦贝尔盟新巴尔虎右旗，这是一个典型的边境牧业旗。在为期40多天的调查中，课题组一行四人对全旗最有代表性的7个苏木（乡）、1个镇进行了深入调查。牧区不似农村，在全旗2.5万平方公里的地域内，人口仅3.2万余人，且一半居住在旗镇。各个嘎查（行政村）、牧户相距几十公里、甚至上百公里，走访实为不易，好在是一派草原风光。该旗除畜牧业外，还有工矿业、边境口岸，以及关涉生态环境的达赉湖自然保护区。在完成调查报告的研究过程中，1995年我们进行了补充调查，对"现状与发展"进行了动态的追踪。在调查报告成书付梓时，我在前言中写道："发展必然引起现状的变化，但是变化并不意味着都是发展。……如果自我发展能力不足或者发展举措失当，制约发展的因素不仅会维持现状而且也会恶化现状。"这不仅是指该旗的工矿企业效益两年内骤降80%，而且包括了达赉湖自然保护区疏于管理、湿地萎缩、鸟类资源减少的环境问题。1995年我获得中国社会科学院《信息专报》"好信息"奖的篇目，即是《达赉湖国家自然保护区亟需加强管理》。虽然写《要报》始于1987年，但是自这篇"好信息"之后，《要报》、《信息专报》获特、一、二、三等奖的证书，也达到40本。当然，提交的这类成果要多于此。

应用对策研究，属于智库产品之列，是科学研究的重要成果形式之一。在办公厅工作期间，审核《要报》稿件是份内工作之一。虽然当时稿件中经济、社会、国际类居多，间或有人文学科的一些反应，但是可以看出那些"要报"的确出自严谨的研究，从短短三五千字中不难看出支撑其提出问题、辨析原因、对策建议的专注研究和知识积累，那绝非一时感悟的灵机一动。这类科研产品是中国社会科学院的一份重要智力资源，虽然大都时过境迁且未能公开刊布，而且其内容大多不为学界和同仁所知，但是其中的思想含量、学术功底、学者责任及其为党和国家以及相关部门曾经产生的影响，都代表了不同时期本院学者们为党和国家科学民主决策提供的智力支持。试想，如果自己将因批示或采用而获奖的这 40 篇研究报告整理成册，增补简要的背景说明和必要的注释，恐怕也会是 20 万言的一部学术著述。在中国社会科学院，至少有数以百计的学者具有这种实力。今天，在全面推进中国特色智库建设的进程中，以课题、经费、组织、计分、奖励等激励方式广泛动员，但是这类非公开刊布的智库产品是否属于学术成果的问题，尚未在普遍观念和学术评价中达成共识。其实，产生《要报》类成果的过程，虽然与课题研究、调研过程有关，但更多的是对自己关注的领域持续观察产生的及时感悟和判断。关键是要有"智库意识"，其中包括对党和国家大政方针、相关政策的准确理解，对国内外相关时政和政策实践问题的敏感，对事态发展的趋向与得失的判断，以及履行学者责任的自觉，等等。其要在于回答"是什么、为什么、怎么办"的问题，这在应用性研究中亦属通则。

1993 年结束新巴尔虎右旗的调查之后，我们课题组在海拉尔市与地方对接、稍事休整期间，了解到呼伦贝尔盟大兴安岭林区中敖鲁古雅鄂温克民族乡的一些情况，这是中国唯一的"驯鹿之乡"。1994年，我申请了院长基金项目，课题组一行三人展开了"驯鹿之乡"的回访式调查。所谓"回访"是基于1960年研究所前辈学人对这一追随驯鹿、游猎山林的鄂温克族群体进行的定居调查，所以这是34年后的回访。我们从中俄界河额尔古纳河畔的第一个定居点奇乾起步，转辗到满归的敖鲁古雅乡，深入到鄂温克族猎民分散在山林中的四个驯鹿业营地，进行了较全面的调查。篝火熄灭后的营地，驯鹿已经远去觅食，林中一片静谧。清晨，重新点燃的篝火使鹿奶茶的清香弥漫于营地，几个小伙子挎着猎枪出去追寻贪吃的驯鹿，我们则在思考什么是"定居"。

如果说1960年鄂温克猎民实现了定居，那么1994年拥有驯鹿资源的猎民家庭仍生活在距离敖鲁古雅乡几十公里的山林中。几十年间政府供给式养息、反复投入包括帐篷、雅马哈发电机在内的生活资料，并没有改变他们追随驯鹿游猎山林的经济生活。当然，在几百人的乡所在地，一排排定居房、一应俱全的公共服务设施，堪称林区中的"特区"。200多鄂温克猎民、千把头驯鹿、四个营地，这样一个"微型群体"的问题，由此成为我持续关注的课题之一。我们十余万字的调查研究报告因涉及这一群体社会变迁中的一些"悲剧"而至今没有全文发表，但我发表的《取代与改造：民族发展的方式选择——以鄂温克族猎民的发展为例》的论文，辨析了这一"微型群体"在持续扶持下未能实现预期发展的原因与后果。

1996年，我们课题组赴瑞典考察萨米人及其驯鹿业，随后在与奥斯陆国际和平研究所的合作中又考察了挪威的萨米人及其驯鹿业，利用去芬兰出访的机会访问了芬兰萨米人议会，我主持的中蒙游牧业现代化发展双边调查中也包括了蒙古国查坦人及其驯

重访内蒙古呼伦贝尔"驯鹿之乡"
敖鲁古雅（2006）

鹿业的调查，等等。这些持续的调查和研究，使这一课题起到了"小题大做"的效应。进入 21 世纪，敖鲁古雅乡、鄂温克猎民、驯鹿业引起了国内外学人更多的关注，以致"最后的狩猎部"也成为新闻媒体交相报道的"热门话题"。2003 年地方借助"生态移民"政策将敖鲁古雅乡搬迁于根河市郊后，我再度回访了这个更加现代化的定居点，并在院报上连载了题为《再访"驯鹿之乡"》的散记，其中强调指出了这次搬迁预期的"猎民生活城镇化"、"驯鹿业生产圈养化"的目标没有实现的问题。这样一个"微型群体"从 1960 年定居以来，在政府的长期扶持、反复投入下未能改变传统的生产方式，日渐萎缩的驯鹿业也未能成为敖鲁古雅乡的支柱产业,诸如"驯鹿圈养"这类善意想象,折射的仍是一种取代式的发展观念。

自 2000 年国家启动西部大开发战略以后,少数民族聚居地区的经济社会发展问题成为自己持续关注的研究方向。各类经济数据虽然是衡量发展的基本标准,但是并不能全面反映发展的内涵,以人为本的发展关涉了社会进步的方方面面,其中包括人与自然互动的生态环境问题。2005 年在中央党校学习期间的调研考察,我参加了主题为"资源、环境和可持续发展"的青藏高原调研工作,执笔完成了《我国生态安全堪忧——以青海省生态环境问题为例》的对策研究报告。在课题组结束调研后,自己留在青海继续深化对可可西里、孟达、青海湖等五个国家自然保护区的实地调查和资料收集,完成了《青藏高原生物多样性保护与环境》研究报告。针对逐年增长的 GDP 后面是同步甚至呈几何级数增长的生态赤字问题,提出在西部大开发政策实践中(包括干部政绩评价),绿色 GDP 应占有主导地位,并使之成为"一票否决"的刚性指标。西部地区的发展应以生态经济为主导,资源开发、基础设施、教育和人力资源培养、人民生活水平提高,应由国家、东部地区统筹兼顾。在此基础上,报告进一步论证了物种多样性是维护生态平衡的基础,文化多样性理应成为维护社会和谐的基础。从我国西部地区文化多样性的特点,展开了解决民族问题"在差异中求和谐、在多样中求统一"的理论思考。而文化多样性问题正是民族学、人类学关注的主题。

三　涉足世界民族问题

从 1985 年分管世界民族研究室和《民族译丛》编辑部开始,

世界各国的民族问题与民族政策成为自己关注和学习的领域。期间虽有习作，也只是作业式的心得。真正开始研究这类问题，是1991年重返研究所工作后。当时，在学术研究方面的关注点莫过于苏联解体的进程。在苏联解体的诸多动因中，民族冲突导致联盟大厦的倾覆无疑是重大动因之一。因此，在完成国家社会科学基金项目"当代世界民族问题与民族政策"的研究中，我专门扩展出了"苏联篇"和"南斯拉夫篇"。在主编《苏联民族危机与联盟解体》、《南斯拉夫联邦解体中的民族危机》两书中，我分别撰写了《历史的"反弹"与现实的演变——苏联民族危机原因初探》、《苏联解体与美国的战略图谋——苏联民族危机原因再探》和《南斯拉夫联邦解体与民族问题的国际化》等篇章。随着前苏东地区形势的发展，特别是南斯拉夫内战的升级，我又主持编写了《旷日持久的波黑内战》一书，承担了其中"扑朔迷离的波黑和平前景"一章。其中特别指出：那种认为没有外力介入或国际背景支持下由波黑三方通过实力较量而决出雌雄的断想，在现代世界国际政治格局中是不现实的。

1999年3月，美国主导的北约发动了对南斯拉夫的大规模空袭，冷战后西方武装干涉他国的"科索沃模式"拉开序幕。当时，我为《世界经济评论》写了一篇《北约制造"科索沃模式"意欲何为》的文章，并由此点燃了系统研究南斯拉夫问题的激情。在随后的三个多月的时间中，日以继夜在电脑前、书堆中"马不停蹄"，那种写作的激情随着遥远的导弹爆炸声与日俱增。今天翻阅当时的后记，最后一段话也的确让自己有些动容："7月11日的晨曦已经透过窗口，中国的女子足球队与美国女子足球队争夺世界杯冠军的实况转播已经开始，看来我今天必定是要通宵达旦了。我希望这是今年的最后一次熬夜。"百多天书写的这部《帝国霸权与巴尔干"火药桶"——从南斯拉夫的历史解读科索沃的现实》，11月即由社会科学文献出版社出版，排版字数40.7万。这的确有些"匪夷所思"，令人难以置信，但这是事实。当时的写作环境中还没有空调，而气温又逐日升高，抽烟的毛病导致电风扇只能对着开放的窗户排烟，日夜大汗淋漓的状态似乎又回到了轧钢机前的炽热，我切实感受到了坐在"冷板凳"上也可以有"火热的劳动"。

这本书是我研究世界民族问题兼及国际政治一部著述，从一定意义上说也是巴尔干半岛、南斯拉夫的一部民族历史，主线始终沿着巴尔干历史上的民族关系脉络、近现代南斯拉夫的国家构建与民族问题、南共解决民族问题的制度和政策得失，在此基础上讨论了科索沃问题的由来及其国际化的现状。这本书的立论是针对美国西方制造所谓"人权高于主权"的"科索沃模式"，所以对科索沃地区是否会从南斯拉夫联盟独立出去的问题持否定态度。恐怕在当时，除了存心预谋科索沃独立的美西国家外，也没有人会做出科索沃一定会独立的判断。所以，我也不会因最终科索沃独立而对当时的判断心存遗憾。关键在于对美国等西方国家制造"科索沃模式"的批判和否定，发出了中国学者的声音，这是一个正义与非正义的价值观问题。此后，风闻欧洲所所长陈乐民先生在一次讲座中提到了这本书，他说：书分有用和无用两种，像郝时远这本书就有用，他把巴尔干半岛那么纷繁复杂的历史梳理的很清楚。或许，这也证明了修习历史的训练在研究现实问题中的优势。

对世界各国民族问题和民族政策的研究，的确开阔了学术视野。蔡元培先生早年将西学Ethnology命名为民族学时曾说："民族学是一种考察各民族的文化而从事于记录和比较的学问。"解

· 495 ·

决民族问题的制度和政策，也属于政治文化范畴。人类社会解决民族问题，在不同历史时期、不同国度有不同的制度和政策，也有不同的结果。研究中国的民族问题与民族政策，比较其他国家的民族问题与民族政策，这是开展世界民族研究的重要指向。前苏联、南斯拉夫等东欧国家建设社会主义的失败，都包括了解决民族问题的失败。在我看来，这种失败是背离马克思列宁主义和科学社会主义的结果，是超越社会发展阶段、脱离国情实际激进解决包括民族问题在内的社会问题的结果。东欧国家亦步亦趋受制于"苏联模式"，所以一损俱损；南斯拉夫批判苏联的高度中央集权，走上了无度分权的轮流坐庄，以致殊途同归。实行资本主义制度的发达国家、发展中国家，在解决种族、民族、移民等广义民族问题方面也都有专项性或社会性的政策，特别是在美国民权运动后相继放弃了隔离、同化、熔炉政策，转向了多元文化主义的"平权"和"配额"政策。但是，这些政策实践并没有消弭资本主义制度内在的矛盾及其根深蒂固的种族主义、民族主义传统。所以，2010年以来，德国、法国、英国首脑相继宣布多元文化主义失败，以及极右翼政治势力上升、种族主义、排外主义、民粹主义泛起等欧美国家的乱象，绝非偶然。

苏联解体产生的冲击波是巨大的。西方世界在弹冠相庆之际宣称"民族主义战胜了共产主义"。的确，苏联解体进程中的民族冲突、以波罗的海三国为代表的民族分离主义运动，使美国等西方国家看到了利用民族、宗教、人权问题"弱化""分化""西化"社会主义国家的有效性。西方助推苏联解体，目的是造成"多米诺骨牌"效应。所以，1989年西藏骚乱与达赖喇嘛获得诺贝尔和平奖、1990年"东突"组织在新疆制造"巴仁乡事件"，都与苏联演变中民族问题凸显的大环境相关，而背后的

"西方之手"显而易见。1993年底，我完成了一份题为《冷战后世界民族主义浪潮及其对我国的影响》的研究报告，在分析前苏联解体和东欧演变的民族问题动因基础上，对冷战后源自苏联解体的民族主义浪潮及其特点进行了研究，并针对当时国内一些人夸大外部影响、自我绑架于"苏联模式"、怀疑中国民族政策的观点和舆论，从国情、制度模式、政策效应等方面进行了论述。这份报告引起了中央有关领导和部门的重视，并在次年1月该领域的全国性会议上安排我做了专题报告。

毫无疑问，苏联解体形成的民族主义浪潮对达赖集团、"东突"势力、"台独"势力都产生了"强心剂"的作用。1991年，在荷兰海牙成立了一个包罗近60个"民族独立运动"的国际民间组织，这几股民族分裂势力都是其核心成员。不难看出，民族分裂组织的产生，并不以社会制度或意识形态为界。苏联解体不久，1993年比利时王国就因北部法兰德斯分离主义运动与南部瓦隆人的矛盾（表面上的语言争端、实质上的区域经济发展不平衡），而改为联邦制。这是欧美国家中典型的地区－民族主义分离运动。1995年加拿大魁北克民族主义政治势力发动的独立公投，进一步彰显了西方发达国家内部的民族分裂问题。因此，国际社会中的民族主义及其分离运动，成为我关于冷战后世界民族主义浪潮研究的主要内容，发表了系列性论文。在20世纪的历史上，一战前后、二战前后、冷战前后都掀起了世界性的民族主义运动，随之改变的是世界国家格局，即每一次浪潮都会使世界的国家数量增多。把握这一规律性的现象，从宏观形势到个案开展研究，一直是我努力的方向。

如前所述，对北欧诸国萨米人及其驯鹿业的考察，是中国"驯鹿之乡"调查"小题大做"的结果。当然从国情、发展现状、经济规模和效益比较，两者不能同日而语。挪威2000多驯鹿萨米人拥有20多万头驯鹿，驯鹿肉、皮、骨、角是其实现经济效益的大宗产品。而中国的驯鹿业，不足千头，产品仅限于每年割取的鹿茸而已。不过，从文化上来说，虽然敖鲁古雅乡与斯堪德纳维亚半岛相距万里之遥，但是环北极圈文化类型的一致性却令人称奇。在瑞典乌普萨拉大学与一位萨米人专家座谈时，我拿出了鄂温克族猎民手工制作的一个桦树皮筒，他瞪大眼睛吃惊地端详，一句话不说地进里屋拿出一个萨米人制作的桦树皮筒，结果也令我们大为惊讶。材质、形制、切口衔接的方式、用途，如出一辙。当他听说中国文献中唐代就记载了"使鹿部"，即"人衣鹿皮，（鹿）食地苔……聚木为屋"，则更是诧异。这是文化传播？还是相同的经济生活产生了一样的文化？这类学术交流、实地考察不仅非常有意思，而且能给你留下广阔的想象空间和迫切的研究欲望。

我很喜欢民族学的田野，在不同的自然环境中体验不同民族的文化和社会生活，那是十分开眼界、长知识的经历。1993年，在墨西哥参加国际人类学与民族学大会后，得到墨西哥印第安研究所的资助，我们考察了三个印第安人聚居的州，除了走访村落家户了解他们的经济文化生活外，玛雅、阿兹特克时代留下的众多金字塔祭坛，令人流连忘返、深感震撼。这些古文明为什么会中断，而且他们的后代几乎对祖先时代的辉煌毫无记忆。在墨西哥城的人类学博物馆，面对那些代表古文明成就的遗存真是让人兴趣盎然。走出非洲的同一人类，在分赴各大陆后逐步形成了不同的种族特征和民族文化，人类学、民族学的知识汲取不断开拓着学术视野和研究志趣。所以，凡有出访的机会，我都要争取去看博物馆、古迹名胜。我始终认为，应该给学人们创造更多宽松的学术交流空间和时间，图书馆、博物馆、古迹文化、同行交流这些学术会议之外的活动，是非常重要的学术修养空间，其收获有时或经常超过了哪些来去匆匆的会议和论坛。

还是回到民族问题，在结束墨西哥几个州的考察后没两个月，我们曾经考察过的恰帕斯州在1994年元旦当天，爆发了印第安农民"萨帕特民族解放军"起义，抗议北美自由贸易协定，谋求自治权，宣称要建立比古巴更好的社会主义。这是墨西哥政府在推行新自由主义经济改革过程中，造成农民土地流失、生活难以为继的直接后果，这一事件成为长期困扰墨西哥的"土著人问题"。类似的"土著人问题"在北美、南美、北欧、南太岛国和澳大利亚普遍存在。

在澳大利亚土著人圣地乌鲁奴访古（2005年）

如果说墨西哥"萨帕塔民族解放军"的运动是因贫困问题而起，那么，西班牙巴斯克自治区的独立运动则不然，这是西班牙经济发达的地区之一。2006年我和同事朱伦应巴斯克政府之邀对该自治区进行了考察。巴斯克不仅存在着欧洲最著名的恐怖主义组织"埃塔"，而且在巴斯克民族党执政后，开始依托于地方议会推动巴斯克独立建国的运动。虽然巴斯克人强调自己的民族语言和文化的独特性，但是在诸多政治、经济部门的访谈中，经济利益问题占据重要地位。这一点，巴斯克自治区与谋求独立的加泰罗尼亚自治区具有共性，后者是西班牙位居前列的富裕地区。除了历史上民族之间的恩怨情仇外，这些地区都存在对国家经济贡献大而从马德里（中央）得到转移支付和自主权利少的抱怨。这类问题在欧洲发达国家中颇为普遍，比利时法兰德斯地区不愿意承担瓦隆地区的经济负担，意大利北方不愿意被南方落后地区所绑架，西方的多党民主制造就的地区党、民族党成为推动地区－民族主义分离运动的中坚力量。2014年英国苏格兰独立公投，推手也是苏格兰民族党。英国脱欧过程中苏格兰民族党再度独立公投的前景已然显现。政党政治与民族（种族、移民）问题相交织，已经成为欧美发达国家当下社会分裂的最显见的表征。

我对这些问题的关注、追踪和研究，始终与中国解决民族问题的理论与实践紧密联系在一起。比较、鉴别才能坚定自信。中国是一个统一的多民族国家，地域辽阔、人口众多，各个民族的历史经历、聚居环境、生产方式、语言文化、生活习俗、宗教信仰千差万别。在总体上存在着东南沿海、中部、东北和西部的经济社会发展程度差距，尤其是民族自治地方集中的西部地区，发展差距更为显著。改革开放东部率先发展是一个大局，发展到一定时期启动西部大开发也是一个大局，各民族共同团结奋斗、共同繁荣发展是中国解决民族问题的主题。在中国共产党领导下，中国可以实现东部支援西部，全国支援西藏、19个省市支援新疆，这就是中国特色社会主义制度的优势。解决民族问题的基础是实现各民族经济社会的共同发展，努力缩小差距，建设中华民族大家庭共享的物质田园；解决民族问题的境界是实现各民族精神文化生活的共同繁荣，充分尊重差异，建设中华民族大家庭共有的精神家园。这就是习近平指出的解决民族问题的"两把钥匙"。从这个意义上说，中国解决民族问题的思想理念、制度设计、法律规范和政策实践，在世界范围具有先进性。

2007年西藏调研途中——米拉山口（海拔5013米）

但是，由于中国长期处于社会主义初级阶段，先进的理念、制度、法律和政策实践不可能立竿见影，其优越性的实现程度受制于社会发展阶段的经济基础。对此，需要从经济基础决定上层建筑的基本原理去认识和理解。尤其对具有长期性、复杂性等特性的民族问题而言，不仅从内政的角度要用好"两把钥匙"，而且还要从外交的视野去应对各种不利因素的影响。2008年西藏拉萨发生"3.14事件"后，从次年开始在中央有关部门的组织下，我每年带领中国藏学家、活佛代表团，中国西藏文化交流团出访，工作任务是对外宣传中国政府的西藏政策、西藏地区经济社会各项事业的发展成就、中国人权事业的进步、中国的民族政策及其实践，揭露和驳斥达赖喇嘛在国际社会中制造的谎言，与访问国政界、媒体、智库、学界、高校和海外华人进行对话，并且为驻外使领馆进行有关内容的讲座。类似的活动还包括了外交部门组织的人权对话，如中挪、中澳、中英等双边的人权对话，以及全国政协民族宗教委员会接待和出访的议会外交活动。参加这类对外的交流对话活动，当然不是一般的学术交流，而属于民间外交范畴的政治任务。这种交流互动既没有照本宣科的固定文本，也没有学科性的局限，需要随时随机地应对来自外部的各种问题，甚至包括现场面对面的激烈交锋。因此，关涉历史、现实、国内、国外的相关知识积累、政策理解，对所访国家的国情和相关事务的了解，就成为交流对话的必备条件。

在这类对话中，我感到不能以万变不离其宗的"自古以来"这类辞令去应对场面。在回应外方对中国民族事务或西藏政策的质疑或指责时，不仅要阐释我方的原则立场，而且要以图文并茂（制作PPT）的事实、团组成员的经历、生活琐事来反映西藏的发展进步，见微知著的例证有时胜过激扬的宣示。同时，也要针对其国内的同类或相似问题提出看法。这样的对话方式既有论理的说服力，又能够引起对方尊重，因为对方会感到你对其国家相关问题的了解和理解。有时也会遇到非常生僻的领域，那就需要及时地做功课进行准备。2016年率团访问冰岛时，有一场活动的接待单位是地热研究机构，头天晚上我在网络上"恶补"地热知识，尤其是西藏地区的地热资源与开发利用情况。第二天，对方在介绍了冰岛的地热资源及其开发利用的技术和效益之后，即表示"授课到此结束"。我在表示感谢的同时，开始介绍中国的地热资源分布，特别是西藏地区地热资源勘查、开发和利用的情况（包括分布、类型和数据等），突出论说了西藏地方生态环境保护政策与地热资源开发利用的关系，赞赏了冰岛开发利用地热资源的成就，对中冰两国在地热资源开发利用方面开展合作表达了积极的态度。这不仅使对方感到我们听明白了，而且也获得了有关中国西藏地热资源的情况，产生了专业性同行对话的效果。而我方也自然而然地把中国政府在西藏的生态保护政策实践融汇其中。因为有关西藏生态环境被损毁的论调，正是达赖集团炒作的热点之一。

四 关注热点，坚守职责

学术研究总会面对一些"热点"话题，在民族问题领域持续存在的"热点"莫过于"三股势力"问题，即民族分裂、宗教极端、暴力恐怖问题。对中国的影响突出表现在"西藏问题"、"新疆问题"和"台湾问题"等方面。这些问题都是在1990年前后浮出水面，并且有深厚的国际背景。"台独"是不是民族问题？对中国来说，民族分裂就是分裂中国、分裂中华民族，所以"台独"和新近产生的"港独"，都属于民族分裂势力，在这个问题上不存在汉族与少数民族之别。这是我将"台独"问题纳入民族问题研究的基本思路。对"台独"和台湾少数民族问题的关注，始于 2002 年，次年发表了《当代台湾的"原住民"与民族问题》一文。作为台湾民族问题研究的合作伙伴，陈建樾研究员于 2004 年领衔了中国社会科学院涉台问题的重大项目。在随后的研究实践中，我陆续发表了诸如《台湾的"族群"与"族群政治"析论》、《荷兰殖民占领时期台湾"原住民"人口辨析》、《驳议"台独"的"原住民祖先血统论"》、《台湾"原住民"教育问题述论》、《〈番俗六考〉清代台湾原住民之民族志》等系列论文。这些相继在《中国社会科学》、《历史研究》等高端刊物上发表的论文，基本上都是历史与现实相结合的产物，具有与"台独"学者及其历史观、民族观、国家观针锋相对的特点，而且学术性很强。

前面提到的国际"土著人运动"及其联合国的关切，对我国台湾的少数民族（大陆称高山族）影响很大，特别是联合国《土著人权利宣言》发表后，台湾少数民族以"正名运动"为先导的政治诉求在社会诸多领域广泛展开。从陈水扁时期开始，"台独"势力借助这种运动推动"本省人"的"本土化"、"在地化"认同，攀附"原住民"的血统和历史，制造台湾"原住民"从来就没有成为清代中央王朝臣民的历史谎言。这也正是我在《中国社会科学》发表《清代台湾"原住民"赴大陆贺寿朝觐事迹考》一文的原因。钩沉史料、揭示台湾"原住民"在雍正年间、乾隆年间三次组团赴大陆厦门、避暑山庄、北京贺寿朝觐，年班位列金川土司之后的史实，是这篇文章最重要的学术价值和政治含量，由此也彻底否定了"台独"炒作的虚骄讹见。而对河南邓州高山村田野调查所获家谱的考证，即《河南〈邓州台湾土番垦屯陈氏家乘〉考辩》一文，则证明了康熙统一台湾后安置河南的明郑遗部中确有台湾的"原住民"，这是两岸关系、族际互

郝时远

动的历史事实。我与合作者有关这方面的论文成果结集的《台湾民族问题：从"番"到"原住民"》一书，代表了大陆学界研究台湾民族问题的领先水平，且为台湾学界所认同。

雪域高原西藏，是令人神往的地方。西藏问题主要是如何在人类居住海拔最高地区实现现代化的问题，这是中国政府长期努力、正在继续且成就显著的开创性业绩，在世界范围平均海拔4000米的人居地区，这种发展业绩可谓绝无仅有。而所谓"西藏问题"则是达赖喇嘛及其国际支持势力炒作的话题，即所谓"生态破坏""文化衰落""宗教压制"等"人权话语"，其实质就是"分裂"和"独立"的问题。所以，我对西藏地区的调查研究，既关心以经济社会发展为主线的西藏问题，也尤其重视达赖集团、国际援藏势力炒作的"西藏问题"。在多次入藏调查、考察的经历中，2008年拉萨"3·14事件"后的寺庙问题调查最为深入。作为西藏自治区政府咨询委员会的委员，受自治区政府的委托我带领同事先后对大昭寺、小昭寺、哲蚌寺、甘丹寺、色拉寺和楚布寺进行了调查，每日游走于僧人的僧房，了解他们的生活、思想、以及对骚乱事件的原因认识和态度等方面的情况，完成了《拉萨寺庙问题与涉藏斗争调研报告》，提交了自治区政府参考。

这些在西藏和其他藏族聚居地区的调查研究，不仅使我对两种涉藏的问题有了更深入的体会，而且也从学术研究和对策研究方面形成了一些成果。在《要报》类成果中，涉藏议题占有相当比重，其次为新疆、台湾等。在公开发表的学术论文中，《人类学视野中的西藏文化》针对的也是达赖集团炒作的"西藏文化衰落论"。自己比较满意的则是《旧西藏：西方的记录与失忆的想象》一文。西藏民主改革前，是一个政教合一的封建农奴制社

再度看望2008年访谈过的色拉寺门巴族僧人（2013）

会，作出这种判断的既非大清王朝、也非民国政府，而是自18世纪开始陆续进入西藏的西方传教士、探险者、侵略者及其随军记者。这在他们的游记、日记和专书中留下了诸多记录。但是，在达赖喇嘛和一些西方人士的炒作中，1959年以前的旧西藏却成了人间天堂的"香格里拉"。这篇文章就是从西方人的实地记录来揭示他们后代子孙"集体失忆"的悲哀。这也是我在涉藏对外交流中经常强调的一点，它往往使热衷于"香格里拉"想象的提问者因"数典忘祖"而哑然失色。在我新近完成的一本书中，针对"西藏问题"始作俑者写了一句话："英国人在中国西藏地区唯一做对的事情，就是在东西方社会历史比较中，率先向世界揭示了中国西藏地区是一个政教合一的封建农奴制社会。"

在我发表的著述中，如《中国共产党怎样解决民族问题》一书，都具有综合性的特点，从溯古先秦的"五方之民"（蛮夷戎狄夏），贯通"大一统"历史的民族互动，近代帝国主义列强从陆路侵略、肢解、分裂边疆地区，民国时期的"蒙藏回疆"边疆危机，直到新中国建立后解决民族问题的制度建设和政策实践，其中也不乏中外比较的内容。而这些问题的研究，无不遵循马克思主义民族理论、中国特色民族理论，并吸收借鉴民族学、人类学等学科的专业理论。在马克思主义民族理论基本原理研究方面，立足原著承担的"马工程"项目是一个重要方面。同时，在阐释马克思主义"中国化"的民族理论方面，则包括了坚持"中国特色"民族学理论的学术思考。

20世纪90年代中期，西方的族群（ethnic group）概念及其理论经由台湾学界而传入大陆，一时间成为大陆民族学、人类学、社会学等学科广泛流行的话语，其中也包括对中文"民族"概念同时应用于中华民族和56个民族的质疑，改56个民族为56个族群之说不胫而走，认为"民族"一词源自日本之论再度兴盛。我认为，源自美国等西方国家指称移民群体、并扩大到形形色色社会群体的族群（ethnic group）概念，不能应用于国家认定的中国各民族身上。中国的古代民族观不仅有自身的传统，也有自身的概念话语体系，我的《先秦文献中的"族"与"族类"观》、《中文"民族"一词源流考辨》两文由此产生。"民族"就是中国古汉语的固有名词，与其说日本传来，不如说是中国传去，梁启超又拿了回来。同时，也发表了有关西方学界使用族群概念及其应用范围的系列论文，以及有关斯大林民族定义的系列研究论文。这种基于"概念"史的现实研究，就是要说明"概念是理论的支点"这一核心思想。概念理解和使用错误，必然导致论理失当或理论失误。在学部组织专题文集时，我将这些文章结集为《类族辨物——"民族"与"族群"概念之中西对话》，所谓"类族辨物"即是中国古代传统"群分类聚"的分类思想方法。

其实,这些中西概念的讨论和争论,不仅限于学术理念范畴,56个民族的"去民族化"后面是解决民族问题的"去政治化"。尤其是2008年拉萨"3·14事件"和2009年乌鲁木齐"7·5事件"之后,随着全社会对"民族问题"的关注和忧虑,学界也出现了质疑、批评中国民族政策的思潮,认为中国的民族区域自治制度就是地地道道的"苏联模式",民族政策的优惠性造成了对公民权利平等的危害,等等。一些学者在报刊、媒体采访中以最简单的逻辑——美国没有民族识别,所以美国没有身份证;美国没有民族区域自治,所以美国没有民族分裂——来为人们的思想困扰解疑释惑;一些学者开出效仿美国、巴西、印度"大熔炉"政策的"药方",命名为中国的"第二代民族政策"。为了证明其合理性,甚至不惜在文章中断章取义地裁剪、拼凑包括国外学者的一些论说。由此引起了民族工作战线、民族研究学界和社会舆论中诸多思想混乱。西方一些学者有关中国解决民族问题的"失败论"也随之流行开来。针对这一现象,我以每周5000字的篇幅连续在《中国民族报》发表了15篇论理、驳议的文章。并在此基础上发表了《评"第二代民族政策"的理论与实践误区》,《美国是中国解决民族问题的榜样吗?——评"第二代民族政策"的"国际经验教训"说》,《巴西能为中国民族事务提供什么"经验"——再评"第二代民族政策"的"国际经验教训"说》,《印度构建国家民族的"经验"不值得中国学习——续评"第二代民族政策"的"国际经验教训"说》等系列学术论文。其实,这不是简单的学术争论,这是关系到道路、制度、理论和文化自信的问题,也关系到自己的政治信仰和学者责任的问题。

　　中国解决民族问题的制度、法律和政策需要适应新的形势不断完善，这是改革事业的题中之义。用所谓"苏联模式"来归类中国、以"美国熔炉"来导向中国，透出的无非是妄自菲薄和亦步亦趋心理。所以，习近平在2014年中央民族工作会议的讲话中指出：说中国的民族区域自治是"苏联模式"这是张冠李戴，西方国家在解决民族问题上也没有什么包治百病的灵丹妙药！在《要报》的获奖证书中，的确有一篇《关于适时筹备召开中央民族工作会议的建议》，在有关部门筹备会议期间我也通过《中国社会科学（内刊）》发表了3万余字的综合研究报告，并获知为中央高层领导批转到文件起草组参考。作为中国社会科学院的学者，为党和国家奉献研究成果责无旁贷，这是自觉坚持"三个定位"的学者职责。无论从事哪一种学科或专业的研究，都应有这种自觉意识，都应为履行这一职责而努力。同样，在党和国家宣示重要理念、做出重大部署后，学者也有义务去解读和宣传。在这方面，我从1991年我国第一部人权白皮书发布后，就发表了解读性论文。自那以后，党和国家的各类重要部署、政策出台，只要与民族工作事务相关，我都会撰写解读性论文，保持本所主办并在全国和学界影响广泛的《民族研究》刊物，及时反映党和国家的声音。2014年中央民族工作会议结束后，我也写了若干篇文章，并根据会议关于"中国特色解决民族问题正确道路"全新定位，结合习近平治国理政方略中有关民族事务的内容，完成了《理解中国丛书》之一的《中国特色解决民族问题之路》一书。

五　同志仍需努力的赘言

回顾自己已经过去的学术经历，30 年的"双肩挑"在学术和管理方面应该说都有所收获。我没想过，如果不担任行政工作职责是不是在学术上会有更好更多的成就？但是，我觉得"双肩挑"所产生的效应，对自己来说应该是相辅相成的。我的学术方向转型、学术领域扩展、专业知识积累，都与科研行政管理需要以及国家民族工作中相关事务联系在一起，这种工作需要产生的压力，也在不断鞭策自己坚持不懈地付出着努力。因此，1999 年完成那本"巴尔干"后写下"我希望这是今年的最后一次熬夜"的愿望，至今也未能实现。

记得在研究所工作时，曾对青年科研人员做过一次调查，即每天有多少时间用于读书写作，结果满 8 小时的属于个别，当然也有极个别超过 8 小时的。那时可能有些年轻气盛，有一次在大会上讲"干活儿"和年度工作量的问题，我说一年算 200 天有效工作时间，平均每天包括看书在内完成一页纸（400 字）的写作，一年就会有 8 万字的成果（稿件）。会场一片哗然，一些老同志可能觉得这个年轻领导有些不知治学之道天高地厚。虽然此事没有再提，但是就自己而言，这个工作量倒也从未成为负担，每年的发表量也超过这个标准。当然，各个学科情况不同，尤其是除了数量外还有质量问题，但是强调质量不能成为缺乏数量的唯一理由，况且衡量质量的标准尚未形成普遍的共识。

事实上，除了上述提及的那些学术研究工作，其实还有很多业务活动，诸如报刊约稿、辞书编撰、咨询研判、课题论证、学术评审、主编审稿、修改学生论文、接受采访、会议论文、应邀讲课和作报告、实地调研，等等。我曾经有一度喜欢写一些比较轻松、无需加注的"散记"，特别是异域他乡的历史、古迹、文化等方面的观感，2000年以后随着业务工作压力增大也无暇顾及。加之还有各种各样的会议，也构成了工作时间的重要组成部分。粗粗估计，如果平均每周有1个工作日的时间是会议，一年有40多个工作日参见会议，那么在过去30年的工作时间中，大概也会有四五年的工作时间是在会议中度过的。

笔耕不缀的传统，现在已转变为敲键盘不停。当然也要有可写的题目和感悟，在这方面我并不缺题目，但总是缺少时间。读书学习，是学人的家常便饭。买书藏书，也是自己的喜好。不过，并不是每一本书都已经研读，有些书是因其价值而储备，翻阅浏览一番束之高阁。及到用时知道到哪一本书中去找相关的知识和启发，再来细细品味和理解。书到用时方恨少，这是治学最尴尬的事情。但是，我很不赞成或反对学生做毕业论文时，在参考资料中贴上一长串既未找到也未阅读的外文书籍目录，实际上现在很多学科翻译过来的专业书籍都读不过来。一部作品资料是否详实、前人研究成果是否参考或征引，没有什么取巧的捷径，要靠自己的收集和鉴别。民族学、人类学讲究田野工作，即深入的实地调查。事实上，还有一个"文献田野"不能忽视。现在的研究条件今非昔比，课题、经费、工具的保障条件越来越好，抄卡片的时代早已过去，保存刊物也基本不需要了，专业书籍、古籍文献、学术论文大多可以从网络获得，但是量和质的问题是否因此而显著提升了呢？去年以来我在承担一项国家重大工程、鸿篇巨制成果相关部分的审改定稿工作中，没有产生宽慰的感觉。

在学术研究的合作机制中，我始终遵循一些基本守则，诸如主持课题就要带头"干活儿"，不做甩手掌柜；主编著作绝不挂空名，必须做实事，最低限度也要统稿作序；担任刊物主编，每期每篇稿件必须过目审阅；我可以仔细为学生修改博士论文、出站报告，但从来不与学生联名发表文章（也的确没有遇到过这种要求）；收集资料和写作亲自动手，从不劳动学生或同事（偶尔托买本书或查核一段史料出处是有的）；等等。插队落户时，老乡曾说我"手勤"，这大概也成为我治学中的一个特点。能自己动手做的事情，就自己做，包括管理工作中的文件起草、规章制度起草，也是如此。学部委员增选制度的全套规定，也是在亲自收集和研究中科院、工程院、台湾"中研院"院士选举规范的基础上，诸份规定均由我起草然后提交部门修订和院务会议审定。

如此梳理了一下自己的学术研究往事，感到所谓研究方向的转变并没有脱离历史，只是把历史知识与现实问题更紧密地联系在了一起。我觉得，懂些历史能够深化对现实问题的认识，同时又会反作用于对历史问题新的理解，这是一种相得益彰的关系。从国内到国外的研究扩展也是如此，研究中国的民族问题与民族政策，比较他国的民族问题与民族政策，也是一种相辅相成关系。关键在于开阔视野、知识融通。总之，我经常挂在嘴边的"干活儿"，其实就是不断地努力和学习，无论做科研组织领导、还是学科带头人，尤其要身先士卒的倍加努力。对我来说，这种努力在短期内不会消停或休止。

郝时远
2016 年春

胡庆钧
Hu Qingjun

男，1918年生于湖南省宁乡县，1942年毕业于昆明西南联合大学社会学系，1944年获北京大学文科研究所人类学硕士学位。曾任中央研究院历史语言所助理研究员、云南大学社会学系讲师、清华大学人类学系、社会学系教员、讲师。1950年参加中央西南民族访问团至西康凉山彝族地区。1952年院系调整后历任中国科学院近代史研究所助理研究员、副研究员，中央民族学院历史系副教授，中国社会科学院民族研究所副研究员、研究员；其间兼任民族研究所民族学室主任、所学术委员、院政法片成员。1983年曾去加拿大参加第11届国际人类学与民族学大会。1988年任云南省社会科学院兼职研究员、社会学所名誉所长。历任中国民族学会副会长、顾问以及中国世界古代史研究学会、中国西南民族研究学会、北京市社会学会理事、顾问等职。国务院政府特殊津贴获得者。2015年11月26日病逝，享年97岁。

主要研究成果集中于不同民族社会及性质等有关问题的研究。继20世纪前期云南呈贡汉村及四川叙永苗乡之后，着重探讨了四川凉山彝族奴隶制社会形态兼及明清两代彝族的社会历史，其后利用世界著名的罗布丛书（Loeb Classical Library）希—英对照本与拉—英对照本，着重探讨了希腊荷马时代、罗马王政时代以及恺撒与塔西佗时代的日耳曼人，并与中国研究中国古代史的朋友相配合，在中国世界古代史研究的朋友襄助下，完成了早期奴隶制社会的比较研究。

主要著作：专著《明清彝族社会史论丛》《凉山彝族奴隶制社会形态》《汉村与苗乡——从20世纪前期滇东汉村与川南苗乡看传统中国》等；主编《早期奴隶制社会比较研究》等；译著《巴西印第安部落的黄昏》《婚姻家庭和家庭群体组织》等。

我实地研究人类学、民族学兼及世界古代史有关问题的切身体会

一 1951年夏凉山彝族奴隶制的初步提出

1947年秋，我的工作关系由云南大学社会学系转到清华大学人类学系。我之所以离开昆明转至已迁返北平的清华，是由于云大社会学系发生了一场小风波。这个系原系1939年由南京国民政府教育部批准成立的，并聘吴文藻先生为系主任。1945年这个职务由吴的学生费孝通先生担任。但是，随着1946年夏西南联大吴、费先生先期离昆之后，系中只剩下副教授张之毅、讲师罗振庵与我三人，明显压不住阵脚。令人奇怪的是，当时学生公然声称要赶走张之毅和罗振庵，对我却有挽留之意，我以义当同进退为由，就去信当时在清华大学社会学系任教授兼学校教务长的吴泽霖师。结果吴师正拟在清华大学创办人类学系，内定聘请李有义为讲师，我为教员。于是我就在1947年秋应聘来清华，1948年11月北平解放后清华人类学系并入社会学系，1952年院系调整后我转入科学院近代史所。

1944 年获硕士学位

我之所以被调整到近代史研究所，是郭沫若与范文澜先生的共同安排。事缘 1951 年夏自四川凉山返京被调至中央民委办公厅之后，我曾经写了一个《大凉山彝族社会概况》调查报告，认定解放以前（后改称民主改革以前）凉山彝族社会仍然保持着比较典型的奴隶制度，第一次提出了现在称为四个等级的划分。这个调查报告所提供的一些基本资料，引起了久负盛名的史学家郭沫若、翦伯赞、范文澜及有关民族、历史研究者的极大兴趣。中央民委、中国历史学会、近代史所、北京大学、北京师范大学历史系等单位，先后约我作过学术报告。郭老先后几次和我通信，并在 1954 年出版的《奴隶制时代》一书中增加了《改版书后》一文，对调查报告内容作了扼要的介绍，认为"很可庆幸的是自新中国成立以来，对于彝族社会有了更深入的了解"。翦伯赞自 1951 年开始，先后就这一研究多次给过我鼓励。1955 年 10 月，中央民族学院出版的《中国民族问题研究集刊》第 2 辑载有我写的《大凉山彝族社会概况》一文（约 4 万字），也经过翦老的修改。他们对凉山彝族奴隶制社会这一研究成果表示赞成与肯定，这对于1956年民主改革前夕凉山彝族社会奴隶制的定性应当是有帮助的。然而范老基于对西周时代"中层庶民"系农奴的认识，根据《诗经·周颂·良耜篇》"或来瞻汝，载筐及筥，其馈伊黍"的记载，称"耕者吃自己的饭，就是有自己的经济，这当然是农奴或农民，奴隶是没有自己经济的"（范文澜：《中国通史简编·第1篇》，人民出版社1965年版），即把西周时代成家的奴隶断定为农奴。因此，当1953年初我在近代史所就当时所获凉山彝族奴隶制的资料公开作报告，对黑彝所属安家是"已经成家的奴隶"这一性质的肯定，就与范老断定奴隶是没有自己的经济的结论冲突，并在报告结束时当场受到范老的批评。

在这种情况下，1956年凉山彝族社会民主改革前夕，中央民族事务委员会办公厅主任杨静仁奉命前往四川省委及西昌地委协商如何对凉山彝族社会定性之前，曾经在北京分别找有关人士征询意见，其中包括范老和我。范老认为已进入封建制最前期，我则提出了奴隶制的意见。四川省委中有人表示范老的意见具有权威性，但当时担任西昌地委书记并分管凉山的梁文英同志为开展凉山工作，曾经在凉山各地领导了不少分点调查，禀报上来都是奴隶制的认识。因此，1955年9月，中共四川省委、中共西康省委报往中央的《关于四川地区实行民主改革的初步方案》中，就明确提出了"目前彝族地区基本是奴隶社会"的结论，并据此在1955年12月15日制定了《四川省凉山彝族自治州民主改革实施办法》，经由自治州第三届人民代表会议第一次会议通过，报四川省人民委员会批准后公布施行。1956年2月在凉山地区开始对奴隶制进行民主改革，至1958年完成。参加的同志在四川调查组进行工作时，就以此为基础取得了一定的共识，即在当时凉山各统治者分别统治的地区，具有奴隶制的统一性与地方多样性的特点。

需要指出的是，我之所以被调至近代史研究所，事缘当时清华大学正处在院系调整之际，并有我被调往中央民族学院的消息，而当民院副院长刘春、费孝通与我接谈时，又明确表示当时他们不拟开展类似凉山彝族社会性质这类学术问题的研究。我将自己的愿望据实函告郭老，而此时身任中国科学院院长的郭老所属研究历史的机构仅有近代史所（后改称历史三所），历史研究所（曾一度称为历史一所、二所）尚未成立。因此他就与范老商量，把我安排在近代史所。然而对凉山彝族社会性质的研究，既然范老与我存在这样大的分歧，并且实际上牵涉到对西周社会性质的争论，我自感根底不足，并希望有系统的学习机会提高自己的理论水平，于是我就向范老提出要求，经范老同意和中国人民大学联系，便于1953年秋季进入中国人民大学马列主义研究班（又称教师研究班）哲学分班，成为该班的一名在职研究生。

在人民大学教师研究班的3年学习期间，我结合1950年与1952年两次上凉山从事调查研究的实践，对凉山彝族奴隶制社会形态的研究作出了明确的肯定，撰写了《凉山彝族的奴隶制度》前后两篇论文（共10万字），分别发表于《教学与研究》1956年第8、9期合刊与1957年第1、2期上。文章发表后，引起了较为广泛的关注，《新华半月刊》1957年第6期与成都《西南民族学院院刊》1957年版全文转载；日本东京《科学壳》1957—12全文发表日译《四川山中のイ族奴隶社会》；湖北人民出版社连续4次来函，要求作为专著出版，我以列为专著尚需假以时日为由，对此未予作答。

1956年，在民委会组织的全国少数民族社会历史调查中，我又因 50 年代初曾两次前往凉山的经历，经组织统一安排，于 1956 年 10 月第三次前往凉山。

二　四川调查组的工作开展与社会关注

这次凉山工作前后历时 10 个月，我参加了四川调查组的工作。开头，这个组由中央民族学院副院长夏康农任组长，我除以副组长身份参加大组领导外，还蹲点进行了调研。1957 年 3 月，我曾随同夏康农一道返京向全国人大民委会禀报，4 月重返凉山，与中央民族学院的陈永龄先生共同担负大组领导工作。

晚年在书房阅读·研究

如前所述，尽管 1955 年 9 月中共四川省委与西康省委已明确作出目前凉山彝族地区基本是奴隶社会的结论，并于 1956 年 2

月开始对奴隶制进行民主改革,但学术上的争论仍在继续。1957年4月5日,《光明日报》曾刊载《有关凉山社会性质的讨论》,明确记载了同年3月21日下午至22日历时1天的汇报会上,第一个发言的是人大民委的张英达,他曾经在上一年到彝族地区去调查过。他分析了彝族生产力发展的情况,土地的组织关系,以及彝族人民当中存在着黑彝、曲诺、安家和呷西这四个等级的关系,特别强调了曲诺和安家这两个等级在彝族社会中的地位。他认为占彝族人口中最大多数的第二等级的曲诺,地位类似封建社会中的农奴,而第三等级——安家,他们大部分是由纯奴隶锅庄娃子上升而来,他们可以有家庭,可以耕种自己的土地,所以这个等级近似隶农;在彝族社会中纯粹一无所有的奴隶数量是很少的,而且又是以家庭劳动为主,因此他认为在民主改革以前,彝族社会是封建制的。

接着,我发表了和以上论点相反的意见。我在1950年和1952年两度去凉山调查,上一年又参加了由夏康农教授率领的四川省少数民族社会历史调查组,在凉山进行了几个月的调查。从生产工具的数量来看,从耕作技术和生产的产值来看,彝族社会生产力水平不像张英达同志估计的那样高。在生产关系方面,我不同意曲诺是农奴的看法。曲诺不是新的生产力的体现者,曲诺所走的道路也正是黑彝主子的道路。颇为富裕的曲诺唯一盼望的是买安家娃子和锅庄娃子为自己劳动。同时,我也不同意安家这个等级相当于隶农的说法。理由是因为隶农大都是在奴隶社会末期和封建社会初期已经获得了人身解放的奴隶,而安家之所以不同,是因为人身仍属于自己的主子,他们每天大部分时间都为自己的主子耕作,儿女还要给主子拉去当锅庄娃子或陪嫁丫头,所以这一部分人在彝族社会中是一种从事生产的奴隶。我总结的论点是：民主改革以前，凉山彝族社会是奴隶制的，这种奴隶制因为种种条件所限，没有得到充分的发展。第一天的讨论就这样结束了。

第二天，讨论会继续进行，发言的人很踊跃，大家在会上根据自己的调查材料或者这次汇报会上由调查组提出的报告《凉山彝族社会几个方面的情况》，以及全国人大民族委员会编印的调查材料进行分析，大胆地提出自己的意见。20年前曾经到过凉山的西北大学教授马长寿认为：在凉山周围和汉族接近的地区是封建制的；而在中心地区则是奴隶制的。这样，会上已有三种不同的意见了。

参加讨论的人都兴致勃勃地关注会议的进展，等候着更多的人来参加论争。中央民族学院教授林耀华和中国人民大学国家与法权教研室的张向千都倾向于彝族社会在民主改革以前是奴隶制的看法。林耀华认为：在研究彝族社会性质的时候，如果仅偏重于奴隶人口所占的比重和租佃关系，就容易得出封建制的结论；但若再从生产力、家支等更多的方面详细考察，就会发现奴隶制的因素存在更多一些。林耀华教授在14年前也到过凉山彝族地区，这次他还提出对这个地区进行调查的时候可以参考的几点意见。

中国科学院经济研究所的同志认为彝族社会性质是由奴隶制向封建制的过渡阶段，虽很难说已经过渡到了什么程度，但是过渡这一点是肯定的。

继此之后，《人民日报·学术动态》栏于1960年9月1日发表了《我国学术界讨论凉山彝族社会经济结构问题》，除介绍了上述三种不同的主张（意见），并说明《民族研究》1954年第9期刊登施修霖和陈吉元的文章阐述第三种主张，受到《民族研究》1960年第6期梁山和陈可畏两篇文章的批驳外，还作了如下的介绍：上述主张的主要争执点，在于对彝族社会生产关系和阶级关系的理解。这里面主要包括两个问题：一是租佃关系的性质问题；二是曲诺和阿加（安家）的阶级性质问题。

凉山彝族社会除了直接占有人身的强制剥削以外，还普遍存在地租剥削。"奴隶制"的主张者认为租佃关系应该和奴隶制度联系在一起，把租佃关系视为奴隶制的辅导因素。"封建制"和"过渡阶段"的主张者认为租佃关系应该和封建制度联系在一起，因为封建制度是以地租剥削为特征的。

凉山彝族社会的四个等级中，除了对于呷西这种一无所有的单身奴隶没有争执以外，对于曲诺和阿加的阶级性质的理解，也存在着明显的分歧，并且由此影响到对黑彝等级性质的肯定。"奴隶制"的主张者认为：阿加仍然处在奴隶的地位，曲诺是黑彝奴役下的具有隶属关系的农民，或者类似于奴隶制度下的被保护民，而黑彝则是奴隶主。"封建制"和"过渡阶级"的主张者认为，阿加相当于奴隶制向封建制过渡时期的隶民，曲诺相当于封建制度下面的农奴或者封建农民的地位，黑彝则是封建主或者奴隶主。由此可见，在上述一些主要问题上，封建制度和过渡阶段的主张者有着共同的或者基本上一致的看法。但是"过渡阶段"的主张者不承认封建制的生产关系在凉山已占据主导地位，而认为奴隶制和封建制同时并存，二者正在相互交替的过程中。

除了对上述主要问题存在分歧以外，在下面几个问题上也存在不同的看法：①对凉山彝族生产力水平的估计："奴隶制"的主张者认为彝族生产力水平极为低下；"封建制"的主张者认为它不比汉族地区低；"过渡阶段"的主张者认为它既不是极为低下，但又没有汉族地区高。②对于彝族社会所受汉族封建制度影响的看法:"奴隶制"的主张者承认汉族封建制度对于彝族社会曾经产生过一定的影响,但是这种影响并没有从根本上改变彝族社会的性质;"封建制"的主张者认为在汉族先进生产方式的不断影响下,凉山彝族社会已经转为封建制度。③对于各等级人口在彝族总人口中所占的比例及其对于彝族社会性质的意义的看法:"奴隶制"的主张者认为,处于奴隶地位的阿加和呷西虽然只占彝族人口的38%,但不能据此就机械地断定彝族社会不是奴隶制的性质,"封建制"和"过渡阶段"的主张者认为:只有呷西才能定为奴隶,仅占总人口的8%,不能据此定为奴隶制度。

对于解放前凉山彝族社会性质的研究,多年来在一些问题上存在不同意见的争论,这是一个很好的现象。因为只有开展不同意见的争论,问题的研究才能更加深入。1961年下学期,我在中央民族学院历史系任教,授课中曾广泛涉及彝族社会性质中引起争论的问题,听课学生对此极感兴趣,并提出一些问题推动讨论的深入。其后,我在此基础上写成《解放前凉山彝族社会性质研究述评》一文(约2万字),发表于《历史研究》1963年第2期,曾经澄清了一些问题。

三 有关著作的陆续出版

继去除多年来"左"倾路线的干扰特别是在粉碎"四人帮"之后,从1980年到1982年,我又3次即第五、六、七次重上凉山。我分别前往过去未曾亲历的凉山各县,补充了许多重要的情况和材料。在此基础上,我综合了前后历次的调查资料,写成《凉山彝族奴隶制社会形态》一书(4.4万字),于1985年5月由中国社会科学出版社出版。其中,第11章为"凉山彝族社会性质讨论中的几个主要问题",分列 7 节进行讨论,可以视为个人 30 余年来研究这一问题具有总结性的意见。其中主要有三个方面:一是第一次具体而生动地论证了阿加(安家)也就是授产奴隶或分居奴隶的特点,解决了奴隶与农奴的纠葛;二是具体地显示了除奴隶主占有奴隶外,不排除奴隶成员间某种情况下重叠占有即奴隶占有奴隶的特点;三是探讨了凉山彝族奴隶制社会长期保持生命力之所在,虽不排除内部繁殖,但主要是依靠对外掠夺以解决奴隶来源与奴隶劳动力的更新。

晚年深冬郊游

此书出版后,云南省社会科学院研究员、院长何耀华 1986 年 8 月 27 日在《光明日报》撰文,认为是"我国民族学研究的一大成果"。其特点是：①资料翔实可靠，真实地再现了凉山彝族奴隶社会的现貌；②理论分析全面透彻，在重要的学术理论问题上有自己独到的见解；③采撷广博，融合了哲学、历史学、民族学、统计学等有关学科的研究方法，立论严谨，生动具体。其后，薛桂芬于《思想战线》1986年第4期撰有《关于奴隶制社会形态的普遍意义问题》一文，多处对此书有关论点加以征引，认为"凉山彝族奴隶社会形态是保存至民主改革前的一个活的化石，它对于我们认识奴隶社会是人类社会发展的一个必经阶段的经典论述提供了一个无可辩驳的例证"。中国社会科学院世界历史研究所研究员廖学盛于《史学理论》1988年第1期撰文，认为此书是"以材料翔实见长的力作"，其意义"首先在于提供了由于古代史材料不足而不易把握的奴隶占有制社会中经济基础和上层建筑全面联系的生动图景；其次在于，处于奴隶社会初期发展阶段的凉山彝族社会的原始性，提供了一些古代希腊罗马史料中甚为欠缺的反映奴隶占有制社会早期情况的可供思索对比的材料，从生产力的发展水平到头人的产生、氏族制度的残存、奴隶占有制社会特有的意识形态，等等"。北京大学历史系世界上古史研究室主任、教授周怡天则在书面意见中指出，"本书是北京大学历史系本科学生世界上古史基础的参考书与研究生的必读参考书。该书为奴隶社会的经济、政治和文化提供了全面系统的氏族学材料，做出了有益的贡献，在我们的教学和科研工作中起了有益的作用"（1989年6月22日）。此外，1990年8月生活·读书·新知三联书店版夏之乾著《神判》（第56页）、1992年7月四川大学出版社版袁亚愚等著《当代凉山彝族的社会和家庭》（第106、109页）、《中国史研究》1990年第1期载王贵民著《商代"众人"身份为奴隶论》（第112页）、《重庆师院学报》

1992 年第 2 期载彭邦著《曲诺、众人比较研究》（第 65 页），都分别对此书有所征引。

解放前凉山彝族的奴隶制度，是经过长期历史发展的继续，也是世界古代史上一个罕见的标本。研究这个制度发展中的一些规律性问题，不仅可以在实践上更好地为当前彝族地区"四个现代化"服务，认真贯彻邓小平有关社会主义初级阶段的伟大理论，并且对于探讨奴隶制发展中带有普遍性的问题也具有十分重要的意义。要做好这些工作，必须认真研究彝族奴隶制产生与发展的历史。多年来，我把相当大的精力放在这一方面，搜集了大量历史、调查资料，着重探讨了明清两代彝族社会历史的发展。过去有关彝族历史的研究，倾向性的意见是认为除凉山外，其他彝族地区在明代以前就已进入封建社会。我在自己所写的专题里对彝族历史重新作了分期，认为清初以前，云、贵、川广大彝族地区仍然保持着奴隶制度，其中，《明代水西彝族的奴隶制度》一文（约 2.6 万字）刊于《历史研究》1964 年第 5—6 期；《明代彝族社会的冤家械斗》一文（1.2 万字）刊于《凉山彝族奴隶制度研究》1977 年第 1 期。这一意见现为一些研究彝族历史的同志所接受，并通过他们各自的研究，反映在公开或内部印发的著作中。与此同时，一些有关彝族社会历史研究的文章也在国外引起史学界有关人士的注意。20 世纪 70 年代末，从美国芝加哥大学来我国准备博士论文的年轻教授乔伟对我进行了访问，对这些文章作出了肯定的评价。与此同时，我选择出若干篇有关这一时期彝族社会历史的专题论文，编成《明清彝族社会史论丛》一书，并以前述《解放前凉山彝族社会性质研究述评》作为附录（共 20 万字，大部分未公开发表），于 1981 年 4 月由上海人民出版社出版，1983 年 11 月又获重印。在此期间，我摘抄整理的主要彝族历史资料有《明实录有关彝族历史资料摘抄》（约30万字）、《明万历"四川土夷考"辑补》（约2万字）等。

继此之后，1986年7月，我应北京师范大学历史系教授白寿彝与中国社会科学院历史研究所周远廉研究员之邀，参加了在辽宁省大连市棒槌岛举行的清史国际学术讨论会，并在会上做了《清代彝族社会的发展》报告（约8000字）。会后，从有关论文中选出包括上述文章共45篇，辑成《清史国际学术讨论会论文集》，于1990年8月由辽宁人民出版社出版。其后收入白寿彝总主编《中国通史》第17册乙编综述第8章第3节，并在内容上有所增减。

除彝族社会历史的研究外，1942—1944年我进入北大文科研究所并被派至中央研究院历史语言研究所代培学习期间，曾于1942年冬至四川叙永从事苗族社会调查研究，遂于1944年写成约14万字的《叙永苗族调查报告》，作为北大文科研究所的毕业论文。虽全文迄今未发表，但有几个单篇曾见于当时报刊，如《苗族人口品质的商榷》刊于昆明《自由论坛》1944年第2卷第5期，《叙永苗族的生活程度》刊于重庆《边政公论》1944年第3卷第6期，《川南苗乡纪行》刊于重庆《中央周刊》1944年第6卷第36、37期，《川南叙永苗民人口调查》刊于《边政公论》1944年第3卷第12期。其中，最后一文具体地通过146户苗族家庭人口的选择调查，反映了当地苗族人口的基本情况。20世纪60年代初期，台湾民族学家芮逸夫曾给予赞许并改写，发表在香港的刊物上。记得1944年秋我从叙永返南溪李庄中央研究院历史语言研究所时，曾以调查结果在全所学术集会上作了公开报告，引起了与会人士的极大兴趣。会后，驻李庄南京中央博物院负责人曾昭燏女士立即向我表示，拟聘我至该院任职，后因我接受中央研究院历史语言研究所聘约而甚感遗憾。此外，与此有关的尚有《不容忽视的边区土地问题》，刊于《边政公论》1948年第7卷第2期。可惜的是历经"无产阶级文化大革命"即十年浩劫，全书原稿迄无下落。

1945—1947年我在云南大学社会学系任讲师期间，曾利用寒暑假之便前往云南呈贡河村与安村从事基层地方权力结构的调查研究，并于1948年写成《云南呈贡基层地方权力结构》一稿（约15万字），除分别写成十多个单篇发表于当时报刊（总数约5万字）外，原稿迄今未发表，在十年浩劫期间同遭劫难，所幸原资料现已基本恢复。在已刊单篇中，有《论绅权》一稿被作为天津《大公报》1948年8月16日的星期论文发表，曾先后收入吴晗、费孝通等合著的《皇权与绅权》一书，《历史研究》1996年第1期载有王先明撰《晚清士绅基层社会地位的历史变动》一文，在论述士绅"成为控制乡土社会的实际权威"中，曾对《论绅权》一文有所引用。此外，尚有《两种权力夹缝中的保长》《从保长到乡约》亦加录入，于1948年底由上海观察社出版。其后，迄至2005年，才将原资料重加整理，写成《汉村与苗乡——从20世纪前期滇东汉村与川南苗乡看传统中国》一书，由天津古籍出版社印行。

1945年秋至1947年夏，我曾在云南大学社会学系讲授《人类学》一课。在此基础上，1949年7月11日，我曾在《人民日报》发表《关于从猿到人》的文章，受到陆定一同志的好评，经沈阳一家刊物转载，并曾由日本刊物译成日文发表。其后不久，古人类学家裴文中为《学习》杂志撰写从猿到人的文章，又通过《学习》杂志编辑部约请郭大力和我等四五人，进行了较为详尽的讨论，为裴文中的撰写奠定了基础。

胡庆钧

画家作的素描

1959—1960 年，我在近代史所一度参加了《五四运动史》的编写工作，曾写过两篇有关这方面的文章，其中一篇为《五四运动时期的资产阶级民主派》，发表在当时的《光明日报》上。

我自青少年时代开始对文学有热烈的爱好。自 1934 年至 1946 年在高中、大学学习以至云南大学任教期间，曾经写过十多篇散文、杂文、报告文学之类的文章，分别以本名或笔名发表在当时香港《文艺阵地》、香港《大公报》文艺副刊、上海《宇宙风》、昆明《今日评论》、昆明《时代评论》以及长沙、武汉等地报刊上。其中，以刘维夫的笔名发表于上海《宇宙风》1936 年第 12 期的《谈经之利弊》一文，是以湖南军阀省长何键倒行逆施、搞尊孔读经作为讽刺与讥弹对象的；以本名发表于香港《文艺阵地》1939 年第 2 卷第 12 期《祖国的爱》一文，则是借一个传令兵讲的故事，歌颂了普通战士在艰苦条件下对日寇斗争的英勇不屈、视死如归的一片赤诚。而以胡海的笔名发表于昆明《时代评论》1945 年第 8 期《腿的控诉》一文，则直接描述当年昆明"一二·一"惨案中西南联大学生缪祥烈被炸断大腿的事，对国民党反动特务的残暴罪行作了义正词严的控诉。

在 20 世纪 80 年代初期《凉山彝族奴隶制社会形态》付梓前夕，出现了一股否认奴隶社会是社会发展必经阶段的风潮，从而使这一类的研究成为无源之水、无本之木，成为人类社会发展史上的一种畸形或变态。这一风潮显然并非今日始，但在国内外学术界均有一定的影响。由于人们对民族历史资料感兴趣，在此期间，我先后结识了一些从事世界古代史研究的朋友，其后又有搞中国古代史的朋友参加。在有关同志的配合下，我经过十余年的艰苦努力，完成了《早期奴隶制社会比较研究》一书，全文 85 万字。中国社会科学院世界历史研究所研究员、时任所长的廖学盛任副主编，北京大学历史系教授周怡开，中国社科院历史研究所研究员彭邦炯、宋镇豪参加，由中国社会科学出版社于 1996 年 8 月出版。

此书主要是我们多年来钻研中国与希腊、罗马古代史的专著，也可以说是共同努力的成果。此书包括四个专题：中国商代，希腊荷马时代，罗马王政时代，恺撒与塔西伦时代的日耳曼人；此外还有一些与此有关或范围更加广阔的综合性论述。人们知道，撇开 1881 年即已辞世的美国民族学家摩尔根不可能接触，1899 年才开始发现的甲骨卜辞不谈，其余希腊、罗马包括日耳曼人的上述三个时代，摩尔根是将其划入氏族社会后期有"英雄时代"的。然而，当我们对上述各该地区进行认真研究，并以 20 世纪 50 年代民主改革前凉山彝族奴隶制的丰富民族学资料进行

胡庆钧

比较之后，认为摩尔根的论断不符合实际，上述各该地区均已进入早期奴隶制社会，因而名之为《早期奴隶制社会比较研究》。

奴隶制又称奴隶占有制。我们认为"上述五个地区均已进入早期奴隶占有制社会"，主要基于如下四点认识。

第一，在等级结构方面，各该地区均已形成贵族自由民、古典奴隶与授产奴隶以及从被释奴隶至类似平民的等级分化。在中国商代与希腊荷马时代，这些贵族自由民以王室与贵族集团的面目出现，而在日耳曼人与凉山彝族那里，则以氏族部落首领与氏族贵族的名目进行活动。在罗马王政时代，则随着邻近地区类似因素的出现与庇护所的开办，形成了一批"生来就是卓越的人"，并从其中划分出元老，他们的后裔则称为贵族。在贵族自由民的完全占有下，上述各该地区首先有一批单身的没有配婚的男女奴隶，他们处在动产或者牲畜的地位，是通常所说的古典奴隶或物化奴隶。与古典奴隶的地位没有任何本质差异，各该地区还有一批已配婚成家并与主子分居分食的分居奴隶，也可称为授产奴隶。一般地说，平民的形成来自两条道路：一条是上升即从授产奴隶赎身为被释奴隶的道路，另一条是下降即通过婚姻、外来归附、因贫困犯罪而沉沦的道路。这种人在各该地区有各自的称谓，他们仍属于被统治等级范畴，基本上处在介于贵族自由民与古典奴隶及授产奴隶之间的中间等级地位。

第二，在上述等级结构的基础上，形成主要由贵族奴隶主阶级主持政务的政治组织或者国家机关，它们多半以某种会议的形式出现。在日耳曼人中，形成"小事由氏族贵族们商议，大事由全部落议决"的会议制度，然而"由人民决议的事情还得先由氏族贵族们商定"。在民主改革前的凉山彝族地区，则存在由氏族贵族首要人物组成的吉兹吉热（意为商量）与吉尔吉铁（意为开会讨论），以及由同一黑彝家支范围内各等级成员共同参加的乌尼景格（意为家支大会）。前者的召开是为了处理日常事务，后者的召开则主要是为了对付敌人对家支的侵扰活动。在希腊荷马时代，以被称为布列的氏族贵族会与被称为阿哥拉的人民大会作为政治组织的主要形式，前者有被称为巴赛勒斯的氏族部落首领（个别已上升为国王）、长老与有关人员参加，由巴赛勒斯主持；后者则有贵族与广大平民群众参加，而由巴赛勒斯召开。在罗马王政时代，政治组织的基本形式是被称为胞族的库里亚三者的结合，并有罗马元老院的设立。在商代，则形成由商王主持的所谓外朝与内廷的官僚体制，与由军队、官吏、监狱与刑法等构成的国家机关，在盘庚迁都于殷以后便逐渐深化。综上所述，其主要职能不外乎对内进行政治统治与对外进行掠夺战斗。

第三，在意识形态方面，各该地区都特别重视宗教信仰的作用。日耳曼人将树木丛林献给神祇，认为把诸神围在墙垣之中或塑成人的形象，都是亵渎神明的行为。在凉山彝族地区，人们相信宇宙万物包括人类本身都是由神创造，众多的神灵充斥于广大的自然界之中，而最受人们敬畏的是山神。与之相联系，他们还有自己的鬼魂崇拜与祖先崇拜。王政时代罗马人有自古相传的宗教信仰，主要通过天神崇拜、鸟兽崇拜、祖先崇拜与特异现象崇拜诸方面表现出来。在希腊荷马时代，人们保留着具有浓厚原始性的宗教信仰。他们认为宇宙万物原本有神，相信广大自然界有天神和大神，总称为众神。他们把天神视为凡人的化身，所谓神性不过是奴隶主阶级尔虞我诈阶级性的反映。在商代，人们把祭祀与战争并列为"国之大事"。他们广泛地信奉山川河岳、日月星辰、风雨雷电等自然神，并把自然神与祖先神结合起来。归纳起来，日耳曼人没有形成自己的祖先崇拜，其他四个地区的神灵可以归入两个系统：一类是自然神，一类是祖先神。他们把宗教信仰置于如此重要的地位，从根本上反映了奴隶主阶级残酷统治的虚弱。

第四，上述五个地区之所以进入早期奴隶制社会，归根到底取决于各该地区的社会生产力水平。除日耳曼人与凉山彝族分别在150年时间内完成以畜牧为主向农业为主的过渡外，罗马王政时代前夕已出现以畜牧为主向农业为主的发展趋势。希腊荷马时代与中国商代开始，均已出现农业为主、畜牧为辅的局面。手工业生产在上述各地有不同程度的发展。商品交换在各地也有自己的特点，日耳曼人主要与帝国时代奴隶制经济繁荣时期的罗马人进行，凉山彝族主要与20世纪50年代前半殖民地半封建中国的外围汉族进行。如果说，日耳曼主要是依靠出口奴隶平衡大量入超的话，凉山彝族则除在反动统治下依靠一个时期以大量鸦片生产平衡入超外，只能直接诉诸对外掠夺，然而由此带来战争破坏的后果是严重的。在相对统一的国家政权下面，罗马王政、希腊荷马与中国商代的市集与城市有相对的发展规模，正如分散的互不统属的日耳曼部落没有一个住房在城市内一样，黑彝家支林立没有出现统一政权的凉山彝族，也是没有形成本民族的市集与城市的。

此书的主要论点，在于各该地区的大量资料表明社会发展状况归根到底取决于社会生产力水平、奴隶制度下的等级结构，以及在此基础上形成的由奴隶主阶级主持政务的政治组织形式，完全不同于封建农奴制度下的等级结构与政治组织形式，表明奴隶制社会先于封建农奴制社会作为一种独立的社会形式而存在，从根本上解决了奴隶与农奴的纠葛或混淆。

此书认为，在奴隶制的等级结构中，存在一种与古典奴隶地位没有任何本质差异的授产奴隶。以与授产奴隶类似的古希腊斯巴达的黑劳士为例，柏拉图认为：他们同样都是主人的财产，这就已经道出了问题的本质。然而有的古代学者却列举了很多类似"农奴"的集团，没有和奴隶区别开来，而有的古代学者则提出了这类奴隶"介乎自由民与奴隶之间"的认识。与之相联系，此书认为，奴隶制度的等级结构内还存在一种被保护的平民，他们分别来自两条即上升与下降的道路。然而19世纪德意志的历史学者尼布尔却认为那种"主动地把自己置于保护人之下的被保护氏，已转化成农奴"。对此，马克思曾经指出："现代家庭在萌芽时，不仅包含着 servitus（奴隶制），而且也包含着农奴制，因为它从一开始就是同田野耕作的劳役有关的。"（《马克思恩格斯全集》第45卷，人民出版社1985年版，第366页）恩格斯曾予引用，并指出："农奴制和依附关系并不是某种特有的中世纪封建形式，在征服者迫使当地居民为其耕种土地的地方，我们到处，或者说几乎到处都可以看得到，——例如在特萨利亚很早就有了。"（《马克思恩格斯全集》第35卷，人民出版社1971年版，第131页）上述有关情况无论就授产奴隶还是被保护民来说，都存在与农奴的混淆。此书以大量历史资料分别论证授产奴隶与被保护民的历史地位，许多地方发前人之所未发，从根本上破除这种混淆，可视为理论上的创新。而全书对早期奴隶制社会的比较研究与论证，重新确定了奴隶制在社会经济形态演进中的历史地位，对当前一股否认奴隶社会是社会发展阶段的风潮具有重要的实践意义。

此书出版后，世界古代史著名学者、北京大学历史系学术委员会主任马克垚教授在《世界历史》1997年第3期撰写书评，指出此书具有三大优点："一是以凉山彝族奴隶制资料，比较历史上的中外奴隶制，作了一个很好的开端；二是内容都是根据原始资料努力精心研究的结果；三是社会形态的研究依然有重大意义，在奴隶社会的理论上做出了一些重要的发挥：把奴隶社会中的奴隶统一划分为古典奴隶和授产奴隶，认为这两种奴隶在古代世界长期存在，这就为肯定奴隶社会在古代世界普遍存在奠定了基础；论证的方法不再纠缠一个社会中奴隶的数目，而是指出奴隶社会是在原始社会瓦解的基础上自然而然地产生的。"其后，中国社会科学院民族研究所研究员满都尔图在《民族研究》1998年第5期上发表的《中国民族学研究的黄金时代》一文中，将此书列为自20世纪70年代以来我国民族学研究的主要科研成果之一，"为丰富马克思主义唯物史观和研究人类社会发展史提供了新的例证和有益的见解"。民族所副研究员张继焦在《中国民族研究年鉴1996—1997》（民族出版社1998年版）一书中，将此书列入民族学研究少数民族社会形态研究栏内，认为此书"通过比较中外古今不同民族的社会制度，证明奴隶制社会是人类社会发展的必经阶段……可谓是研究者多年钻研的结晶"。中国社会科学院经济研究所研究员李根蟠则以笔名叶茂在《中国经济史研究（1996—1997）增刊》撰文，介绍了"奴隶制'非必经论'和'必经'之举"，认为：

> "非必经论"50年代即已出现，在反右中受到批判，"文化大革命"后旧案重提，颇有信从者，形成引人注目的潮流。张广志在《奴隶社会并非人类历史发展必经阶段研究》中论证了商周和中国历史上十个少数民族社会的非奴隶社会性质。胡锺达、沈长云等对这种观点也有比较系统的论述。坚持"必经论"的学者亦不全持一种意见，其中胡庆钧

基于凉山彝族奴隶制调查材料的论述最可注意。在这基础上，他又与中国社科院历史所、世界史所的学者联手，根据中国商代、希腊荷马朝代、罗马王政时代、恺撒和塔西佗时代的日耳曼人的材料，作了《早期奴隶制社会比较研究》（中国社会科学出版社1996年版）。争论双方的分歧主要仍在理论认识的差异和对马克思恩格斯有关论述的不同理解上。例如，如何看待5种生产力方式（社会经济形态）交替的理论，"非必经论"认为这是斯大林搞的，是一种线性的单因果的历史观，并不符合马克思的原意。他们都主张历史发展复线论，但也有差别。有的根据马克思关于现代家庭产生时已包括奴隶制和农奴制的胚芽的论断，认为继原始社会之后既可形成奴隶制，亦可形成封建制，而地中海沿岸国家形成奴隶社会只是历史的特例（张广志）；有的认为无论东方西方均无所谓奴隶社会，各地进入阶级社会后视具体条件分别形成"亚细亚的"、"古代的"和"封建的"前资本主义不同类型社会（胡锺达）。"必经论"者则具体引证马克思的言论，证明5种社会经济形态及其更替的基本思想完全是马恩所创立的，他们还进一步论证，低下的生产力和人类自身的发展水平，决定人类阶级社会的第一种形态只能是奴隶制，但不排除某些民族在外部条件的影响下可以超越奴隶社会或其他社会发展阶段，使人类历史发展呈现常规与变异、一致与多样性的统一。

在如何确定奴隶和奴隶社会的标准上，争论双方也是有不同认识的。"非必经论"者认为奴隶不但人身被奴隶主占有，而且没有自己的独立经济，其全部劳动表现为无酬劳动，并特别强调后者。他们认为奴隶制不等于奴隶社会，只

胡庆钧

有奴隶制占主导地位才能称之为奴隶社会，而"主导地位"又必须表现为足够的量，即奴隶劳动成为社会的主要劳动。经过这种大眼筛子一筛，奴隶社会即使不是荡然无存，也所剩无几了。"必经论"者认为"非必经论"者所说的奴隶标准，只适用于"彼库里"（即"特有财产"）的授产奴隶或分居奴隶；他们强调奴隶身份最主要的标志是人身被直接占有；认为马恩讲的"古代"社会中的"农奴"，不同于中世纪的农奴，实际上是指授产奴隶。同奴隶有各种类型一样，奴隶社会也有各种类型，并非只有"古典式奴隶制"的单一模式，他们指出奴隶社会最本质的特征，一是奴隶主贵族在占有土地等生产资料的同时，直接占有奴隶，并在一定程度上占有被释奴隶或保护民；二是主要依靠对外掠夺以解决奴隶来源和奴隶劳动力的更新。根据这种标准，他们把摩尔根称为"英雄时代"的希腊、罗马和日耳曼人社会归入早期奴隶制社会的行列。

需要补充的是：我认为自己作为"争论"的一方，所提出的论点是对调查资料与历史资料进行过认真钻研的，应该承认：在世界与中国古代史涉及等级结构的问题上，都存在着一个郭老称之为"奴隶与农奴的纠葛"问题。大家知道，"农奴"一般是指封建领主占有土地的条件下对领主存在人身依附关系的直接生产者。但是，某些作者常常把奴隶制度下除了古典奴隶之外的授产奴隶以至被保护民，也一律称为农奴，这就容易造成概念上的混淆。郭老在论述奴隶制的文章以及和朋友们讨论的函件中，对此给予很大的注意，他多次论及这个问题，认为是中国古代史分期问题之所以不易解决的主要原因。为了避免这种混淆，他特别使用了"耕奴"或"农耕奴"这一概念，以代替某些人在这类地方容易指称为农奴的概念。他在给我的信中，也解答了我当时提出是否把占人数40%—50%的"出路"（曲诺）视为农奴的疑问，指出"如出路仍为奴隶之一种形态，不作为农奴解，则彝族社会仍比较单纯，无所谓'前期生产力与后期生产关系'之矛盾"（《文献》1980年第1辑，第48页）。郭老这里所说的"奴隶之一种形态"，也就是平昔主张把他们视为"耕奴"或"农耕奴"，也就是我所理解的一定意义或某种意义的奴隶。我认为这是郭老处理这种混淆的一个创新办法。

人们在古代史研究中容易迷惑不解的是：马克思在《资本论》及其他一些主要著作的许多地方，往往是奴隶制与农奴制并提，与之并列的还提出过古代东方存在亚细亚生产方式。于是，有些人分别从自己的理解出发，认为在东方存在一种既非奴隶制也非封建制的亚细亚社会；或者是奴隶制只在古代希腊、罗马曾经占据统治地位；或者连这个也加以否认，认为奴隶社会在古代世界历史上不是普遍性或不存在。他们有的也认为只存在西欧领主封建制那样一种类型，世界上其他地区特别是古亚细亚不存在这种封建制，因而不承认地主封建制的存在。这样，有人就把人类社会历史发展存在五种生产力方式的模式，视为所谓斯大林的单线论，另创一种他们自己提出的所谓多线论，并且自认为从马克思那里找到了根据。这种意见，我认为是不可取的。如果郭老还健在的话，也是不会赞成的。

马克思主义关于五种生产力方式的理论，有一个从提出到日趋完善的发展过程。这个理论，只有在马克思、恩格斯认真钻研了摩尔根的《古代社会》之后，才有可能完成。不幸的是，马克思在1881年5月到1882年2月读到摩尔根著作的时候，已是垂暮之年，只来得及作了一个"十分详尽的摘录"。因此，按照恩格斯的话说："马克思曾经打算联系他的——在某种限度内我可以说是我们两人的——唯物主义的历史研究所得出的结论来阐述摩尔根的研究成果，并且只是这样来阐明这些成果的全部意义。"（《马克思恩格斯文集》第4卷，人民出版社2009年版，第15页）于是就只有由恩格斯一个人来加以充实完成了。

人们喜欢引用恩格斯1882年12月22日给马克思的一封信。这里恩格斯自称和马克思达成了"协议"，表明"农奴制和隶属状态并不是某种特有的中世纪封建形式"，而是在古代社会也就是奴隶制度下到处都可以看得到的事实。只要是"征服者迫使当地居民为其耕种土地的地方"，就可以看到这样的农奴制。这不是恩格斯也承认农奴制在奴隶制度下具有很大的普遍性吗？

应该指出：恩格斯在这里表述的农奴制，并不是我们一般理解的封建农奴制。因为他在这里所说的，不过是征服者迫使当地居民为其耕种土地的方式，即为征服者耕种土地，提供劳役，并没有涉及当地居民的生活方式，也没有包括封建的等级制和采邑制。所以恩格斯在这里说的农奴制，亦即和马克思"协议"认可的农奴制，与我们一般理解的封建农奴制是有区别的，它就是郭老一再为之论证的奴隶制度下的耕奴制。

当恩格斯完成了对摩尔根《古代社会》的研究，在其光辉著作《家庭、私有制和国家的起源》里，就十分明确地提出了这样的理解："奴隶制是古代世界所固有的第一个剥削形式，继之而来的是中世纪的农奴制和近代的雇佣劳动制。"在此，恩格斯已经明确地把农奴制摆在中世纪的特定范围之内。既然恩格斯自称这本书是在某种程度上执行了马克思的遗言，那么这类关键问题，难道不也是代表了马克思的意见吗？正是在这样的情况下，在马克思逝世以后，恩格斯按照马克思原来的手稿进行文字上的修订并出版的《资本论》，就只能理解为两个人来共同完成的了。

胡庆钧

2011 年首发于中国社会科学网

2016 年春修订

高 恒

Gao Heng

男，1930年1月生于湖北省老河口市，汉族，中国社会科学院荣誉学部委员。1955年武汉大学法律系毕业。1961年苏联莫斯科大学法律系研究生毕业，获法学副博士学位。同年，进入中国社会科学院法学研究所工作（原中国科学院法学研究所），历任助理研究员、副研究员和研究员。1992年享受国务院颁发的政府特殊津贴。

代表作有下列论著：《论中国古代法学与名学的关系》《公羊春秋学与中国传统法制》《扬雄的法律思想》《张斐的〈律注要略〉及其法律思想》《沈家本与中国古典律学终结》《秦律中"隶臣妾"问题的探讨》《秦律中的刑徒及其刑期问题》《汉简牍中所见汉律论考》《汉壁书〈四时月令五十条〉论考》《汉简牍中的债务文书辑证》《汉简牍中所见举、劾案验文书辑释》《汉代诉讼制度论考》。

以上著作均载高恒《中国古代法制论考》，中国社会科学出版社2013年版。

我与中国古代法制史研究

我生于湖北省老河口市，一个鄂北的偏僻城镇。抗日战争时期，这里是国民政府第五战区司令部所在地，后遂成为鄂豫地区政治文化中心。这里汇集了大批大城市流亡至此的知识分子，文化较发达，这使我有机会接受现代政治文化思想。这段经历对我有较大影响。我上学较早，幼年在家先读了四五年私塾，而后才上现代的小学、初中、高中。1951年，经全国统考，我进入了武汉大学法律系。武大在解放前就是一所著名大学。1952年全国院系调整后保留的法律系又聘请了大批著名教授，在我所在年级讲过课的就有韩德培（国际私法）、燕树棠（国际公法、私法）、薛祀光（债法），其他还有曾昭琼、姚梅镇、唐表民诸教授。新中国成立后在人民大学法律系经苏联专家培育的青年教师，讲课也很不错，比如马克昌教授讲刑法，给同学们留下深刻印象。大学期间，我系统学习了法律知识，此外也很注意学习哲学和中国通史。在大学期间参加的一系列社会活动，对我以后从事社会科学研究也有影响。新中国成立初期，各种社会运动不断。这些活动，在校的大学生一般也要停课参加，虽耽误学习时间，但对我这样从未接触过社会的学生来说，也有助于了解社会实际生活。例如，我参加土地改革运动和司法改革运动，对于我以后研究法制史是有益处的。1951年刚入校，我就参加了在全国开展的土地改革运动。武大法律系参加"土改"的地区是湖北省荆州市石首县。这个地区属于荆江分洪区，最后我并没有参加分田地阶段的活动，但在该地区也工作了三四个月时间。20世纪50年代初还进行了一次司法改革运动，学校师生到法院查阅旧司法人员审判的案件，看是否有违法问题。我系同学在武汉市、区法院工作了数月。

2007年摄于社科院法学研究所阅览室

高 恒

  大学毕业后，经学校推荐而后通过考试，我成为苏联莫斯科大学法律系法理教研室副博士研究生。导师是安德烈·伊凡诺维奇·杰尼索夫，苏联当时最知名的法学家之一（他的著作《国家和法的理论》在 20 世纪 50 年代已译成中文出版）。入学后要先修两门课，一门是政治学说史，一门是国家与法的理论。学习方式和我国当前的研究生学习方式不同。学习期间，主要是在导师的指导下阅读参考书，写出读书体会，导师审阅后作评语。我现在还记得，国家与法的理论方面，读过的原著有《共产党宣言》《论国家》《国家与革命》等；政治学说史课程读过的书有卢梭的《契约论》、孟德斯鸠的《论法的精神》，以及马基雅弗利、亚里士多德、托马斯等人的著作。这种培养研究生的方式，使学生在动手写论文前，既得到了必备的基础知识，又锻炼了写学位毕业论文的能力。我撰写的论文是有关苏联立法制度问题的。论文答辩顺利通过。

  回国后我被分配到中国科学院哲学社会科学学部（即中国社会科学院前身）法学研究所法制史组（室）。但入所之后，很少从事法学专业的研究工作，很长一段时间，除了下乡劳动、参加"四清"工作之外，主要是从事翻译工作，翻译一些有关西方政治学说史和法的理论的文章。"文化大革命"后期，我曾出版与人合译的苏联著作《政治学说史》《国家与法律理论》等。

  "文化大革命"以后，除着手个人的法律史研究工作外，我还参加了几项大的科研工作，参与撰写《中国大百科全书·法学卷》（1986 年版）中的有关法制史、法律思想的条目，担任《中国法律思想通史》（多卷本）的常务编委。该项目为国家"七五"社科重点课题，国家"八五"重点出版物。任中国法制史学会副主席，主编《法律史论丛》（期刊）。

我从事中国古代法制史研究工作之后，主要做了两件事，现分述如下。

一 秦汉简牍中法制问题的研究

我研究中国古代法制史，可以说是从参加睡虎地秦墓竹简整理工作开始的。1976年湖北云梦县睡虎地秦墓出土一批竹简，内容主要是秦时的法律文献。国家文物局成立简牍整理小组整理这批竹简，成员多为著名历史学家、古文字学家，如张政烺、李学勤、裘锡圭、于豪亮、安作璋等教授。我有幸参加了这项工作。由此我了解到出土简牍中有丰富资料，其中值得探讨的问题毕生也难以尽结。这一认识决定了我研究古代法制史的志愿。

我在参加整理云梦秦简的同时，先后写了几篇有关秦法制史的论文。其中一篇发表于《文物》杂志1977年第7期的文章《秦律中"隶臣妾"问题探讨》，曾引起学者广泛注意。有人统计，这篇文章发表后，中外有数十篇讨论此问题的文章。在文章中我提出秦时的刑徒城旦舂、鬼薪白粲、隶臣妾、司寇、候，都是因犯罪而判为终身服役的官奴隶，非经赦、赎不得为自由庶民。西汉文帝十三年（公元前167年）颁布的诏令，始废除此种刑罚，规定了上述刑徒的刑期（见《汉书·刑法志》）。此论纠正了东汉卫宏《汉旧仪》对秦刑徒身份的错误认识。汉文帝废除刑徒为官奴隶的刑罚，不仅是对刑罚制度的重大改革，同时也是中国历史上废除奴隶制的重要举措。众所周知，奴隶制社会的奴隶主要来源有三：战俘、罪犯和债务奴隶。废除以罪犯为官奴隶的制度，自然具有瓦解奴隶制社会的重要意义。或者是从这个角度做出的评论，日本著名中国法制史权威滋贺秀三先生说"高恒

高　恒

氏的论文是一篇有划时代意义的论文"，"这一结论给了学术界一个冲击"（滋贺秀三：《西汉文帝的刑法改革和曹魏新律十八篇篇目考》，载《日本学者研究中国史论著选译》第8卷法律制度，中华书局1992年版）。

中国连云港东海尹湾汉墓简牍学术研讨会留念（1998.8.20—22）

　　参加云梦秦简的整理工作之后，我逐渐了解到近年出土如此多秦汉简牍资料，若将其中的法制问题作认真系统整理，将大大丰富秦汉法制历史。这是一件很有价值的学术工作。史家班固评论汉武帝时的律令说到，汉代法制篇目、条文繁多，内容庞杂，"文书盈于几阁，典者不能遍睹"。清代以来有人据旧史籍中所见到的一鳞半爪资料，对汉法制有过考释、编辑，由于史料所限，不仅远未缕出眉目，甚至增添一些新的错误。利用新出土的简牍中的资料研究秦汉法制，正好填补中国古代法制史的这一空白。

有这一打算之后，我就着手对前人已辑录成册的秦汉简，如《居延汉简合校》《居延新简》《敦煌汉简释文》《疏勒河流域出土汉简》等书中辑录的简文，逐条释义、考证，确定是否法制条文。现将整理出内容同性质的连缀成篇，写出考证论文，编辑一册，其中有：①《汉律篇名新笺》；②《汉简牍中所见汉律论考》；③《汉简牍中所见令文辑考》；④《汉简牍中所见的"式"》；⑤《汉代诉讼制度论考》；⑥《汉简牍中所见举、劾、案验文书辑释》；⑦《汉简牍中的债务文书辑证》。

此外，自从研究秦汉简牍以来，我十分注意报刊登载的新发现的简牍，每每获得这类简牍文献，就认真整理研究，也发表了多篇汉代法制的论著。其中有几篇很值得介绍给读者。

（一）《奏谳书》注释

1983年12月，湖北省江陵县张家山汉墓出土竹简1230余枚。其中有题为《奏谳书》的案例1册，计228支简。其中有春秋时期的办案故事2则、秦汉时期的案例20件。若按案例性质来分，其中除奏谳文书外，还有录囚、乞鞫、复审、集议、侦缉等案例。另收录2则春秋时期的法制故事，用以倡导执法者要守法不阿，办案应实事求是。经考证，我认为这册文献是西汉统治者于立国之初，为推行新的司法审判制度而颁布的指导文献，也是培训司法官员的教材。它对于研究中国古代法制史有十分重要的意义。

（二）汉壁书《四时月令五十条》论考

1992年12月甘肃敦煌甜水井发掘汉代悬泉置遗址，获得以简帛文书为主的大量文物。其中有一篇贴在墙壁上的官府文告，文首是太皇太后颁布《四时月令五十条》的诏令（西汉平帝时的太皇太后，即元帝皇后王政君，王莽姑母）。主要内容是《四时月令五十条》及逐条注解和督促各级政府实施"月令五十条"的指令。经本人注解、考证，这则诏令较原件简明易读。我在法制史研究方面也有收获。第一，对"月令"有了新认识。这册"月令五十条"是古月令的简易本。所谓"月令"，即根据天文、气候，以及阴阳五行等情况，规定每月生产、生活，以及宗教、政治方面所应做的活动。它对社会的生活、生产有指导意义，可视为朝廷的施政纲要，所谓"法天地、顺四时，以治国家"。第二，立法者通过对"月令五十条"的注解，阐明立法意图，补原条文未备和界说律令的名词、术语。经过"注解"使原条文更加完备、简约、严谨。这是对中国古代制定法令的一种方式的继承和发展。

（三）汉代上计制度论考——兼评尹湾汉墓木牍《集簿》

1993年初，在江苏连云港市东海县尹湾村6号墓出土一批西汉时期的郡县级行政档案。其中一方题为《集簿》的木牍，上面记载西汉后期东海郡的社会、经济概况。原简牍整理者认为这方木牍"可能是东海郡上计所用的底稿或副本"。另外，还有一些与上计有关的文献。所谓上计，即由地方行政长官向上级报告地方治理状况的文书。经过对这方"集簿"的仔细考证，笔者对汉代上计制度有了详细了解。

整理秦汉简牍时所获心得，除前面说到的外，另有几点值得在此单述如下：

第一，汉文帝颁布诏令规定刑徒刑期"有年而免"（前面有简介，不赘述）。

第二，啬夫问题。云梦秦简中多见"啬夫"一词。称某某官吏为"啬夫"，这是一个专门官职名称呢，还是某类官吏的泛称？未有明确定论。笔者认为，秦时，"啬夫"一词还不是对某一种官职的专门称谓，汉代称乡行政主管官为"乡啬夫"，是一种固定的官职称谓。秦简中可称"啬夫"的官吏有：①县、乡行政主管官吏；②都官和县下属的官署的主管官吏。当时并不存在一个单独的啬夫行政系统（原文载《法学研究》1980年第3期）。

第三，徭戍律文中的傅籍。云梦秦简中有《徭律》一篇、《戍律》一条。笔者对其中的"傅籍"制度有所考证，认为当时虽有傅籍年龄的规定，但实际执行傅籍时，是以身高为标准。达到法定的身高，即认为达到傅籍的年龄。若达到傅籍年龄，身高没有达到，称做"罢癃"。这种情况，可以提出申请免服役，称为"占癃"（原文载《考古》1980年第6期）。

第四，私人奴隶问题。我曾撰《秦简中私人奴婢问题》一文，阐述了秦简中私人奴隶的法律地位问题。主要论证了三点：①私人奴婢作为商品，有官价，所谓"市正价"。可以自由买卖。②秦时禁止奴隶主擅杀、刑髡私人奴隶。③仔细分析了秦律所规定"盗及诸它罪，同居所当坐""坐隶""隶不坐户"的原因。

第五，秦简中的职官问题。云梦秦简中关于职官的资料也很多，笔者花了很多精力将其捋出了头绪，撰写了论文《秦简中的职官及其有关的几个问题》，内容为：

（一）秦简中的职官
　　甲、中央职官
　　乙、地方职官
（二）与职官有关的几个问题

高　恒

　　甲、官吏的任免

　　乙、官吏的印章

　　丙、上计制度

　　丁、官吏的俸禄

　　戊、有秩之吏

　　己、都官

　　《汉书》云："自周衰，官失而百职乱，战国并争，各变异，秦兼天下，建皇帝之号，立百官之职，汉因循而不革，明简易，随时宜也。"（《汉书·百官公卿表》）秦统一六国，吸取了先前奴隶制国家和被兼并国家建立国家制度的经验，确立了较完备的封建官僚体制。这套官制不仅"汉因循不革"，而且对于以后整个封建社会官僚体制的发展与演变都有重大影响。不言而喻，认真研究秦时这套官制有重要意义（原文载《云梦秦简研究》，中华书局1981年版）。

二　古代法律制度与先秦诸子的关系

　　史学家班固曾说，春秋以降，"诸子百家，其可观者九家而已，皆起于王道既微，诸侯力政，时君世主，好恶殊方，是以九家之说术蜂出并作，各引一端，崇其所善，以此驰说，取合诸侯。其言虽殊，譬犹水火，相灭亦相生也。仁之与义，敬之与和，相反而皆相成也"（《汉书·艺文志》）。此说符合历史实际。不仅先秦诸子如此，任何一个时代的社会意识形态的产生、发展及其相互关系也都是如此。法制、法学与其他各种社会学说一样，与其同一时代的社会诸意识形态的关系也是互有影响，甚至是"相反而相成"的。在研究法制问题时不注意这种复杂的关联，就不可能正确揭示出古代法制的特点及其发展、变化的规律。基于这种认识，我很注意秦汉时期的法制与先秦时期诸子百家学说的关系。从古代法制文献中可以看出，制定于先秦时的法制，尤其颁行于秦、汉的律令、条文、篇章，都很有"法"的特性。"法"已有专门的术语、名词，即所谓"法言""法语"。这也就是说，法学已经成为独立的学科了。但在思想内容方面，这门初形成的学科与先秦诸学说确有密切关系。

诸子学说中，与法制、法学关系最密切的当数法、名、儒三家。

法家主张法治，强调"不别亲疏，不殊贵贱，一断于法"。主张强化君主专制，以严刑峻法治民。他们认为法作为治国工具，人的行为规范的总和，应该公正、公开、平等。《管子·禁藏》曰："法者，天下之仪也，所以决疑而明是非也。"《管子·七法》曰："尺寸也，绳墨也，规矩也，衡石也，斗斛也，谓之法。"《韩非子·定法》曰："法者，编著之图籍，设之于官府，而布之于百姓者也。"法家上述论点，于秦汉时代颁行的法制中基本得到印证，为中国古代法制构筑了法理论基础。

名学，又称辩学，是随着先秦法家学说同时兴起的学问，专门研究概念、判断、推理和事物间相互联系的规则、规律。先秦以后，秦汉时代制定的法律制度，使用的名词、术语，概念精当，论证命题的判断推理符合逻辑，法制条文和体例周密、协调，审判过程严谨有序，这些无不与名学的兴起有关。我所著的《论中国古代法学与名学的关系》，专门阐明了名学的主要范畴"类""故""譬""效""辩"及其基本论点"循名责实""参伍案验""微显阐幽"等，对于中国古代法制、法学有广泛而深入的影响。以名学为逻辑理论基础的古代法制、法学，有别于当时的政治学、哲学、伦理学，成为中华法系的显著特征。

先秦诸子之中，儒学与中国古代法制的关系最为密切。秦时的法制基本上是以法家思想为理论基础，汉以后则逐渐由儒家学说所代替。西汉武帝时采纳董仲舒"罢黜百家，独尊儒术"的建议。这时兴起的儒家公羊学说成为治国指导理论。史载："景武之世，董仲舒治公羊春秋，始推阴阳，为儒者宗"（《汉书·五行志》）。"于是上（武帝）尊公羊春秋；由是公羊大兴"（《汉书·儒林传》）。经董仲舒等人发挥、宣扬的"春秋"之义，成为治世政治理论，在社会生活各方面（包括法制建设）受到重视。有人说汉以后的法律制度逐渐"儒家化"，由此而形成的几项基本原则对后世影响深远。

（一）重"三纲"，维护封建等级制度

"三纲"，即"君为臣纲，父为子纲，夫为妻纲"，早在战国时代就有此论。汉董仲舒对于确立"三纲"的神圣地位起了重要作用。他综合先秦儒、法、阴阳诸家理论对"三纲"问题做了全面论证，使之成为封建统治者调整社会关系的指导原则。汉以后历代法制明确规定破坏纲常伦理的行为为犯罪。

（二）"大一统"，强调君主中央集权

"大一统"是儒家一贯的政治主张。孔子说："天无二日，民无二主。"孟子强调："定于一。"荀子说："隆一而治，二而乱，自古及今，未有二隆争重而能长久者。"公羊学因袭先秦儒家主张，进一步阐发"大一统"的微言大义，宣称"大一统"是一则永恒规律："春秋大一统者，天地之常经，古今之通谊

也。"(《汉书·董仲舒传》)这就是说,实行君主中央集权专制合乎"天道"。

"大一统"理论的主要内容有两点:一是实行君主中央集权制,所谓"诸侯皆系统于天子,不得自专"(《汉书·董仲舒传》)。二是实行思想文化一统,所谓"六合同风,九州共贯"(《汉书·王吉传》)。在公羊家看来,此二者是一国实行法治的基础,只有遵循此原则,才能"法度可明""统纪可一"。

(三)尚法治,重视以律令治国

经学家皮锡瑞说:"《春秋》近于法家。"[(清)皮锡瑞:《经学通论》卷四。]他说的"近于法家"表现为重视以法制建立、维护社会秩序的功效。尤其注意以法律维护以"三纲"为核心的封建社会的等级制度。西汉社会实际也证明公羊学派崇尚法制。汉武帝提倡公羊学,在政治上重用公羊派人物,如任公孙弘为丞相。公孙弘与董仲舒齐名。"治《春秋》不如仲舒,而希世用事,位至公卿",封平津侯。汉代丞相封侯自此始。曾"招进张汤、赵禹之属,条定法令,作见知故纵,监临部主之法,缓深故之罪,急纵出之诛。其后奸猾巧法,转相比况,禁罔寖密。律令凡三百五十九章,大辟四百九十条,千百八十二事,死罪决事比万三千四百七十二事。文书盈于几阁,典者不能遍睹"(《汉书·刑法志》)。《汉书》中的这段记载,足以说明公羊学派崇尚法制。

(四)任权变,主张行权济事变

司马迁强调学习《春秋》的重要性时说道:"为人臣者不可不知《春秋》,守经事而不知其宜,遭变事而不知其权。"(《史记·太史公自序》）这就是说学习《春秋》，既可以通经，又能够懂权。无怪乎东汉经学家贾逵说："公羊多任于权变。"（《后汉书·贾逵传》）"经"，儒家经义，一般原则；"权"，原则的灵活运用。公羊学任权变，是说制定方针政策，或处理具体事情，可以根据不同情况采取不同措施，即便这些措施与儒家经义有所抵牾，也是允许的。董仲舒曾说："《春秋》无通辞，从变而移。"（《春秋繁露·竹林》）"《春秋》固有常义，又有应变。"（《春秋繁露·精华》）"明乎经变之事，然后知轻重之分，可与适权矣。"（《春秋繁露·玉英》注）司法审判实践常有依律断案、违背常理的事例。如何处理这类案例？依公羊学的"经权"主张，可不依法办案，而变通处理。所谓"阳为德，阴为刑，刑反德而顺于德，亦权之类也。"（《春秋公羊传》桓公十一年）有学者认为："后世刑书，有律有例，律以断法，例以准情。律一定，而例因时而变通。经犹之律，权犹之例也。"（《春秋繁露·玉杯》注）以例变通律的规定，就是公羊学的经权理论在法制中的应用。

在研究中国古代法律思想史时，应始终关注儒家上述基本原则和研究儒学与法制的关系史。还有一个问题当引起人们的注意，那就是儒者积极参与法制实践活动。一是参与律释，即对律文"缘饰以儒术"，汉王充说，董仲舒解律，"表《春秋》之意，稽合于律，无乖义者"。二是主张"引经决狱"（亦名"春秋决狱""经义决狱"）。所谓"引经决狱"，即要求审理案件时，以儒学经义作为分析案情、适用法律，以及定罪量刑的理论依据。简言之，即以儒学指导司法审判活动。经董仲舒等人倡导的这种审判案件的方式汉代颇为盛行。儒者的释律和引经决狱，对于中国传统法律"儒家化"产生过重要作用。

在河南开封参加中国法律史年会（2005 年）

以上所述可以说明，中国古代封建社会形成之早期的法制，就与法、名、儒学说有密切关系。研究法制史，务必正确揭示出其间的关系，如此方能展现古代法制的特征及其发展、演变过程。

高　恒
2011 年首发于中国社会科学网
2016 年春修订

景天魁
Jing Tiankui

男，1943年4月8日生于山东蓬莱，1967年8月毕业于北京大学哲学系，1981年和1987年先后在中国社会科学院研究生院获得硕士、博士学位。1992年评为研究员，1995—2006年先后担任社会学所副所长、党委书记、所长，1996年被评为国家级有突出贡献中青年专家。1998—2005年任中国社会学会副会长，2001—2005年任国际社会学会（IIS）副会长。中国社会科学院学部委员、社会政法学部副主任，社会学研究所研究员，博士生导师。为第十、十一届全国政协委员，中央马克思主义理论研究和建设工程社会学首席科学家。2006年当选中国社会科学院学部委员。

曾主持国家社科基金重大招标项目"普遍型社会福利体系的基础和设计研究"、民政部委托课题"中国社会服务体系建设研究"等十余项课题。1993年，专著《社会认识的结构和悖论》获得中国社会科学院哲学所首届优秀著作一等奖；专著《底线公平：和谐社会的基础》获得2012年度社会学所优秀科研成果一等奖、陆学艺社会学发展基金会第二届社会学优秀著作奖、中国社会科学院第八届优秀科研成果二等奖;《时空社会学:理论和方法》(合著)获得中国社会科学院社会学所 2015 年度优秀著作一等奖;2004 年,论文《中国社会发展的时空结构》获得中国社会科学院第五届优秀科研成果二等奖。

主要研究领域:社会发展理论、福利社会学、时空社会学。

主要学术成果有:

独著:《打开社会奥秘的钥匙——历史唯物主义逻辑结构初探》(1981),《社会认识的结构和悖论》(1990),《社会发展的时空结构》(2002),《底线公平:和谐社会的基础》(2009),《底线公平福利模式》(2013);

合著:《福利社会学》(2010),《发展社会学概论》(2011),《时空社会学:理论和方法》(2012),《普遍整合的福利体系》(2014)等。

做学问也是一种修炼

一 学术历程

我于 1981 年硕士研究生毕业并留哲学所工作，1995 年调到社会学所工作至今。回顾以往 35 年的学术历程，我在哲学研究方面先后致力于社会本体论、社会认识论和社会科学方法论研究，提出了劳动起点论、认知系统论、科学基础论；在社会学研究方面，涉足了时空社会学、发展社会学、福利社会学和社会政策研究，提出了时空压缩论、超越进化论、福利社会论、底线公平论。前一时期的哲学研究为后来的社会学研究奠定了哲学基础；在从事社会学研究时，我又致力于其在社会政策上的应用性研究。这样，我就先后涉及了哲学、社会学和社会政策三个层次。现在回顾起来，似乎对这三个层次及其相互关系多少有了一点感悟。

2013年年底，在中国社会科学院社会学研究所作关于加强学科建设的演讲

（一）关于劳动起点论

恩格斯说历史唯物主义是马克思一生的两个伟大发现之一，列宁认为它是科学思想中最伟大的成果。但在后世的若干教科书中，历史唯物主义的丰富内容却被归结为那么几对范畴，显得很单薄。而这些范畴又被孤立地加以抽象地规定，忽视甚至割断了范畴之间的内在联系。这样做的结果，是把历史唯物主义简单化、公式化了。"文化大革命"期间，"四人帮"对历史唯物主义恣意割裂和曲解，达到了无以复加的程度。我读研究生正值改革开放之初，理论界已经开始批判"以阶级斗争为纲""发展生产就是唯生产力论"等错误观点，但并没有触及历史唯物主义的体系问题。我在《哲学研究》1980年第8期上发表的《历史唯物论的逻辑起点》一文认为："历史唯物论不应该是几个范畴和

原理的简单罗列，而应该是各范畴、原理之间有着必然的有机联系的严密结构。每个范畴都是这个科学认识之网上的纽结，这些纽结不是杂乱的，而是有顺序的。这种范畴的体系是作为一门成熟的科学所应有的存在形态。"《哲学研究》在发表该文时，专门开辟了"哲学论坛"专栏，对历史唯物主义体系问题的提出和讨论予以支持。《哲学研究》在发表拙文时，特别注明我是一名研究生，那时哲学界大师云集，我一个二年级的硕士生能在国内顶尖的哲学期刊上发表文章，是罕见的。这表明《哲学研究》编辑部高度肯定历史唯物主义体系问题是一个很值得讨论的问题，而他们奖掖后学的精神令我至今不忘。

我以马克思《1844年经济学哲学手稿》为研究的切入点，借鉴黑格尔《逻辑学》和马克思《资本论》的"概念演进"方式，以劳动在不同时期主要历史形态的演变，来解释人类社会发展过程。后又在《哲学研究》1981年第7期上发表了《建立历史唯物主义逻辑体系的基本原则》一文，进一步探讨了研究历史唯物主义理论的方法论问题。在此基础上，我的硕士论文《打开社会奥秘的钥匙——历史唯物主义逻辑结构初探》，于1981年11月由山西人民出版社出版。该书的核心思想是"从劳动理解社会"。我以"劳动对象化—劳动分化—劳动异化—劳动社会化—劳动自主化"等劳动的展开过程来阐述其与社会和人的发展过程的统一，把劳动视为形成社会有机体的机制，以对劳动的逻辑展开为线索阐述历史唯物主义的逻辑结构，并将人类社会发展过程以劳动运动呈现出来。该书从劳动出发，具体探讨了历史唯物主义的基本范畴以及它们之间的相互关系，诸如构成生产方式的生产力和生产关系、构成社会形态的经济基础和上层建筑，等等。这一研究对于当时深受教条主义和形而上学束缚的历史唯物主义理论的发展，是有积极意义的。

《打开社会奥秘的钥匙》一书一经出版，就在学术界产生了广泛的反响，并引起了中央领导和主管部门的关注。当时，在有的大学图书馆，借阅该书需要预约排队。我也因为该书而于1982年受到了时任国家主要领导人的接见。当然，我的观点，有些习惯了苏联的历史唯物主义教科书的人是不愿接受的，那一波争论大约持续了五年时间。

（二）关于认知系统论

我从1983年攻读博士学位开始研究社会认识论，此后数年间，我先是与几位系统论和控制论专家交流与合作，继而参加钱学森教授亲自主持的系统学讨论班，深受他关于科学系统的卓越思想的影响。那时我精力充沛，又心无旁骛，而且兴趣广泛，潜心阅读了大量有关科学技术哲学、思维科学、数学哲学、宗教学和文艺理论等方面的著作。例如，为了探究人是如何认识宏观世界的，我读了爱因斯坦相对论的若干著作；在对微观世界的认识方面，我读了量子力学和物理学史；为了探究宗教和艺术是如何把握世界的，我不仅读了不少书，还拜访了有关领域的专家。大量阅读，不仅开阔了我的视野，也启发了新的思路。我的博士论文《社会认识的结构和悖论》，迟至1987年才完成并顺利通过答辩，答辩委员会将它推荐列入胡绳主编的第一批"中国社会科学博士论文文库"出版。无论是答辩委员会还是中国社会科学出版社都并未提出修改建议，但当出版社准备付梓时，我却把书稿要回来修改加工，这一修改就持续了两年多，到1990年该书才面世。我一拖再拖交稿日期，出版社不仅耐心等待，时任总编辑郑文林还多次在社里表扬我，这种宽容和尊重作者、鼓励严谨治学的态度，对我的教育也很深刻。

我在社会认识论领域的主要观点和主要工作如下所述。

2008 年摄于紫竹书斋

1. 建立了社会认识系统的模型

贝塔朗菲依据对生物系统的研究，建立了"一般系统论"；钱学森致力于将"老三论"（系统论、控制论、信息论）和"新三论"（耗散结构论、超循环论、协同学）以及当时最新的计算机技术、人工智能和如航天等巨型工程技术学综合起来，创立"系统学"。我在系统学讨论班中是一个外行，人家讨论的许多话题我不懂，我就把心思聚焦在社会认识能否建立一个系统模型的问题上。《社会认识的结构和悖论》一书把整个社会认识看作一个系统，把社会认识划分为七种认识方式：科学认识方式、技术认识方式、艺术认识方式、价值认识方式、宗教认识方式、日常认识方式和哲学认识方式。过去总是认为，这些认识方式旨趣和性质迥异，根本没有什么内在的统一结构。其中，诸如科学和宗教、哲学和日常认识是对立的；价值认识是主观的，科学认识是客观的，二者正相反。我却把它们都归结为某种主客观结构，区别是在于结构方式各异。并且探讨了诸种认识方式相互联系和相互过渡的机制，由此建立了社会认识系统的模型。在这个模型中，人的认识正像太阳有七色光一样，由这七种认识方式形成一个连续的谱系。

2. 提出了社会认识系统的悖论

以往，悖论研究和社会认识论互不相干，悖论被看作纯粹的思维现象，甚至把它的产生归结为主观错误，不从社会认识论上思考悖论问题。另一方面，在社会认识论中也缺少悖论研究的视角，而是用"矛盾分析"取代了悖论研究。

我认为，尽管悖论表现为一种思维现象，但它却有深厚的社会根源。社会生活和社会认识中自我涉及性的循环现象，在一定条件下就会产生悖论；悖论也不是逻辑错误，不能简单地归结为形而上学思维的产物。悖论确与形式思维和形式化方法的局限性有关，但不一定就是形而上学。悖论发生在人的思维想要明确、固定地把握事物的辩证本质的时候，它是确定性与非确定性、清晰性与模糊性、变动性和静止性之间的矛盾的一种特殊表现。在社会认识论研究中引入悖论研究，有利于揭示社会认识因主体自我相关、主客体相互纠缠和相互转化而引起的特殊性质，有利于通过分析社会认识的综合性、概括性和多层次性的悖论，而使社会认识的本性以更尖锐、更集中的形式暴露出来，从而展示出社会认识论研究的一条新思路。

3. 提出了整合性思维概念

我认为整合性思维将是符合现代科学本性的一种辩证思维的新形式：①社会认识论并不是一般认识论在社会认识领域的简单推广，也不再局限于研究认识的来源、认识和对象的关系、社会客体的一般特征之类的传统的认识论问题，而是要研究与当代科学和社会实践的需要联系更为密切的问题，也就是说，它不再是一般地把社会当作客体来研究，而是从主客体的统一出发或者就是研究主客体统一本身。②它不再是纯粹思辨的研究，而是努力在哲学认识论和科学方法论之间、在哲学抽象和具体实践之间建立起紧密联系并相互过渡的中介或桥梁，从而发展为新的综合性学科。③"整合"（integration）是相对于分化、分解而言的，在近代科学长期分化发展，各门科学已经形成了自己的概念语言、理论定式、对象范围的情况下，要实现整合，就必须解决各种概念语言的相互沟通、各种认识方式的相互转换以及不同学科视角的重合和交叉等问题。这也就是我致力于研究社会认识的七种认识方式的结构及其相互转换的机制的缘由。

整合性思维的特征是：①综合统摄分析，即综合贯穿于认识的全过程，但每一步综合都伴随着分析。②分析和综合不是分别进行的，而是相互渗透、融为一体的。分析不以失去对象的整体性为代价，而是以综合为指导的；综合也不以失去对各个部分的精细考察为代价，而是以分析为基础的。③在表现形式上是形式化和非形式化相结合、科学和经验相结合。④在表现形态上是从抽象到具体的理论形态和从理论具体到具体实践的应用形态的统一。

可以说，在社会认识论领域的艰苦开拓，构成了我的学术生涯的一个转折点：从哲学领域转移到哲学和具体科学、哲学和生活实践的过渡地带，从依靠抽象思辨转向依靠广泛的具体科学知识基础。这一转折促使我"朝着'哲学—专门科学—社会技术学'的方向努力，建立纵深的研究层次……脚踏实地，上下（不同研究层次）贯通，虚实相应，似亦应为当今治学之道"（《社会认识的结构和悖论》，第11—14页）。

我的博士论文从写作到出版，花了7年时间，而且正值我的盛年，下的功夫很大。该书出版后，我的学术研究随即开始转向经验研究，我带领历史唯物主义研究室全体同人到安徽省企业和农村调查一个月，在《光明日报》上连续发表调查报告；我邀请社会学所科研人员参加我创办的"中国社会科学院社会发展研究中心"；我本人也参加了社会学所的课题研究，例如黄平主持的联合国粮农组织委托的农民工迁出地调查等。

（三）关于科学基础论

我迈出的哲学与社会学结合并进而走进社会学领域的第一步，是从科学方法论到社会学方法论的研究。这对我来说，是比较自然和顺畅的。在参加钱学森系统学讨论班前后，我认识了钱老的几位学生，以及学生的学生——比我还年轻的几位研究生，并与他们一起做课题、写书。一项成果是在《中国社会科学》等报刊上发表的几篇关于社会科学基础的论文；另一项就是合著《现代社会科学基础：定性与定量》。

康德早就提出人的认识的预设基础问题，被称为"基础主义"。此后，关于数学的基础问题、自然科学的基础问题，多有讨论，争论不休。我认为，其实"基础"问题在社会科学中表现最为尖锐。"基础"是一门科学之为科学的根据，社会科学何以成为一门科学？我提出"社会科学基础"包括方法论基础、观念基础和技术基础三个方面或层次。

1. 社会科学的基础问题

社会科学自诞生至今，就没有摆脱过基础问题的困扰。按照科学主义的观点，社会科学应该具有自然科学那样的客观性，应当以自然科学为基础；按照人文主义的观点，社会科学面对的人的世界是"价值的世界""意义的世界"，因而不可能具有像自然科学那样的客观性，它必须以人文主义为基础。科学主义和人文主义的对立，构成了社会科学基础研究中的根本问题。

我认为，"社会世界"具有二重性，它既是"事实的世界"，又是"意义的""价值的世界"。社会科学中的科学主义和人文主义各自抓住了一个方面的道理，但都未能恰当地对待社会世界的二重性，它们把二重性搞成了"二元对立"。要想克服"二元对立"，必须代之以"层次论"（《中国社会科学》1991年第5期）。

2. 现代社会科学的方法论基础

我认为现代社会科学的方法论基础是由以下三大方法构成的整体。

（1）定性和定量相结合的系统研究方法。这一方法之所以能够成为现代社会科学基础的"支柱"之一，不在于其强调通常意义下的定性与定量相结合的具体方法，而在于强调一种系统研究方式，即通过建立研究主体的系统结构也就是组织结构、知识结构上的系统组合优化，以及研究过程、研究程序上的系统综合效应，把理论和经验工具结合起来。这样就造成了足够复杂的"认识主体系统"，其复杂性不亚于作为社会现象的复杂性，从而把社会科学的研究方式从传统水平推进到现代水平。

（2）个体论与整体论相结合的综合研究方法。我尝试用"层次过渡模型"具体实现社会生活个体性和整体性的辩证综合。这一模型大致包括三个概念层次：①个人动机，潜在可能性的概念层次；②社会行动，外显的事实性概念层次；③整体联系，意义性概念层次。三个层次的概念是相互过渡、相互规定的。

（3）实证性和评价性相结合的集成研究方法。集成方法是摆脱"二元对立"的可行方法。所谓"集成"，就是不把实证性研究和评价性研究看作互不相容的东西，但也不是折中，不是消融它们的特异性，而是使之相互过渡、相互补充，在互为根据中得到统一。实施集成方法的途径有两条：①专门化认识的途径；②日常认识的途径。

3. 现代社会科学的观念基础

社会科学现代化的观念基础，其核心是如何看待社会科学的属性和作用。社会科学是客观真知的体系，是人的行为和决策的理性根据和智力支持，是社会发展的推动力量，不是一种舆论、一种"意见"，也不是社会过程的一种观念性附着物。从认识方式看，社会科学与自然科学一样，都要求主观去符合客观。从结构和功能统一的角度可以具体地理解社会科学是科学的内在根据。

4. 现代社会科学的技术基础

实现社会科学向社会技术的转化，是社会科学现代化过程中尚待解决的问题。现在，有一种大有希望的社会技术正在发展，这就是综合集成技术。它的特点，是把定性和定量结合起来，把科学理论和经验知识结合起来，把多种学科结合起来进行交叉综合研究，在有层次结构情况下还要把宏观和微观结合起来，这些结合需要不仅具有信息管理系统（MIs）、决策支持系统（Dss）的功能，而且具有综合集成功能的计算机的支持，这就构成了一个高度智能化的系统。

我从对社会科学基础问题的探讨转向社会学方法论研究，大约是从1988年开始的。那时，我不仅与时任社会学所科研处长的沈原讨论社会学问题，还与杨音莱合著了《社会学方法论与马克思：个体与整体》一书。该书实际上是社会学所立项的一个课题，我当时设想了一个较大的计划，"个体与整体"只是第一册，还有第二册"结构与过程"、第三册"事实与价值"。这个计划已经写到第一册的"后记"了，但因杨音莱出国，我调到社会学所后忙于社会保障方面的新课题，第二、三册被搁置了，我很惋惜，几次想独自完成原来的计划，与出版社的协议都签了，但终因忙于其他课题而作罢，实在是一个遗憾！

（四）关于超越进化论

从1989年开始，我的学长、早些年已经转到社会学所并且担任所长的陆学艺教授就动员我到社会学所工作。他为此花了五六年功夫，这期间，他拉我参与社会学所的社会调查和课题研究、参与他主编的《社会学》一书的写作、出席社会学学术会议，我作为哲学所的研究员却担任了社会学所的学术委员会委员，最令我过意不去的，是他想尽办法为还在哲学所的我解决社科院当时最为困难的住房问题。在老陆锲而不舍精神的感动下，尽管哲学所把两个研究室合并为一个大研究室让我当主任，我还是带着我的三位博士研究生一起转到了社会学所。我很平常，绝对不敢自比古人，但老陆对我绝不只是"三顾茅庐"。陆学艺是我进入社会学界的引路人，在他 1998 年退休时，又把社会学所交到我的手上，这份信任和情谊我是终生难忘的。

1990—1993 年，即我创立中国社会科学院社会发展研究中心之前，国内哲学界，主要是中国社会科学院哲学所和吉林大学，就有一批人转向社会发展研究。这期间，我们在北戴河召开了首届社会发展理论讨论会，推动哲学研究转向社会发展的具体实践问题研究。因此，我调到社会学所后也就顺理成章地选择以"发展社会学"为专业，并带这个专业的博士生，申请的第一项课题是"市场转型与社会结构"。

然而，我越是钻研当时译介过来的发展社会学文献，就越是感到它们的解释力其实有限。我从一开始就反感早期现代化理论把现代社会与传统社会完全对立起来，以及把现代化等同于西方化的强烈西方中心主义倾向，我虽然赞同其后的依附理论，欣赏世界体系理论，但也觉得用它们来解释中国发展尤其是改革开放以来的快速发展有点隔靴搔痒。那期间，曾有出版社约我写发展社会学的书，我迟疑了。冥思苦想了几年，想出来一个"超越进化的发展"概念，到 2000 年，才主笔写作了《中国社会发展与发展社会学》一书，把"超越进化的发展"概念加以展开。又过了几年，我终于为社科院研究生院写了一本教材——《发展社会学概论》，系统阐述了一种以东亚现代化和中国改革开放实践经验为基础的"新发展社会学"，核心概念就是"超越进化的发展"。

"超越进化的发展"，归结起来，一是超越传统与现代的二元对立，实现二者的结合和统一；二是超越连续性与非连续性的二元对立，实现二者的结合和统一；三是超越普遍性和特殊性的二元对立，实现二者的结合和统一；四是超越时空压缩和时空延伸的二元对立，实现二者的结合和统一。我从1997年出版的《中国社会发展观》一书开始，直到最近用"超越进化的发展"概念，解释"十二五"时期中国的经济和社会发展，都是致力于把这个概念具体化、实用化，希望它能够适合解释中国和非西方发展经验的需要。

（五）关于时空压缩论

为什么形成于20世纪50年代的早期现代化理论，尽管是研究发展中国家的现代化问题的，却越来越无力解释发展中国家的现代化发展实践呢？重要原因之一，是时空场域转换了。主要以发展中国家的发展问题为对象的发展社会学，却是由发达国家的学者创立的，而且是在冷战初启之际，一些西方学者带有强烈的意识形态偏见，"以现代化理论为核心的主流发展理论承袭了欧洲殖民时期的思想"（彼得·华莱士·普雷斯顿，2002/2011）。

继拉美学者率先对发展社会学的一些基本信条发起冲击以后，随着亚洲"四小龙"的崛起，传统文化与现代化、政府作用与市场机制、普遍主义与特殊主义等重要问题也都被重新讨论。而改革开放以来创造的"中国奇迹"更促使人们从新的时空视角解释中国经验。我在1999年发表了《中国社会发展的时空结构》一文，首次对中国发展的时空特征做了概括，并重新定义了"时空压缩"概念。该文认为中国现代化过程的主要时空特点是时空压缩——传统性、现代性和后现代性这三个不同时代的东西集中压缩到了一个时空之中，这三者形成相互影响、相互包含、择优综合的关系，这决定了中国现代化过程必须是制度机制创新的过程，这个过程具有强烈的时空压缩性。

鉴于当时鲜有译介过来的国外时空研究著作，我和北京师范大学的朱红文教授利用同时到剑桥大学访学的机会，征求剑桥教授的意见，精选了10本著作，主编了迄今国内唯一的一套《时空社会学译丛》。稍后，我和几个学生合作撰写了《时空社会学：理论和方法》，也是国内第一本。这些研究尽管还是探索性的，但在学界已经产生了积极影响。该书系统研究了社会发展的时空结构、社会理论的时空视角、社会研究的时空分析方法，并将时空社会学与发展社会学结合起来，具体分析中国改革开放以来的实际问题。

最近几年，国内时空社会学研究出现了可喜现象，也可以视为一个研究的热潮。一批后起之秀做出了高质量的成果，一些名刊也乐于发表这一新兴分支学科的论文。2014年和2015年，陕西省社科院《人文杂志》社和北京工业大学先后举办了时空社会学讨论会，2016年计划举办第三届，今后还要继续举办。我还在筹备成立中国社会学会时空社会学专业委员会，这样，这个新学科就算是在中国兴起了。

（六）关于底线公平论

2002年，我首次提出要把"守住底线"作为社会保障的基本理念，2004年在世界社会学大会上，正式论述了底线公平理论。2009年出版的《底线公平：和谐社会的基础》一书，以中国社会结构变迁中经济发展与社会公正的关系为焦点，追问社会保障制度的理念基础，提出了"作为公正的发展"的"底线公平"概念。该书以"底线公平"为概念工具，在对调整利益关系、增进社会福利、实现协调发展及和谐社会建设的经验分析中，论证了"底线公平既是政府责任的底线，也是市场发挥作用的边界"的论断，界定并探讨了社会保障主体之间的责任共担关系，总结出了底线公平的原则和机制、制度和体系、责任结构和实现条件，形成效率与公平相统一、刚性与柔性相结合、体系内外相协调的福利模式，逐步使"底线公平"从一个概念发展为一个完整的理论。

底线公平理论主要内容如下。

1. 底线公平作为核心概念

底线公平，不是在保障水平高低的意义上而言的，它的基本含义是强调在社会保障和社会福利问题上政府和市场作用的界线、政府责任的底线、市场作用的边界。在这里，底线不是指"低水平"，而是指政府和市场、政府和社会、政府和个人的关系里面的责任底线、制度底线、政策底线、道德底线。底线是强调必须坚守、必须做到、不可含糊的意思。至于保障水平和福利水平高低，那主要是由经济发展水平决定的。

在我们这样一个人均收入水平偏低的国家，只有满足人民群众的基本需要，守住底线，社会才能安宁，才可能真正实现普遍公平，才可能走出发展和公正相统一的切实可行的道路。所以，底线公平就是保障大多数人基本权益的公平。

2. 底线公平的指标体系

一般公平是难以测量的，底线公平却可以找到一些相对确定的量，建立起以生存权、发展权、健康权的公平性为一级指标，最低生活保障、义务教育、公共卫生和基本医疗为二级指标，应保尽保率、义务教育完成率、医疗可得性等九个指标为三级指标的指标体系。

3. 底线公平的制度结构

底线公平的制度结构包括：①体现权利一致性的底线福利制度，主要包括最低生活保障制度、公共卫生和基本医疗制度、义务教育制度和公共福利制度等。②体现需要差异性的非底线福利制度，主要包括各种形式的"个人账户"制度、完全积累制度和商业保险制度等。③兼顾权利一致性和差异性的跨底线福利制度，包括医疗保险制度、养老保险制度、失业保险制度，以及社会互助、社会服务制度等。每一项制度都包括基础部分与非基础部分。这样，就容易明确政府责任与市场作用的边界，便于形成多元主体的责任结构，可以实现对社会保障和社会福利运行过程的有效调节。

《社会学研究》《中国社会科学报》《社会科学战线》《中国社会保障》《高校理论战线》等杂志，《人民日报》《光明日报》、新华社、人民网等媒体，载文介绍和评论了底线公平理论，认为这一理论有独创的核心概念、基本命题、逻辑自洽、模式适用，是包含了社会福利的理念、福利制度、社会政策和社会工作四个层次的成体系的理论，在近年来的学术文章和政府文件中被引用次数很多。

党和政府有关部门肯定了底线公平理论的应用价值，并且这一理论得到了实际应用。①2007年5月27日中央电视台新闻联播在专门报道中称："这一理论为国家制定社会保障政策奠定了理论基础。"②"底线公平原则"被作为"导向原则"之一，写进2012年广东省委向第十一次党代会所作的大会报告（该报告提出："要以规则公平、机会公平、底线公平为导向，加强社会领域基础性制度建设。"）；同年，"底线公平社会保障体系"被写进浙江省有关部门文件。③底线公平理论对我国农村最低生活保障制度、农村养老保险制度、社区养老服务等制度以及"十二五"社会保障发展规划的制定产生了实际影响作用。

（七）关于福利社会论

中国能不能建设福利社会？学术界在 21 世纪第一个十年展开了公开争论。我对此持肯定的看法，并在一系列论著中论述了中国特色福利社会与西方"福利国家"的区别，论证了建设中国特色福利社会的必要性和可行性。我认为中国特色社会主义福利社会，是全体人民都能够各尽所能，都对社会做出自己的贡献，同时能够公平地享有社会福利，合理地分享经济和社会发展成果，真正实现共同富裕的社会。其特点是：普惠性福利与工作福利相结合、权利与义务（即享受福利与承担相应的缴费义务及相关责任）相结合、无差别的公平与有差别的公平相结合。经过全体人民的不懈努力，逐步实现"幼有所育，学有所教，劳有所得，病有所医，老有所养，住有所居，弱有所助，贫有所济"等民生目标。

在《福利社会学》和《底线公平福利模式》等著作中，我提出了判断福利模式适当性和适用性的标准。认为判断一个福利模式好不好的标准，要看能否保持四个基本均衡：一是经济发展与福利支出的关系能不能均衡；二是福利支出中的基础部分与非基础部分的关系能不能均衡；三是福利机制中的刚性与柔性的关系能不能均衡；四是福利责任结构中的政府与市场、家庭、个人之间的关系能不能均衡。这四个基本关系如果均衡了，那么福利制度就可以健康地运行，否则就可能发生危机。

我还从社情人情、文化传承、政治制度、经济条件四个方面，分析了福利模式的制约条件，提出以教育为基、劳动为本、服务为重、健康为要，应该是中国福利模式的四大特点和优势。这一福利模式把形成福利的功能内化在模式之中，而不是作为模式的外在条件；它把福利支出转化为经济和社会发展的投入，使二者由相互抵消转变为相互促进；它把难以调节的刚性需求置于可以调控的柔性体系之中，防止陷入福利危机；它把源于西方社会的福利制度结合到中国的文化传统和社会结构之中，后者的优势不是遭到弱化而是得到发挥。

与前述六个领域相比，我在社会保障和社会福利方面出版的著作较多，除了较早的《基础整合的社会保障体系》（合著，2001）以外，近几年出版的有独著《底线公平：和谐社会的基础》（2009）、《底线公平福利模式》（2013）；合著《福利社会学》（2010）、《当代中国社会福利思想与制度》（2011）、《普遍整合的福利体系》（2014）、《建设中国特色福利社会》（2016）等。

2015 年在中国社会科学院社会学研究所学术讨论会上发言

在社会保障和社会福利研究过程中，我倾注心力积极参与多项攸关民生的制度建设。20世纪90年代后期，国企改革形成下岗潮，我受时任中国社会科学院院长李铁映委派，深入辽宁多地调查，为解决下岗职工再就业问题，向中央提出政策建议。我看到当时建立的城市居民最低生活保障制度社会效果很好，就积极建议也应该建立农村居民最低生活保障制度，因为我国最大的贫困群体在农村。但当时政府对于在农村建立这一制度，财政能否承担得起疑虑很大。我就到甘肃、青海、黑龙江、吉林等地调查。到2003年我担任全国政协委员以后，在同样关心这一问题的时任全国政协社会和法制专业委员会副主任、原劳动和社会保障部副部长王建伦带领下，深入全国多地调查，测算在全国建立农村最低生活保障制度的财政负担到底有多大，论证财政能力是完全承担得起的。我们的研究报告得到国务院领导的批示，2007年的政府工作报告宣布在全国建立农村居民最低生活保障制度。我为此奔走、呼吁多年，此时非常激动。在此期间，我还努力对新型农村合作医疗制度试点和推广情况做跟踪调查，提出政策建议。此后，我积极参与制定农村养老保险制度；受全国医改办委托，对公立医院深化改革做调研并提交报告。此外，我还对贫困家庭子女就学、大学生就业、农村留守老人和留守儿童、农民工社会保障、教育制度改革、社会工作队伍建设、城乡基本公共服务均等化、产城乡融合等问题提出政策建议。我在社会政策方面投入了很多时间和精力，尽了一个学者应该尽的社会责任。

当年形成上述七个理论的时候，并未想到它们之间的联系，近年来，我不无惊喜地发现，这些理论之间有一条线索，贯穿了哲学—社会学—社会政策这三个层次。

二　感念与感悟

2013年3月，我获评"中国社会科学院科研先进个人"。获得这个奖，我确实很高兴，不是因为别的，而是因为我当时已经70岁了，每年的科研成果还能不比年轻人少。2014年年终考核时，一位研究室主任说，我一年的成果，相当于他们研究室当年的总和。这话可能有些夸张，准确与否不必当真。2015年，创新工程年终计分，我的分数在全所名列前茅。我出这些成果，不是因为身体特别强壮，也不是脑力比得了年轻人，体力脑力当然是必备条件，但我不敢自恃，因为更主要的是靠一种精神。

这种精神是哪里来的？是1978年踏入社科院大门以来，我所受的教育、熏陶，潜移默化的。说到这里，我要特别感谢我的导师、曾任哲学所所长的邢贲思教授和历史唯物主义研究室主任王锐生教授，感谢把我从哲学所引介到社会学所的该所第三任所长陆学艺教授，感谢不论我在哲学所还是社会学所都一直关心我的、长期担任我院副院长的汝信教授。我还特别感谢曾任社科院院长的李铁映同志，他在我最困难的时候给了我最坚定的支持，感谢先后分管社会学所的李慎明副院长、朱锦昌秘书长，长期分管科研工作的江蓝生副院长，他们都给过我宝贵的帮助和支持。还特别感谢陈奎元院长和院党组各位领导，正是依靠他们的决断和努力，才终于建立了学部制度，已故陈佳贵副院长对此付出了很多心血。当然，我也感谢哲学所、社会学所、院机关的所有同人。正是这一代一代社科院人的不懈努力，包括原哲学社会科学部老一辈学者的精神遗存，使我院经年累积而形成了极为宝贵、极具品位的中国社会科学院精神。

中国社会科学院精神是否已经成型、怎样表述？我说不好。但我可以请能说得好的人说：

——20世纪80年代初，我参加胡乔木院长的写作班子，我本来对自己的文字能力很自信，却不料我写的那部分稿子被他批改得面目全非，这位文章大家令我体会到什么叫"严谨"。

——我也曾听胡绳老院长说，一个学者不要对自己专业以外的，或者虽属专业以内却没有专门研究过的问题随便发言；也听他转述过郭沫若先生的话，什么是学术领导？学术领导就是拿自己的书来领导，这令我明白了什么叫"严肃"。

——逻辑学家周礼全先生曾教育我："文章要写得像哲学一样深邃，像数学一样严密，像文学一样感人"，这令我明白了什么叫"严格"。

——享誉海内外的钱钟书先生说过，社科院是他永远的爱人。我体会他说的这个永远的爱人就是学术，对学术这个"永远的爱人"要忠贞不渝地追求，不舍不弃地追求，死乞白赖地追求，用心、专心、一心一意地追求，一生一世穷追不舍，这令我明白了什么叫对学术志业的执着亦即"严守"。

以上所说的严谨、严肃、严格、严守，无非一个"严"字，这显然只是中国社会科学院精神的一个组成部分，整个精神内涵还很丰富。老先生们以他们的精神教导我们，怎样做一位学者，怎样当中国社会科学院人。传承社科院精神是我们的天职和本分，我曾将李大钊的"铁肩担道义，妙手著文章"修改为：肩不铁也要担道义，手笨拙更勤著文章。

几年以前，我到商店买衣服，售货员举着一件衣服对我说，这一件特别适合你的身份。我吃惊地问：你看我是什么身份？她不仅断定我是做科研的，还猜测我是做社会科学研究的。她显然是依据外在的表象,我戴个眼镜,一看就是很少到商店,不会买东西的。但我希望,学术界和社会上的人,能够更根据内在气质来评断我们,当他们看到一个人,特别敬业和执着、特别严谨和勤奋、特别有操守和风范、特别有见地和成就,他们就说:"这个人肯定是中国社科院的。"或者问:"这个人是社科院的吧?"不论用的是肯定句还是疑问句,都表明社科院精神不仅已经形成了,而且已经化作我们每一个人的价值追求、工作态度和行为方式。依靠这种精神,社科院就肯定能够成为令世人仰慕的最高学术殿堂,肯定能够成为党和国家倚重的思想库智囊团!

做学问不可能有统一的模式。学科不同、国度不同、时代不同,研究的领域和问题不同,加之学者的风格和做派不同,做法自然就不同。做法不同,感受也就不同。

我对做学问的体验,来自我在社科院 38 年的经历。1978 年考入社科院读研究生,称为"黄埔一期",从此我再没有离开社科院。这个单位既没有权,也没有钱。在 2000 年左右,高校的待遇大幅度提高,北大、清华教授的工资大约相当于社科院研究员的 2 倍。当时高校扩招、扩编,清华等理科大学也纷纷成立文科院系,全国高校社会学系像雨后春笋般暴增,教师奇缺,于是就到处挖人。到哪里挖?首先就是社科院。我们所的优秀人才就有被挖走的。当时我非常紧张。我的前任陆学艺所长把社会学所发展到 90 多人,一派兴旺发达的势头,刚交到我手上就遇到了这种被挖的困局,我自己也是被挖的对象,仅北京就有 3 家高校来挖我。我知道大事不好了。如果我连人都拢不住,那我这个所长还怎么当?正在我忐忑不安之时,却无意中发现,所里在走了两个人以后,竟然安稳下来了,而外面"挖人"之风并未消停。这我就奇怪了,什么原因?我甚至忍不住去问估计可能被挖过的同事是怎么想的。回答是：社科院毕竟是做学问的好地方，钱拿的少一些，但是科研时间充裕，而自由支配的时间是花钱买不来的。社科院不像高校那样需要讲课，也不像机关那样必须天天坐班，对于愿意潜心做学问的人来说，可以自由支配的科研时间是最宝贵的。

除了自由支配科研时间之外，社科院还有什么魅力，足以留住在职三四千名、退而不休几千名不说是才高八斗也是学有专长的学者？关于社科院的定位，现在的说法是"马克思主义的坚强阵地""中国社会科学的最高学术殿堂""党和国家的思想库智囊团"，这是正式提法。我的感受是，社科院是一个"强大的学术气场"。几千学术精英围聚在一起，形成强大的学术气场，它具有难以想象的吸引力，或者说魅力。在这里，什么都是高端的，至少说，什么都追求高端——论文必须高水平，发言必须高质量，会议必须高档次，刊物必须个个是名刊……总之，除了穿戴不要求是名牌以外，人们内心里有一个无声的命令——"国家级"。

当了社科院的一个研究室主任、副主任、研究员、副研究员，自己可能不觉得怎么样，在单位内部也觉得平常，可是走到全国，人家要求我们的发言、我们的论文，要有"国家级"的水平，应是一个学科的带头人，要有国内最高水准；参加国际会议，要能代表国家水平。我们个人可以很谦虚，不把自己当成是个什么"人物"，这当然是对的，但是学术界却对我们要求很高。这把尺子就像"达摩克利斯之剑"高悬在我们头顶上，审视我们、苛求我们，令我们感受到危机，感受到威严，不能不兢兢业业。我当了学部委员之后，给自己立了一条规矩，尽管每年有十几场会议邀请我参加，但是，只要没有准备好参会论文或发言稿，我都不参会。自己水平高低另说，那可以努力提高，但首先要抱持一个认真的态度，让人觉得我们是严肃的学者。不能"赶场"，不能为了显示自己的存在而到处"露脸"。当然，水平确实很高的例外。我在哲学所时，曾听过李约瑟讲中国科技史，到社会学所后，也听过吉登斯的学术报告，他们都没有稿子，那是人家水平高、口才好，我不好比。在学问上有时候我也感到惊奇，所里的年轻学者，明明具备申请高级职称的资格了，可就是不申请，宁愿推迟两三年，甚至五六年，直到拿出高质量的专著了，自己掂掂分量够了，才申请。这是显示自己的一种自尊、一种对职称的敬畏。在社科院，再张狂的人都不敢随口声称自己的成果填补了什么"空白"，因为放眼一望，道行高的人比比皆是；抄袭等学术不端行为极少，为什么？不屑！大家心里自有更高的追求。追求什么？追求智力的挑战，有那么多尖端的难题，等待我们去破解；追求理性的愉悦，在研究室、在讨论会，哪怕是在闲谈之中，随时都能碰撞出绚丽的思想火花，令人陶醉，感到满足。这就是学术无穷的魅力，它吸引人们甘愿一门心思地去追求！

用什么方式追求学术？修炼。炼学术的内丹，修学者之身，养学术之性。在社科院，你看一个个也许其貌不扬，也许不善言谈，可一旦谈起学术来，一个个立马就两眼放光，滔滔不绝。这是在这个学术气场里长期修炼的结果。所以我说，做学问也是一种修炼。前几年我曾到一所寺庙小住，老和尚问我感觉如何，我说感觉我和你差不多，你天天念经，我天天念书；你天天打坐，我天天写作；你天天吃素，我天天喝粥。

怎么修炼？方法和途径当然很多，人各不同，各有门道，也各有体会。我的体会是，表面上社科院的科研人员不天天坐班，老师与学生也不经常见面，但是外松内紧，实际上天天都有把尺子在量你，而且标准很高很严。我体会就是前述的"四严"：严谨、严肃、严格、严守，是历代老先生们言传身教给我们的，传承这个"严"字，不仅是我们的天职和本分，也是一个学者的修身之道。

我常对学生说，其实做学问不一定需要多么聪明，只要做到严谨、严肃、严格、严守，心无旁骛，日积月累，总是能做出好学问，乃至大学问的。有些大学问家确实天分很高，但未必尽然。而有些人即使天分再高，但如果终日心浮气躁，追求"短平快"，也难成大器。所以，做学问，方法固然重要，但是所持的态度更具有根本的意义。

修炼的目的是什么？道家修炼是为了成仙，佛家修炼是为了成佛，儒家修炼是为了"为天地立心，为生民立命，为往圣继绝学，为万世开太平"。我们修炼是为了发展中国学术，对我从事的这个学科来说，就是在中国崛起的大势下，实现中国社会学的崛起。

中国社会学怎样实现崛起？西方社会学是在学科分化中实现崛起的，中国社会学当然不排斥学科分化，而是要以学科分化为基础，吸取学科分化的成果，但是不能耽于学科分化。中国学术的优秀传统是长于综合，各个学科是在综合中发展的。我体会费孝通先生暮年非常强调"扩展社会学的学科界限"，这实际上是要我们冲破学科藩篱，致力于学科贯通，在贯通中实现综合，在综合中实现崛起，我感觉这是费先生为我们指出的一条实现中国社会学崛起的道路。这条道路是符合中国学术传统的，又是便于吸收西方学术经验的，我认为，也是继承了近代以来探索实现中华复兴的先辈们的遗训的。谭嗣同创立《仁学》，倡导"通"，

"道通为一"。通有四义：一曰"中外通"，通学、通政、通教、通商；二曰"上下通"，破除等级地位观念；三曰"男女内外通"，破除"三纲五常之惨祸烈毒"；四曰"人我通"，破己与他的畛域。他认为"通"是富国富民的"相仁之道"。这里的"通学"，既是通中西之学，也是通学科之学，或可另加一"通"，称为"学科际通"。

我从20世纪80年代开始探索哲学研究与经验研究贯通的路径，当时的提法是"上下贯通，虚实相应"，1990年正式宣示朝着"哲学—专门科学—社会技术学"的方向努力，实际走过来的是一条"社会哲学—社会学—社会政策"的道路。从2010年以来的6年间，我还培养了9名社会工作硕士，这是更具实践性和技术性的学科。这样，我就从最抽象的思辨层次，贯通到了最实际的技术（工作）层次。2015年，我在《人民日报》理论版发表了一篇短文《加强学科际学术创新》，从中国学术传统到现代学科综合化，结合自身经验，探讨了不同学科层次概念语言的贯通问题，以及实现学科间贯通的引证案例（事实或数据）和基于案例（事实或数据）的两种研究路径，就权作本文开篇所说的对不同学科层次的相互关系及其贯通方法的一点感悟吧。

景天魁
2011年首发于中国社会科学网
2016年春修订

道 布
Dao Bu

男，蒙古族，1934年11月15日生于热河省承德市（今河北省承德市）。原籍内蒙古卓索图盟喀喇沁左旗。中共党员。早年就读于北京国立蒙藏学校。1957年毕业于中央民族学院语文系蒙古语班，分配到中国科学院少数民族语言研究所任研究实习员。1979年任中国社会科学院民族研究所助理研究员。1980年任副研究员，1986年任研究员。2006年获中国社会科学院荣誉学部委员称号。主要从事蒙古语研究、回鹘式蒙古文及其文献研究、民族语文政策研究。著有《回鹘式蒙古文文献汇编》（蒙古文版）、《蒙古语简志》《道布文集》。发表论文50余篇，译著两种，文学译作4篇。曾任民族研究所语言室副主任、主任，民族研究所副所长，中国社会科学院学位委员会委员，中国社会科学院学术委员会委员。曾兼任中国少数民族语言研究中心主任，中国社会科学院研究生院民族系主任、博士生导师，国家语言文字工作委员会委员，中国语言学会副会长。1997年受聘为内蒙古大学兼职教授。现任中国民族语言学会顾问。

学海遨游五十载

"人生七十古来稀,如今已竟不稀奇,但愿夕阳无限好,桃花源里看桑榆。"这首打油诗表达了我退休后的心境。我退休得比较晚,到 70 岁才办的手续。作为一名学术工作者,回顾起来,觉得这一生过得还算平顺踏实。虽然没有太大的建树,多少也做了一些拾遗补阙的工作,有些学术成果还得到了同行们的肯定,常常被引用,用当下流行的话来说,就是"点击率"还比较高。想到这些,不免感到些许欣慰。

一

曾经有人问过我,是怎么走上研究语言这条道路的,我想,这还得从读高中那个时候说起。有人说"性格决定命运",我认为不如说"个性决定人生"。就我个人的经验来说,我的个性基本上是在读高中那个时期形成的。高中是我走上人生旅途的重要准备阶段。我就读的那所学校——北京国立蒙藏学校,是北洋政府时期蒙藏院设立的,历史比较悠久。后来几经变迁,现在改成了中央民族大学附属中学,校址也由西单石虎胡同迁到了海淀区魏公村。当时蒙藏学校是一所供给制寄宿中学,管理非常严格。

衣、食、住、课本都由学校提供，每月还发一点津贴费，用来购买肥皂、牙膏、鞋袜之类生活用品。学校聘请的教师非常好，个个都是精通自己专业的教学能手，而且各自具有独特的风格。像不苟言笑的数学老师胡玉芬先生（她还教物理），经常是踏着铃声走进课堂，下课铃响正好把课讲完。我们从她严谨的课堂教学中学到了分析问题抓住关键的方法和进行演绎推理的能力。像敦厚慈祥的历史老师王孝渔先生，我们从他发给大家传看的图片中形象地记住了各种重要历史事件和历史人物。他还教我们用制作年表的方法把握历史发展的脉络。像幽默诙谐的生物老师任小田先生，他把各种生物都描述得滑稽可爱，让我们在快乐之中领会到适者生存的道理。像风度翩翩的语文老师王扶汉先生，不但板书写得好，一笔漂亮的瘦金书，而且口才也极佳，通过作文课的点评，教我们掌握运用文字表达思想的基本功。现在回想起来，我在蒙藏学校读高中，不但学到了文理各科的系统知识，而且领会了不同学科的学习方法。我后来逐渐认识到，掌握知识固然重要，而掌握学习方法，对一个人来说恐怕更为重要。一个人只有掌握了学习方法，才能够主动地去学习。一个人善于自学，才能够自立。老师们的言传身教，让我在高中阶段大有长进，使我终身受益。

蒙藏学校还有一个特点，就是具有革命传统。从中国共产党建党后不久到北京解放前夕，学校里一直有地下党活动。著名的校友乌兰夫（创建内蒙古自治区的伟大革命家，前国家副主席）就是在这里入党的。解放后，蒙藏学校的政治气氛十分活跃，同学们追求进步，积极参加各种社会活动，入党入团，参军提干。同学们通过上政治课，学习了社会发展史，懂得了商品的二重性，懂得了剩余价值，懂得了剥削是怎么回事，懂得了阶级和阶

在内蒙古锡林郭勒盟牧区实习（1955年）

级斗争，懂得了五种社会形态，懂得了共产党的奋斗目标。解放后第一任校长黄静涛是从内蒙古自治区派来的"老干部"（其实他当时年龄并不大，不过30岁出头，但是在我们这些学生眼里，他已经是老资格了）。他也是这个学校的校友，抗战期间到延安参加革命。他编写了一本马克思主义民族理论教材，铅印出来，发给老师和同学们学习。总之，在读高中这个阶段，我们接受了革命的启蒙教育，为树立科学的人生观、世界观打下了基础。

在蒙藏学校求学期间的课外活动也值得说一说。我觉得这些课外活动对塑造一个人的个性也是很重要的。学生会在这方面发挥了不可替代的作用。学生会除了组织歌咏队、舞蹈队以及为唱歌舞蹈伴奏的小乐队，开展群众性的文艺活动以外，还跟学校的工会联合排演过曹禺先生的话剧《雷雨》。这场师生合作的演出曾轰动一时。参加演出的几位同学，后来有的考入艺术院校，当了演员，成为我们传诵一时的佳话。学生会对我也有很大的帮助。有一个学期，学生会的文艺部长找我谈话，推荐我到北京市文联举办的业余艺术学校文学班去学习。学员来自北京市的各个中学和一些工厂，每周六下午到天安门东边的太庙（北京市劳动人民文化宫）去听课，每次请一位作家或者教授讲一个专题，记得老舍、艾青、田间、李何林等先生都给我们上过课。印象最深的是老舍先生那一次，他讲的写作要领，特别是针对中学生常犯的毛病所讲的那些话，成为我一生遵循的写作准则。有时候，下课以后（也就是当天晚上），班主任邀请我们到地处霞公府夹道的市文联去参加文学艺术家们的聚会，让我有机会目睹程砚秋、新凤霞、赵树理等名家的风采，听他们清唱，一饱耳福。有一个学期，学生会文艺部给了我一张长期使用的证件，每周六晚上去南池子中苏友好协会礼堂听唱片音乐会，放的都是西洋古典音乐，像贝多芬的《命运交响曲》《田园交响曲》，里姆斯基科萨柯夫的《天方夜谭交响组曲》，柴科夫斯基的《悲怆交响曲》《1812年序曲》和舞剧《天鹅湖》的音乐，德沃夏克的《新大陆交响曲》等，都是那时候首次听到的。每次去还能得到一份文字材料，介绍作曲家的生平、作品的时代背景、主题思想、主要旋律，等等。唱片音乐会把我引入了欣赏高雅艺术的殿堂，让我领略到交响乐的美妙意境、宏大气势和深邃思想。每次散场之后，当我沿着长安街的红墙，穿行在灯光树影之中，都会有一种如醉如痴的感觉。这些课外活动，对我起了重要的潜移默化的作用，提高了文化素养，陶冶了性情，培育了乐观向上的精神。

二

高中毕业考大学的时候，我选择专业并没有费太多的心思，第一志愿报的是中央民族学院语文系，想到那里去学习蒙古语文。为什么要学习蒙古语文呢？原因很简单：我虽然是一个蒙古人，但是出生在城市，从小说的是汉语，不会说蒙古语，在那些会说蒙古语的同学中间常常感到尴尬，所以很想学会蒙古语。在读小学的时候，我曾经从家里的藏书中找到过一本用汉文写的《成吉思汗传》，很被其中的曲折情节所吸引。到了蒙藏学校，我又从图书室借到苏联学者符拉基米尔佐夫写的《成吉思汗传》中文译本，读后印象就更深刻了。这位蒙古族伟大祖先的人生经历、丰功伟业深深打动了我，使我不禁萌发了献身民族事业的朦胧愿望，憧憬着将来能够为自己的民族做点什么事情。为此，我首先就要学会蒙古语文。至于下一步再学什么专门的技能，并没有多想。那年高考，我觉得相当轻松。发榜后一查，果然考上了中央民族学院语文系。到中央民族学院报到那天，吃完中午饭，教务处就开了介绍信派我去北京大学东方语言文学系借读。当时中央民族学院成立不过两年，语文系蒙古语教研室只有一位老师。一年前已经派了一个班十几个学生，由这位老师带领，去北京大学东方语言文学系借读。那里有从蒙古人民共和国请来的专家，教新蒙文（用俄文字母拼写喀尔喀蒙古语的新文字）。于是我就做了这个班的插班生。

小时候我学过"十二字头"（传统蒙古文的字母和音节表）。在蒙藏学校期间还学过一些新蒙文，所以，当插班生并没有感觉有什么困难，学习得比较轻松。期末考试是口试，得了个5分（就是优秀）。除专业课，我还根据东语系的安排，听了高名凯先生的普通语言学和王铁崖先生的国际关系史等大课。课余时间我经常到位于文史楼五层的图书阅览室去借书看，读了几套线装书。在北京大学我参加过学生会主办的美术社，画了几张石膏像，还画了几张水彩画，培养了我对美术的兴趣。我的业余爱好又增加了新内容。

在北京大学学习了三个学期，中央民族学院把我们这班学生召回去了。这时候中央民族学院语文系已经充实了蒙古语教研室，可以自己开课了。我觉得回到中央民族学院学习，最大的收获有两个：一个是学习语音学，语言调查的基本功过了关；一个是到内蒙古牧区实习，在社会实践中得到了锻炼。中央民族学院语文系的教学有一个特点，就是非常重视语音学，要求学生一定要练好语言调查的基本功。语音学我们学了整整一个学期。前半个学期是邱昌厚老师教的，重点是国际音标，学会听音、发音、记音。后半个学期是黄布凡老师教的，重点是整理音位系统。这门功课要做大量的课堂练习，老师是手把手教会我们这套看家本领的。听说现在学校里语音学所占的课时已经很少了，匆匆忙忙一笔带过。对此我只能扼腕叹息、感喟沧桑了。

中央民族学院语文系的教学还有一个特点，就是给每届学生都安排半年的时间去少数民族地区实习，跟群众打成一片，实行"三同"（同吃、同住、同劳动）。我们班在三年级的第一个学期，去了内蒙古锡林郭勒盟牧区。大草原的秋天实在是太美了。

道 布

天苍苍，野茫茫，牛群、羊群、马群斑斑驳驳地散布在牧场上，万籁无声，微风吹拂着面颊，一切都显得那么惬意。只有身临其境才能体会到什么叫辽阔，什么叫宁静，什么叫和谐！同学们分散到各个浩特（牧区的居民点，一般由三四户人家组成）。一个浩特只住一个同学，彼此很少见面。这样我们就完全沉浸在蒙古语的环境之中了。住在牧民家里，跟他们一起生活，学着做一些力所能及的劳动，观察周围的事物，问这问那，感到一切都是那么新鲜，那么有趣。在体验中学习语言真是快乐极了！原来牲畜的名称可以分得那么细，不但5种牲畜（绵羊、山羊、牛、马、骆驼）公、母、阉割过的都分别用不同的单词表达（不用复合词也不用词组），而且不同年龄的牲畜也各有不同的说法。宰羊、杀牛在城市里很难见到，然而在牧区却是日常生活的一部分。若非亲眼所见，亲身参与，绝对想不到这一套屠宰技术竟然是如此完美，如此富有智慧。跟随着牧民一起游牧，走"敖特尔"（秋冬之交，为了给牲畜抓膘，频繁地转场放牧），风餐露宿，徜徉在草原上，感受大自然的恢宏，更是一生中难以忘怀的经历。实习期间我参加过一次婚礼。新郎是年轻的村支书，吃过早茶，我们骑上马，向新郎家走去。新郎家有两座蒙古包，一新一旧，客人都聚在旧蒙古包中喝茶说话。新蒙古包是新房，婚礼开始后，有人朗诵祝词，然后有人领着唱歌。唱的是悠扬的长调歌曲。大家用低音吟着"呼麦"给歌手伴唱。一边唱一边用大碗饮酒，十分开心。婚宴准备的主食是一大锅羊肉汤煮面条。由于酒喝得尽兴，后来婚礼是如何结束的、我又是怎么回家的，都记不清了。那一年的春节也是在牧区过的。除夕那天，穿上主人家特意给我缝制的蒙古袍，天黑以后跟着男主人祭火，然后一家人坐下来吃年夜饭。年夜饭是羊肉汤煮水饺。蒙古人把水饺叫作"扁食"，实际上是汉语借词。牧区的"扁食"包得比较小，放在肉汤里煮。肉汤里放一些白菜丝和粉条，再加一些盐和五香粉，味道十分鲜美。内地汉族吃饺子，现在一般都是用清水煮，即所谓"清水煮饺"。为什么要冠以"清水"二字呢？我想从前一定也是用肉汤煮，后来改为用清水煮了，所以加上"清水"二字以示区别，大概有这么一个演化过程。要知道肉汤煮水饺是什么味道，那么，就请到内蒙古牧区去品尝吧。孔老夫子不是说过嘛，"礼失求诸野"，汉族放弃了的习俗，在周边少数民族那里可能还保存着。总之，半年的实习，让我们这班学生深入牧区，跟牧民一起生活，一起劳动，完全沉浸在蒙古语环境之中，迅速提高了蒙古语水平，同时还跟牧民建立了深厚的感情。告别的时候，我们跟牧民真是难舍难分，彼此拥抱着，不知道流了多少眼泪。

三

大学毕业后，我非常幸运地被分配到中国科学院少数民族语言研究所工作，从此走上了研究语言的道路。到研究所报到后不久，我就跟其他新分配来的大学毕业生一起（一共十来个人），被派到农村参加劳动锻炼。先是在北京西郊八里庄学习种菜，半年以后，又被派到河北省南部藁城县去学习种大田。这期间经历了"大跃进"和人民公社化。这是我第二次跟劳动人民搞"三同"，对农村、农业和农民有了比较深入的了解，思想上也受到一次比较深刻的"洗礼"。回到研究所以后，正值进入"三年困难"时期。我参加的第一个研究课题是跟蒙古语研究组的研究人员一起，到呼和浩特，跟那里的三个有关单位合作，编写蒙古语方言调查报告。当时我初出茅庐，懵懵懂懂，也弄不清是什么原因，反正工作进展得很不理想，半年以后潦潦草草收摊了。接下来，每年夏秋之交，我都要去内蒙古牧区中部各旗（相当于内地的县）搞新词术语调查。我每走一个旗，除了按照调查大纲记录新词术语，还主动地记一批常用词，整理一份音位系统，锻炼记音的功夫。在这个过程中，我发现了一些前辈学者没有报道过的语音现象，后来，我利用这些材料写了几篇论文。那时候，我单身一人，上班看书学习，下班以后还是看书学习，专业书看了不少。记得有一年冬天，特别冷（暖气烧得不好，据说是为了节煤），我晚上在办公室看书，手脚冻得冰凉，但由于读到了吕叔湘先生的《说"自由"与"粘着"》和朱德熙先生写的《说"的"》这两篇重要论文而兴奋不已。在我的阅读经历中，还从来没有读到过如此精彩的文章。两位大师把结构主义运用得出神入化，让我佩服得五体投地。本来，我也稍微知道一点有关结构主义的信息，但是，一直没有弄明白结构主义的真谛，读了这两篇杰作，我才如饮醍醐，豁然开朗。此后我又读了一些美国结构主义学派的名著，对描写语言学的认识就更丰富了。后来，读到吕叔湘先生的《汉语语法分析问题》，进一步明白了如何把结构主义跟语言实际结合起来，活学活用了。读吕先生的书还启发我回过头来把传统语法理论进一步吃透。为此，我认真读了一遍苏联科学院语言研究所集体编著的《俄语语法》的导论部分。维诺格拉多夫院士执笔写的这篇导论，精辟地论述了传统语法理论的各种语法范畴，引导我准确地辨析蒙古语各种语法形式的语法意义。我写的《蒙古语简志》，在语法部分反映了这方面的学习心得。特别是句法部分，摆脱了传统语法单、复句那老一套写法，从粘着型语言的特点出发，以各种短语结构为基础，综合运用句子复杂化的四种基本方式，去解析繁简多方、变化无穷的语句。

我在1979年发表的《蒙古语句子结构分析》一文，写法上有所突破，不是从词到短语、再到单句、再到复句，这么从小到大写下去，而是反过来，从大到小，一级一级切分下来，逐级进行分析。我在这篇论文中提出，蒙古语的句子是以谓语为中心组织起来的，谓语决定句型。于是有人把这种观点称为"谓语中心论"。其实，持这种观点的并不只我一人，我们蒙古语研究组的同事刘照雄先生、陈植藩先生都有相似的看法。我们之所以有相似的看法，恐怕跟我们所研究的语言（刘照雄先生研究东乡语，陈植藩先生研究朝鲜语）在类型上有共性分不开。我不认为"谓语中心论"有普适性，它反映的不过是蒙古语这类粘着型语言的句子结构特点。

在中国社会科学院图书馆阅览室（2007年）

道 布

　　大约十多年之前，一些年轻的同事向我介绍了自然科学的新思潮"混沌学"理论。关于复杂现象、非线性系统是如何演化的，语言这种社会现象应该如何去研究，这些基本问题引起了我的极大兴趣。看了一些介绍"混沌学"的书籍之后，我对过去的一些看法进行了反思。于是在这种背景下，我写了几篇文章，企图去探究如何描述语言的"本色"。可惜，当我认识到语言的复杂性、语言演化的随机性和不确定性，企图把研究再往更深的层次做下去的时候，年纪不饶人，已经力不从心了。

<h2 style="text-align:center">四</h2>

　　"文化大革命"对我们这一辈人来说，绝对是一场劫难。从干校回来以后，"宣传队"的气焰不那么嚣张了，后来逐渐销声匿迹。我们终于可以自由支配自己的时间了。于是我就利用这难得的机会，着手研究蒙古文字史。我在读大学四年级的时候，特木尔其林老师开过这门课。所以，我知道在这个研究领域里大有文章可做。"文化大革命"后期，北京图书馆（今国家图书馆）、中国科学院图书馆都先后开放了。我每天徜徉在书海之中，搜寻蒙古文字的历史踪迹。每当有所发现，那份快乐真是无法形容，然而找不到知音，找不到人跟我分享心中的愉悦。在孤独中奋斗，不是一件容易的事。我孤军奋战了8年，终于大功告成，这就是后来正式出版的《回鹘式蒙古文文献汇编》（蒙古文版）。这部著作研究的是蒙古文，稿子也是用蒙古文写成的，可以说圆了我在中学时许下的心愿，同行们也都认为这部著作可以算是我的代表作，所以，在这里我想多说几句，谈谈其中的甘苦。刚开始的时候，我手头并没有任何现成的资料可用，到20世纪70年

· 597 ·

代为止，国内外还都没有出版过有关蒙古文字史的著作。不过，我知道外国学者发表过研究蒙古文古文献的文章，不妨从查找这些文章入手。然而这些文章都发表在什么刊物上，我心中没数，只能就仅有的一点蒙古学知识去翻阅有关刊物，从一些文章所列的书目和一些文章的注释中去寻找线索。功夫不负有心人，经过几年的努力，我居然把现存的元、明两代用回鹘式蒙古文写成的文献大部分查出来了。其中，除了保存在故宫博物院图书馆的汉蒙合璧《孝经》、保存在北京图书馆的一种汉蒙对照的《华夷译语》和《高昌馆课》抄本我有幸见到了原件之外，其他文献我看到的都是发表在刊物上的照片。有些碑帖的照片，因为拓本尺寸很大，是一个局部一个局部拍照下来的，要掌握碑帖的全貌，把碑文通读下来，就必须把照片拼接在一起，搞出一个完整的副本才行。然而当时限于条件，课题没有立项，只是个人行为，没有经费可以使用，只能自己想办法解决。当时研究所里存有不少整张的橡皮纸（绘图用纸），我就领出来一些。把每幅碑帖的照片一幅一幅地拼接起来，然后再描摹到整张的橡皮纸上，制作出文献的副本。这是十分吃力的工作。照片比较小，上面的字必须用放大镜才能够看得清楚。摹写时字要写得大一些，而且还要尽可能不失真，进度自然就放得很慢。就这么慢慢地摹，摹了几个月。有了摹写本做研究的基础，下一步就是查资料，释读古词语。这也是很费功夫的工作。然后是为每件文献写一个简要的解题。把这些事做完，就着手把这些年研究回鹘式蒙古文及其文献的心得体会综合起来，给这部书写一篇导言。出版社收到书稿后，非常重视，决定用当时所能达到的高规格来印这部书。根据出版社的建议，我又按照版面的尺寸要求，给大部分文献重新写一套摹写本，以便制版。当时遇到的一个难题是写摹写本没有合适的笔可用。于是我请教研究所的绘图师尹文成先生。他说现在市面上没有合适的笔，只能自己动手制作。我根据他教的方法，买了一支廉价的自来水笔，用钳子把笔尖掰掉一块，然后磨平。这样一来，笔尖就相当粗了，可以写出相当于印刷体三号字的大字来。靠这支笔我完成了全部摹写任务。现在这支笔我还保存着，舍不得丢掉。后来，我在回鹘式蒙古文文献研究方面陆续做了一些工作。其中，跟照那斯图先生合作，研究河南登封少林寺出土的元代圣旨碑上用回鹘式蒙古文书写的蒙哥汗圣旨和忽必烈汗圣旨的论文，影响比较大。学术界认为这项研究成果给回鹘式蒙古文文献研究增添了新内容。

五

由于工作需要，我从20世纪80年代开始，参加少数民族语文政策方面的研究工作，写过一些论述少数民族语文工作和讨论少数民族语言文字使用问题的文章，还参与主持过由我们研究所承担的，对少数民族语言文字使用情况进行调查研究的国家社科基金项目。这个领域的研究工作难度比较大。首先，前辈学者在这个领域中已经做过许多开创性的研究。党和国家关于语言文字使用问题已经制定了基本政策。实践证明这些基本政策是符合国情、深得民心的，必须坚定不移地贯彻执行下去。在这些基本问题上研究空间很小。其次，研究这类宏观性课题，涉及面广，需从全国范围把握各个地区、各个民族错综复杂的实际情况，需了解不同人群的诉求，需掌握一套比较完整的基本数据。而要做到这一切，不是容易的事。最后，这类研究涉及的问题政策性强，比较敏感，考虑问题必须以大局为重，不敢稍有疏忽。对于现实中存在的倾向性问题，既不能回避，又不能率而操觚，需用正面阐述的方式表达自己的看法，所以，写出来的东西，往往四平八稳，看似老生常谈。如何才能够从字里行间透露出深层的含义，是需要煞费心思的。我想，无论过去、现在还是将来，处理这类政策性强的敏感问题，恐怕都要采取这种积极、慎重、稳妥的态度。

在北京大学纪念现代蒙古语语法研究奠基人 S. H. 罗布桑旺丹诞辰 100 周年学术讨论会上发言（2010 年 6 月 26 日）

近些年来，媒体上多次报道过"抢救（或保护）濒危语言"问题。这个问题涉及少数民族语言生活，所以，也引起我的关心，我曾经在文章中谈过自己的一些看法。我认为，语言学家研究"濒危语言"是无可厚非的，记录、研究"濒危语言"有学术价值，社会应该给予支持。但是，国外有些人的有些说法值得商榷。首先，他们把"濒危语言"跟濒危物种相提并论，我认为是不合适的。物种属于自然范畴，是生物进化的结果；而语言是人类的社会交际工具，交际工具是可以选择的，属于使用问题；二者性质不同。其次，这些人所谈论的"人类语言生存危机"，指的是人类现存语言目录上所列的语言数目将会减少。"濒危语言"的名目虽然繁多，但是所涉及的人口却极少。"濒危语言"的消亡，对人类语言使用格局来说，影响微乎其微，根本谈不上人类语言会因此而产生生存危机。再次，人们放弃活力极差的"濒危语言"，转而使用能够满足自己需要的强势语言，这样做就可以走出原来非常狭小（一般也是欠发达的）的语言社区，融入更为广阔的社会中去，扩大自己的生存空间，更好地实现人生价值。"濒危语言"的消亡是大势所趋，恐怕任何人也阻挡不了。究竟是福还是祸，可以讨论，但是，不能一口咬定就是"灾难"。最后，综观人类历史，不知道有多少语言消失了，然而时至今日，我们看到的这个语言世界依然生机勃勃、丰富多彩。随着人们文化素质的提高，学习第二语言、第三语言的积极性也在增长，双语人（或多语人）越来越多。我是一个乐天派，我认为人类语言的发展前途是光明的。

人生是丰富多彩的。当走近人生的边缘，回首往事时，会觉得有许多话可讲。譬如，除了学术工作以外，我还做过不少跟学术活动有关的辅助性工作、参加过各种社会活动、亲历过各种政治运动，旅行中的见闻以及个人的哲学思考等似乎都值得写一写。以上仅仅从个人学术生涯的角度做了一番简要的回顾。我在学术上能够做出一些成绩，首先要感谢党和国家的培养，要感谢老师们的教导，要感谢同事们的合作，要感谢基层干部、群众给予我的爱护和支持！最后，我想用一首自叙诗作为这篇自传的结尾：

  跻身"翰林院"，原非吾所求，
  小巫见大巫，自愧不入流。
  悠悠五十载，峥嵘岁月稠，
  知音虽难觅，学海任遨游。
  名以文章著，官应老病休，
  闻道恨已晚，无力再深究。
  收心掷秃笔，长揖谢应酬，
  滔滔长江水，送我赴瀛洲。

道布

2011年10月首发于中国社会科学网

韩延龙

Han Yanlong

男，1934年8月6日生，汉族，江苏徐州市人，中共党员。1954年考入北京俄语学院留苏预备部，1955年赴苏联列宁格勒大学法律系学习，1960年回国后在中国社会科学院（前身为中国科学院哲学社会科学学部）法学研究所从事科研工作。曾任法学研究所法律史研究室主任、研究员、博士生导师，中国社会科学院研究生院法学系主任、教授，现为中国法律史学会顾问、中国社会科学院研究生院法学系顾问。"文化大革命"前主要研究政治法律思想史和法学基础理论，曾发表《略论卢梭的政治思想》《对我国法的作用的看法》等论文；"文化大革命"后以长期资料准备为基础，从事中国近现代法制史的研究，多次承担国家社科基金项目和社科院重点研究项目。为1979年成立的中国法律史学会主要筹办人之一，曾任秘书长、副会长、执行会长，长期主持会务，是当年学会刊物《法律史论集》主编。1992年起享受国务院颁发的政府特殊津贴。2005年首批入选"当代中国法学名家"。2006年8月被中国社会科学院授予荣誉学部委员称号。其主要学术思想、观点和为中国民主法制建设所做出的突出贡献被收入《当代中国法学名家丛书》(四卷本)。

主要科研成果有:《中国新民主主义革命时期根据地法制文献选编》(四卷集,共同主编),《中国革命法制史》(上下册,共同主编),《中国近代警察制度》(主编),《中华人民共和国法制通史》(上下册,主编),《革命根据地法制史》(共同主编),《中国近代警察史》(上下册,合著)等。发表的学术论文有:《关于法制史的研究对象和方法问题》《中国革命法制史的若干基本问题》《革命根据地法制建设基本原则初探》《试论抗日根据地的调解制度》等。发表译文多篇,参与译著7种。

要知松高洁　　待到雪化时

一　人生道路与求学经历

2007年3月25日上午9点半，按照预先的电话联系，在中国社会科学院法学所宿舍楼的三层，我们叩开了韩老的家门。韩老身材较为高大，看上去精神很好。略微泛着红润的面庞上，看不出有病在身的样子。他的言谈话语舒缓而平和，吐字清楚，思维清晰、有条理，给人的印象是极其地安然闲适。韩老把我们带进他的书房。这书房非常整洁，也很简朴，书架上的书并不像我们原来想象的那样多。书桌上面，几小盆绿色植物沐浴着融融的阳光，给整个书房增添了几分雅致。

韩老祖籍山东邹县，1934年8月出生于徐州市，依靠父亲微薄的收入，得以接受较全面的学校教育。1948年，韩老考入江苏省立徐州中学，"在校读书期间，他尊敬师长，学习刻苦，为人谦和诚恳；特别是思想进步，积极参加学生社团活动，热心于学校的公益工作，不仅是校团总支书记、学生会主席，还担任过徐州市学生联合会主席、山东省学生联合会执行委员、江苏省学生联合会副主席；作为一名中学生，他曾当选为徐州市各界人民代表会议代表、徐州市鼓楼区第一届人民代表大会代表"。

1954年从徐州市第一中学以优异的成绩高中毕业，韩老通过考试被选拔为留苏预备生，在北京俄语学院专修一年语言。1955年赴苏联列宁格勒大学学习法律，成为新中国成立后徐州籍的第一位留学生。1960年毕业，9月入中国科学院哲学社会科学学部（中国社会科学院前身）法学研究所从事科研工作，历任副研究员、研究员，法律史研究室主任，中国社会科学院人权研究中心研究员，中国社会科学院研究生院法学系主任、教授、博士生导师等。

中学时代　　　　　　大学时代

韩老治学态度严谨，学识渊博，方法多样，成果颇丰。在20世纪60年代，他主要从事西方政治法律思想史和法学理论的研究工作。据韩老自己讲，当初进苏联列宁格勒大学法律系学习，是被分配去的。韩老在苏联期间，经历了苏共"二十大"以及中苏关系由暖转冷的那段历史，那时候韩老仍然在各方面都要求进步，并在苏联入党，当时韩老对政治学说史特别感兴趣，毕业论文写的就是这方面的题目。据韩老介绍，他印象最深的是毕业考试时突然生病，医生要求他住院治疗。为了不耽误毕业，他坚持参加了后两门课程的考试，考试结束后，他才住进医院。1960年回国后，韩老就到中国科学院哲学社会科学学部法学研究所从事科研工作。当时的法学所"大进大出"，人员流动频繁，韩老在法学所的岗位上兢兢业业工作了一辈子，再也没离开过。可以说，韩老把自己的毕生所学都献给了法学所和我国的法学研究事业。

二　学术研究与治学体会

在20世纪六七十年代那样一个特殊时期，韩老和同时代的学者一样下过乡，进过厂，蹲过点，参加过劳动锻炼和各种社会运动。他从未忘记从中接受考验和锤炼，坚持科研。此刻，他撰写的《略论卢梭的政治思想》一文，发表于《政法研究》1962年第3期。韩老认为，从事社会科学研究，特别是从事法学研究应该冷静思考，要有强烈的社会责任心、使命感和理论勇气，由此而产生的学术激情也是一种力量。此后，他又撰写了《对我国法的作用的看法》等论文。在这期间，韩老还和其他留苏学人合作翻译专著，《国家与共产主义》《国家制度和无政府状态》等译著就是在此种背景下出炉的。

"文化大革命"期间，韩老还进过河南信阳的"五七"干校。学习劳动之余，他阅读史书，自学外语。"文化大革命"后，他与法学所同人一道积极参加法学界的拨乱反正工作，发表了《讲究犯罪构成，准确打击敌人》《人权的由来和实质》等论文。在邓小平同志提出坚持四项基本原则之后，他把工作重点转入专业研究当中。由于各种原因被迫中断十多年的搜集、整理、编纂革命根据地法制建设历史文献的工作，被列入法学所的科研规划。

经过几年的努力，《中国新民主主义革命时期根据地法制文献选编》四卷集终于陆续出版。该书为革命根据地法制史和其他相关课题研究打下了坚实的资料基础，而且它的出版对当时的立法工作、司法工作、政府工作、政法教学以及中国现代革命史、中国现代政治史乃至中国现代经济史的研究，都有一定的参考价值。该书曾获社科院 1977—1991 年优秀科研成果奖。围绕档案资料的整理和研究，他撰写和发表了许多颇有影响的论文，如《革命根据地法制建设基本原则初探》《红色区域司法体系简论》《红色区域婚姻立法简论》，其中对我国调解制度的源流和发展问题的研究引发较多关注。《试论抗日根据地的调解制度》首次全面系统地剖析了抗日战争时期各革命根据地调解制度的产生、发展、内容和特点，该文在 1985 年荣获中国社会科学院优秀论文二等奖；而《人民调解制度的形成和发展》则对新中国成立以来人民调解制度走过的道路做出了历史的反思和科学的论证。

至于他与张希坡先生合作主编的"六五"国家哲学社会科学规划项目《中国革命法制史》（上下卷），由中国社会科学出版社于 1987 年、1992 年出版，是新中国成立后第一部系统阐述我国新民主主义革命时期法制建设的专著。该书对 1921—1949 年中国革命政权制定的各种宪法性文件、施政纲领、政权机构的建立、土地政策等进行了系统分析研究，是不可多得的革命法制史方面的参考书，具有重要的文献价值。我国新民主主义革命法制史的发展阶段，是与中国现代革命史的划分相一致的。在新民主主义革命过程中，随着政治形势和阶级关系的变化，革命政权的阶级结构及其具体任务也随之发生变化。与此相适应，在法制建设方面，必然产生一系列的变更和发展。从新民主主义革命时期革命政权和法制的演变情况看，基本上可以划分为萌芽、初创、形成、胜利四个发展阶段。该书在当时一问世，便轰动一时，1999年获全国哲学社会科学规划领导小组颁发的国家社会科学基金项目优秀成果二等奖（当时法学类一等奖空缺）。可见，该书在法制史研究领域的地位举足轻重。该书于2007年1月又被中国社会科学出版社再版。

他参与主编的另一部专著《革命根据地法制史》于1994年由法律出版社出版。韩老研究中国革命法制史的指导思想具体表现在他所发表的《中国革命法制史的若干基本问题》一文中。在中国革命法制史的分期问题上，他认为"不应把第一次国内革命战争时期视为中国新民主主义法制历史发展的一个独立阶段"，土地革命时期随着红色政权的建立、"新民主主义法制应运而生，开始了它的初创时期"，"抗日战争时期是新民主主义法制的形成时期，也是它成熟发展的时期"。解放战争时期的法制建设，"总的来说，跟不上人民解放战争迅猛发展的步伐"。关于新民主主义法制建设的基本特征或曰固有规律，他认为是在立法和司法两个方面通过几对关系的正确处理而体现出来的。这几对关系是：法制建设同民主革命总路线总任务的关系，法制建设同革命战争的关系，法制建设同党的政策的关系，法制建设同群众运动的关系，法制建设中民主与专政的关系，等等。

韩老强调不能用现在的眼光去评价过去的问题。他认为与常兆儒合写的《红色区域劳动立法史料简析》一文是成功的。第二次国内革命战争时期，红色区域的劳动立法是工农民主政权立法活动的一个重要组成部分，考察和研究这一时期的劳动立法是中国革命法制史的课题之一，不仅具有重要的学术价值，而且也有实际的意义。不过，由于当时的立法工作是在极其严酷的战争环境中进行的，"围剿"和反"围剿"斗争激烈，革命根据地处于流动或半流动状态，有关劳动立法的史料多有散失，搜集、整理殊非易事。加上新中国成立以来，在相当长的时间里，由于"左"倾指导思想的干扰，红色区域的法制历史几乎成为不能涉足的领域。这就加剧了搜集整理工作的困难，更不用说研究工作的认真开展了。党的十一届三中全会以后，解放思想，打破禁区，搜集、整理法制史料的工作得以在正常的学术氛围中进行，虽然目前仍然存在着一些客观上的困难，但毕竟取得了不少可喜的进展。从韩老的文章中可以看出，劳动立法工作是伴随红色区域的开辟和红色政权的建立迅即提上议事日程的。工农民主政权通过频繁的立法活动，颁布了一系列劳动法规，为我们研究红色区域的劳动制度提供了可靠的法制史料。

警察制度是中国近代法律制度的组成部分。中国古代实行兵警合一制度，戊戌变法运动中出现了近代警察的萌芽，历经坎坷，演进至今，但无一部专著对其进行系统的考察和研究。1983年韩老作为研究室主任主持编写了《中国警察制度简论》一书，发表了《南京临时政府警政建设述略》等论文，经过较长时间理论和资料准备，主编出版了《中国近代警察制度》一书。该书利用大量历史档案资料，全面系统地论述了中国近代警察制度的开创与演变，内容丰富翔实，有史有论，图文并茂，可读性强，当属拓荒力作，具有较高学术价值。该书在区分古代警察和近代警察的差别之后，认为中国近代警察制度属于当时的西方警察制度范畴，但又不完全等同于当时的西方警察制度，而有其自身的特殊性。

首先，中国近代警察制度是在西方列强的压力下，清政府被迫创办的，当然也是为了维护清政府自身的统治。其次，中国近代警察制度建立以后，传统的封建治安管理体制仍然具有强大的势力。最后，由于缺乏民主政治和宪政机制，导致警察专横和警政腐败。该书认为，如果从1898年算起到1949年，中国近代警察制度有半个世纪的历史，其间清末为初创时期，这个时期的特点是近代警察制度中夹杂着大量旧体制的成分，警政建设呈现明显的多变性和不稳定性，中央和京师虽略具规模，但地方仍极落后。民国初年（南京国民政府和北洋军阀政府）为中国近代警察制度形成时期，其特点是，初步建立起从中央到地方比较完整的警察网，开始组建各种专业警察队伍，传统的封建治安管理体制受到一定程度的削弱。南京国民政府时期为中国近代警察制度的发展时期，其特点是从中央到地方的警察网更加趋于严格，逐步完善了警察内部管理体制，警察的社会管理职能不断健全，社会镇压职能强化，民主自由权利受到践踏。长期以来，对中国近代警察及相关制度的研究是一块亟待开拓的园地。此书是一部开拓性的研究成果，论述了近代警察在中国的产生、形成和发展，探究其性质、结构、职能及其主要规章制度，无论从学理层面还是从实践层面去看，都有丰富内容。所以，《中国近代警察制度》的出版受到学界和有关方面的关注，后经韩老和苏亦工先生悉心修订，定名为《中国近代警察史》，于2000年由社会科学文献出版社出版。

《中华人民共和国法制通史》是韩老主持的国家哲学社会科学"八五"规划重点项目，从立项到完成全书的编写经过了近4年的时间，1998年由中共中央党校出版社出版。全书由上下两卷4编44章组成。该书有两个突出特点：一是采取按历史顺序分阶段研究和撰写的方法，理清了新中国成立以来各时期法制建设的主要情况，从学术角度揭示了中华人民共和国成立后，法制变化的历史脉络和内在逻辑，在分阶段研究的基础上，较为系统地再现了从中华人民共和国成立到1995年法制发展变化的全貌；二是运用多视角、全方位的方法研究共和国法制史，不仅对新中国成立后各时期的法制建设情况作了较为全面的考察，除将法律、法规及立法、司法制度作为研究对象外，还根据新中国成立后曾出现过的"政策代替法律"的现象，将实际上被赋予法律地位的政策也纳入研究范围，不仅考察了各时期法律、法规、政策等的制定过程、主要内容及发展变化，而且对其实施情况也作了探究，对法制诸因素的相互关系也作了有一定深度的分析，阐明了法制现象背后的深层原因。在材料的搜集使用上视野也较为开阔，除文字资料外，还使用了通过调查而获得的口述资料。

总之，该书是新中国成立以来第一部以当代史实为研究对象的法制史专著。它以马克思主义关于国家与法律的基本理论为指针，严格遵循实事求是的思想路线，以"围绕'法'字，突出'史'的特征"作为具体写作的指导思想，通过广阔的视角和精到的审察，用长达80万字的篇幅，表达了作者们对新中国成立以来社会主义法制的创建、演变、发展及其问题的独到见解。长时期以来，法史学界对于当代法制史的研究，虽感到迫于形势，亟待着手，但由于种种原因，大都踌躇却步，以致形成了延续达半个世纪之久的这一研究领域的空白。但韩老等人以强烈的学术责任感和研究勇气，经过艰苦奋斗，完成了这一鸿篇巨制。仅此一点，便远不止是对这一研究领域的巨大贡献。况且该书高瞻远瞩，论说平允，显示了如下优点：第一，实事求是，秉笔直书。通观全书可知，作者们继承了我国历代史书的优良传统，严格遵循党的实事求是的思想路线，在各个章节中，无论是对创新建制的重要成就的肯定，或是对新中国成立初期封建专制传统遗毒的批判、对忽视法学理论研究的指斥、对"文化大革命"一系列法制遭到践踏和破坏事实的揭露，都做到了一切以忠于客观存在的事实为依归，特别是不为尊者讳，不为权威者讳，务求反映历史真实。这是本书的一个根本特点，使全书具有了坚实的基础。第二，特色鲜明，重点突出。通观本书各编，均以较大篇幅论述了人民代表大会制度的建立和发展历程，以及它在国家活动的各方面所发挥的重要作用。这就抓住了具有中国特色的法制建设总纲，从而从根本上带动了其他各方面，例如各级人民法院和土改、"三反""五反"等运动中人民法庭的设置、检察制度和人民调解制度的建立、社会治安综合治理方针的贯彻等方面的论述，使全书各章节形成一个有机整体，反映了新中国法制建设的真实状况和基本特色。

韩老对清末法制沿革也寄予较多关注。中国法制现代化步履维艰，沈家本是传统法制向近代法制转型时期的一位承上启下的重要人物，他的未刊遗著散落海内外。搜集、整理和出版这些具有重要保存价值和学术价值的遗著，对研究沈氏法律思想、传统律学和法制沿革意义重大。韩老参与主持并有多位学者参加的国家社科基金项目《沈家本未刻书集纂》已于1996年由中国社会科学出版社出版，并且在2000年获第三届中国社会科学院优秀科研成果三等奖。近几年，他在与疾病作斗争中，又与其他学者合作完成了180万字的古籍整理《沈家本未刻书集纂补编》两册。

此外，韩老还参与主持了一些普及性的科研项目，如《中国古代办案百例》《中国历代贪贿案例选注》等。后者所收案例选自我国历代正史、官书和杂记，包括贪污罪、贿赂罪和利用职务之便的其他经济犯罪，均为真人真事。民国时期，刑案判决已有定式，该书照录，其中附有"判决要旨"的，一并收入，以存全貌。该书所选案例，能够找到原书的，都以原书为依据。无法找到原书的，则用后人的选本或辑本代替。与案例无关的部分，均加删节。该书所选案例，原书有标题的，采用原标题；原标题不甚贴切的，由编注者酌加修改或重新拟定；原书没有标题的，斟酌内容加上标题。本书所选案例，均按案件发生的时代先后排列，附有简明注释，除民国案例外，均译成现代语文。注释时，无关紧要的人名、地名、官名，一般从略。原书中的异体字、繁体字、通假字，均改为通用的简化汉字。

访问日本关西大学时在留言簿上题词（1998年6月25日）

由于实际工作的需要，韩老在法学研究的其他领域也倾注了自己的心血。比如说在人权研究方面，20世纪70年代末，针对当时颇为流行的"人权是资产阶级的口号"的提法,他著文阐明马克思主义经典作家,特别是我党和革命根据地人民政权法制文献对人权的一贯态度和主张。20世纪80年代以来,作为中国社会科学院人权研究中心的主要成员之一,他撰写了一系列有较高价值的调研报告和对策性建议。这些报告和建议被收入《人权研究》一书,该书曾获中国社会科学院第二届优秀成果奖。作为两名负责人之一,他主持了交办项目《中国人权建设》一书的编写工作,并撰写了相关论文。其中《中国法律对人权的保护》被收入荷兰出版的《人权:中国和荷兰的观点》一书。在此期间,他还参与组织和编写《中国人权百科全书》的工作,任副主编,负责该书人权法史部分。该书于1998年由中国大百科全书出版社出版,并获2000年第三届中国社会科学院优秀科研成果三等奖。通过对人权课题的承担与研究,韩老认为,整合或协调各专业的研究力量,发挥各自的优势共同努力,以完成特定的研究课题,当是中国社科院法学所的特色之一。

三 中国法律史学会成立始末

最后,韩老还谈了中国法律史学会成立的过程。中国法律史学会是在民政部注册的我国法学界一级学会,也是改革开放后法学界最早成立的全国性学术团体。回忆起其成立过程,韩老至今还激动不已。当时改革开放伊始,百废待兴,一批从事法史研究的学人,为着整合队伍,恢复和发展法史教研学业,1979年3月在全国法学规划会议上建议由社科院法学所牵头,筹备召开全国法史学术研讨会,成立中国法律史学会。要办成这件事,当时主客观条件并未具备,困难较多。在韩老等人的积极奔走下,经过不长时间的筹备，1979年9月12—18日，在吉林省长春市召开了全国法制史、法律思想史学术讨论会。这是新中国成立以来我国法律史学界的首次规模较大的学术讨论会。会议是由中国社会科学院法学研究所、吉林大学等9个单位筹办的。参加会议的有北京大学、人民大学、吉林大学、北京政法学院、西南政法学院、西北政法学院、华东政法学院、辽宁省社会科学院、上海社会科学院法学研究所、中国社会科学院法学研究所以及有关杂志编辑部和出版社等30多个单位的80多名代表。代表们经过认真讨论，推选出理事会理事16人，通过了中国法律史学会章程，成立了中国法律史学会。学会定期举行全国性学术讨论会，成立编辑小组，编辑出版学术讨论会论文集。据韩老回忆，当时大家思想活跃，目标一致，好多人是第一次见面，通过这次会议相互之间结下了深厚的学术友谊。

这次会议收到了有关中外法制史和法律思想史的学术论文、专著等50余件。法制史和法律思想史的研究对象和方法问题是会议讨论的中心议题，通过研讨达成广泛共识，取得丰硕成果。韩老认为，这对"文化大革命"后复苏中的法史学研究具有重要意义。此外，与会同人还就如何批判地继承法学遗产问题进行了较为深入的探讨。不少同志指出，长期以来，法律有无继承性问题被列为禁区，这不仅对法史研究造成了极为有害的后果，而且直接影响了我国立法工作的进行。

根据中国法律史学会要求编辑出版学术文集的精神，由韩老主编的《法律史论集》不定期出版。它坚持正确的学术方向，倡导不同的学术风格，广纳百家之言，主要发表研究论文，同时开辟若干学术专栏，以加强学术交流。《法律史论集》也负有培养法史新秀的任务，选登博士研究生和硕士研究生的学位论文。从

第二卷开始，在内容范围上，增加了外国法律史及比较法史的研究成果，以使《法律史论集》更具有广泛性。除此，从第三卷开始，还对前一年的法律史研究进行了年度评述，因此，《法律史论集》所刊载的稿件，在保证高水平的基础上，保持了内容上的多样性。第三卷还收录了海外学者论中国传统法律的专著。当前，第六卷已于 2006 年由法律出版社出版，这对推动法史学继续向前发展起了重要的作用。

韩老是学会首任秘书长，此后任副会长。从 1995 年担任执行会长后，一直操劳了 8 年才退下来。那年的年会，是在济南开的，正赶上换届选举，韩老身体有病不能远行，但还是咬紧牙关乘车前往。而出席 2005 年的开封年会暨"中国文化与法治"国际学术研讨会，对他的身体而言，也是一次考验。但他毫无怨言，认为能为学术界做一点微薄的事情，是心灵上的一种慰藉。

四　人生经验总结

韩老之所以能取得如此高的学术成就，是与多种因素有关的。例如，自幼艰苦的求学经历开启了他的心智，哺育了他的人文情怀；在国外接受的教育，不仅使他的外文功底深厚，而且奠定了他坚实的法学专业基础；特殊年代的磨炼使他具有了从事法学研究的基本素质，又开阔了他的视野，汲取了他所需要的一切有益的养分，养成了跨方向研究的能力；而凭着勤奋和激情，最终使他成为一位渊博精深的学者。

总之，韩老以深邃敏锐的思想、自重自勉甘为人梯的精神、宽宏仁厚的人格熏陶了几代学子，对中国法学的发展做出了自己的贡献。"中国法学名家"的称号、"中国社会科学院荣誉学部委员"的称谓，他是当之无愧的。

在日本早稻田大学演讲（1998年6月18日）

退休后的韩老，退而不休，并未淡出"法学江湖"。目前他的健康状况稳定，精神状态良好，依然关注着学科建设和法学研究事业的发展，做着他应当做和能够做的一些工作，不时参加相关的学术活动。此时此刻的他，心情安然而恬淡，每每走进法学所的大门，一个见证了法学所数十年历史、看着它发展壮大的老人，喜悦之情溢于言表。

（以上内容摘录于高汉成、柴松霞对韩延龙先生的访谈）

2011年首发于中国社会科学网

2016年春修订

后　　记

本书收录了140位中国社会科学院学部委员或荣誉学部委员撰写的学术自传，这些自传，以第一人称（有少量几篇为第三人称）讲述了自己的学术经历和学术成就，并且总结介绍了自己的治学和为人的体会，相信必将对读者有着很好的示范、借鉴作用。

在本书出版之际，首先要感谢各位学部委员或荣誉学部委员提供了精彩的自传文稿。不少文稿在中国社会科学网发表过，此次收入本书时，多数委员进行了修订。定稿之后，各位委员又认真审定清样，翻找、提供合适的照片。有的放弃了节假日的休息，有的放弃了出差机会，有的身体不适仍抱病写稿、改稿，其奉献精神和一丝不苟的学风，令人敬佩。

全国政协原副主席、中国社会科学院原院长陈奎元同志应邀担任本书编委会顾问，并欣然为本书题写书名，积极支持本书的出版。

中国社会科学院学部主席团主席、院长王伟光同志指示务必把本书出成精品，并为本书撰写了序言。中国社会科学院副院长、学部主席团秘书长李培林同志主持阅评书稿，提出了重要的修改与完善意见。

后　　记

中国社会科学院科研局马援局长将学部委员或荣誉学部委员学术自传的征集与出版，视为科研局和学部工作局的一项基本学术建设内容，他和科研局张国春副局长、王子豪副局长以及相关处室的同志，为本书的出版立项和评审，做了许多具体工作。院其他职能部门从不同方面也给予了积极支持。

原中国社会科学网编辑部的同志承担了在该网初始发表的部分稿件的组稿、编辑工作。2016 年，周溯源同志又新组稿几十篇，并负责全书的统稿。

中国社会科学出版社高度重视本书的出版。因书稿篇幅庞大，且来稿体例不完全一致，有些自传缺少学术简介或照片，负责统筹出版工作的重大项目出版中心协调组织精干的编辑队伍，加班加点，一丝不苟，保质保量地完成了审、编、校工作，查缺补漏，统一体例，并一一电话联系 100 多位学部委员或荣誉学部委员本人或相关人员，分别寄送清样，收集、整理诸位学部委员或荣誉学部委员的改稿意见，最后送审的样稿得到各位学部委员或荣誉学部委员和相关部门的肯定。中国社会科学出版社精心设计，最终呈现给读者制作精良的鸿篇巨制。为此，重大项目出版中心主任王茵编审、王琪编辑做了大量工作。

对以上提到和没有提到的为本书出版予以支持帮助的领导、专家和编校印制人员，谨致以真挚的谢忱和敬意！

限于我们的学术和业务水平，本书可能还存在一些差错或不足，敬请读者予以批评指正，以备将来修订完善。

周溯源　赵剑英

2017 年春

本书采编人员
(排名不分先后)

周溯源　赵剑英
周杏坤　陈智愚　刘济华　张广照　丁志德　孙楚明
梁卫国　钟义见　方鸿琴　翟金懿　高　莹　张国产
孟繁杰　王立新　李丽娜　朱妍洁　周　玥
王　浩　陈　彪　王　茵　王　琪　郑　彤　刘志兵
卢小生　王　曦　刘晓红　谢欣露　车文轿　任　明
孔继萍　许　琳　梁剑琴　张　林　赵　丽　陈雅慧
喻　苗　范晨星　王　称　张　潜　崔芝妹　郭　枭